◎国际商务案例集◎

国际企业经营与管理案例

李 可 编著

中国财经出版传媒集团
经济科学出版社
Economic Science Press

图书在版编目（CIP）数据

国际企业经营与管理案例/李可编著 . —北京：
经济科学出版社，2015.12
（国际商务案例集）
ISBN 978-7-5141-6441-1

Ⅰ.①国… Ⅱ.①李… Ⅲ.①国际企业-企业管理-案例　Ⅳ.①F276.7

中国版本图书馆 CIP 数据核字（2015）第 315748 号

责任编辑：杜　鹏　张　力
责任校对：靳玉环
版式设计：齐　杰
责任印制：邱　天

国际企业经营与管理案例
李　可　编著
经济科学出版社出版、发行　新华书店经销
社址：北京市海淀区阜成路甲 28 号　邮编：100142
总编部电话：010-88191217　发行部电话：010-88191522
网址：www.esp.com.cn
电子邮箱：esp_bj@163.com
天猫网店：经济科学出版社旗舰店
网址：http://jjkxcbs.tmall.com
北京万友印刷有限公司印装
710×1000　16 开　20.5 印张　390000 字
2016 年 12 月第 1 版　2016 年 12 月第 1 次印刷
ISBN 978-7-5141-6441-1　定价：45.00 元
（图书出现印装问题，本社负责调换。电话：010-88191510）
（版权所有　侵权必究　举报电话：010-88191586
电子邮箱：dbts@esp.com.cn）

总　　序

20世纪末的第二次全球化大潮使世界各国和地区的市场进一步融合，任何一国的企业，无论是否有意参与国际竞争，都已置身于国际商务环境之中。与此同时，中国自2001年加入WTO以来，对外贸易和对外投资迅猛发展，中国企业"走出去"开展跨国经营、参与国际竞争的意愿逐渐增强。为适应21世纪我国对外贸易和对外投资发展的需要，增强我国企业的国际竞争力，我国教育部于2005年首次批准设置国际商务本科专业。至今，国际商务专业已走过了10年的风雨历程。在这十年里，国际商务专业在国内学术界的争议声中不断成长，逐渐被社会认可，被市场需要。如今，国际商务专业已发展成非常有前景的热门专业。

经过10年的努力，国际商务专业的学科属性已基本成型。国际商务是一个独立的自足（Self-contained）的学科，是从各相关学科中吸取国际化经营所需的专业知识进行有机的融合而形成的新的学科体系（王林生，2013）。国际商务是在全球性、区域性、国家、地区、产业和企业多个层面上货物与服务进出口、国际生产制造和对外直接投资的综合活动（王炜瀚，2013）。由此可见，国际商务是一个十分庞大的学科，其实践领域可以涵盖国际贸易、国际投资、国际金融、国际商法、国际市场营销、跨文化管理、国际商务谈判等方方面面。

为进一步培养应用型、复合型、职业型高级国际商务专门人才，教育部于2010年批准设立国际商务专业硕士学位。国际商务人才培养目标突出目标市场及具体专业技能培养，突出国际化技能和国别技能培养，突出高层次国际商务人才培养。要实现上述目标，学生在校期间除了多参加实践活动之外，在教学活动中的案例教学显得尤为重要。

但目前，市场上与国际商务学科相关的案例集普遍存在零散、系统性差、时间滞后、无法满足国际商务教学实践等特点。因此，编辑、整理、收集为国际商务专业学生课堂教学使用的专门的案例集就显得尤为迫切且十分必要。

本套丛书既可满足高校培养应用型、复合型、职业型高级国际商务专门人才之需，弥补国际商务专业所需的各种技能训、练基地缺乏之需，也可满足为政府及企业国际化提供借鉴材料之需。

本套丛书由王云凤教授担任总主编，分别由郭天宝、王素玉、张智远、刘铁明、李建民、关嘉麟、李可七位老师编写。本套丛书能够出版，与吉林财经大学国际经济贸易学院教师多年形成的齐心协力、合作共赢的氛围是分不开的，它凝结了吉林财经大学国际经济贸易学院教师多年的科研和教学心血与宝贵经验。本套丛书由2014年吉林省财政专项国际商务专业硕士案例库建设项目资助。由于编写水平有限，疏漏或不当之处在所难免，敬请同行专家、学者及读者批评指正。

编委会

2016年2月

前　言

在世界经济一体化已经向纵深发展的今天，作为国际商务活动主体的国际企业，发挥着比以往更加重要的作用。国际企业是国际市场运转的推动者和市场行为的执行者。正是基于国际企业的特殊身份，我们必须仔细研究其运作的方式和特点。2016年，中国将兑现承诺，完全开放市场。这就意味着，我们所剩下的学习时间已经不多了。

有人说2014年是中国各行各业的"并购年"，那么本书中涉及的案例，绝大多数就来源于2014年度所发生的国内外的国际企业间的并购、重组、互相投资，"你中有我，我中有你"的现实例子。

当然，除了跨国并购重组这类企业的国际化行为，我们还关注国际知名企业的方方面面，主要是这些企业的战略管理层面，人力资源管理层面，跨文化管理层面以及营销管理层面几个主要的方面。

本书由李可负责全书的设计及总体编写。这里要感谢刘潇、劳苑倩、秦良媛和陈容等同学的辛勤付出。

感谢吉林财经大学国际经贸学院王云凤院长对本书整体框架的指导及把握，并且对本书提出了很多中肯的意见和建议，使我们能够做得更好。

但是，由于本人及本项目组成员的学识水平有限，以及国际企业经营与管理这门学科本身的复杂性，本书的编写需要完善之处还有很多，望各位不吝提出您宝贵的意见和建议。

李　可

2016年12月

目录

第一部分　国际企业战略管理 ... 1

苹果
　　——新库克时代的战略改变 ... 3
吉利
　　——拆分到回归的转型之路 ... 10
花旗银行的数字化战略 ... 16
加多宝品牌战略 ... 22
京东 2014 新战略：务实与成长 ... 29
2014 耐克的数字战略：搏上一切才会赢 ... 33
蒙牛的蓝海战略及全球化战略 ... 38
强生在中国的市场战略 ... 46
万达集团 2014 整体战略计划 ... 56
百度 2014 整体战略解读 ... 61
苏宁布局 2014 年强势执行互联网战略 ... 68

第二部分　国际企业的营销管理 ... 77

小米：饥饿营销还能走多远 ... 79
兰亭集势（Light in the Box）的营销之道 ... 86
丝芙兰（Sephora）：化妆品零售连锁的另类营销路 ... 94
恒大冰泉的营销策略 ... 102
呷哺呷哺：把标准化武装到牙齿 ... 111
老干妈："逆营销"的奇迹 ... 117
乐高的逆袭 ... 124

第三部分　国际企业的跨文化管理 ... 137

文化融合助力海尔并购三洋 ... 139
崇德鞋业公司跨文化管理案例分析 ... 142

海尔集团整体兼并红星电器公司 ······ 145
非全盘本土化 西门子保留外籍员工价值? ······ 148
为员工搭建无边的舞台
　——陶氏化学的跨文化管理 ······ 152
从星巴克看跨文化管理 ······ 155
入乡随俗 戴尔电脑放弃零库存 ······ 159
海底捞在美国水土不服只获2.5星差评 ······ 162
中美合资长安福特公司的跨文化管理 ······ 167
华立集团收购飞利浦带来的文化冲突 ······ 174
松下企业文化的"中国化" ······ 179
宜家的本土化营销 ······ 185
成功的本土化助佳能"盈"在中国 ······ 193
零售巨头乐购Tesco败走中国 ······ 199
超越文化　融合文化
　——东风日产 ······ 207
日本花王，凋零中国 ······ 217

第四部分　国际企业人力资源管理　225

你不知道的奇葩福利制度 ······ 227
谷歌的人力资源战略 ······ 230
索尼移动中国区陷裁员风波 ······ 237
震旦集团的人力资源战略 ······ 244
上海通用汽车的人力资源管理 ······ 249
阿芙精油如何驾驭"90后"员工 ······ 261
博世的学徒制和轮岗制 ······ 268
拜耳公司的人力资源战略 ······ 278
给员工放权的Facebook：每个员工都可以是HR ······ 288
优衣库的人力资源战略 ······ 294
授人以鱼不如授人以渔
　——洲际酒店集团人才战略 ······ 300
华为的新员工培训 ······ 304

参考文献 ······ 313
后记 ······ 316

第一部分 国际企业战略管理

战略管理（Strategic management）：是指对一个企业或组织在一定时期的全局的、长远的发展方向、目标、任务和政策，以及资源调配做出的决策和管理艺术。战略管理是指企业确定其使命，根据组织外部环境和内部条件设定企业的战略目标，为保证目标的正确落实和实现进度谋划，并依靠企业内部能力将这种谋划和决策付诸实施，以及在实施过程中进行控制的一个动态管理过程。

苹　　果
——新库克时代的战略改变

> **摘要**：本案例介绍了在蒂姆·库克（Tim Cook）的统治之下，苹果似乎迎来了一个新的时代，这位苹果 CEO，一直被认作是供应链大师，他开始迎合市场的趋势、优化产品的生存能力。随着新 iPod Touch 的推出，苹果顺利填补了产品阵容中的一块空白，简化了供应链，并且方便开发人员优化设计。苹果新的产品策略，反映出了更强的灵活性；在库克握过苹果大权之后，公司的想法更加易变。并介绍了苹果新的战略理念以及中国化产品扩张战略。
>
> **关键词**：库克；优化；灵活；扩张；收购

1. 公司历史

苹果公司（Apple Inc.）是美国的一家高科技公司，2007 年由美国苹果电脑公司（Apple Computer Inc.）更名为苹果公司，在 2014 年世界 500 强排行榜中排名第 15 名，总部位于加利福尼亚州的库比蒂诺。

苹果公司在 1976 年 4 月 1 日创立，创始人为史蒂夫·乔布斯等三人，在高科技企业中以创新而闻名，目前是全球利润率最高的手机生产商，也是全球主要的 PC 厂商。知名的产品有 Apple II、Macintosh 电脑、Macbook 笔记本电脑、iPod 音乐播放器、iTunes 商店、iMac 一体机、iPhone 手机和 iPad 平板电脑等。

苹果公司连续 3 年成为全球市值最大公司，在 2012 年曾经创下 6 235 亿美元记录，2013 年后企业市值缩水 24% 为 4 779 亿美元，但仍然是全球市值最大的公司。2014 年，美国苹果公司（Apple）已连续第二年超越谷歌（Google），成为世界最具价值品牌。

2. 公司领导层

史蒂夫·乔布斯（Steve Paul Jobs，1955 – 2011），前董事长和 CEO，联合创

始人之一

阿瑟·莱文森（Arthur D. Levinson），现任董事长（Chairman）

蒂姆·库克（Timothy D. Cook），现任首席执行官（CEO）

彼得·奥本海默（高级副总裁兼 CFO）

Philip W. Schiller（营销高级副总裁）

苹果公司现任 CEO：蒂姆·库克

3. 成功的商业模式

3.1 在准确把握消费趋势的前提下，站在市场前面引导市场，通过持续的技术创新使自己始终处于行业领先地位

在苹果公司近 10 年中所推出的产品中，iMac，iPod，iPhone 等无不如此，其简洁时尚的外形、实用的功能、便利的操作，令人耳目一新。这些高价值的溢价产品给苹果带来的是令同行垂涎的超额利润。2009 年，世界十大个人电脑制造商的收入和营运利润中，尽管苹果公司的收入只占行业总收入的 7%，但其营运利润却高达整个行业的 35%。反观作为制造业大国的中国，众多企业缺乏自己的核心技术，也缺乏市场引导能力。低层次的竞争致使我国企业间同质化严重、价格战惨烈，过低的利润率致使自己的生存环境变得越来越恶劣。

3.2 不循规蹈矩，敢于挑战传统习惯思维

苹果公司推出的产品形成一个封闭的体系，封闭的体系虽然会使开发成本增加，但同样带来系统稳定性的优势，进一步增强对客户的黏性。同时也意味着苹果公司出售的每件产品今后会为苹果带来更多收入。有人为此打了个比方：水果吃了就没了，不吃还会烂掉，而一首美妙的歌曲可以世代相传，可以变奏，可以填新词。苹果公司自己生产 iPad 微处理器芯片、自己开发操作系统，打破 30 多年来电脑业的传统，由不同企业生产不同产品，相互协助最终形成一台 PC 的模式。它的环环相扣的设计和生产过程让竞争对手很难做出与它匹敌的产品。

3.3 "苹果"的聪明和可怕，不仅在于它超前的技术设计理念，而且在于它对全球范围内产业链的充分利用和有效整合

产业链本质上是社会分工的体现，对产业链的利用就是对社会分工网络的利用。

苹果的成功告诉我们，面对技术进步和需求复杂化带来的产品和产业的融合，需要创新与突破，不断培育自身的核心竞争力，才是企业在激烈竞争中能够脱颖而出的不二法门。不断的技术创新、管理创新和充分利用产业链是企业的王

者之道。

4. 库克2014新战略

据国外媒体报道，随着新 iPad、iMac、MacBook 和 iPod 的升级，苹果的产品战略在悄然发生着改变，打乱以往一年一次的发布周期。在蒂姆·库克（Tim Cook）的统治之下，苹果似乎迎来了一个新的时代，开始迎合市场的趋势、优化产品的生存能力。

4.1 颠覆产品周期

回顾苹果全部周期内的升级，会看到一个相当长的产品清单：Retina MacBook Pro 和 MacBook Air 升级，新产品搭载新款处理器，但是在风格上却没有出现太大的变化。不过可能有人会说，多年以来，苹果一直都在以这样的方式，推动 Mac 产品线的内部规格提升。但 128GB 的第四代 iPad、带有 VESA 底座的 iMac、新的 16GB 无后置摄像头 iPod Touch，都大大颠覆了苹果传统的产品周期。

所有这些升级都来得悄无声息，与苹果以往奢华的发布活动相比，一反常态地低调。苹果不断推出一些新的硬件产品，有时候会发一封新闻稿加以介绍，而刚刚推出的 16GB iPod touch，更是毫无征兆地在苹果在线商店直接上线。

不过，新闻媒体仍然关注着这样的变化，尽管这些改变看起来微不足道，甚至不值得去办一次像样的发布会。不过这些改变，证明苹果在不断进行产品迭代升级，甚至产品发布周期，也会发生很大的变化。

4.2 优化

在担任 CEO 之前，蒂姆·库克曾是苹果的 COO，帮助这家科技巨头打造了公司历史上最高效的供应链。这意味着，苹果很少会因为库存的积压，而导致成本上升；而制造过程中出错的概率也大幅减少，这些改变帮助苹果保持了较高的利润率。现在，库克可能仍然直接负责这一领域的优化，甚至可能直接将这样的模式应用到苹果的产品本身，而不是仅仅针对制造过程。

上文提到的产品更新，有着很好的针对性。以 iPad 为例，存储容量的提升，帮助这款设备跟上市场的脚步，与 Surface 等产品竞争，并且更好地服务教育及企业级用户。iMac 的更新遭到了批评者的猛烈攻击，但是目标仍然是企业用户；而随着新 iPod Touch 的推出，苹果顺利填补了产品阵容中的一块空白，简化了供应链，并且方便开发人员优化设计。

4.3 灵活

苹果新的产品策略反映出更强的灵活性；在库克掌握苹果大权之后，公司的想法更加易变。虽然这样的产品更新会惹恼一些早期的购买者——有些人入手了一台 iPad，显然并不希望看到 4 个月后，苹果就推陈出新，但是大多数情况下，这样的升级能够扩大潜在的用户群，而并不会疏远现有客户。只要这样的精确升级继续下去，苹果能够从这一新产品开发战略中获益。

4.4　进一步打开中国市场

有一段时间，苹果 CEO 一直都在中国，并且已经与中国工业和信息化部部长进行了会面，就中国新兴的信息与通信行业交流了意见。这是库克在 12 个月内第二次访华。另外，蒂姆·库克参观了富士康（Foxconn）在郑州和天津的工厂，当时有报道称苹果的这家供应商违反了《中华人民共和国劳动法》。

虽然苹果并没有公布库克此次的行程，但其实我们不难猜到，他此行的目的肯定是要增强公司在中国相对较弱的影响力。上季度中国为苹果带来了 57 亿美元销售额，而整个亚太地区的总销售额也仅有 75 亿美元。但这还远远不够（中国是苹果仅次于美国的第二大市场）。而库克也似乎正在想要做出以下尝试，以进一步打开中国市场。

- 开设更多苹果零售店。中国人口超过 13 亿人，但苹果在这个国家的实体零售店却少得可怜。中国大陆仅有 7 家苹果零售店，包括香港在内也仅有 11 家而已。也就是说，平均每 1.92 亿人一家苹果零售店。而相比之下，苹果内部人士指出，仅有 1 270 万人的宾夕法尼亚州便有 8 家苹果零售店，平均每 160 万人一家苹果零售店。很明显，增加零售网点肯定能提高公司在中国的知名度。

- 与中国移动合作。全球最大的手机运营商却到现在都未能推出 iPhone 手机。据报道，中国移动与苹果已经进行了长达 4 年的谈判，却依然未能达成协议。据路透社报道，双方最初表示，最大的障碍在于技术问题，因为中国移动使用的是一种特殊 3G 技术，但现在，问题的关键却是利益分配。有分析师预测，随着中国移动开始铺设 4G 长期演进技术（LTE）网络，双方的谈判会有所进展。苹果承受不起放弃中国最大移动运营商的代价。而中国移动在 3G 市场已经落后于中国第二和第三大运营商——中国联通和中国电信，因此它也需要 iPhone 手机来拉动销售。

- 提供廉价 iPhone 手机。我们曾发表文章，讨论了苹果生产更廉价 iPhone 的可能性，许多读者认为这不太可能。毕竟，苹果对自己的产品一直都是采取高定价政策。结果，随后《华尔街日报》便确认，苹果正在尝试一款新手机：采用不同聚碳酸酯塑料外壳的 iPhone。要想赚中国人的钱，这样一部手机非常关键，因为据估算，北京市普通中国人的年均收入仅有 8 000 美元，远远低于美国人的平均收入水平。当然，美国可能认为在海外推出更廉价的 iPhone 手机是在贬低一个高档品牌的价值，但鉴于中国的人均可支配收入水平，这仍然是一笔巨大的开支。

4.5 苹果或有意放弃小平板市场

距离苹果推出第一款 iPad Mini 以进入小型平板电脑市场至今已经有两年时间，在这两年里，苹果的发展战略每年都在调整，而 2014 年也是如此。最近一次苹果新品发布会留给 iPad Mini 3 的时间不足一分钟，而对于 iPad Air 2 却进行了相对详细的介绍，这也许正是苹果不再重视小型平板电脑市场的开始。

据国外媒体报道，距离苹果推出第一款 iPad Mini 以进入小型平板电脑市场至今已经有两年时间，在这两年里苹果的发展战略每年都在调整，而 2014 年也是如此。2014 年是苹果小型平板电脑策略调整幅度最大的一次，不过这样的调整颇有"越改越差"的意思。

苹果于 2012 年推出了第一款 iPad Mini，售价为 329 美元，而当时多数 Android 平板电脑的起售价只要 200 美元左右，也正因为如此，iPad Mini 的价格在当时被认为过度超出市场承受力。

然而苹果注定要走高端路线，其在寻求产品利润最大化的同时也在用产品本身证明较高的价格是物有所值的。iPad Mini 同全尺寸的 iPad 之间价格相差了 170 美元，这 170 美元带给消费者的是更大的显示屏幕以及更大的存储空间。

2013 年，苹果推出了 iPad Mini 2，其售价也提高至 399 美元。当年苹果对于 iPad Mini 的策略发生了改变，新一代的 iPad Mini 开始向 iPad Air 靠近。iPad Mini 2 和 iPad Air 拥有几乎相同的存储空间以及同样使用 A7 处理器，两款之间产品售价相差 100 美元，两者之间差异明显的仅仅是显示屏幕不一样。

2014 年，苹果再次推出最新款 iPad Mini 产品 iPad Mini 3，不过在笔者看来它却预示着苹果小型平板电脑战略正在走向终结。iPad Mini 3 唯一的升级是加装了 Touch ID，而 iPad Mini 3 的价格却比 iPad Mini 2 多出 100 美元。Touch ID 确实是苹果的一大创新，但它却不足以让 iPad Mini 3 溢价 iPad Mini 2%。

根据上述分析结果和市场发展趋势，笔者认为 iPad Mini 2 的销量将在整个 iPad Mini 家族中异军突起。iPad Mini 和 iPad Mini 2 之间售价仅仅相差 50 美元，但 iPad Mini 2 却装备了新一代的处理器以及 Retina 显示屏，这不能不说是价廉物美。

如果苹果继续推出 iPad Mini 系列产品的话，建议投资者继续加以关注。未来 iPad 的平均售价将会面临较大的下行压力，不过这样的命运在苹果进军小型平板电脑市场之初就已经注定了。面对价格上涨的"瓶颈"，苹果只能从提高销量方面入手。在利润率方面，iPad Mini 的利润率一直维持在苹果产品平均水平以下。iPad Mini 3 因为加入了 Touch ID 而提高了成本，而这一新特色也使得 iPad Mini 3 可以获得较高的利润率。苹果零部件成本下降已经成为业内公开的新闻，这或许会对 iPad Mini 2 的利润率产生影响。

4.6 收购 beats 收购新战略

苹果日前宣布将以 32 亿美元收购 Dr. Dre 的 Beats 耳机，这表明苹果的收购策略出现了重大改变。此前，苹果的收购大部分集中在技术和供应链整合上，比如对 NeXT 的收购和对液晶屏材料生产上 GT 的收购。这些收购都是对苹果已有业务的补充。

对 Beats 耳机的收购则将带领苹果进入耳机和音乐流媒体业务，两个全新的业务领域。在人们眼里，苹果公司从来不是一个街头品牌或者顶尖的耳机制造商。而 iTunes Radio 也远远不是 Spotify 或潘多拉（Pandora）等的对手。

福布斯曾有专栏作家撰文总结道，iTunes 商店是 2013 音乐界输家：苹果的数字音乐旗舰店在 2014 年上半年热热闹闹地度过了自己的 10 岁生日，但它不太可能再辉煌 10 年。这是因为，在流媒体的迅速崛起并为大众接纳的大环境下，MP3 已经走上了 CD 曾经走过的那条路。

在那篇文章里，作者分析称，苹果也知道这一点——这就是该公司最终推出了 iTunes Radio 的部分原因。但这项流媒体服务面临着来自于潘多拉、Spotify、iHeart Radio 的竞争。随着时间的推移，所有这些服务都将侵蚀 iTunes 商店的音乐销售额。他也在文章里提到了当时尚未正式推出的 Beats By Dr. Dre s Beats Music。

所以，苹果最终选择 Beats 也就不难理解了。尽管这是一家高级耳机制造和销售商，旗下的高端耳机售价在 90~420 美元，而且 Beats 耳机一直是苹果零售店里最受欢迎的配件之一，但 Beats 最重要的资产是该公司提供的流媒体音乐服务。

Beats 的流媒体服务比 iTunes 更完整更成功，也更有社交属性。这项服务非常有趣的一个属性是音乐定制服务。用户只需在 Beats 的 app 里输入自己所在何处、和谁在一起、现在的心情，Beats 就会根据这些信息创建一个播放列表。用户还可以关注他们喜欢的艺术家，分享他们的播放列表和评论。

【思考题】 试着总结一下苹果公司的营销策略。

【资料来源】
[1] 陈灿. 苹果公司和它的产品.
[2] 姜霖. 苹果电脑 imac 的案例分析.
[3] 沈培宏. 乔布斯证明产品设计可以创造奇迹.
[4] 伊万·钮（Evan Niu）. 美国行业评论网站 The Motley Fool.

[5] 新浪电子资讯. 苹果战略改变：尽显库克风格.
[6] 福布斯中文网. 苹果收购 Beats 意味着收购战略重大变化.

收集整理：刘潇

吉　　利

——拆分到回归的转型之路

摘要：吉利作为国产汽车品牌的代表，在这些年的发展中，根据自身情况，不断改变战略，并得到了很好的发展，本案例介绍了吉利从合并到分支再到合并的发展历程。经历了不同阶段的吉利，其发展方向又有了很大的不同。李书福在浙江宁波的经销商大会上，发布"宁波宣言"表示，吉利将告别低价取胜战略，从而转向技术领先、品质领先、客户满意、全面领先四大目标转型，并取得了很大成功。2014年5月，由孙晓东酝酿多时的"聚合未来"品牌战略正式推出，这一战略的核心是回归到一个吉利品牌，取消帝豪、英伦和全球鹰三个子品牌，并力争在两年时间内将车型全部切换为由帝豪优化而来的全新品牌。这一全新战略也使我们十分期待他的成果。

关键词：吉利；收购；转型；回归

1. 公司介绍

1.1 吉利从卖冰箱起步

说到吉利，相信很多人都会想到李书福。不过就像许多知名企业一样，吉利汽车的前身一开始也不是卖汽车的，而是卖电冰箱的——1986年，吉利创始人李书福向家里人借钱，以冰箱制造业为起点在浙江台州开始创业。1994年，李书福进军摩托车行业，并且制造了中国第一辆踏板摩托车。

吉利集团正式成立的时间是1996年，在1997年前后，吉利完成了相关厂房的建设以及前期投资准备，自此吉利才算是正式进军汽车行业了。不过这年对于中国汽车工业还有另一个更重要的意义——它成为中国第一家民营汽车企业，吉利是中国自主企业工业的领军者。1998年，吉利第一辆汽车在浙江临海市下线。

1.2 开始上市到进军海外市场

2002年时，吉利发生了重大转变，它由一家家族化经营的企业，转型成聘请职业经理人的现代股份制企业。2003年3月，浙江吉利控股集团有限公司正式成立。2004年，吉利计划上市，并在2005年5月成功在中国香港上市，交易代码为0175HK。

吉利在2005年就大胆地走上了在德国最有影响力之一的法兰克福车展，接下来又在2006年参加了美国底特律车展。这表明吉利要进军欧美市场的决心，不过在这些老资历厂商当道的市场，不得不说吉利还很嫩，吉利至今还没有进入美国市场。不过吉利现在已经开始在欧洲部分国家销售了，至少还是迈出了前进的步伐。

1.3 吉利近年最震撼举动——全资收购沃尔沃轿车

2008年，金融海啸卷席全球，美国汽车巨头首当其冲，遭受重创。当时，瑞典的著名轿车品牌沃尔沃属于美国汽车巨头福特汽车旗下的子公司。一直主张自主生产，不走合资道路的吉利，这个时候却打起了全资收购外国名车企自己当主人的如意算盘，当时中国的经济环境相比衰退迅速的欧美来说可算是强多了。

2008年年中，吉利就收购沃尔沃轿车一案与福特汽车开始了谈判。2009年10月28日，美国福特宣布吉利成为沃尔沃轿车的优先买家。此时吉利虽然还没有正式买下沃尔沃，但这表明吉利成功收购沃尔沃轿车已经是板上钉钉的事情了。

2010年3月28日，福特正式以18亿美元的价格，将沃尔沃轿车出售给吉利汽车集团。2010年7月，中国和欧盟政府正式同意了该交易。吉利于该年8月完成向福特的款项转移，其中13亿美元以现汇转账方式、2亿美元以现钞支付方式交付，首批付款15亿美元，接下来的3亿美元则在这之后逐一付清。吉利收购沃尔沃轿车成为迄今为止涉及金额最大的中国车企海外收购案。在这场收购案中，吉利可谓赚足了眼球。

吉利的收购可以说是非常成功的个案，其中有过丰富海外车企工作经验的吉利副总裁赵福全可谓功不可没。德国大众集团美国分部前执行总裁Stefan Jacoby现任沃尔沃轿车的董事长及执行总裁。而吉利的创始人——李书福任沃尔沃轿车董事会主席。

这里值得注意的是，吉利收购的是沃尔沃轿车，而不是沃尔沃集团（AB Volvo）。沃尔沃集团旗下有众多子公司，包括了沃尔沃卡车、沃尔沃客车、沃尔沃航空等。

1.4 吉利主要品牌

吉利在2008年推出了中国龙车型后，随即取消了吉利品牌，原先少量吉利品牌的汽车目前也转到全球鹰品牌下，比如吉利熊猫。目前吉利的主营品牌为吉利全球鹰、帝豪以及英伦（见下表）。

吉利旗下品牌简介

品牌	定位
吉利	综合性品牌，目前已不再使用，但吉利有计划重新开启该品牌
全球鹰	目前吉利集团主打的综合性汽车品牌，包含了微型车、轿车及SUV
帝豪	中高端轿车品牌
英伦	吉利与英国锰铜合资，主要生产伦敦出租车
沃尔沃	吉利成功收购的瑞典老牌豪华轿车品牌

2. 主要战略

2.1 先生存后发展：改变低价战略

经过十几年的发展，吉利汽车的战略发展方向越来越清晰了。从混沌到清晰，从低端到中端，从国内到国际，从产品到品牌，从价格到价值，它走了一条产品不断升级的发展之路。要走好这条路，吉利离不开对发展战略的把控。

在本土品牌价格战、合资品牌渠道探底的双重变局下，李书福在浙江宁波的经销商大会上，发布"宁波宣言"表示，吉利将告别低价取胜战略，转向技术领先、品质领先、客户满意、全面领先等四大目标转型。这四大目标可以看作吉利战略升级的关键动作。技术领先、品质领先、客户满意、全面领先都是一种服务要求，以有别于吉利以前只打价格战、单纯追求销量的做法。单纯的价格战只能造就低端的品牌形象，而四大目标的提出，可以使整个品牌形象得到进一步提升。

在吉利的一份《吉利战略转型报告》绿皮书上，明确写着吉利2007~2015年的战略构想：第一阶段（2007~2009年），吉利要变成"有知名度"的品牌；第二阶段（2010~2012年），吉利要成为"有影响力"的品牌；第三阶段（2013~2015年），吉利要成为"有竞争力"的品牌。从这样的战略规划中，我们可以看出吉利由低到高的整个品牌发展思路，以至于前期不怕品牌定位错误，混然定位于"造老百姓买得起的汽车"，因此获得了低端车市场的品牌知名度；由于价格低、受众广、市场驱动快，使吉利第一阶段的任务只用了10多年时间就完成了"有知名度"的品牌任务。第二阶段的"有影响力"显然还在努力当中，有影响力的意思，是要成为一定品类层面的有号召力的品牌。吉利为做到这一点，开始做独立子品牌，如英伦汽车，完全抛弃以前母子品牌机构的模式，独立发展。当然，这一阶段吉利的战略，就是追求价廉物美，先生存后发展。在品牌策略上，不断细分多种产品，如"美人豹"跑车，其产品线跨度之大，现在想起来，吉利都会为他们的胆大而庆幸。可以说，没有胆大就没有吉利的今天。所以，有时候胆识胆识，胆是何其的重要，有了胆，能使人做出超出原有能力一半以上的事情，这就是胆的力量。企业活下来了，产品一定要升级，品牌也要提升。此时的吉利做了两件事，这是提升其品牌价值的重要战略手段。其一，并购沃尔沃品牌。沃尔沃在全球豪华车品牌中居前四位，近百年的历史中，还没有被一个初出市场的小汽车公司的掌控过，特别是在各个方面都不如自己的公司，吉利做到了。吉利此举，不仅让其品牌知名度提升到了无与伦比的高度，更为其品牌影响力达到了前所未有的高度。有了这两个高度，吉利的品牌提升就变得轻松多了，容易多了。因为，有了沃尔沃在其品牌后面站着，吉利的品牌无形之中也得到了提升。

2.2 一个吉利

在两年一届的 2014 年北京车展上，全球车企使出浑身解数逐鹿中国这个保持了多年的全球最大的市场。虽然不及其他同行那样有重磅级新车亮相，但吉利同样引起业界广泛关注。车展开幕前夜，由孙晓东酝酿多时的"聚合未来"品牌战略正式推出，这一战略的核心是回归到一个吉利品牌，取消帝豪、英伦和全球鹰三个子品牌，并力争在两年时间内将车型全部切换为由帝豪优化而来的全新品牌。

由原帝豪品牌演变而来的全新吉利品牌，在保持了原帝豪"形"似的同时，强化了"神"似，比如，色调由"红黑"优化为"蓝黑"，三蓝三黑的颜色寓意吉利未来驰骋在蓝天和大地的同时，并希冀这个品牌像设计者所描绘的人类的"六块腹肌"那样健康。

孙晓东坦言，回归到一个吉利品牌的战略，推动力的源泉是吉利与沃尔沃联合开发平台上的车型规划已经绘就。同时，客观上，原有的帝豪、全球鹰、英伦三个子品牌，无论销量还是品牌溢价都使吉利提升的空间有限。汽车资深评论家吴迎秋称，奇瑞、吉利等自主品牌都在回归到一个品牌，既是对"多生孩子多打架"的纠错，也是一种理性回归。吉利与其他自主回归到一个品牌也有很大不同，吉利所具备的与沃尔沃共同开发的车型平台，是其他品牌所不具备的，也是最大的优势所在。

回归到一个吉利品牌后，帝豪、英伦和全球鹰三个子品牌将逐步转化为一个吉利品牌旗下的产品系列。吉利未来将依托 KC、FE（Framework Extendable）以及和沃尔沃联合开发的中级车模块化架构为基础，开发和升级"KC、帝豪、远景、金刚、熊猫"等几大系列产品，产品覆盖 A00 级至 B 级市场。根据市场需求，不同系列将拥有不同产品类型。比如，基于 FE 可扩展平台开发的帝豪系，未来可延伸出三厢、两厢、Cross 和 SUV 等多种车型。

孙晓东强调，与沃尔沃的合作使得吉利在平台化生产上受益良多，未来两三年内，吉利将打造两个全新平台和一个新的产品构架。其中预计2015年建成的FE平台，可覆盖帝豪、远景A-及A级车平台，轴距从2 550mm至2 700mm，可承载全面的动力选择，提供电驱动解决方案等。

2.3 车型规划

回归到"一个吉利"后，吉利汽车将分为五大系列。熊猫系列主打微车市场；金刚系列将主打小型车市场；远景系列的目标为低端紧凑型轿车市场；帝豪系列则主攻紧凑型轿车阵营；未来的KC系列将扛起吉利汽车中型车的大旗。

2.4 新平台将取代现有平台

同时吉利还发布了最新研发成果可扩展性平台（Framework Extendible，以下简称FE平台），该平台与大众的MQB模块化平台类似，在平台设定好的基础上可以随意更改参数，也可以研发出多种车型。

吉利FE平台将主打紧凑型和紧凑型以下的轿车，轴距可在2 550~2 700mm调整。轮距可在2 500~1 570mm调整。前轮悬挂均为麦弗逊式，后悬挂则可以选择多连杆或半独立悬挂。

另外，在FE平台中可研发部轿车、SUV和MPV等多类车型，同时也可以搭载出混动、纯电动等多种动力系统，并且零件通用率也在行业主流水平上。

虽然吉利现有车型是在KC平台（现有平台）中研发，但未来吉利将逐渐淘汰KC平台，以后的新车研发和制造都会在最新的FE平台和CMA平台中研发，也就是说吉利现有平台都会被淘汰。

2.5 重新整合渠道

今后，吉利还将重整渠道，由之前的全球鹰、帝豪和英伦三个渠道进行整合，整合完毕后，消费者可在吉利经销商处购买到吉利全部车型。另外，渠道整合也得到了经销商的认可。

继奇瑞之后，吉利也开始收回品牌回归到之前的"一个吉利"。由于自主品牌起步较晚，多品牌战略虽然在短时间内可以为企业带来不错的效益，但分散的战略不利于自主品牌长期发展。吉利此次品牌整合时机非常及时，同时新平台的发布也让大家看到了吉利的未来与希望。

2.6 互联网宣传战略

当车企还在研究如何利用互联网思维卖车的时候，利用互联网思维进行营销在吉利已经小试牛刀。"吉利GX7飞机争霸赛"借助微信的渠道一经推出，到吉利全国经销商报名参赛的人就络绎不绝。孙晓东称，他的目标是通过打飞机争霸赛使吉利官网能够有9 000万次的点击率，结果不到三周就得到了3 230多万次的点击。这只是孙晓东施政吉利两年的其中一个桥段。

孙晓东入主吉利后，首个大动作就是以热络的SUV市场为切入点。由吉利GX7组成的车队从最南端的广西东兴出发，一路北上，横跨10省市，行程1.8万多公里。这个吉利历史上绝无仅有的"吉利GX7海岸之旅"营销活动，首次让市场对吉利的SUV有了社会认知。车队所到之处，还展开沿途海岸城市"小微企业生存状况调查"。由于很多"小微企业"都和李书福（点击查看最新人物消息）一样同属民营身份，活动沿途得到了很多小微企业主的心灵认同。活动所带来的效果是，吉利GX7此后月均销量攀升至6 000辆左右，成为吉利继帝豪系列之后，又一款可以上量的车型。不过孙晓东说，通过活动带动销量固然很好，但是通过"GX7海岸之旅"更想传达吉利与市场的黏性，目的就是要让消费者在选购本土SUV产品时，能够想到吉利。

执掌吉利销售大权后，孙晓东围绕提升销量的营销和提升品牌认知的战略手段接二连三，且"卡位"准确。GX7 2014款在海南博鳌上市前夕，2万个带有吉利LOGO的杯子、烟灰缸免费投放至海南的大小餐馆、酒吧。以至于另外一家也在海南召开经销商年会的车企走到哪里看见的都是吉利的LOGO，其在表达不满的同时也对孙晓东烙印明显的营销力不得不竖起大拇指。

尽管不少营销获得业界点赞，但并非都是花大钱才能办大事，"小钱也能办大事"也是孙晓东施政吉利近两年来践行的一个宗旨。2014年4月中旬，吉利全新金刚选择在河南嵩山少林寺举行上市仪式，孙晓东寥寥数语解释说，选择少林寺，是因为经过改款升级的金刚如同少林弟子一样满身"功夫"，而吉利金刚在中国的江湖地位就是中国的桑塔纳。

【思考题】通过本案例，总结吉利的营销策略是如何运用的。

【资料来源】
[1] 陈胜博. 探究吉利汽车集团的发展史.
[2] 孙晓东. 施政吉利：战略谋品牌 战术提销量.
[3] 郑新安. 吉利汽车的战略转型策略. 载品牌中国网.

收集整理：刘潇

花旗银行的数字化战略

> **摘要**：花旗的战略是基于花旗所确定的当代三个长期的全球性趋势：全球化——全世界各国之间、经济体之间和市场之间的联系越来越密切；城市化——人口和经济增长越来越集中于城市；数字化——大大小小的技术创新释放出革命性力量，并一直在以难以估量的程度提升效率。花旗数字化战略有三个核心支柱：
>
> 其一，花旗所做的一切都是以客户为中心的。花旗追求的是向目标委托人和客户提供最优质的体验。
>
> 其二，花旗的工作必须具有全球适用性。花旗将充分依托花旗的全球经验与遍布全球的营业设施为跨国公司客户提供一站式解决方案。
>
> 其三，花旗正在创立数字化合作伙伴关系。花旗正在与现有和潜在的伙伴一起努力建立新的销售渠道，通过数字化方式扩展花旗业务的深度和广度。
>
> **关键词**：花旗；全球化；数字化

1. 公司简介

花旗银行（Citibank, N. A.，中文名"花旗"源于上海市民对该行的习惯性称呼）是花旗集团旗下的一家零售银行，其主要前身是1812年6月16日成立的"纽约城市银行"（City Bank of New York），经过两个世纪的发展、并购，已成为美国最大的银行，也是一家在全球150个国家及地区设有分支机构的国际大银行，总部位于纽约市公园大道399号。2012年9月19日，花旗银行（中国）有限公司在上海宣布在中国的信用卡业务正式运作。

2. 案例内容

余额宝和其他各种"宝宝"们大爆炸的冲击波尚未过去，给金融监管部门出的难题尚无答案，互联网金融大战依然在持续升级。

这回，咄咄逼人的互联网企业又开启了"互联网金融2.0"——交互式的虚拟金融超市，满足新一代金融消费者的"翠色化"、"浸润化"、"客制化"、"数字化"需求特征。

大洋彼岸，银行虽然并未直接面对互联网企业的挑战，但全球化、城市化、数字化依然是绕不过去的"坎儿"。

互联网之于传统金融，究竟是装满灾祸的"潘多拉盒子"，还是通向美丽新世界的"仙境之桥"，其间的差异或许在于，金融机构是否有勇气跳出自己的"舒适领域"（comfort zone），拥抱新事物，探索新边疆。

花旗的数字化战略有三个核心支柱，即以客户为中心、全球适用性和数字化合作伙伴关系。

在金融领域，银行业一直具有创新性，如从发明新产品信用卡到发现、并以银行的资源在背后支撑具有划时代意义的项目。例如，花旗向跨大西洋海底电缆和巴拿马运河工程提供了不可缺少的资金支持，这两个项目在当时都是具有革命性的通信和交通工程。

在对花旗自己的经营方式进行革命性改造时，花旗银行始终行动迅捷，致力于以技术的力量使客户受益。花旗是最早普遍使用自动柜员机（ATM）并实现行业标准化的银行。花旗一直在全世界寻找新思想和技术创新，从花旗在硅谷的开拓性业务，到花旗遍布全球的数字化实验室，并使这些创新具有安全性、稳健性和规模效益，这是全球化银行体系所必须做的。

花旗的使命是推动进步。通过向客户提供最优服务以满足其金融需求、帮助个人管理资金和积累财富、帮助政府向全世界数十亿人提供服务，以及帮助企业创新，并向未来具有划时代意义的项目投资等途径，花旗在履行自己的使命。为了实现这些目标，花旗必须紧跟发展趋势，或超前于发展趋势。

花旗的战略是基于花旗所确定的当代三个长期的全球性趋势：

全球化——全世界各国之间、经济体之间和市场之间的联系越来越密切；

城市化——人口和经济增长越来越集中于城市；

数字化——大大小小的技术创新释放出革命性力量，并一直在以难以估量的程度提升效率。

人们很容易理解这些趋势之间是相互联系也是相互促进的：数字化使世界"变小"，从而驱动全球化，这又会创造更多财富，并推动城市的发展；在城市里，越来越多的消费阶层购买数字化产品，并投资于技术创新。对银行来说，最值得关注的是数字化正在如何改变所有人——企业、政府、消费者管理货币的方式。

2.1 银行的数字化挑战

数字化给人们的预期是将改变所有事情——使银行业务更加个人化、更加有效率和更加便利。但什么是真正的新事物？长期以来银行难道不是一直在进行数字化经营吗？

答案既是肯定的，也是否定的。

花旗银行平均每天转移3万亿美元的企业和机构资金，高峰时每天达到9万亿美元，超过美国年度国内生产总值的一半。几乎所有这些资金转移都是电子化的。从很多方面讲，花旗认为自己是一家持有银行业务牌照的技术公司。

但从消费者的支付情况看，上述资金转移的数量并不大，尽管金额不小，因为消费者在多数情况下仍然用现金支付。实际上，即使在今天，85%的全球消费者支付仍然是通过纸质工具。从金融业数字化方面的成就看，花旗仅实现了全球消费者15%的交易量。这说明花旗仍然有很大的改进和增长空间。

预期收益是巨大的。由花旗集团和伦敦帝国理工学院共同进行的一项研究发现，数字化货币使用率仅仅增加10%就会使1万亿美元的"账外"交易额回到正常经济体系中——这会相应增加全球税收收入1 000亿美元。在各国政府都在努力增加税收和履行其职责的时期，这将是非常显著的成果。

对企业来说，预期收益也很大，但只有那些能跟上潮流的企业方能获益。麦肯锡咨询公司预测，仅在美国，在未来3年内，采用数字化和移动通信技术就将使3 500亿美元的市场份额在公司之间发生转移。换句话说，一些公司会赢得市场，而另一些公司则会失去市场。胜利者将是那些拥抱数字技术、将业务范围扩展到全球、并开始探索直接面向消费者机遇的公司。随着这些企业扩展其业务领域和范围，花旗希望成为与它们合作的银行。

对客户来说，收益可能最直接，也很容易理解。花旗每天的生活都离不开这些技术——不仅仅是ATM，还有网站、平版电脑和移动应用程序等。这些技术都具有划时代意义：今天你不需要走进一家实体银行网点即可办理几乎所有银行业务——不久之后，就将是所有业务，而不是"几乎所有"。

对银行来说，最值得关注的是数字化正在如何改变所有人——企业、政府、消费者管理货币的方式

2.2 数字化助力普惠金融

也许最重要的变化是那些影响到花旗社会中最脆弱群体的变化。在建设其通信网络时，许多发展中国家飞跃了固定电话的发展阶段，直接步入移动时代。花旗在信用卡业务领域也注意到类似的趋势。移动技术的使用已经非常广泛——目前全球超过30亿人使用移动电话，但只有大约20亿人有银行账户。在那些传统银行业还不是很发达的国家中，有许多正在直接使用移动支付，同时越过了塑料卡片和网点建设的阶段。有了一部智能手机就相当于一家银行在你手中了。

花旗预计，数字货币使用率每提高10%就会将2.2亿人口带入银行体系，帮

助他们为未来生活储蓄，并实现其财务目标。普惠金融、增强经济实力和提高效率是花旗集团积极促进向数字化货币转变的原因。花旗是非营利组织"优于现金"联盟（"Better than Cash" Alliance）的一名创始合伙人，该组织在全球范围内促进数字化支付的应用。另外，花旗正在与美国国际开发署合作，将对外援助的资金支付数字化。这将有助于防治腐败和资金挪用，使援助资金能够直接到达目标受援者的手中。

2.3 数据跨境自由流动：安全与效率可以兼得

花旗也许都认同安全性是数字化应用中所面临的最大挑战。而且风险远远不止是媒体头条所披露的数据泄露和网络盗窃。比如，在数字化环境下，银行业多年来一直在努力打击的洗钱等问题会更加突出。因此，在拥抱创新和数字化货币带来的好处时，花旗必须坚定地执行数字化行业标准，这是支撑目前支付资金流的基础。

一些国家的政府认为，限制私人企业跨境转移、存储和处理数据的能力可以在一定程度上保护使用者的隐私和提高安全性。但这些良好的愿望最终是南辕北辙。对全球经济来说，数据的转移与货币的转移同样重要。这不仅对银行，而且对花旗那些确实在许多国家办理业务的客户都是至关重要的。就像资金跨境流动一样，数据跨境流动使企业能够整合人力资源、管理全球供应链和客户网络、保持国际竞争力，而这些都是企业成长和壮大所必需的。数据的自由流动完全可以符合法定安全性要求。正如花旗都知道的，企业每天都在努力平衡这些关系。花旗集团正在与其他企业一起开发一种国际机制来管理各个行业的跨境数据。

有了一部智能手机就相当于一家银行在你手中了。

2.4 花旗的三支柱数字化战略

其一，花旗所做的一切都是以客户为中心的。花旗追求的是向目标委托人和客户提供最优质的体验。

其二，花旗的工作必须具有全球适用性。花旗将充分依托花旗的全球经验与遍布全球的营业设施为跨国公司客户提供一站式解决方案。

其三，花旗正在创立数字化合作伙伴关系。花旗正在与现有和潜在的伙伴一起努力建立新的销售渠道，通过数字化方式扩展花旗业务的深度和广度。

2.4.1 以客户为中心

花旗的客户越来越希望通过数字方式与花旗办理业务。目前，花旗与客户之间的互动超过60%都是通过在线服务进行的。仅从银行卡业务一项来看，花旗在线支付的增长速度是传统"刷卡—支付"交易方式的两倍。实际上，整个银行业都一致发现，使用数字化服务的群体比不使用群体的满意度高，而使用移动技术的群体的满意度更高。此外,客户越年轻,这种趋势也越明显。

花旗对数字技术的关注和大量投资反映了这一加速发展的趋势。花旗认为,在向客户提供世界级的体验方面,数字技术至关重要,而且花旗的移动银行业务平台目前在30多个国家运行。非常简单的事实是,数字化使多数交易互动变得更好、更快,也更便宜。

花旗已经开发了一个"花旗银行快车",或花旗非正式地称之为"盒子银行"的系统。这是下一代的ATM,客户可以在"盒子银行"办理几乎所有在传统营业网点办理的业务,包括开设账户、申请贷款、信用卡和银行本票等。实际上,这种设备还可以即时发放银行卡——客户不再需要通过邮寄获得银行卡。这种设备还具有在线连接银行业务、视频沟通和生物识别身份的功能。客户可以在计算机或移动设备上启动一项交易,然后在"盒子银行"完成交易,反之亦然。

公司业务的需求也同样巨大。例如,花旗的"花旗速度"移动交易平台将交易员的所有需求整合到一部手机中,包括数据流、研究、协作和实时交易功能等。在技术要求最高的环境下——其特点是多屏显示和网页内容显示零等候时间——花旗已经启动了一个移动设备解决方案,将所有这些特点整合到一个4英寸的屏幕上。这一平台是花旗在以色列的实验室研发的,2013年12月投入使用,目前每周平均的交易额是20亿美元。

2.4.2 全球适用性

管理一家在100多个国家运营的银行,一个巨大挑战是如何确保花旗的众多产品和程序尽可能具有全球适用性。"花旗速度"是一个很好的例子。另一个例子是"花旗移动直通车",该产品可以使企业利用花旗的支付设施在任何地点完成移动支付。公司的财务主管不需要到柜台来支付账单。如果愿意,他们可以在海滩上办理这一业务。这是花旗在爱尔兰实验室的一个创新产品,这一平台目前在90个国家运行,使用16种语言,而且与超过50种设备兼容。在最初8个月的运行中,这一平台的交易额是10亿美元。2013年这个数字增加到1 150亿美元。仅2014年1月份,通过手机就办理了250亿美元的支付。而且花旗也注意到,使用"花旗移动直通车"的公司客户支付金额流量增长是所有企业客户平均支付金额增长率的3倍。主要是由于这一平台的成功,2013年,花旗被《全球金融》(Global Finance)杂志评为最佳全球移动银行。

银行需要在整个价值链上建立合作伙伴关系,也期待其他机构能够带来不同的能量。

2.4.3 数字化合作伙伴

花旗一直在与客户一起积极开发新的数字化分销渠道,以满足他们的特定需求。

例如,在墨西哥,花旗与美洲电信一起,创建了"转账"移动支付平台,向没有银行账户的群体提供服务。墨西哥政府目前正在使用这一平台来发放款项，而且墨西哥最大的便利店 Oxxo 也加入这一平台。消费者可以利用该平台存取现金和购物。该平台 2012 年 5 月启用，目前有 120 万名活跃的消费者，每月增加 12 万人，其中 60% 是首次接触银行业务，而且其中 80% 是花旗银行的新客户。这一平台对消费者有利，对花旗有利，对金融体系有利，对本地经济发展也有利。

在世界的另一端，在更富裕消费者群体中，花旗同样感到自豪的是与中国香港和记黄埔有限公司的移动子公司"3"的合作。花旗一起开发了"3 花旗钱包"，这是一个智能手机应用，提供一体化的支付方式、会员回馈计划和商业信息服务。

当然，花旗的努力不仅限于消费金融领域。例如，花旗正在为美国安泰保险（放心保）公司开发一个支付系统，该系统将改变这家保险公司和整个医疗行业针对病人的账单发送和收款方式。

在所有这些案例中，花旗都在利用花旗的全球银行业务平台和能力，帮助创造新的数字化生态系统和价值。但花旗认识到，成功不仅依赖于花旗本身，花旗需要在整个价值链上建立合作伙伴关系，也期待其他机构能够带来不同的能量。

全球化、城市化和数字化是三个全球性趋势。花旗认为，不仅花旗银行可以从这三个趋势中获益，而且通过向全球客户在统一数字化平台上提供解决方案，花旗正在为加速这些趋势的划时代影响做出积极贡献。

无论是在交易大厅，政府办公楼，跨国企业的司库部门，还是在每一位个人客户的掌中，花旗的未来都是全球性的——也将是数字化的。

【思考题】

1. 花旗银行全球策略中，最突出的是哪部分策略？
2. 对我国的银行业有何借鉴意义？

【资料来源】

[1] 百度百科. http：//baike. baidu. com/view/35354. htm？fr = aladdin.

[2] 花旗集团首席执行官高沛德 2014 年 2 月 25 日在西班牙巴塞罗那举行的世界移动通信大会（Mobile World Congress）上的演讲. (http：//www. citigroup. com/citi/news/executive/140225Ea. htm).

收集整理：刘潇

加多宝品牌战略

> **摘要**：本案例介绍了加多宝集团历年营销战略，以及在 2014 年夏季达沃斯会议上，凉茶领导者加多宝作为饮料供应商高调亮相，以古老的中国养生智慧及国际化的市场号角吸引了全球政要和新领军者的目光。2014 年 11 月在北京举行的亚太经合组织峰会（APEC）上，加多宝以官方唯一指定饮品的身份再次亮相，至此，其进军世界市场并闪耀于全球舞台的雄心展露无遗。更加值得注意的是，作为一款典型的中国传统饮料，加多宝在此次亚太峰会的亮相有着更多的象征意义。在一个中国主场的场合，作为中国首批国家级非物质文化遗产的凉茶出现于此，就隐喻着这样一个事实：古老的中国正在重新被唤醒，并自信地走向世界。
>
> **关键词**：加多宝；战略；世界

1. 公司介绍

加多宝集团是一家以香港为基地的大型专业饮料生产及销售企业。目前，加多宝旗下产品包括红色罐装、瓶装、盒装加多宝和昆仑山雪山矿泉水。加多宝（中国）饮料有限公司勇于创新，为整个凉茶行业注入新生命。集团于 1996 年推出了红色罐装凉茶，并引进新的营销概念，加上不断技术改良，产品为广大消费者所接受。2006 年，加多宝集团生产经营的红色罐装凉茶被广东省文化遗产认定委员会，因"其历史悠久，具有充足的普遍价值"而评为"广东省食品文化遗产"。

2. 案例内容

2.1 传统主要战略

2.1.1 产品战略

产品战略包括产品组合和产品包装。产品战略和品牌定位一致，可以得到消费者的认可。加多宝定位为预防上火的饮料是从消费者对加多宝凉茶独到的认识上，因此，加多宝产品方面的战略定位之前或之后，都保持了一贯的作风。加多宝集团采取单一产品策略。目前，加多宝集团只推出 310 毫升包装规格的红色罐装凉茶，是红罐加多宝凉茶在市场上唯一的市场产品。与可口可乐相比，加多宝类是非常简单的。加多宝集团坚持加多宝作为凉茶专家，而不是一个品牌推广到饮料全能王。一个品牌，有可能引入不同形式的产品或服务，称为不同的项目。定位理论是，如果品牌可以有一个独特的和令人难忘的代表品质，将有利于进入顾客心智并扎根其中，在客户中有需要时是容易的优先选择。红罐加多宝放弃更多的品项和包装，使用一个单一的产品策略，尽管已经错过了一个潜在客户的风险，但专心打造品项，使它迅速地进入顾客心中。因此，加多宝推出的 310 毫升包装规格也成为罐装凉茶品项的代表。

2.1.2 价格战略

价格在一定程度上是品牌独特价值的体现，品牌定位本身就是要在消费者心智中建立品牌的独特形象，所以，价格的制定和调整必须与其品牌定位相适应，品牌定位通过价格体现品牌的独特价值。

2.1.3 高价策略

消费者对一新的品类价值判断，往往通过价格达到。如加多宝本身作为一类新的品类在消费者面前，适当的高价有利于顾客看好凉茶这一品类，也有利于相对较小的目标人口。加多宝罐装饮料，零售价为 3.5 元/盆，价格较高，高出代表主流饮料罐可乐 75%，这配合了它高势能源点人群的营销，建立高档饮料形象，保持客户的认可程度。高价格是质量的体现。消费者的传统思维方式是便宜没好货，好货不便宜。加多宝是草本饮料，如果价格低于普通的饮料，它会导致消费者的疑问，加多宝坚持高价格是给消费者提示：购买加多宝，质量是保障的。

2.1.4 长期稳定的价格

一个值得信赖的品牌，应该是一个很长的时间保持不变的价格。加多宝 10 年没有过高地调价，会给消费者带来安全感。质量稳定，因为目标消费群是稳定的。价格的不断变化，不仅容易引起消费者对品牌质量产生怀疑，而且会伤害消费者的感情。面对激烈的价格战，加多宝仍然保持一致的风格，除了特别促销，红罐加多宝价格很少低于 3.5 元。如果价格战过于激烈，产品价格趋同，将导致产品的同质化，消费者的个性化需求无法满足。加多宝作为凉茶第一品牌，预防上火作为主要的市场定位，如果也开始了价格战，将价格降到比主流碳酸饮料价格更低，很难说服自己预防上火效应。

2.1.5 分销战略

渠道是连接企业与消费者的频道，企业的产品或服务最终是通过渠道传递到消费者。分销渠道是一个定位手段，也是定位的一种体现方式，定位于适当的分销网络，以特色的销售渠道发挥作用。在分销渠道建设中，加多宝凉茶紧紧围绕定位,利用现代渠道,树立品牌形象,用传统的渠道拓宽市场,利用餐饮的渠道提升品牌价值,发展特殊渠道来寻求突破。

- 现代渠道。

现代渠道主要包括大卖场和超市等,其中仓储超市主要依附于大型商业集团,具有广泛的品牌影响力和令人信服的金融信贷。一般来说,现代渠道市场管理水平和办公自动化程度高,集中式电脑化管理,统一采购、统一配销、统一结算、基于雄厚的资金实力和金融杠杆的能力,现代渠道以其庞大的产品吞吐量为广大厂家所侧目。此外,大型商场、超市往往有一个大客流和集中的特点,这将成为免费的广告效果,提高品牌意识。因此,现代渠道将越来越受到重视。获得市场的认可,成为现代渠道红罐是最好的选择,在现代营销的渠道主要采取从当地经销商的直接供货,产品直接放在大超市、大卖场,入场费、堆头费等费用则由加多宝集团承担。

- 常规渠道。

加多宝常规渠道成员主要包括经销商、批发商、制造商和许多小店。加多宝通过分区域、分渠道的方法涵盖了商店、餐厅和专用终端店,形成了完整的销售网络。加多宝在每个省设立一个分销商,经销商下面可以开发多个经销商。加多宝分布最大的特点可以保证在每个分销渠道利润,以最大限度地调动经销商的积极性。不放过一个网点是加多宝在城市终端渠道发展的要求,这是强大的渠道发展成就了加多宝的销售业绩、

- 餐饮渠道。

加多宝紧紧围绕预防上火的市场定位,选择湖南菜、四川菜和火锅店为加多宝诚意合作店,投资基金和联合促销,使这些终端网站成为重要的地方广告,设计电子显示屏和红灯笼等宣传促销品免费赠送,让消费者享受加多宝的味道,宣传其祛火的功能,同时培养目标消费者。

- 特殊渠道。

在饮料行业,越来越多的企业希望集中在交通频道、娱乐频道、体育频道和网吧渠道。加多宝特殊渠道主要是夜总会和网吧。夜场的操作除了常规的请导购、提供品尝品之外,还进行了一次联合促销,如啤酒联合促销打出了买1扎啤酒赠送2支加多宝活动。此外,加多宝开始尝试用加多宝兑红酒营销,甚至加多宝兑威士忌成为一部分人欢迎的饮料。网吧的主要经营方式是展示费,提供冰桶,搞公共关系营销,对网吧工作人员收集拉环换小礼品等。

2.1.6 促销战略

促销的目的和任务是进行独特的品牌信息传播,而独特的信息是品牌定位的关键点。因此,促销策略从品牌定位出发,把握品牌在营销过程中的特殊价值。加多宝推广策略是运用各种形式的广告、促销和公共关系活动加强预防上火这个

品牌的定位和有效的沟通，加强加多宝凉茶中国饮料第一罐的高度信任。

2.1.7 广告战略

持续巨额的广告投入不仅为加多宝凉茶迅速走向全国市场打下良好的基础，而且广告投入和商业收入往往成正比，这有利于巩固消费者心中的加多宝凉茶预防上火效应和中国最受欢迎的饮料罐头的地位。加多宝重新定位为预防上火的饮料后，要在最短的时间内占据消费者心中的位置，占据消费者心智资源，就必须选择合适的宣传平台。在众多的国家级电视媒体，中央电视台在收视率或权威上最具影响力。因此，加多宝预防上火的定位在消费者心智中占据第一的位置，需要使用中央电视台这个中国最权威，最核心的高端广告平台。

促销活动

加多宝采取了形式多样、内容丰富的促销方法，一方面鼓励现有的消费者购买来增加销售；另一方面吸引更多的新客户，抢占竞争对手的市场份额。

（1）开展国家主题和节日促销活动。这些活动包括"夏季开始炎炎消夏加多宝"、"绿水青山任我行刮刮卡赢得避暑山庄门票"活动、"假日主题福到吉到团圆到"、春节促销活动、开心假期、"加多宝相伴五一"促销活动和双节庆团圆、"好礼送万家"促销活动。

（2）赞助体育赛事。在现代社会，体育运动已成为日常生活的重要部分。无论在激烈的职业比赛，或常见的休闲体育，体育社会影响力与日俱增。随着市场的不断扩大，公司对体育市场的竞争也愈演愈烈。

（3）其他促销手段。加多宝也经常举办各种现场促销活动，如免费品尝活动、赠送礼物、婚庆喜宴赠送和有奖销售等。此推广达到了即时促销的目的，并坚决巩固和加强加多宝预防上火的品牌定位，加多宝通过这些促销活动，有效地巩固和加强加多宝茶预防上火品牌的定位，并进一步加深消费者对加多宝茶这一独特的品牌意识，促进加多宝在中国市场中的罐装饮料地位。

2.2 凉茶领导世界

在 2014 年夏季达沃斯会议上，凉茶领导者加多宝作为饮料供应商高调亮相，以古老的中国养生智慧及国际化的市场号角吸引了全球政要和新领军者的目光。这不禁让人揣测：因牵手《中国好声音》在国内风头正劲的加多宝又把目光瞄准了世界市场？

加多宝用行动回答了外界的好奇心：2014 年 11 月在北京举行的亚太经合组织峰会（APEC）上，加多宝以官方唯一指定饮品的身份再次亮相，至此，其进军世界市场并闪耀于全球舞台的雄心展露无遗。更加值得注意的是，作为一款典型的中国传统饮料，加多宝在此次亚太峰会的亮相有着更多的象征意义。

经过十几年的发展，APEC 已成为亚太地区重要的官方经济合作论坛，也是亚太地区最高级别的政府间经济合作机制。与此同时，改革开放后的中国国力快速增长，成长为全球第二大经济实体，亚太最重要国家之一，中国在APEC正发挥着越来越重要的作用。因此，在一个中国主场的场合，作为中国首批国家级非物质文化遗产的凉茶出现于此，就隐喻着这样一个事实：古老的中国正在重新被唤醒，并自信地走向世界。

而这也是加多宝敢于走向世界并能在全球舞台闪耀的秘诀：扎根中国传统文化，坚信"只有民族的，才是世界的"。

2.2.1　全球大舞台

加多宝一直在谋求成为世界级凉茶的布局机会。

"只是以往苦于缺少一个和世界握手的平台"，在加多宝品牌管理部副总经理王月贵看来，携手2014年夏季达沃斯及APEC会议这样的顶级经济盛会，为加多宝提供了一个让中国传统凉茶文化进入国际化快车道的机会。这样也让凉茶领导者以中国传统文化代表的身份与全球经济领军者在世界舞台上展开对话，展示中国文化软实力，唱响了"凉茶中国梦"的好声音。

当然，开放的中国市场已经成为全球最重要市场，打铁还得自身硬，闪耀于全球市场首先要闪耀于中国市场。这自然不是问题。

已连续3年独家冠名当下热播节目《中国好声音》，加多宝的大手笔一度让业界惊叹。如今，对于诸多中国人而言，加多宝的名字已经成功与《中国好声音》绑定在一起。

2014年春节期间，加多宝先后宣布一连串冠名——辽宁卫视《本山选谁上春晚》、湖南卫视跨年演唱会、广州电视台"跨年倒数嘉年华"、央视春晚和元宵晚会，一举囊括南、北、中区各类各级核心媒体优势资源，成功将春晚打造成"加多宝主场"，在饮料行业率先完成了春节营销布局和主流客群覆盖。

在中国食品商务研究院研究员朱丹蓬看来，加多宝一直以来都在借势第一罐、好声音、世界杯等大事件来提升品牌知名度、美誉度和忠诚度。如今，加多宝作为全国性品牌进行规模化销售，适合时尚消费人群，可谓具备天时地利人和。

对此，营销专家程绍珊公开表示："加多宝实际上洞察了今天的环境，主动抢占了电视（节目）、PC（例如消息或网评）和手机（例如微博）多个屏幕入口，对消费者形成全方位、360度的信息传送，大大提高了其传播效率和效果。"

这背后是加多宝一直强调的"大品牌、大平台、大事件"战略——强强联合世界级大品牌、跨界整合大平台资源、打造极具轰动效应大事件。

有业内人士坦言，互联网信息快速更替，受众兴趣点不断变化，如何把握住新媒体形式下的新营销，利用全媒体融合的多端口优势进行事件营销，已经日渐成为企业在网络营销战中获胜的关键。

在频频出手娱乐营销的同时，面对如何将中国正宗凉茶推向世界舞台的难题，加多宝将另一只手伸向了国际化赛事。

据了解，从2006年德国世界杯、2008年北京奥运会再到2010年广州亚运会的"亚运有我"，从2009年"弘扬中华文明，传承凉茶文化"《凉茶文化传播全球行》活动到2012年伦敦奥运会的"红动伦敦"，加多宝携凉茶文化进行了多次国际化推广。在2014巴西世界杯的热潮中，加多宝还携手国家体育总局体育发展中心、中国非物质文化遗产保护中心、中国驻里约总领事馆等部门，在巴西开启了中国凉茶文化全球推广活动。

除了体育竞技比赛，国际性会议的影响力同样不可小觑。

9月10日，全球顶尖经济盛会世界经济论坛2014年夏季达沃斯会议在天津开幕，加多宝作为2014夏季达沃斯的饮料供应商成功亮相。

值得注意的是，2014年11月在北京举行的APEC会议全面让中国以主宾国身份向世界展示自身形象，会议期间所使用的均为正宗国货，此次会议成为国产品牌、国产高科技产品难得的全球展示舞台，给民族品牌提供走出去、展示中国文化软实力的重大机遇。

为此，国内很多企业和品牌从不同领域赞助此次APEC会议。目前，第一批已有北京汽车集团、金诚同达律师事务所等9家企业被指定为大会赞助商，提供包括交通工具、办公用品、饮品、志愿者服装以及其他与会议相关的法律服务、电子产品和现金等支持。其中，加多宝将提供昆仑山矿泉水、加多宝凉茶及现金赞助，其赞助物品被授予"2014年APEC会议官方指定用品"称号。而同样被确定为"指定用品"的还有北京人非常熟悉的老字号——一轻控股公司生产的龙徽葡萄酒、北冰洋汽水类饮料、义利面包等。

2.2.2　凉茶中国梦

酒香也怕巷子深的时代，营销的价值谁都不敢忽视。对于传统产品而言，有时候一个概念就改变一个行业。尽管与广药集团的"红绿加多宝"商标之争的最终结果并不尽如人意，但无法否认的是凉茶的文化因加多宝努力而红遍大江南北。

在"怕上火"的广告语耳熟能详之前，作为中国首批国家级非物质文化遗产的凉茶一直没能真正走出珠江三角洲地区。10多年前，中国很多地方的人们对凉茶还很陌生，而加多宝在秉承祖传秘方的基础上，通过市场研究，对凉茶所具有的文化内涵进行挖掘，提出了"预防上火"的独特品类定位，从而奠定了凉茶工业化、产业化、世界化的基础。

此后，加多宝通过有规划、有步骤的大力投入，如长年斥巨资在央视黄金时段投放广告，以拍摄连续剧的形式广泛宣传凉茶；甚至借助国际赛事，如奥运会与亚运会平台，将中国文化推向世界。

除此之外，加多宝还在凉茶技术上持续改进，在国内首次研制凉茶浓缩汁技术，并开创了"集中提取、分散灌装"工业化生产模式，让凉茶摆脱了传统的民间手工作坊模式进入了现代化工业大发展时代。

随着加多宝凉茶的销量一路攀升，凉茶这个新产业作为饮料行业的明星品类异军突起，成为我国继碳酸、果汁、功能、茶饮料之后的"第五大"品类。

有统计数据显示，2013年中国罐装饮料市场中，加多宝以12.33%的销售量份额和高达15.27%的销售额份额，继续稳居"2013年度全国罐装饮料市场销量第一名"。至此，加多宝已连续7年蝉联"中国饮料第一罐"桂冠，牢牢坐稳凉茶行业头把交椅。相关数据显示，加多宝仅靠一红罐凉茶，年销售额就已突破200亿元。

而据欧睿信息咨询公司提供的数据，按价值计算，2013年加多宝占据中国软饮料市场6.1%的份额，较2009年上升4.2%。

近年来，在不断引领和更新世界消费热点的舞台上，中国品牌异军突起。

2014年APEC会议是继2001年上海举办之后，时隔13年重回中国。据悉，此次全程赞助APEC会议，是加多宝第一次赞助世界级别的政府间官方高层会议。

据饮料营销专家陈玮介绍称，通过赞助APEC这种国际会议，可以将品牌宣传与热点事件结合。"海外存在上百亿元的消费市场，加多宝未来有可能取代可口可乐，成为新的饮料业霸主"。

全程赞助APEC会议，并成为APEC会议官方唯一指定饮品，这在加多宝品牌管理部副总经理王月贵看来，意味着加多宝得到了世界级的认可，得以站在世界的舞台上打造世界级饮料品牌。

"作为全球最大的饮料消费市场，中国有着深厚的历史文化底蕴，而代表着中国传统养生文化的凉茶，发展潜力无限。"王月贵表示，"与APEC会议不断寻求新的增长动力一样，凉茶领导者加多宝也在国际化征程中不断寻求升级发展的动力。"

对此，有业内人士认为，伴随着加多宝成功赞助APEC会议，中国传统凉茶文化输出到世界，凉茶这一代表中国传统养生文化的饮品也迎来走出国门的绝佳机遇，引领全世界消费者体验中国传统凉茶和养生文化的内涵。

【思考题】 加多宝的企业战略你最熟悉哪个方面？谈谈体会。

【资料来源】

[1] 韩义民. 中小企业精细化品牌营销策略研究.
[2] 王玉华. 品牌营销的理论分析与对策研究.
[3] 加多宝凉茶品牌营销策略分析.
[4] 加多宝：扎根于中国传统文化的"中国梦".

收集整理：刘潇

京东 2014 新战略：务实与成长

> **摘要**：京东集团创始人兼 CEO 刘强东透露了公司最新一年的战略，主要涉及五大重点：①以移动和大数据作为两大核心的技术，建立研发创新机制。②大力推广京东小贷。③整合线下商超资源构建自己的 O2O 体系。④京东的渠道下沉。⑤国际化战略。
>
> 未来 10 年，京东要追求极致的用户体验，这首先体现在物流服务上。比如，京东 pop 开放平台的物流体验与京东自营的差异较大，这一方面影响了用户体验，也影响了京东 pop 开放平台的成长。对此，刘强东表示，2014 年，pop 卖家必须实现 24 小时送达，提升用户体验。此外，在国际化上，2014 年，京东也将迈出实质性的步伐。"针对海外用户，将采取跨境电商的方式来完成，但京东将带来有价值的商品。"据刘强东介绍，目前，中国跨境电商 80% 的商品是假名牌与山寨电子产品，未来，这种跨境电商的状况将会改变，中国将输入有品质的中国制造。在刘强东看来，一个 10 年历史的公司要说成功还太早，至少要做二三十年，才有资格表示成功。
>
> **关键词**：京东；战略；电商

1. 公司背景

京东是中国最大的自营式电商企业，2013 年，活跃用户数达到 4 740 万人，完成订单量达到 3 233 亿元。

2010 年，京东跃升为中国首家规模超过百亿的网络零售企业。2013 年 3 月 30 日正式切换域为一个事业部，涉及金融、拍拍及海外业务。京东创始人刘强东将担任京东集团 CEO。

2014 年 5 月 22 日，京东在纳斯达克挂牌，股票代码：JD。是成为仅次于阿里、腾讯、百度的中国第四大互联网上市公司。

京东自 2004 年年初涉足电子商务领域以来，专注于该领域的长足发展，凭借在 3C 领域的深厚积淀，先后组建了上海及广州全资子公司，将华北、华东和华南三点连成一线，使全国大部分地区都覆盖在京东商城的物流配送网络之下；

同时不断加强和充实公司的技术实力，改进并完善售后服务、物流配送及市场推广等各方面的软、硬件设施和服务条件。京东商城组建以北京、上海、广州和成都、沈阳、西安为中心的六大物流平台，以期能为全国用户提供更加快捷的配送服务，进一步深化和拓展公司的业务空间。作为中国B2C市场的3C网购专业平台，京东商城无论在访问量、点击率、销售量以及业内知名度和影响力方面，都在国内3C网购平台中具有较大影响力。2007年，京东商城销售额超过3.5亿元人民币，实现了连续3年300%的增长。而在2008年北京奥运会到来之际，京东商城的销售额达到13亿元人民币，顺利突破12亿元人民币的预期目标。

未来，京东将坚持以"产品、价格、服务"为中心的发展战略，不断增强信息系统、产品操作和物流技术三大核心竞争力，始终以服务、创新和消费者价值最大化为发展目标。

自2004年年初正式涉足电子商务领域以来，京东一直保持高速成长，连续8年增长率均超过200%。截至2012年12月底，中国网络零售市场交易规模达13 205亿元，同比增长64.7%。国内的两家电商公司，阿里巴巴和京东，阿里巴巴2012年交易额增长超100%，京东商城则接近200%。

2. 案例内容

近日，京东集团创始人兼CEO刘强东透露了公司最新一年的战略，主要涉及四大重点：①以移动和大数据作为两大核心的技术，建立研发创新机制。②大力推广京东小贷。③整合线下商超资源构建自己的O2O体系。④京东的渠道下沉。⑤国际化战略。

中投顾问高级研究员申正远指出，京东2014年的5大战略并没有突出、特别和创新之处，更多体现的是务实和顺应市场趋势的选择。就目前来看，京东虽然在B2C领域处于行业龙头地位，但其在以电商、零售为核心提供的综合性服务方面，仍存在诸多的不足，阿里、腾讯既是其竞争对手，也是其学习对象。

2.1 以移动和大数据作为两大核心的技术，建立研发创新机制

从研发与技术上看，京东移动与大数据上的应用无疑比阿里、腾讯慢了一大截，其并没有独自的移动客户端，后续即便研发并推出，能否做大市场规模仍是未知之数。特别是当前阿里来往的成长仍不容乐观，微信已经遥遥领先，成为居民、消费者移动社交、分享、游戏甚至是后续商业的主要终端。对京东而言，移动端产品与技术无疑是重要的，但客户量、时机的把握更不能忽视。变化很快，虽然京东现在没有拿到移动互联网的船票，但是京东可以做移动互联网的服务商，用户购物的需求都是存在的。"2014年，京东在移动端将有大量的产品出

来。"此外，京东亦推出了开放平台，供中小卖家通过微信公号导流向京东。

虽然如此，刘强东对京东在移动互联网上的缓慢还是非常紧张。移动互联网仍是一个产品制胜的时代，而京东更像是一家零售公司，在文化、管理上，也不如互联网公司灵活、创新。

2.2 大力推广京东小贷

至于京东小贷，其更多的是学习与仿照阿里小贷的模式。在 PC 电商领域，京东与阿里都具备较强的规模优势，其客户数量、供应商资源都数量巨大。京东小贷就是要更好的服务供应商，以加强自身供应链、上游产品供应的稳固性。对供应商而言，京东的发展与壮大为其提供了更多的选择，避免了阿里一家独大、损害其话语权的问题。

2.3 整合线下商超资源构建自己的 O2O 体系

京东整合线下商超资源构建自己的 O2O 体系，符合了国内电商寻求落地的大背景。线上与线下并不是绝对竞争与分流的两个零售渠道，近两年，线上入口的价值已经被充分挖掘，而线下实体商业入口的价值却明显被忽略。在未来的全渠道营销的大趋势、大背景下，电商落地，加强与线下实体商的合作是必然的选择。而京东能与更多的区域性商场进行合作，则会进一步提升其竞争实力。

2.4 京东的渠道下沉

在渠道上，京东将积极布局三、四线城市。在当前一、二线城市商业供给过剩、市场竞争激烈、经营成本不断上涨的背景下，不管是线上还是线下实体商，进行渠道下沉是必然的选择。特别是当前众多线下实体商仍未大幅布局、占领三四线城市的情况下，为电商们渠道下沉提供了机会。当然，对京东而言，其合作的对象将更多地侧重于区域实力较为强劲的商超、百货企业。从这一点上看，京东与淘宝之间争夺线下资源将会更加明显，而苏宁则需要进一步完善、优化其线下门店网络的布局、业态设置以及所售商品的组合。

2.5 国际化战略

而在国际化战略方面，京东的理想与愿景值得肯定，未来以电商为依托的国际贸易必然会进一步提升，但这必将是一个长期的过程。京东国际业务在其业绩的占比短期内并不会大幅提升。因此，京东国家化战略看起来十分美好，但在短期效应上、对业绩的贡献上并不会有太大的帮助，只能看成是一个战略性的发展方向。

2.6 夯实电商基础

未来 10 年，京东要追求极致的用户体验，这首先体现在物流服务上。比如，京东 pop 开放平台的物流体验与京东自营的差异较大，这既影响了用户体验，也影响了京东 pop 开放平台的成长。对此，刘强东表示，2014 年，pop 卖家必须实现 24 小时送达，提升用户体验。

京东在北京的市场份额已经超过了淘宝与天猫，上海也指日可待。2013 年，京东在大成都圈也已经将仓储、配送做齐。2014 年，围绕北京、上海、广州这三大经济圈，京东要将物流配送从县镇，扩展到村。

刘强东坦承，在一线城市，京东的知名度、用户体验都非常好，但是在三、四线城市，京东的知名度比较低。很多人知道淘宝，并不知道京东。因此，在渠道下沉上，三四线城市将是京东的重点。

在 O2O 上，2014 年，京东将打通 20 个城市的 O2O。此前，京东与太原的唐久便利店合作，唐久便利店在京东太原站开一个线上店，可以将 sku 从 3 000 个扩展到 1 万个，并通过 sku 的差异化，让线上店与线下店进行差异化竞争。通过 O2O，一方面提升京东的流量变现能力；另一方面也给京东引流，加强线上与线下的合作。

此外，在国际化方面，2014 年，京东也将迈出实质性的步伐。"针对海外用户，将采取跨境电商的方式来完成，但京东将带来有价值的商品。"据刘强东介绍，目前，中国跨境电商 80% 的商品是假名牌与山寨电子产品，未来，这种跨境电商的状况将会改变，中国将输入有品质的中国制造。

在刘强东看来，一个 10 年历史的公司要说成功还太早，至少要做二三十年，才有资格表示成功。

【思考题】平时有没有在京东平台购买过商品，哪类居多，为什么？如何理解京东对电商的利用。

【资料来源】
［1］实录：京东刘强东"海归"后首次战略讲话．
［2］刘强东复出　寄望京东 2014 年五大战略．
［3］京东商城发展历程，中华网 2012 年 3 月 13 日．

收集整理：刘潇

2014耐克的数字战略：搏上一切才会赢

> **摘要**：耐克正在进行一场互联网时代与新老对手的"终极对决"。目前来看，耐克战绩不错。
>
> 最新的数据显示，在截至2014年2月底的12个月中，耐克营收增长了8.1%。
>
> 耐克不再是一个传统的运动品牌公司了，你可以把它当作一个贩卖运动时尚——从观念、到生活方式到配套产品的高科技的服务公司。
>
> 这整个改变的过程，可以看作耐克在互联网时代的自动发动的一场"终极对决"，主要的对手是那些互联网新兴企业而非阿迪达斯这种老对手。耐克主要采取了以下措施：布局从硬件到软件、到社区+大数据。
>
> **关键词**：耐克；数字化；品牌战略

1. 公司介绍

NIKE是全球著名的体育运动品牌，英文原意指希腊胜利女神，中文译为耐克。公司总部位于美国俄勒冈州。公司生产的体育用品包罗万象，例如服装，鞋类，运动器材等。

耐克商标图案是个小钩子。耐克一直将激励全世界的每一位运动员并为其献上最好的产品视为光荣的任务。耐克首创的气垫技术给体育界带来了一场革命。运用这项技术制造出的运动鞋可以很好地保护运动员的膝盖，在其在作剧烈运动落地时减小对膝盖的影响。

2. 行业背景

国内运动用品牌面临的一个困境是，二、三级市场渠道争夺战将越来越激烈，国内企业在竞争力度上恐怕跟不上。

到目前为止，国内体育用品品牌的网点70%布局在二、三线城市，所以二、三线及以下城市门店数的增加是国内运动品牌业绩增长的"王牌"之一。再看看体育用品的零售店铺数量，国内外体育用品店的总店数达到 40 000 多家，二、三级市场体育用品类消费潜力基本被挖掘出来，市场迎来整合阶段。随着二、三线城市的租金日益上涨，开新店赚钱的难度越来越大。

此外，国内运动品牌在市场渠道策略上还要面临国外大品牌的挑战。运动行业市场分析报告指出，耐克中国公司和阿迪达斯中国公司均表示，未来 5 年，将加大二、三级市场的新增店铺，并拟推出价位段更贴近二、三级市场的产品与之呼应，将矛头直指国内体育用品品牌的主力市场，未来的二、三级市场渠道争夺战将更加惨烈，价格战亦将愈演愈烈。国内体育用品品牌将进入生死存亡的关键阶段。

中国大部分本土体育用品品牌都是从做 OEM 代工起家然后逐步发展到品牌运营。但是品牌的差异化、品牌的附加价值都普遍偏低，只是通过广告一些基本的表现去诉求差异化，实际上在终端消费者那里并没有太强的不可替代性。此外，营销手段也陷入老套，比如一味扎到赛事赞助和电视台冠名等传统渠道这些罕缺的资源上，即使烧钱了，得到的效果也越来越不理想。

体育品牌企业不仅面临同行业的同质化竞争压力，同时还受到休闲行业的市场挤压。一方面，大量低价多款且具有快速补单和调货能力的本土休闲品牌遍地开花；另一方面 ZARA、优衣库等洋品牌的推陈出新，都对本土体育用品行业构成压力。

品牌需要天才、信誉、创造和毅力，我们还不大擅长驾驭这种能力。要想摆脱同质化的困境，企业要从品牌的核心的价值的提升方面或者是差异化塑造方面或者是产业链的整合方面，去重新考虑如何谋求下一步的发展。

运动品牌注重的是文化内焰，国内运动品牌需要借鉴时尚、艺术等元素，寻求价值创新的发展之路，从而突破困局。

3. 案例内容

耐克足球发布了"搏上一切"足球市场活动的第三部短片。在这部名叫《终极对决》5 分钟左右的动画影片中，足球这项运动被操纵在克隆球星的科学家手里，这些克隆人组成了一支"永不出错"的球队。但球队却因为丧失了真实球员的冒险、拼搏精神和人为失误后，失去了观赏性，而被观众抛弃。

动画中，一些全球顶级球员被组织起来去完成一项任务：从邪恶的幕后操纵者手中拯救足球。他们要和不会出错的"克隆明星"们进行一场终极对决——结果当然是会犯错误的真人球星们赢了。

耐克的这个动画短片在朋友圈里迅速传播，足球明星们反攻时不断叨咕的"不敢冒险才是真正的冒险"引起了强大的共鸣，这个自我激励的主题盖过了阿迪达斯那个没什么个性、只是展示球星炫酷动作的宣传片，这显然是耐克品牌一贯宣传的个人拼搏与励志的主题的成功延续。

其实，对于耐克在互联网时代所做的数字化转型来说，我们可以把这个动画短片看作一个隐喻——耐克正在进行一场互联网时代与新老对手的"终极对决"。目前来看，耐克战绩不错。

最新的数据显示，在截至 2014 年 2 月底的 12 个月中，耐克营收增长了 8.1%。

3.1 耐克赢在哪里

耐克 2013 年因两项技术上的创新：新的鞋面技术 Flyknit 以及运动数字化产品 Nike + FuelBand（一款智能手环），被 Fast Company 评为 "2013 年世界上最具创新力公司 50 强"第一名。Millward Brown 公司刚刚公布的 2014 年 BrandZ 全球百大品牌价值排行榜中，耐克超越 Zara 居服饰类榜首——具体为耐克公司（245.79 亿美元）、Zara（231.40 亿美元）、H&M（155 亿美元）、优衣库（73 亿美元）、阿迪达斯（71 亿美元）。耐克的品牌价值超过了直接对手阿迪达斯两倍。

在传统的技术指标上，耐克也保持领先。日本 Aastamuse 是一家收集日本国内外的专利信息等官方数据并分析企业知识产权实力的公司。该公司于 2014 年 6 月 10 日公开了专栏 "巴西世界杯备受关注的世界顶级球员足球鞋大揭秘"，从知识产权综合实力来看，耐克居首。也就是说，比阿迪达斯和其他竞争对手，耐克持有很多具有优势的新专利。

利用数字战略耐克正在制定更加雄心勃勃的销售目标：耐克预计，截至 2017 年 5 月的一个财年，该公司营收将达到 360 亿美元，年均复合增长率为 9.2%。

耐克为什么能高出对手那么多？实际上，我们早就不能把耐克看作一个传统的运动品牌公司了，你可以把它当作一个贩卖运动时尚——从观念、到生活方式到配套产品——的高科技服务公司。

整个改变的过程，可以看作耐克在互联网时代的自动发动的一场"终极对决"，主要的对手是那些互联网新兴企业而非阿迪达斯这种老对手。对于耐克这家市值超过 600 多亿美元的巨型公司来说，这些新兴互联网公司的能力还很小，但耐克已经感受到了它们的潜在威胁，他们头脑灵活、步伐轻快。比如，受 Nike + 启发做了运动类应用的 RunKeeper 和 Endomondo 很快便拿到千万美元的风投汇聚其千万规模的用户；Endomondo 不但与 Fitbit 等公司合作推出便携设备，更是创立了自己运动服饰的品牌，直接跟耐克抢生意。

技术优势当然是取胜的重要因素，但比技术更重要的是视野。耐克这个半个世纪以来专做运动装备的公司，正用一种互联网和用户体验的思维去重塑运动品行业，把自己变为一家围绕爱好运动的用户的服务公司，卖衣服和鞋只是它提供的产品之一。

3.2 耐克的互联网布局经过了从硬件到软件、到社区+大数据的过程。

耐克的互联网转型可以追溯到8年前的2006年。那年5月，耐克与苹果公司在纽约联合发布了Nike+iPod运动系列组件。Nike+iPod组件通过在鞋里加上传感器并给iPod装上接收器，使用户能够实时看到自己的步速、距离等一系列跑步数据。这是耐克推出的第一款智能硬件，售价仅19美元，是一个比成人拇指盖大一圈的芯片产品，用户可以把它收集的数据传输到nikeplus.com上面，就能和朋友分享自己的运动经验并得到一些建议。

自那以后，耐克发布了Nike+GPS和Nike+Training的App，还有一个叫Nike+SportWatch GPS的设备和针对专门领域的Nike+Basketball等。它们的功能与原始的Nike+芯片类似：追踪、记录和分享。

不了解耐克数字战略的人，会认为耐克宣布放弃Nike+FuelBand是在收缩数字业务，其实耐克是把这部分交给了它的老伙伴苹果去做，而自己专心经营软件和她背后庞大的爱好运动的用户社区去了。

Nike+Running的跑步App在运动人群中相当流行，更重要的是，与100多美元的Fuelband不同，它是免费的。仅在中国市场，2013年Nike+Running应用的下载量就超过300万次。而从全球来看，Nike+的用户规模至少在2 000万上下。换句话说，耐克通过免费的App可以更好、更高效地接触到自己的核心用户人群。

耐克的互联网战略中有更多想象力的部分还来自大数据。这些Nike+系列收集运动爱好者的运动和身体数据，另一端可以接通各类健康服务商。如苹果就联合耐克等第三方健康应用发布了一款名为"HealthKit"的数据整合应用程序，用户可以通过它把来自不同健康设备的信息汇总，以提升医疗服务。

3.3 耐克的互联网布局的战略支撑和组织支持

考虑到苹果CEO蒂姆·库克9年前就加入了耐克董事会，耐克的数字之旅绝对是经过精心布局的。

耐克数字运动部门（Nike Digital Sports）成立于2010年，整个团队有240人，最有名的产品是Nike+，与耐克的研发、营销等部门属于同一个级别，在耐克全球的组织框架当中处于很高的位置。而在此之前，Nike+的项目运营主要是由耐克营销部门下面负责跑步运动的数字营销团队完成的。这样的架构调整传递出的明确信息是——运动数字化已经正式成为耐克的战略发展方向。

战略需要配套的组织和人才支持。耐克内部就有一个类似于谷歌实验室的部门——"创新厨房"，负责耐克内部前沿项目的开发与试验，而Ben Shaffer在耐克的角色类似乔纳森·伊夫之于苹果，燃料腕带 Nike + FuelBand 就是这个部门研制出来的。2015 年 4 月，这个实验室的负责人 Ben Shaffer 被苹果挖走去研究苹果智能手表 iwatch 了，他有可能是全世界可穿戴设备领域最好的人才之一——由此也可见耐克在智能硬件方面的技术达到了什么水平。

耐克更大的变化在于移动应用的开发的开放：它不打算再自己单打独斗了。2014 年 4 月 11 日，耐克宣布在旧金山成立 Fuel Lab 实验室，将 NikeFuel 的平台开放给第三方开发者，以寻求更多创新应用的可能。耐克还与美国第二大孵化器 TechStars 合作推出了 Nike + Accelerator 项目，鼓励创业团队利用 Nike + 的平台开发出更加创新的应用。

耐克发展智能硬件和软件实际上是搭建了一个传统营销渠道之外的渠道，它直接和每个用户或潜在用户时时相连。其结果是：在过去的 3 年中，耐克花在传统媒体的广告预算下降了 40%（它的营销预算在 2011 年创纪录地达到了 24 亿美元）；另外，耐克在 2010 年的非传统营销预算已达 8 亿美元，所占总营销预算比例在美国广告主中名列第一，之后这个比例还在不断上升。

由于这些互联网平台上的用户之间时时交流分享体验，不断带入新客户，创造和传播品牌忠诚度的同时，还带动了销售业绩。耐克北京的一位店长表示，就北京市场而言，大概有 40% 左右的 Nike + 用户购买了耐克品牌的跑步鞋，并会持续购买其他装备。虽然没有关于 Nike + 的财务细节，但分析师称，Nike + 的会员数在 2011 年增加了 55%，而其跑步业务营收增长高达 30% 至 28 亿美元，Nike + 功不可没。

【思考题】从耐克的品牌战略，我们能够得到何种启示？

【资料来源】

［1］运动品牌行业现状．http：//www.chinabgao.com/k/yundongpinpai/situation.html.

［2］耐克的数字战略．载经理人分享．

［3］郭珊珊．耐克品牌的战略探讨．

收集整理：刘满

蒙牛的蓝海战略及全球化战略

> **摘要**：蒙牛是中国一个成功的蓝海企业。6月19日，"胡润民营品牌榜——中国50个最具价值的民营品牌"在复旦大学发布，蒙牛力压华为、娃哈哈、民生银行和国美，以60亿元的品牌价值当选第一名。"蓝海战略"的核心理念是"价值创新"：市场的拓展创新，生产的设计创新，营销的通路创新，管理的理念创新。利用PK扩大乳业的蓝海。利用"差异化策略"发力高端市场，凸显蒙牛奶源全球化战略
> **关键词**：蒙牛；蓝海；全球化

1. 公司介绍

蒙牛是一家总部位于内蒙古自治区的乳制品生产企业，蒙牛是中国大陆生产牛奶、酸奶和乳制品的领头企业之一，1999年成立，至2005年时已成为中国奶制品营业额第二大的公司，其中液态奶和冰淇淋的产量都居全中国第一。控股公司的中国蒙牛乳业有限公司（港交所：2319）是一家在香港交易所上市的工业公司。蒙牛主要业务是制造液体奶、冰激凌和其他乳制品。蒙牛公司在开曼群岛注册，主席为宁高宁。

2. 蓝海战略

中国市场是一个13亿人口的生机勃勃的庞大市场，这在世界经济史上是史无前例的。那么，"蓝海战略"是否是中看不中用的绣花枕头？对中国企业的实践指导作用如何？有没有具备充分说服力的本土化实践案例呢？

2014年6月19日，"胡润民营品牌榜——中国50个最具价值的民营品牌"在复旦大学发布，蒙牛力压华为、娃哈哈、民生银行和国美，以60亿元的品牌价值当选第一名。

蒙牛那一串串创业故事，已经被深谙传播力之道的牛根生和他的智囊们复制、传播了无数遍，"牛跑出了火箭的速度"也一直被津津乐道，这里不必重复。

2.1 蒙牛历史

蒙牛成立于1999年，何来15年历史？其实，对蒙牛发展史不能从6年来认识。蒙牛八大创业元老均来自伊利，90%的中层干部来自伊利，做乳业的平均年龄都是在十几年，甚至二十几年，包括中层的一些干部在乳业的工作年限也都在五六年以上。

现任监事长的白君被免职时任伊利包头分公司经理，现任副总裁、冰淇淋公司经理孙玉斌时任伊利冷冻食品公司经理，现任总工程师丘连军是伊利苦咖啡的发明者，现任营销企划中心主任的孙先红一直主管伊利广告策划……

这种乳业经验的积累造就了整个团队对消费者心理、乳品行业大的发展趋势的把握，以及对生产质量的控制、渠道的建设、渠道的管控，这些对蒙牛的发展至关重要。企业的根本在人，企业的历史其实就是人的历史。蒙牛背后是以牛根生为代表的、富于创意和执行力的一群人。这是蒙牛制胜的最关键因素。

中国的民营企业普遍处于初创阶段，离欧美的职业经理人时代还很远，企业的成败往往取决于创始人的综合水平。

而中国乳业老大伊利为蒙牛培养的这批创始人，无疑代表着中国乳业人才的最高水平。他们有丰富的专业知识和管理经验，熟悉行业的所有"机关"所在；他们洞悉主要竞争对手（伊利）的所有机密，所谓"知己知彼，百战不殆"；他们有过失败的经验，曾深受错误管理方法之害，明白规避风险，不走弯路的方法；他们都受过原企业排挤，在共同的遭遇和共同的挑战面前空前团结，众志成城；他们都有一定的社会资源和经济基础，可以拿出1 000万元的启动资金；他们是原有成熟资源的重新组合，生产、市场、推广各主要环节都有精兵强将，就像足球场上前锋、中场、后卫皆有核心，架构科学合理。有了这样一支队伍，加上牛根生的领导，不成功才是奇怪的。

事实也证实了"人"的重要性。成立之初，也是一个企业发展的第一个"坎"，如果没有他们的行业知识和资源，如何"先建市场"？而他们生产的起始阶段，也是盘活哈尔滨等地的濒临破产企业，用人才、管理、技术、市场与人合作，说白了就是利用自己强大的软件进入了乳业市场，开始了蒙牛之路。

在后来蒙牛大厦的构建中，这几颗"乳品行业最硬的脑袋"所迸发出的创意和智慧开创了一片片蓝海，显示出了决定性价值。

2.2 蒙牛的反向思维

"蓝海战略"的核心理念是"价值创新"：市场的拓展创新，生产的设计创新，营销的通路创新，管理的理念创新……蒙牛在草创伊始，在一无奶源、二无工厂、三无市场的状况下，反向思维，用富于想象力的创新方式，开始了蒙牛版的"贴牌生产"。

"贴牌生产"对中国企业再熟悉不过了，中国的很多企业，起步之时都是做OEM，通过为大公司、大品牌做"贴牌生产"来赚取第一桶金。

初生牛犊时期的蒙牛，起步战略也是"贴牌生产"。不过此"贴牌"非彼"贴牌"——多数贴牌是自己生产、"贴"别人的牌子，目的是利用别人的牌子快速打开市场。而蒙牛则刚好相反，是让别人生产、"贴"自己的牌子。也就是蒙牛的"先建市场，后建工厂"。蒙牛通过租用别人的工厂，为合作方出人才、出标准、出管理、出技术、出品牌，贴牌生产蒙牛的产品，也就是"借鸡下蛋"。

我国台湾宏基公司董事长施振荣先生有个著名的"微笑曲线"，在现代企业竞争中有普遍的指导意义。

蒙牛起步之初就抓住了"微笑曲线"喻指的产业链的两个高端：品牌与市场，攫取最高的附加价值。我们可以得出这样的结论，如果没有反向的贴牌思路，就不可能有蒙牛的今天。试想，如果蒙牛只是伊利、三元等企业的贴牌工厂而没有蒙牛品牌，牛根生纵然有登天本事，也绝难超越对手。

2.3 蒙牛、伊利的PK扩大了乳业的蓝海

市场上，竞争是常态。相同行业、相同产品、相同目标消费群的企业之间更是如此。不过"蓝海战略"对于竞争给出了新的定义，"蓝海战略"认为："专注于衡量和击败竞争会导致模仿，而非创新，经常造成价格压力和进一步商品化。"其主张公司应该努力向顾客提供价值飞跃，把竞争变得无关紧要。这种不忙于打败竞争对手，而致力于为顾客和公司创造价值飞跃的做法，可以开启无人与之竞争的市场空间，轻易获利。

"蓝海战略"要求企业把视线从关注并比超竞争对手的所作所为转向为消费者提供价值的飞跃，使自己不再在既有的产业中与其他企业缠斗，而是开创出一个新的利基、新的市场区隔、新的局面。

同是来自草原的蒙牛、伊利恩怨渊源之深，主营业务之相似，在中国企业中也是数得着的。蒙牛、伊利针锋相对的战略PK由来已久，但是这种竞争并没有形成惨烈的"红海"局面，而是双双快速发展，年营收都超过百亿元，引领乳业市场。

这是否与"蓝海战略"的理论背道而驰呢？答案是否定的，这恰恰从另一个角度诠释了"蓝海战略"。

因为蒙牛与伊利的竞争不是着眼于对已有市场的争夺，而是体现在对市场增量的创造和瓜分上。

"大战略看市场，小战略看对手"。对竞争对手，少一些钩心斗角的绞杀，少

一些"杀敌一千，自损八百"的红海竞争，而是着眼于每年30%速度快速增长的乳品市场，着眼于开拓行业边界，着眼于对非客户的开发，着眼于开拓新的生生不息的"蓝海"。

过分地把精力放到对手上，等于舍本逐末。成功的路径是满足消费者的需求。这与"蓝海战略"的主张不谋而合。

其实，综观世界企业竞争，不难发现一个规律：一个地区有两家企业针锋相对的竞争，其结果往往是两家都快速成长。如深圳的华为、中兴，青岛的海尔、海信，国外的可口可乐、百事可乐……

蒙牛、伊利也是如此。它们在相互竞争中快速完善，降低成本，提升品质，甚至互相培育市场，借对方的力量成长自己。"草原奶"概念的传播、"中国乳都"的打造以及利乐包装奶市场的开发培育等，其实都是在竞争中共同开拓了"蓝海"，扩大了中国乳业的"蓝海"，其结果自然是共同来自大草原的蒙牛、伊利的双赢。

蒙牛、伊利的战略PK也是精彩不断。伊利在经历了前几年的徘徊，特别是"高管事件"之后，不仅没有一蹶不振，反而在新任董事长潘刚的排兵布阵中很快重新露出逼人气势在潘刚主持下，伊利在投资、市场营销等各个方面都采取了一系列令人瞩目的大手笔。

20世纪70年代出生的潘刚出手不凡，中国乳业的竞争出现了值得期待的精彩。但愿他们都保持着清醒的认识，共着眼于"蓝海"的开拓。毕竟中国乳业的市场空间还十分辽阔，而在世界乳业竞争格局中，无论蒙牛还是伊利，都还是小字辈。

2.4 蒙牛的"差异化策略"发力高端市场

高端市场往往意味着高品牌价值、高利润回报、高进入门槛，意味着其他企业无法模仿的独创价值，意味着"蓝海"。

这里讲的蒙牛的"高端"有两层意思：一是早期"一线插旗，二线飘红"的中心城市战略，二是高端产品的推出。

蒙牛在市场营销上的成功，要归功于创业初期就高瞻远瞩的战略。与普通中国企业采取"农村包围城市"的策略不同的是，蒙牛在创业初期就瞄准北京、深圳、上海、广州、香港这些高端市场，"一线插旗，二线飘红"，这是蒙牛颇为灵活也颇具气势的经典市场策略之一。

这意味着高昂的分销和推广费用，但也意味着品牌的主流化。市场营销行业在很多年前就发现了品牌自上而下传播——蒙牛称之为"梯度转移"——的特质，"消费领袖"一定是在中心城市而不是乡镇。在一线市场成为第一品牌的时候，在二线、三线市场也会成为第一品牌。中心城市本身就是市场营销中最重要的战略地形，不抢占这些战略地形，品牌就不会成为主流，就注定了被边缘化的命运。

事实也证明了蒙牛战略的正确：娃哈哈也有 100 亿元的业绩，做的也都是快速消费品，但因为娃哈哈采取"农村包围城市"的传统策略，不管业绩再大，它的产品总是得不到主流消费群的认同。在蒙牛成为香港第一品牌的时候，娃哈哈却还为着进攻上海市场而大伤脑筋。

同时，乳品市场竞争日趋激烈，一些产品——尤其液态奶——产品属性几近同质化，整个行业面临着原料上涨，利润空间越来越小的压力。

蒙牛嗅到了"红海"的血腥气息。于是蒙牛推出了两种新极品纯牛奶："奶爵特乳"和"蒙牛特仑苏"。从各个生产环节保证产品的高端化，以产品差异化避开低水平价格战。并建立"乳业联合国"，用奶源品质与国内乳品企业拉开差距，构建差异化的乳制品。

蒙牛高端奶的推出，使蒙牛找到了一片新的"蓝海"，也点燃了整个乳业市场新的高端品牌争夺战。

2.5 蒙牛"借势"开创蓝海

营销策略创新也是创造突破性增长业务、开创"蓝海"的一条重要途径。

蒙牛借助大胆、出奇制胜的营销策略，6 年之内营销 200 亿元，让传统战略、营销专家大跌眼镜。总结蒙牛的营销战略有以下几点：集中优势兵力，毕其功于一役；巧借对方之力，胜敌而益强；重视媒体，借重传播力；强调公关，事件营销第一。

首先，蒙牛是那种喜欢毕其功于一役的企业。

在创业初期，蒙牛就表现出了高于普通企业的气概。媒体，它成功地和央视组成了联盟；工厂，它建成了全球样板工厂，还有国际示范工厂；市场，也是从最难打的中心城市开始进攻。

"毕其功于一役"是一句易说却难行的话，因为这背后的隐喻是需要更多的钱。牛根生敢于在只有 1 000 万元募集资金的情况下打 300 万元的广告，这种置之死地而后生的决心天下有几人能有？

在进攻一线市场时，"集中优势兵力"原则也发挥得淋漓尽致。在进入香港市场、上海市场和北京市场时，蒙牛都表现出了强大的信心和气概：在进攻香港市场的时候，打破了"香港自有人造食品以来人员推广的最高纪录"——聘请 103 个做免费品尝的导购员；在攻坚上海滩时，蒙牛首次大规模使用网络营销工具——"易购 365"，持续的大力度买赠投资甚至让合作的两大后盾——烟糖公司和利乐公司——都顶不住压力而退出，中途"哗变"；蒙牛冰淇淋"大冰砖"进攻北京市场，"买二赠一"大力促销，并一炮打响，一个月的时间使日销量增加 10 倍，一举完成北京的销售网络建设。

蒙牛用自己的行动证明了一个观点：如果你能做到竞争对手做不到的事，那你就是 No.1。

其次，蒙牛善于借力，巧借对方之力，敢借巨人之力，善借强者之力。

在通常情况下，力量在对抗过程中是要大量消耗的。但是，中国战略家们却在思考自己的力量在对抗过程中如何越变越强，即"胜敌而益强"。

借用对方的力量，实现自己的目的，是东方战略的精髓。孙子曾经说过："善用兵者，役不再籍，粮不三载，取用于国，因粮于敌，故军食可足也。"（《孙子兵法·作战》）孙子在这里表述了他的著名的"因粮于敌"的思想。这一思想强调，要学会向敌人"借力"，要把敌人的力量转化为自己的力量。

蒙牛是个善于借力的高手。在一份有影响的营销杂志上，对蒙牛作过这样的点评：历史上诸葛亮用"借"势打败了曹操，如今蒙牛又续写了"借"势成功的佳话。在蒙牛的成长中处处体现着一个"借"字：

"借"用工厂，在创业初期实施"虚拟联合"，快速开拓市场；

"借"势于"中国乳都"、捆绑行业老大"伊利"，打响自己的名头；

"借"用社会资本，发展自己实力；

"借"势包装巨头利乐公司，在一线城市攻城拔寨；

"借"摩根参股，完善规范蒙牛的企业制度；

"借"央视大旗，唱响蒙牛品牌；

"借"神舟上天，让蒙牛搭上腾飞的速度；

"借""超级女声"，让蒙牛品牌无处不在；

甚至"非典"这样的灾难，都被蒙牛巧妙"借"来成长自己的品牌。

"借"，把蒙牛的迂回进攻战略展现得淋漓尽致。同时蒙牛将自身的优势资源集中于市场开发、技术开发，将原料供应、生产、运输等资本密集型业务外包，形成了以品牌优势为基础的价值网络。

最后，蒙牛善于借重媒体，吸引眼球，铸就了全方位立体式的强大传播力。

当今企业的竞争，"传播力"是一个极为关键的要素。品牌竞争的成败极大程度上决定于"传播力"的竞争。然而，目前国内企业普遍对此认识不足，且执行乏力。蒙牛则在这方面下足了力气。

在推广战略上，蒙牛集中投放央视，竞标中央电视台广告标王，在中央电视台有效地提高品牌知名度和附加价值。继超女张含韵、李宇春之后，蒙牛乳业与台球天才丁俊晖正式签订了一份巨额的广告代言与赞助合同，蒙牛成为小丁第一个真正意义上的赞助商，丁俊晖代言蒙牛的广告将在年内播出。这颗冉冉升起的新星也将给蒙牛带来持续的关注度。

3. 特仑苏环球精选上市，凸显蒙牛奶源全球化战略

"不是所有牛奶都叫特仑苏"。特仑苏马上就要迎来它的第一个十年，作为十年献礼，特仑苏即将为大家带来了鼎力新作——特仑苏环球精选。这一系列包括新西兰100%进口纯牛奶和丹麦进口有机纯牛奶，它的与众不同之处就在于"万里挑一的环球精选专属牧场"，并由此巩固"不是所有牛奶都叫特仑苏"的品牌主张，进而实现蒙牛奶源全球化战略。

蒙牛在不断练好内功的同时，也一直在致力于布局"全球化战略"。2012年4月，蒙牛力邀欧洲乳业巨头 Arla Foods 加盟，并参与蒙牛的实际运营，从而加强蒙牛从前端奶源管理到生产质量控制等关键的把控；2013年5月，蒙牛增持优质奶源供应商现代牧业股份；在这一系列市场举措之后，蒙牛加速对接国际轨道，确立具有国际标准的"四驾马车"的企业质量管理体系；全球化战略发展轨迹日渐清晰。

此次特仑苏启动奶源全球化战略，聚焦在南北纬大约40°~50°区间的温带草原，人们称之为南北半球的两大"黄金奶源带"。

特仑苏环球精选的新西兰纯牛奶正是产自新西兰专属牧场。得天独厚的奶源优势造就出新西兰纯牛奶的奢华营养3.8g乳蛋白，口感纯正，自然香醇。

相比之下，丹麦有机纯牛奶也毫不逊色，产自丹麦专属有机牧场的原生态自然环境，干净的土壤和水源，成就了极为珍贵、天然的有机纯牛奶，拥有欧盟、中国双重有机认证。

这种"在全球范围探寻符合特仑苏严苛标准奶源"的做法，不仅体现了蒙牛奶源全球化战略的决心，也体现了特仑苏倡导的"万里挑一"的品牌精神。

特仑苏不仅在奶源的选择上提倡"万里挑一"，更是在技术、品质、态度上倡导"万里挑一"的精神。

蒙牛一直在推动全产业链管理体系，这一体系也同样应用在特仑苏环球精选上，从牧场、到奶牛，从牛奶采集到牛奶生产，再到最后的包装、运输物流，特仑苏都严格的遵循了国际化的先进经验和全产业链管理体系，不仅实现可追溯原则，更有效地保障了环球精选的"万里挑一"的卓越品质。

作为高端牛奶领袖品牌，特仑苏也一直引领着一种生活态度。对于目标群体而言，"名牌"已经不能满足他们日益增长的消费需求。"万里挑一"不仅仅是他们在各自领域中的一种标志性的符号。更是他们对生活品质的一种追求。因此，洞察到这种变化的特仑苏，在金牌品质的基础上，又带来了蕴含更好品质和营养的特仑苏环球精选100%进口牛奶。同样，这种"万里挑一"的品牌态度，也再次彰显了特仑苏在行业里"万里挑一"的独特地位。

【思考题】 如何定义"蓝海"战略?什么是"红海"?

【资料来源】
[1] 郑青莹. 扬子晚报.
[2] 黄泰元. 蓝海战略本土化实践.

收集整理:刘潇

强生在中国的市场战略

> **摘要：** 强生公司拥有 168 家子公司，为全世界 175 个国家和地区提供产品与服务总销售额超过 200 亿美元。净利润达 28 亿美元。名列全美 50 家最大的企业之一。
>
> 进入中国市场后大受欢迎，在中国各大城市具有超过 85% 的市场占有率。强生产品在中国市场取得如此骄人的业绩，一方面，离不开中国政府的支持和中国良好的外部环境；另一方面强生以总公司的信条为基本原则积极开拓中国市场，有其独特的战略。
>
> **关键词：** 强生；中国市场；消费者；战略

1. 公司介绍

美国强生公司成立于 1887 年是当今世界上规模最大，产品最多元化的医疗保健品公司。它生产的消费者护理产品、处方药品、诊断和专用产品，100 多年以其卓越的产品赢得了全球消费者的钟爱和信赖，一直被视为世界权威的健康护理专家。

今天强生公司已拥有 168 家子公司，为全世界 175 个国家和地区提供产品与服务总销售额超过 200 亿美元。净利润达 28 亿美元。名列全美 50 家最大的企业之一。在全球医疗保健行业销量名列第一。1996 年在《财富》杂志选出的十大最令人向往的公司中名列第六，并获得美国最高技术荣誉——国家技术奖。

20 世纪 80 年代初，强生公司进入中国市场。先后建立了近 10 家分公司和 20 多个销售办事处。其中最为消费者熟悉的公司有西安杨森制药有限公司、强生（中国）有限公司、上海强生有限公司、上海强生制药有限公司等，其产品品牌有：强生婴儿护理系列、女性护理系列、邦迪创可贴系列、抛弃型隐形眼镜、泰诺制药、西安杨森制药等。经过 10 多年的努力，强生产品，特别是强生婴儿护理系列产品尤其受欢迎，在中国各大城市具有超过 85% 的市场占有率。强生产品在中国市场取得如此骄人的业绩，一方面，离不开中国政府的支持和中国良好的外部环境；另一方面强生以总公司的信条为基本原则积极开拓中国市场，有其独特的战略。

2. 企业文化：时时考虑公众和消费者的利益

强生公司高级管理层深知，品牌的竞争也就是企业及品牌文化的竞争。强生公司在短短10多年的中国市场经营中。之所以取得如此骄人的业绩，其中关键一点就是建立了强有力的企业文化系统。

强生公司在中国的子公司一开始就以总公司的《我们的信条》为经营宗旨，如强生（中国）有限公司的承诺"首先对我们的消费者和客户负责"，这完全与总公司的经营理念的第一条"要对医生、护士和病人负责，对母亲和一切使用我们的产品及服务的其他人负责"是相一致和相吻合的。换句话说，强生公司的子公司的文化根植于其经营理念，即《我们的信条》。公司的定位策略、产品策略、伙伴策略、渠道策略、推广策略、广告策略、人才策略等都是在经营理念的指导下开展一切营销活动；不管在强盛时期，还是在最危急关头，公司一切都以"信条"为基点。著名的"泰利诺"中毒事件的妥善处理被行家认为是"20世纪最好的公关活动、媒介的巨大作用以及公司形象的重要案例"。强生公司的"诚实"——把"盖子"掀开，即在遇到最危急时刻，公司首先考虑公众和消费者的利益，选择了自己承担巨大损失，把预警消息通过媒介发向全国，并收回全部药品。在这一事件中，强生公司针对消费者发起了一场表明自己的立场，显示其社会道德责任心的企业形象及传播运动。

同时，强生公司不但有共同的经营理念、价值观，而且还有自己独特的作风和习惯以及各项完善的规章制度。例如，西安杨森制药公司成长的灵魂就是建立了一整套的有力的文化体系。

2.1 以鹰为代表的企业形象

杨森公司首先将鹰为自己形象的代表，他们自己这样解释："鹰是强壮的，鹰是果断的，鹰是敢于向上帝和天空挑战的，它们总是敢于伸出自己的颈项独立作战。在我们的队伍中，鼓励出头鸟，并且不仅要做出头鸟，还要做搏击长空的雄鹰，作为企业，我们要成为全世界优秀公司中的雄鹰。"所谓"鹰文化"。那就是理想主义精神、吃苦耐劳精神、甘于奉献的精神。在公司的实际运作中，杨森的这一特点鲜明地得到体现。杨森的用人标准是：才学超群、忠诚可靠、勇于拼搏、敢于成功、忠实勤奋、含有团队精神。

在公司内部，有许多员工共享的东西，其中最重要的就是共同的价值观和信念，即杨森人的性格特征和行为准则。杨森公司高级管理层总是刻意将自己鹰的形象与中国员工共同奋斗相连；如雄鹰般地去顽强地进取，去主宰自己的命运。

在公司的诸多部门中。销售部门是一个特殊的集体，他们时常在承载着重压的情况下走南闯北、独当一面，处处显示着鹰的本性——独立作战；又处处体现着杨森公司所固有的企业形象。对于这样一个特殊的群体，杨森更倡导进取、忠诚、乐于竞争、敢于冒险、吃苦耐劳的美德。

2.2 提倡团队精神及其建设

在塑造"雄鹰"的同时，还特别注重员工队伍的团队精神及其建设。即公司员工集中学习了关于"雁的启示"："……当每只雁展翅高飞时，也为后面的队友提供了向上之风。由于组成V字队形，可以增加雁群71%的飞行范围"。启示是：分享团队默契的人，能互相帮助，更轻松地到达目的地，因为他们在彼此信任的基础上，携手前进。"当某只雁离队时它立即感到孤独飞行的困难和阻力。它会立即飞回队伍，善用前面同伴提供的向上之风继续前进"。启示是：我们应该像大雁一样具有团队意识，在队伍中跟着带队者，与团队同奔目的地。我们愿意接受他人的帮助，也愿意帮助他人。

在提倡团队精神的基础上，公司形成了一整套西安杨森人的价值观和自豪感：相互信任、团结协作、共同提高、创造出令人难以置信的整体业绩。特别明显的是。在20世纪80年代后期困扰公司的员工稳定问题得到了很好的解决。当时由于观念的原因。许多人到西安杨森工作仅是为了获得高收入，当自己的愿望得不到满足时就产生不满，人员流动性曾连续几年高达60%。如今，公司已使员工深深地认同公司，喜爱公司的环境和精神，90年代后期，人员流动率已处在6%~10%。西安杨森公司的"团队精神"，是区别一般企业与杰出企业的标志。

2.3 充满人情味的工作环境

西安杨森的管理实践，充满了浓厚的人情气息。逢年过节，总裁即使在外出差、休假，也不会忘记给员工邮寄贺卡，捎给员工一份祝福。在员工过生日的时候，总会得到公司领导的问候，这不是形式上的、统一完成的贺卡，而是充满领导个人和公司对员工关爱的贺卡。员工生病休息，部门负责人甚至总裁都会亲自前去看望，或写信问候。员工结婚或生小孩，公司都会把这视为自己家庭的喜事而给予热烈的祝贺。公司还曾举办过集体婚礼。公司的有些活动，还邀请员工家属参加一起分享大家庭的快乐。西安杨森办的内部刊物名字就叫《我们的家》，以此作为沟通信息，联络感情、相互关怀的桥梁。

根据中国员工福利思想浓厚的状况，公司一方面教育员工摒弃福利思想；另一方面又充分考虑中国社会保障体系的不完善，尽可能地为员工解决实际生活问题。经过公司的中外方高层领导多年的磨合。终于形成共识：职工个人待业、退休保险、人身保险由公司承担；员工的医疗费用可以全部报销。在住房方面，他们借鉴新加坡的做法，并结合中国房改政策员工每月按工资支出25%。公司相应支出35%，并建立职工购房基金。这已超过了一般国有企业基金比例。如果基金不够，在所购房屋被抵押的情况下，公司负责担保帮助员工贷款。这样。在杨森工作4～6年的员工基本上可以购买住房了。

2.4 加强爱国主义的传统教育。

西安杨森的90多名高级管理人员和销售骨干，与来自中央和地方新闻单位及中国扶贫基金会的代表一起由江西省宁冈县茅坪镇向井冈山市所在地的茨坪镇挺进，进行30.8公里的"96西安杨森领导健康新长征"活动。

公司与个人都向井冈山地区的人民进行了捐款，公司还向井冈山地区的人民医院赠送了价值10万元的药品。

为什么要组织这样一次活动呢？董事长郑鸿女士说："远大的目标一定要落实在具体的工作中，进行健康新长征就是要用光荣的红军长征精神激励和鞭策我们开创祖国美好的未来。"参加活动的员工说："长征是宣言书，宣布了我们早日跨越30.8（远期销售目标）的伟大誓言；长征是宣传队，宣传了西安杨森'忠实于科学，献身于健康'的精神；长征是播种机，播下了西安杨森勇于奉献、敢于挑战的火种。"

前任美籍总裁罗健瑞说："我们重视爱国主义教育，使员工具备吃苦耐劳的精神，使我们企业具有凝聚力。因为很难想象，一个不热爱祖国的人怎么热爱公司？而且我也爱中国！"

根据公司的信条，每一个强生公司的子公司都积极参加中国的各项社会公益活动。先后捐献给贫困地区、受灾地区，医疗及教育中心等近600万美元。在福建、陕西投资70余万元建立了数所希望小学。

一分耕耘，一分收获。强生公司以对消费者负责的经营理念、准确的市场定位、高品质的产品、独特的企业文化，配合其创新的广告策略，既博得了消费者的厚爱，也获得了丰厚的市场回报。在21世纪中，强生公司为配合强生产品在中国市场的推广，投入了强大的市场支持，制作了大量的电视广告在各大媒体黄金时段播出，并有报纸杂志、电台、互联网网站等多种媒体协同推出；同时配合季节更迭以各种促销活动和醒目的店头陈列、广告宣传材料吸引消费者，更能维护产品的市场优势确保长期的利润回报。同时，公司特别成立了健康教育咨询部，聘请各大医院一流的妇科、儿科专家担任咨询顾问；还组织了一支受过严格专业训练的健康卫生教育教师队伍，举办妇婴保健护理讲座，为顾客提供免费保健指导。教育和帮助消费者正确选购和使用产品，在广大消费者中树立起世界权威的健康护理专家形象。

3. 品牌战略：紧紧贴住消费市场

用品牌来占领市场，用品牌来提高知名度，以品牌为核心占领中国市场。以品牌为核心的行销传播，是强生进入中国市场的重要策略手段之一。

在以品牌为核心的行销传播活动中，强生把产品营销中的品牌文化居于核心位置。

因为，品牌的背后是文化。强生实行的是"gohnson&gohnson"这个品牌，并以较高定价保持自我保健医药市场的领导的品牌地位。人们总会想到，身上哪个地方破了，就用它的创可贴，感冒了就吃泰诺，婴儿洗澡要用gohnsom's baby婴儿护理用品。女性保健卫生要用娇爽以及护肤用品可伶可俐。所谓品牌文化，就是结晶在品牌中的经营观、价值观、审美观等观念形态以及经营形态的总和。强生品牌文化的内涵；十分丰富，又非常复杂，是一个文化系统。它包括：①经营观，即首先考虑公众和消费者的利益；②价值观，就是强生人的性格特征和行为准则；③审美观，强调"gohnson&gohnson"品牌标识系统的"审美"，以及含有一系列相联系的审美观；④实用观，强调满足用户使用需要，具有较强的实用性；⑤质量观，强调质量的精益求精，努力不断完善与提高质量；⑥服务观，十分强调自己是"服务"性企业，即"全心全意为大众健康服务"；⑦义利观，既重视经济利益，又强调"服务社会"；⑧经济观，强调经济效益，又重视策略。强生人深深懂得，随着社会的进步和经济的发展，消费者的消费行为比以往更加注重商品的文化内涵所带给他的心理情感上的满足。在今天的时代，光靠使用价值已不够了，还必须依靠审美等文化价值。要塑造一个卓越的品牌，就必须跳出"我们是销售产品的"这一旧框框。对此，强生公司的回答是"我们第一是要对医生、护士和病人负责，对母亲们和一切使用我们的产品及服务的其他人负责"。

强生公司还以公关做品牌。强生认为，公关和销售是有距离的，公关看重的是怎样扩大市场的份额和规模。公关活动并不是最有力的促销工具而是建立品牌的工具。强生通过各种形式向公共医疗服务设施的建设。教学和科研项目，向洪水灾区、向老区、贫困地方和社会扶贫公益基金等提供捐助和捐赠等形式建立企业的形象和品牌。

强生公司还在许多产品的包装上明显地标示一个免费的电话号码。消费者可以在任何时间内打电话询问有关产品的知识，有关人员会耐心地介绍与解释产品的特性与使用的方法。这种EVP的关系营销策略很快地与消费者拉近了距离。消费者对产品更可信，自然也希望能够买强生的产品。

强生公司SP方式灵活多样，最常见的活动是"妈妈的爱""宝宝乐国""强生新科技、呵护每一天"等。

强生公司认为：要想让品牌带动市场进步，必须保持品牌在消费头脑中的占有率大于实际市场占有率以及开发中国其他市场。邦迪抢滩青岛市场，就是强生品牌整合传播策略运用的成功范例。

强生公司的邦迪抢滩青岛市场的成功，充分利用了整合传播策略，在认真进行调查研究的基础，确定了正确的市场策略。

（1）精心策划。为彻底打开青岛市场，精心策划了一场攻城战役，即利用邦迪换包装之际。趁机进入各大医院及药店。在青岛及济南市场采用这样的促销活动：让患者将8片包装内的卡片填好寄给邦迪小姐，便有机会天天卡拉ok；针对各药房主任或药剂师也举办小规模的抽奖娱乐活动。

（2）制订相应的广告计划。为了扫清推广障碍和占领青岛市场，在中央电视台广告的配合下，加之地方的电视广告、地方日报和晚报及药店POP广告等媒体组合起来形成立体广告攻势。

（3）进入渠道。选择好分销渠道是邦迪产品占领青岛市场最重要的手段之一。强生公司进行了三部曲：

第一部，在拜访前做好充分准备。如掌握产品知识，熟悉邦迪的优点及这些优点给患者和医院带来哪些好处和利益；尽可能详尽地了解其他竞争产品情况（调查个别医院和药店）。

第二部，联系二级站。向业务科介绍"邦迪"的优点及经营它的利益，并将促销活动广告计划及推销方案详细讲明。

第三部，联系三级站。向各批发部经理讲明自己的计划及推销办法，让各批发部经理感到自己是在替他跑业务，以便赢得他的支持和配合。

（4）销货。赶在活动推出之前。将货铺好，海报横幅文化衫等宣传品到位。拜访每个医院的药剂师（或药房主任）及药店经理。这是最关键的一环，也是真正推销的开始。在推广中他们做了如下具体工作：第一，要知道药师或主任的名字。第二，向其介绍邦迪的优点之一是伸缩自如，不妨碍活动，最好是能将一块创可贴贴在他的手指上，让他感觉一下它的伸缩自如，优点之二是透气性好利于伤口愈合，同时把有关材料给他看；优点之三是专用技术，隔离膜、不粘连伤口。第三，在报价时利用邦迪的另一优点将消极价格变为积极价格，那就是邦迪的独特材料具良好的透气性防水性，不必经常换药，也不致因洗澡或遇水而换药，所以一贴顶两三贴用，如能让患者清楚这些优点，他们会接受邦迪的。第四，向其介绍近期促销活动会促进该药的消费，用量一定很大，因为邦迪可能成为家庭必备药品，并透露每进一件可获得一张卡，凭此卡参加内部抽奖活动，中奖率为70%，别忘记向送货人要卡。第五，向其讲明自己的来意，不是让他自己买药而是帮助二级站三级站流通渠道，不改变其自主正常进货渠道。第六，将其订货计划（进货渠道时间及数量）记录在意向书上并让他确认签字盖章，在这时推销员要消除其戒备心理漫不经心地说，按这个意向可根据他的要求督促及时送货，最重要的是这是老板考核我的凭证。第七、将活动抽奖用的表格及产品介绍给药房并送一张创可贴顺便询问他与哪些医院药房熟悉。并介绍他们的名字及联系办法。

按此策略及办法邦迪在青岛拥有79%以上的市场份额，大中100%占领各大医院市场；占领95%的药店市场。

4. 产品定位：牢牢把握目标对象

营销理论告诉我们，当产品处于生命周期的成长阶段特别是成熟阶段时，一个重要的扩大市场的策略是"进入新的细分市场"。强生的婴儿洗发精进军我国台湾成人市场时，发现婴儿洗发精的市场规模不大。于是，按照它在其他市场上的一贯做法，把目标对象对准妈妈。理由是：妈妈不仅较其他对象更熟知此产品，而且可能已有购买、使用它的行为事实。于是，产品的陈述改成"强生婴儿洗发精，含无泪配方，质地温和，不伤发质，可以让你的头发像婴儿般的柔细"。但是成效并不理想。究其原因主要是：妈妈们的生活形态所致：即妈妈整天忙于家务，不适合质地温和的洗发精。

通过市场调查，强生把该产品重新定位：18～24岁的女孩子，尤其是女学生，她们的生活形态最合适。处于这种年龄的女孩子，对于头发的柔软度比其他女性最为关心，而且她们有足够的时间可以经常洗发，特别是在约会前或运动后。所以创意陈述变成"强生婴儿洗发精，含无泪配方，质地温和，让经常洗发的你，不但不伤害发质，并且让你的头发能像婴儿般的柔细"。为了不丢掉婴儿市场，电视片的最后仍保留婴儿形象的片断作为提醒。除了广告当时选用女学生为代言人外，强生公司也及时在营销组合上给予配合，提供大容量包装，以顺应使用对象的转换等。

更重要的是，强生在传播上将产品概念作了一个深层的巧妙转换，以提升成年人对婴儿产品形象认知的正面联结，使目标市场更明确，沟通更为有效。"婴儿洗发精"源自英文"Babu Shampoo"。而"Baby"也可译成"宝贝"，让人理解是形容词、动词的"宝贝"。这样一来，顺理成章有了广告语"用强生'婴儿'洗发精，'宝贝'你的头发"。

在中国大陆，强生的沐浴露、润肤露提出了"给您婴儿般的肌肤"这一概念，强调成人同样适用该产品，于是就有"天生的，强生的"这一深入人心的广告语。另外，它在包装说明中主次兼顾，首先说"Best for Baby"（宝宝用好），突出介绍它的"无泪配方"，然后又说"Best for you"（您用也好），因为它"性质纯净温和，适合每天洗发，不刺激头皮"。强生公司还将婴儿洗发精的成功策略。推而广之,即借由同样的做法,将婴儿肥皂、润肤油、爽身粉等产品,从婴儿的单一使用对象,延伸到年轻女性的阶层,使得整个公司的销售增长,一下子扩大了好几倍。

强生产品定位策略及应用值得我们注意和思考的是:

第一,要注意在产品的不同生命周期阶段,采取不同的市场策略和沟通策略。其中,寻找新的细分市场、增加产品的使用量是常用的、重要的策略。

第二,要注意产品属性(或特色)和产品利益之间的区别。一样的属性可以转化多种利益,而消费者需要的恰恰是利益。这就为同样的产品进入不同的细分市场提供了可能。

第三,要注意确立目标市场选择的策略:这个细分市场既要足够大,又要避免过于笼统而失去细分的意义。强生婴儿用品给予0~4岁婴儿,可伶可俐护肤品是13~18岁少女,娇爽卫生巾是18~35岁女性。

第四,善于分析目标市场的生活形态。产品定位与创意不是"空穴来风",任何生活形态方面的细节都可能成为沟通的基点。性质温和的洗发精对婴儿有益对成年人则有洗不干净之虞。可是对经常洗头的人确是福音。同时还得确认她们有没有时间洗。

第五,同样的产品面向几个细分市场,所作的定位及沟通要分别对待,但彼此不要不相关,更不能相互矛盾。对婴儿的"无泪配方"诉求和对成年人的"性质温和"诉求,实质是彼此紧密相关的利益,而化作文字的表达显然有了不同的侧重点。

5. 广告策划:轻轻走进消费者心灵

产品的成功很大程度上取决于广告策划的成功,强生公司在广告策略方面"做足了工夫"。回顾强生推出的广告可看出,它的广告承诺以事实为依据用实力作保证是多层次的推进。

一是设身处地,有的放矢。强生公司认为,虽然婴儿护理品购买者是其父母,但消费者是婴儿。所以父母购买时也是从孩子的利益出发考虑的。广告策划者就把宣传中心移到婴儿身上,要多宣传产品对婴儿带来的益处,而不强调给父母带来的方便,这就是准确揣测消费者心理术。例如,强生婴儿护肤用品的系列印刷广告的与众不同之处在于用宝宝的一个个局部特写作为广告的主体形象。宝宝胖乎乎的小手、小脚、小屁股,那细嫩的皮肤和稚气可爱的神态,非常惹人喜爱。每个广告的文案相当简单,且有诗意:

"他,是上天的恩赐,天生就有柔顺的头发、柔嫩的肌肤。留住与生俱来的完美与娇嫩,只有强生的温和呵护。"

在每个广告的产品形象下面，都接着相同的一句话："天生的，强生的"。

当你在广告中看到婴儿有弹性的小屁股、胖乎乎的小脚丫、小手和富有诗意的词句，产品的视觉形象让人有了深刻的定位，当你收到免费试用品，或诱人的促销活动时，"可爱的宝宝"或"婴儿般的肌肤"就会勾起你的购买欲。如果说产品是一道菜，"色"是产品的宣传，"香"是产品的形象，"味"是产品的质量，当三者互相结合，并做得优秀，这道菜就会勾起你的食欲，于是消费由此产生。

强生婴儿护理系列产品广告的共同点在于抓住了父母对孩子无比关爱和美好期望的心理状态，采取直接与父母沟通的策略，在创意上，通过语言、心理、形象的渲染，博得父母的认同与共鸣。

西安杨森的广告代理商盛世认为，在进攻性市场竞争面前，达克宁应拿出自己鲜明的再定位策略来克敌制胜。为了实现这个业务目标，盛世决定先对脚气病患者和潜伏者作一次专门的调查，结果表明，大家认为脚气是一种烦恼异常和容易复发的病症，"只要患上就无法摆脱"。病者对病源不清楚或是存在误解消费者希望能找到一种真正根治脚气的药物，但他们需要一种强有力的理由令其信服这种产品。

在这个调查结果的基础上，盛世为达克宁建立了一个具有竞争力的强有力的新定位，传达"脚气是由真菌引起的，达克宁能够杀灭引起脚气的真菌"的概念。创意表现运用比喻手法，借用家喻户晓的古诗"野火烧不尽，春风吹又生"为认知背景，将脚气比喻为野草，使创意概念获得了形象生动的强化。广告片以"斩草除根"的核心画面，结合广告语"杀菌治脚气，请用达克宁"，完成整体诉求。果然，新广告创下新业绩：播出 6 个月内达克宁即占取市场领导地位在没有增加广告媒体的情况下，销售额增加 70% 之多。这个广告后来赢得了香港《媒体（MEDIA）》杂志 1994 年年底主办的广告大奖中的"中国广告策划奖"。

与达克宁相同创意手法的是西安杨森的易蒙停。它是一种迅速止泻的西药，与传统止泻药相比，易蒙停最突出的优势在于它具有速效、服用量小的特点。盛世的创意人员便以这一卖点为易蒙停广告片的创意核心，精心选取了以失控的水龙头比喻腹泻的贴切手法，在广告画面上把两粒易蒙停替换成水龙栓，有了它，失控的水龙头自然可能恢复正常的功能（服用两粒易蒙停即可迅速止泻），说服力非比寻常，简明扼要。这个比喻的巧妙运用，不仅在视觉上令观众耳目一新，更避免了腹泻患者尴尬不雅的形象。该广告获得了"195 香港广告协会奖"中的"中国创造奖银奖"。

二是巧妙传递，塑造品牌。第 30 届莫比广告大赛是 20 世纪末最后一次全球性的广告赛事，总共收到来自 40 多个国家的 7 000 余件作品。在获金奖的名单上，中国作品之一，即有上海麦肯光明广告公司的邦迪创可贴系列平面广告。

莫比广告奖主席、美国著名营销专家 J. W. 安德森曾讲过：有好的品牌，才会有好的广告。的确，从邦迪创可贴获平面广告金奖的"朝韩峰会"篇和获第二名的系列平面广告"成长难免有创伤"中，我们可以透视出真品牌定位，传播理念，以及对消费者心理精准的把握。

广告的任务是将品牌信息传达给消费者，好的广告是能够将功能信息巧妙地传达，引发消费者的心理共鸣。2000 年夏季，朝韩峰会这个震惊世界的话题引起全球关注，半个世纪的对峙终于握手言和。邦迪广告《朝韩峰会篇》敏感地抓住这个时机，把人们对和平的期盼，通过"愈合创伤"的概念倾注给品牌。邦迪创可贴将"愈合伤口"这个简单的产品功能扩展为"再深、再久的创伤也终会愈合"的产品理念，在消费者心动中引起共鸣。当然，广告也因为这个历史性事件与产品功能、品牌理念的契合而打动了评委，获得国际大奖。

好的广告建立在好品牌的基础上，同时，优秀的广告创意塑造出品牌的灵魂，拉近品牌和消费者的感情，不必多言，自然有效。"成长难免有创伤"系列广告，通过揭示成长过程中极为常见的现象：孩子哭闹着要家长买玩具，小朋友们为一点儿小事拌嘴怄气；暗恋中的小伙子看到心上人与男友约会，揭示出邦迪品牌的理念和主张：一切创伤，邦迪为你愈合。这样，让消费者感到，邦迪品牌是身边的朋友，是和自己一起担当成长创伤的知心朋友。自然，当人们在需要的时候，邦迪会是首选品牌。

【思考题】平时是否使用过强生的产品，如果有，谈谈购买时的用户体验。

【资料来源】

［1］强生的国际化历程、经营策略以及对我国企业的启示．

［2］战略管理：强生公司案例．http：//doc.mbalib.com/view/55efbb8bced0f5a84e979304c6abfced.html.

［3］强生在中国的市场策略．

收集整理：刘潇

万达集团 2014 整体战略计划

> **摘要：** 才 20 多岁的万达，正迎来最辉煌的时刻。万达商业帝国即将上市，有望在港股创下最大规模的交易；100 座万达广场遍布全国的时代也轰轰烈烈地到来了。王健林认为，万达的成功就在于及时的转型，本案例介绍了万达集团将在 2014 年及之后的一段时间内做出的战略转型及布局。主要围绕去地产化，打造文化帝国及国际化展开。万达的目标是成为来自中国，类似沃尔玛、IBM 或谷歌一样的全球知名品牌。在电商领域，万达将携手平安共同打造更方便的购物模式。
>
> **关键词：** 万达；文化；去地产；全球化

1. 公司介绍

万达商业地产股份有限公司是中国商业地产行业的龙头企业，持有物业面积规模全球第二，到 2014 年开业 109 座万达广场，持有物业面积 2 203 万平方米，成为全球排名第一的不动产企业。万达商业地产公司拥有全国唯一的商业规划研究院、全国性的商业地产建设团队、全国性的连锁商业管理公司，形成商业地产的完整产业链和企业的核心竞争优势。万达广场历经 10 年发展，已从第一代的单店、第二代的组合店，发展到第三代城市综合体。城市综合体是万达集团在世界独创的商业地产模式，内容包括大型商业中心、商业步行街、五星级酒店、商务酒店、写字楼、高级公寓等，集购物、休闲、餐饮、文化、娱乐等多种功能于一体，形成独立的大型商圈，万达广场就是城市商业中心。

万达广场是企业效益和社会效益的高度统一，产生四大社会效益：完善城市功能；提升城市商业档次；新增大量稳定就业岗位；创造持续的巨额税收。

万达酒店建设公司是中国五星级酒店投资规模最大的企业，到 2015 年开业 89 家五星和超五星级酒店，营业面积 400 万平方米，成为全球最大的五星级酒店业主。

由万达集团牵头，联合中国泛海、联想控股、一方集团、亿利资源等五家中国顶级民营企业，正在长白山、西双版纳、大连金石、海南等地打造国际一流水准的旅游度假区，总投资超过1 000亿元。分别建有亚洲最大的滑雪场、媲美香港迪士尼的大型主题公园、世界最大的影视文化产业园、国际顶尖水平的大型舞台秀、总数超过50家的高端旅游度假酒店，旅游投资正成为万达新的支柱产业。

万达集团公司2005年开始投资文化产业，已经进入大型舞台演艺、电影放映制作、连锁文化娱乐、中国字画收藏四个行业，连续多年成为中国文化产业投资额最大的企业。

万达集团与闻名全球的美国弗兰克公司合资成立演艺公司，投资100亿元在武汉、大连、三亚等地推出五台世界最高水平的舞台演艺节目，打造具有全球影响力的中国文化品牌。

万达电影院线是亚洲排名第一的院线，拥有IMAX银幕89块，占有全国15%的票房份额。到2015年开业200家影城，拥有银幕2 000块，成为排名全球前列的电影院线。

万达集团出资5亿元成立万达影视制作公司，2012年投拍6部影视作品，2013年以后每年出品10部以上的影视作品，成为国内最大的影视制作公司之一。

万达集团2007年成立的万千百货，到2015年，在北京、上海、南京、成都、武汉等地开业125家百货店，建筑面积334万平方米，成为中国最大的连锁百货企业。

2. 案例内容

2.1 打造文化帝国 布局旅游金融电商等五大板块

才20多岁的万达，正迎来最辉煌的时刻。万达商业帝国即将上市，有望在港股创下最大规模的交易；100座万达广场遍布全国的时代也轰轰烈烈地到来了。王健林布局电商、金融，谈笑间挥戈全球、气吞如虎。

王健林曾说，万达的成功就在于及时的转型。

2.1.1 四次转型

无论是做商业地产，还是做文化旅游，都显示出了王健林的眼光和胆大。王健林说："有人问我，你为什么总是对国家大的趋势节点把握这么准，老是踩着这个点。这不是蒙的，这来自于企业对形势的判断和转型的动力。"

王健林曾总结万达的转型有四次。第一次转型是在1993年，万达从老本营大连转战广东，实现了从一个区域公司向全国公司的转变。第二次转型是在2000年，从住宅房地产转向商业地产。第三次转型是始于2008年的向文化旅游转型。第四次转型则是从万达2010年的年会开始，朝着国际化前进。

这四次转型，使得万达得以从一家单纯的区域性地产公司，发展成一家综合性龙头企业。在一次万达年会上，王健林意味深长地说，转型只是企业发展过程中必须经历的变化，谈不上好坏，但转型的时机和勇气至关重要。

王健林表示，能够预判先机有很多因素，但有一点很重要，自己始终觉得企业在如履薄冰，始终觉得企业可能会被超过，所以不断研发新产品。

如今，万达集团战略架构下拥有四大支柱产业——商业地产、高级酒店、文化旅游、连锁百货。王健林的目标是：到2020年，万达要形成不动产、文化旅游、金融、零售、电商五大业务板块，成为跨国企业。

2.1.2　去地产化

万达商业地产正迎来巅峰时刻。2014年10月31日，第100座万达广场——昆明西山万达广场盛大开业。这意味着，万达进入"百店时代"。万达持有物业面积将达到2 300万平方米，成为全球最大不动产持有商。

1988年成立的万达集团，确立以房地产开发为主业，2000年，万达确定进军商业地产。更让公众期待的是，万达商业地产何时在港股成功上市。

而王健林始终保持危机感："地产行业是一个阶段行业，不能够永久兴盛。未来当城市化率达到80%，自有住房率超过80%时，新房市场就会出现萎缩。如今大规模高周转的房地产开发模式并非长远之计。"

同时，万达将争取到2020年，商业地产收入比重能降到50%以下，实现彻底转型。2030年，房地产收入可能不足集团总收入的1/3。

万达早早开始布局，做文化旅游和零售等业务。早在2007年，万达就明确要把文化和旅游作为集团未来10年甚至20年的主要战略方向，并将持续加大投资。

王健林的野心还不限于此，他的下一个布局是成立金融集团，是发展电商公司。

2.1.3　文化帝国

文化和旅游，是万达版图中仅次于商业的最成熟的板块。万达口号中的"百年企业"，更多指向这个朝阳行业。

2012年，万达集团成立万达文化集团，注册资金50亿元，为国内最大的文化企业。至2014年上半年，万达文化集团收入140.9亿元，占整个集团收入的15%，仅次于商业地产。

在进入文化产业后，万达便开始强调将尽可能多的要素进行组合，并标准化生产。其第三代产品万达广场的打造只要50亿元，而第四代升级产品"万达城"的打造则动辄两三百亿元，是一个集室内外主题公园、秀场、滑雪场、酒店群等复杂业态，融合文化、旅游、商业及高科技的惊世之作。

目前万达已是中国在文化旅游方面投资最多的企业，在全国共签约12个文化旅游城项目或旅游度假区项目，投资总额超过2 000亿元。

王健林不止一次表示,未来的万达旅游将超越迪士尼,表达了其建立文化旅游"帝国"的强烈愿望。

王健林表示,万达文化产业有三个方向,一是科技型文化企业,二是往大投资综合性上走,三是尽可能做连锁。"但在我心中,我的核心是要抓文化旅游和电商,希望这两个成为万达新的核心。"他还透露,除了做度假区和旅行社外,"有必要的话还可能再搞航空公司",以便把旅游的产业链做完整,提升比较效益。

万达文化集团的目标是2016年收入达到400亿元,进入世界文化企业前20强。

2.1.4 国际征途

王健林的野心远远不只在国内。他的目标是把万达打造成为来自中国类似沃尔玛、IBM或谷歌一样的全球知名品牌。

近年来,万达在国际化发展道路上每年都有新动作。方法则采取并购和直接投资"两条腿"走路,主要围绕万达相关业务,在文化、旅游、零售三个产业进行。

万达集团斥资31亿美元吞并全球第二大院线集团AMC,开启了万达的海外布局模式。万达同时拥有全球排名第二的AMC院线和亚洲排名第一的万达院线,成为全球规模最大的电影院线运营商。

2013年6月,万达宣布投资3.2亿英镑并购英国圣汐游艇公司。投资近7亿英镑在伦敦核心区建设超五星级万达酒店。

2014年,万达的海外手笔一发不可收拾。8月,并购澳大利亚黄金海岸市著名的珠宝三塔项目,建设超五星级万达文华酒店和酒店式公寓。继英国伦敦、美国芝加哥、洛杉矶、西班牙后,布局的第5个五星级酒店。根据万达集团此前计划,到2020年,万达将至少在全球15个主要城市建设万达文华酒店。

2.2 "万达百货"新品牌战略发布

万达集团通过对其旗下各产业品牌加强统一管理,将使旗下各产业为广大供应商及消费者带来更加全面和优质的服务。同时,万达百货也将更好地整合万达广场的系统资源,联合万达集团旗下商业步行街、万达院线、大歌星KTV、文化演出等多种业态,给消费者带来全方位的购物体验。

根据万达百货新品牌战略,万达百货门店的定位分为四大类型——高端奢华店、精致生活店、时尚流行店以及社区生活店。万达百货根据每家店的定位,将形成与本地市场紧密结合的特色,以适应不同地区和不同客群的消费需求。消费者今后在万达百货购物,无论是购物环境,还是品牌选择,再到售后服务,都将得到全面升级。

据万达内部人士披露,万达集团未来将以统一的形象实现跨国连锁企业的"全方位品牌包装",而更名后的万达百货将借势万达品牌进一步扩大自身影响力。

著名品牌专家李光斗说:"更名可以称为万达集团对其百货行业的一次整合,运用品牌效应,最终达到扩充整个万达集团产业链的目的。更名后,万达将用自己的品牌效应带动百货店的发展,企业也将进一步探索自有品牌发展方向,这是一种品牌的延伸性。""更名后,如果能更好地延续企业的品牌核心价值,那么更名或者其他一些领域的探究就是一种良性发展。"

据悉,万达百货全国40家门店还将联袂开展"新品牌、新形象、新回馈"全国大型活动。本次活动冲击力、促销力度都非常之大,活动目的是在更名之后迅速以"大万达"带来的巨大优惠打动新老顾客,同时还期望通过活动冲击销售指标,也预示全面升级后的万达百货吹响了向"中国百货业冠军"进军的号角,首次亮相即展现出不可小觑的雄厚实力。

2.3 与中国平安签战略合作协议

中国平安(02318. HK)于10月24日与万达集团在上海陆家嘴平安金融大厦签订战略合作伙伴框架协议,商定将在商业地产、电商积分管理、IPO基石投资等领域展开广泛深入的合作。

据悉,双方将主要在商业地产、电商、IPO基石投资以及投融资、小额信贷、客户迁徙、科技创新等领域展开深入合作。商业地产方面,万达将成立专门事业部与平安不动产对接,平安将为未来新建万达广场提供资金,并接触旗下丰富的客户资源,开展融资、贷款、支付等业务,而万达则负责招商、建设、管理服务。

在电商领域,将全面打通万达自有积分平台与平安万里通积分系统,万达将获得体量更大的用户和商户规模,平安万里通则可获得更多使用场景。此外,协议中还涉及包括但不限于以下多方面合作机会:融资租赁、企业上市与并购顾问、地产项目开发、商户与消费者小额信贷、车险、信用卡客户迁徙导入以及消费者大数据分析等。

【思考题】你印象中的万达集团是哪类公司?怎么理解本案例中的"去地产化"?

【资料来源】

[1] 百度百科. 大连万达集团股份有限公司.

[2] 龚小锋. 万达集团打造文化帝国 布局五大板块. 新京报.

[3] 中国平安与万达集团签战略合作协议. 阿思达克财经网,2014-11-03.

[4] "万达百货"新品牌战略 重塑万达集团商业格局. 赢商网,赢商新闻.

收集整理:刘潇

百度 2014 整体战略解读

> **摘要**：百度发布 2013 年第四季度财报。从财报中可以看出，得益于 2013 年投资布局，百度营收稳定增长；百度还在继续为未来花钱，投资技术、移动云、视频等重要战略领域，为跻身千亿美元俱乐部做准备。在财报发布后的电话分析师会议上，百度 CFO 李昕晢称，2014 年，百度仍将不断扩大其平台布局，战略投资方向定为移动端搜索、云服务、LBS（基于位置的服务）、消费性产品以及国际业务等。百度还将继续在交通、在线视频等领域中大力投入，并十分看好健康、教育金融等垂直领域中的重构机会。当然，这一切都需要花钱。按李昕晢的说法，百度预计 2014 年的利润不会有任何增长，这让分析师大跌眼镜，因为根据 FactSet 的调查结果，分析师对百度 2014 年利润前景感到乐观，认为将增长 31%。不过，通过百度这一系列战略步骤不难看出，尽管百度的净利率有所减少，但其总收入是增加的，而百度在一直为未来付款，采取了一系列前瞻性极强的战略措施。
>
> **关键词**：百度；财政；游戏；投资

1. 公司介绍

百度是全球最大的中文搜索引擎，2000 年 1 月由李彦宏、徐勇两人创立于北京中关村，致力于向人们提供"简单，可依赖"的信息获取方式。"百度"二字源于中国宋朝词人辛弃疾的《青玉案·元夕》词句"众里寻他千百度"，象征着百度对中文信息检索技术的执着追求。

2. 行业背景

中国互联网已经形成规模，互联网应用走向多元化。互联网越来越深刻地改变着人们的学习、工作以及生活方式，甚至影响着整个社会进程。截至 2011 年 12 月底，中国网民数量突破 5 亿，达到 5.13 亿，全年新增网民 5 580 万。互联网普及率较上年底提升 4 个百分点，达到 38.3%。

网络经济得到快速增长。根据 iResearch 统计，2011 年，网络经济市场规模突破 2 300 亿元，到 2013 年将达到 5 400 亿元。在细分市场结构中，2011 年，移动互联网和网络广告的占比均有小幅提升，电子商务的占比仍维持着 40% 以上的占比。其中，移动互联网市场的增长，主要源于传统电商企业快速拓展移动业务以及移动支付的快速推进；电子商务市场稳定态势的保持，主要源于网络购物和旅行预订市场的持续增长；广告主网络广告投放比重持续增加，助推整体网络广告市场保持稳定上扬态势；而网络游戏市场，由于网游用户付费市场接近饱和，网络游戏市场规模增长逐步趋向平缓。

3. 案例内容

3.1　从百度 Q4 财报看 2014 策略　为跻身 1 000 亿美元俱乐部投资

百度发布 2013 年第四季度财报。从财报中可以看出，得益于 2013 年投资布局，百度营收稳定增长；百度还在继续为未来花钱，投资技术、移动云、视频等重要战略领域，为跻身千亿美元俱乐部做准备。

2013 年第四季度，总营收 15.5 亿美元，同比增长 50%；净利润 4.526 亿美元，同比降低 0.4%。2013 年全年营收 52.09 亿美元，同比增长 43%；全年净利润为 17.18 亿美元，较上年增长 0.6%。资本市场反馈积极，股价上涨到约 179 美元的高点。

美银美林维持百度买入，目标价调高至 199 美元："虽然百度 2014 年的趋势并不让人感到陌生，但相比之下更极端：强劲的第一财季营收预期体现了营收增长之势，而利润率预期则体现了百度将通过积极的营销来赢得移动市场份额。"太平洋皇冠评价："（百度）投资终将获得回报：虽然百度预计 2014 年运营利润率将下滑，但我们认为，百度的投资主要集中在重要的战略领域，终将获得回报。例如，2013 年的投资已经推动了营收增长。"

看一下百度近 3 年的财报数据。从收入增长率来看，已连续两年保持在 42%～50%，这说明其变现能力在稳定增长。

百度收入仍旧能够获得稳定增长的原因在于，广告主采用搜索引擎进行网络营销的意识正在加强。越来越多的企业开始采用搜索引擎营销，在搜索引擎上投入更多的广告费用，广告主 ARPU 值仍在攀升。

值得注意的是，百度净利润增长率从 2012 年开始下跌。收入持续增加，盈利大幅下降的根本原因在于，百度在对未来花钱。

2013 年是百度移动化最关键的一年，它持续在为移动花钱。下面是笔者总结的"支出清单"：

（1）流量获取成本增加。百度联盟上下文广告、hao123 广告开展促销活动。此后这部分促销力度会更大。这是 PC 端为获取流量增加的支出。

（2）研发成本投入加大。2013 年第四季度支出同比增加 80%；全年同比增加 78%。主要是研发员工增加。百度员工数量一个季度增加了 5 300 人。而研发投入又主要在移动。

（3）移动产品大力推广。导致销售、总务和行政支出同比增长率高达 135%。百度表示 2014 年还会继续加大这方面的投入。阿里和腾讯"打仗"将钱补贴给了用户，大家都看到他们在烧钱。百度也在烧钱，方式不同而已。2014 年春节，百度大做营销，手机百度、百度手机卫士、百度地图在电视、网络、户外密集轰炸，

（4）内容获取成本增加。较去年同期翻倍。这部分主要是爱奇艺。正版化的趋势下，爱奇艺正在加强版权建设和自建内容。爱奇艺 2014 年能否盈利、能否 IPO，对百度的财报来说将有非常重要的影响。

（5）股权奖励支出大幅增加。在 2012 年的水平上增加了 142%。百度员工被授予更多的股权，在激励策略上还是对员工比较大方，人才是未来，尤其是技术驱动的公司。

百度在为未来花钱。也体现了百度未来的三大战略：

（1）技术是根。移动互联网的未来需要有人吆喝去推移动支付，去打 O2O，去抢夺 Offline 资源。也需要有人去研发新的技术。而人们却往往只注意吆喝的，忘记了低调做研发的。

（2）在线视频。在一些指标上，百度爱奇艺 + PPS 已经超过优酷土豆。百度除了有爱奇艺 + PPS，有百度视频客户端之外，还有百度影音、百度影棒、与 TCL 等传统大厂联手抢占客厅和手机的手段。

（3）移动 + 云。2013 年百度有 14 个 App 用户数超过 1 亿。其中，百度手机助手 + 91 助手、手机百度、百度地图是各自领域的 TOP1，形成百度的三大入口。传闻手机百度用户数已超过 5 亿，DAU 5 000 万。这是什么概念？完胜微博，匹敌微信。而手机搜索的形态也已经从单纯的 PC 搜索形式转换为结合扫码、语音、位置、图片的多媒体移动搜索。

在移动基础设施建设上，安卓优化大师变身为百度手机卫士之后，抢占移动安全；在移动社交上，百度移动贴吧进展良好，是兴趣社交领域的重量级玩家，百度对其越发重视。

在云端，百度目前拥有超过 70 万开发者，具有中国最大的开发者生态。而个人云因为超过 1TB 的免费存储空间已成为用户首选。百度地图这样的业务通过"春运迁徙"显示出自己的数据手机和应用能力。而百度正在对其"云平台"进行加固，拉大与对手的差距。

百度财报显示，其2013年第四季度移动收入比例首次突破20%，而Google移动收入的份额大概也是这个水平。2013年第二季度这个数字刚刚突破10%。这说明百度移动进展顺利，移动变现进展也十分顺利。反观其他移动应用，例如微博与Twitter相比就有不小差距。

不妨作出一个假设：百度接下来1~2年内，PC端的价值仍将持续释放，收入增长率稳定在现在的状态；而移动收入的比例则持续提升，现在20%影响不大，但如果在1~2年内这个比例提升到50%，对其整个收入大盘将带来可观的影响。同时，百度投资的视频业务反哺百度，成为百度的下一个现金牛。假设若成立，百度收入增长率重返60%的可能性很大。

百度在收入增加的同时，若能控制成本，自然可以提高利润率。移动圈地在2014年进入疯狂的巅峰，2015年将开始回落。此后将离开烧钱赛，进入常规竞争阶段。而爱奇艺若能独立上市，带宽和内容获取成本将不再是百度的负担。唯有研发将成为百度的持续性大笔投入，增加还是减少难以确定。

基于此，当移动互联网商业化时代到来时，也就是互联网巨头移动收入均能超过50%比例时，百度的利润率将反弹。

如果说互联网巨头没有大力去夺O2O就没有未来的话，那么美国的互联网应该属于Yelp和Groupon，而不是Facebook、Google、Amazon和苹果。移动互联网的未来不只是O2O，还有智能硬件、人工智能、无人驾驶汽车、生物计算这些更加重要的事情。脚踏实地，也要仰望星空。人工智能这些更前沿的技术，如果在中国要落地，更可能是在百度这样的技术型公司。

4G来了，对移动视频来说是极大的利好消息。而智能客厅之战轰轰烈烈，是在线视频爆发的前奏。此领域百度志在必得，今天为爱奇艺花的每一分钱，买的每一个版权都是值得的。

财报中，李彦宏表示，除了搜索，百度业务主要集中于以下几个方面：①移动和云；②LBS；③消费产品，包括游戏、音乐、网络文学和社交；④国际化经营。另外还有旅游和在线视频。第3点有机会成为百度新的增长点。

我的论断是，搜索将厚积薄发。不论移动互联网如何发展，人们通过某种方式"找到所求"的需求仍在。可能某些典型场景是碎片化，但长尾需求仍旧需要一款统一的搜索平台。尤其是在4G到来后，包括语音、图像和LBS的多媒体搜索将迎来爆发。百度既不放过统一的搜索平台，也不放过典型的垂直场景，如旅游（去哪儿）、应用分发（91）、本地生活搜索（百度地图）等。

3.2　2014百度移动游戏整体战略和政策解读

3.2.1　百度移动游戏平台网游收入年增长率达到了2 200%

2013年，整个手游行业发展非常快，百度借助这个趋势，在单机收入上，

2013 年的增幅达到 830%。

与此同时，网游的收入更吓人了，增幅达到了 2 200%，下面是一些主流游戏在百度移动游戏平台上收入，现在排名是最高的是刀塔传奇。

3.2.2 "百度应用"日均 PV 达到 2 500 万

"百度应用"是基于网页 H5 的，日均 PV 超过了 2 500 万，另外 hao123，目前日均 PV 也超过了 2 500 万。

3.2.3 百度视频流量资源将全面整合

在整个大百度体系下，包括爱奇艺、PPS 和百度视频，百度视频的 PV 日均浏览量超过了 800 万。

3.2.4 百度贴吧整合动漫、视频话题反哺游戏

百度贴吧中动漫、视频是最多的一些话题，现在也把这些资源整合来用，希望能和游戏相结合，主要是针对有 IP 游戏，海贼王，在贴吧的发帖量级是非常恐怖的，现在日均 PV 超过了 20 亿。

3.2.5 18183 的潜力或超过 17173

包括了 91 门户、安卓网和 18183 等。91 的手机娱乐门户日均超过了 2 500 万，还有安卓网这一块超过了 2 100 万的日活跃。18183 的项目历史并不是很长，大概一年的时间，但是发展是非常快的，立志做成游戏第一大门户。

3.2.6 最新百度移动游戏平台接入流程与政策

2014 年 7 月，百度发布统一的 SDK，统一接入百度的 SDK 就可以覆盖所有的平台，包括 91 助手安卓市场、多酷的平台、百度助手等。不用再用不同的 SDK，减少了 CP 的负担。

百度对移动游戏的接入流程：首先会对游戏进行测评，生产一份报告。报告主要是根据测试的结果，最终会有一个等级，包括 SABC 的等级，这决定了用户游戏上线的时候第一波可以拿到什么核心资源。如用户是 S 级的产品，就可以得到 S 级的推广和支持。有了这套体系，百度可以比较好地把握产品的不同级别划分，同时也会把这个报告反馈给开发者，如游戏有什么不足、有什么需要开发的地方，百度会和开发者一起把游戏调优。

做完评估就可以签订合同。现在整个移动游戏的平台，已经做了融合，合同全部是网签，用户只要登录百度移动游戏的账号，拿到 ID 以后就可以签约了。接下来就是对接 SDK。

3.3 百度敲定 2014 年战略投资方向

百度 CEO 李彦宏在分析师电话会议上透露，百度移动端 CPC（Cost Per Click，每次点击付费的广告）的价格，约是 PC 端的 60%。

正在发力扩张的百度，利润增速明显放缓。

百度（Nasdaq：BIDU）公布的财报显示，2013年第四季度，百度实现总营收95.23亿元人民币，同比增长50.3%；归属公司上市部分的净利润为27.84亿元人民币，同比下滑0.4%。

百度2013年度总营收为319.44亿元，同比增长43.2%；净利润为105.19亿元，同比增长0.6%。

在财报发布后的电话分析师会议上，百度CFO李昕晢称，2014年百度仍将不断扩大其平台布局，战略投资方向定为移动端搜索、云服务、LBS（基于位置的服务）、消费性产品以及国际业务等。

百度2013年第四季度的净利润下滑，与该公司当季的营销费用大幅度上升及系列并购活动有关。在这一季度，百度的销售、总务及行政支出为18.63亿元，同比大幅增长135.1%，环比亦攀升34.6%。

李昕晢透露，推广费用主要用于手机软件预装及线下推广两大块。其中，手机软件预装最为费钱。市场推广上的高投入推动了百度在移动端的布局。

财报显示，2013年第四季度，百度的移动端收入在其总营收中占比首次超过20%，已接近23%。移动端收入的主要贡献来自于百度自身的搜索业务。

与此同时，2013年第四季度，百度还斥资19亿美元，收购了91无线；并从人人网手中收购了糯米。

"在移动时代，我们希望建立起一个从移动端地图、应用的搜索请求开始，到相关线下实体服务完成的闭环系统。团购、宾馆预订等服务都是我们很重要的服务领域。"李彦宏如此谈及对移动闭环的愿景。

在2014年，百度并不打算放缓扩张步伐。

李彦宏称，2014年，百度的市场营销费用还将进一步加大，但他表示，并不苛求移动端收入在总收入占比必须随之增长，"今年我们对移动端的主要关注点在于用户体验的提升和获取更大的流量。"

李昕晢昨日也提及，在这一市场转型的关键时期，百度仍将不断扩大其平台布局，2014年，百度的战略投资方向为移动端搜索、云服务、LBS（基于位置的服务）、消费性产品以及国际业务等。

举例来说，李彦宏介绍，"一旦有合适的并购机会，也是持开放态度的。目前并购市场非常火热。我们在并购方面的动作也是非常积极的。作为CEO，我不想点明我们更希望对哪些领域进行收购。这其实要取决于市场的形势、潜在并购对象的合适度以及百度自身的资源和市场地位等等。"

李彦宏透露，百度将继续在交通、在线视频等领域中大力投入，并十分看好健康、教育金融等垂直领域中的重构机会。当然，这一切都需要花钱。

按李昕晢的说法，百度预计2014年的利润不会有任何增长，这让分析师大跌眼镜，因为根据FactSet的调查结果，分析师对百度2014年利润前景感到乐观，认为将增长31%。

不过，百度的收入也有望伴随着扩张步伐而大幅增加。而且，百度手中还有大把现金。截至2013年12月31日，百度公司持有现金、现金等价物和短期投资总计384.27亿元人民币。

【思考题】从百度的扩张谈谈其经营策略。

【资料来源】
[1] 百度百科.
[2] 分析：中国互联网产业的现状与未来. 国研网.
[3] 2014百度移动游戏整体战略和政策解读（选自百度移动游戏商务总监程凯的主题演讲）.
[4] 百度敲定今年战略投资方向. 东方早报.
[5] 罗超. 从百度Q4财报看2014策略 为跻身1 000亿美金俱乐部投资. 品途网.

收集整理：刘潇

苏宁布局2014年强势执行互联网战略

> **摘要**：近两年，电商在家电销售中扮演着越来越重要的角色，销量增幅远远超过传统渠道。而苏宁易购3C、家电等优势品类继续领跑行业，部分品类增长速度达到200%~300%。据此现状，张近东提出了适合苏宁的互联网思维和执行方法，即：以"用户体验讲效果，经营创新讲效益，制度优化讲效率"的"三效法则"作为苏宁互联网思维的核心；以"产品决定目标、项目决定组织"的理念作为苏宁互联网执行的方法，战术聚焦、重点突破。并公布2014年空调战略，即与一线厂商签订1 000万台采购大单合力冲刺万人空巷抢家电冬季之战。
>
> **关键词**：电商；电器；苏宁；2014；战略凸显；效率执行

1. 公司介绍

苏宁创办于1990年12月26日，是中国商业企业的领先者，经营商品涵盖传统家电、消费电子、百货、日用品、图书、虚拟产品等综合品类，线下实体门店1 600多家，线上苏宁易购位居国内B2C前三，线上线下的融合发展引领零售发展新趋势。正品行货、品质服务、便捷购物、舒适体验。苏宁云商集团股份有限公司（SUNING COMMERCE GROUP CO., LTD.）原为苏宁电器股份有限公司（SUNING APPLIANCE CO., LTD.），2013年2月19日，公告称由于企业经营形态的变化而拟将更名。

2. 行业背景

2.1 2013年上半年家电网购市场规模达530亿元

近两年，电商在家电销售中扮演着越来越重要的角色，销量增幅远远超过传统渠道。2011年家电网购市场份额为6.5%，2012年这一数字提升至12%。目前线上购买家电主要集中在一、二线市场，而且这部分市场物流条件也比较成熟。随着一、二线市场逐步饱和，未来三、四线市场发展空间会更大，这也是家电企业拓展线上销售的重点区域。

随着物流、支付、售后保障等体系的完善，网购成为消费者购买家电类产品时的重要选择，家电网购销售增幅远超过传统渠道。2014年上半年，我国B2C（商业零售）家电网购市场规模达530亿元。占整体B2C网购市场交易额的17.7%。京东、天猫和苏宁易购三家共同占据了家电3C网购市场90%以上的交易份额。

在2014年上半年家电3C网购530亿元的规模当中，平板电视、冰箱、洗衣机、空调四类传统的大型家电产品的销售额为137亿元，占比25.8%；空气净化器、电饭煲等小家电的销售额为50亿元，占比9.5%；手机为300亿元，占比56.6%，平板电脑为43亿元，占比8.1%。

2.2 "80后"、"90后"最关注网购家电"60后"、"70后"成交率更高

网购用户的年龄相对线下市场的用户更为年轻，不过在网购用户中，家电网购用户的年龄略微偏大，其中25~40岁占比最大，超过了60%，这是家电消费的家庭化特点和网民的主要年龄段叠加的结果。19~24岁年龄段的用户对家电网购的关注度相当高，但目前而言购买力相对上述年龄段稍弱，当然，这一群体未来将是家电网购的主力。

2.3 网购家电产品高学历人群占多数

随着互联网的用户年龄段不断向两极发展，家电网购用户的年龄段也呈现出日益发散的特征，年龄较大的用户活跃度呈上升趋势。家电网购用户中本科及以上学历人群合计占比达65%，高学历群体成为家电网购的主要用户群。

2.4 中等收入人群是家电网购用户的主体

从收入状况看，中等收入人群是家电网购用户的主体，月收入4 000~5 000元的家电网购用户占比最大，为38.6%。京东商城的销售数据显示，2014年上半年每个家电网购用户平均购买2件家电商品，平均消费约1 500元。

2.5 家电网购消费者主要集中在大中城市

从地域来看，华北、华东和华南地区是家电网购比例较高的地区，受制于物流配送的局限，家电网购的消费者目前主要集中在大中城市。随着主流电商企业物流配送系统的日益完善，西部地区和二、三线市场的家电网购规模正在快速

扩大。

2.6 2013年家电电商规模将达700亿元

2013年，家电市场整体规模达到1.2万亿元，以迅猛态势发展的家电电商市场规模约为700亿元，其中大家电占比提升迅速到45.7%，厨房电器占比为33.6%，生活电器占比为20.7%。传统家电零售渠道被新兴消费手段赶超之势愈发明显。

数据显示，"双十一"当天，冰箱、洗衣机、空调、彩电四大类家电产品的销售数据进行了监测显示，实现零售量36.6万台，销售额10.1亿元。其中，彩电零售量达到16.5万台，零售额5.6亿元。冰箱市场零售量达7.4万台，零售额2亿元。洗衣机零售量达10.2万台，零售额1.7亿元。空调零售量达到2.5万台，零售额0.8亿元。美的、海尔、海信、TCL、长虹等大型企业的成交额均突破了1亿元，其中美的达2.3亿元、海信达2亿元、海尔达1.7亿元。

创维专门面向电商推出的酷开TV在"双十一"当天销售额达到1.7亿元，但售价仅为1 999元的42英寸智能电视销量最多达2.6万台，售价2 999元的42英寸智能电视销量为1.8万台。同样，在海尔天猫旗舰店，一款售价仅为1 699元的三门冰箱当天销量达到23 699台，成为当天的销售冠军。

2014年"双十一"，格力空调零售额占比仅为1.9%，落后于海尔、奥克斯、海信、美的、格兰仕、TCL等企业。

2.7 网购家电消费者占八成

网购家电市场还在逐渐的完善中，从数据来看，该市场前景广阔。在这短短几年里，曾有过网购家电的消费者占据八成之多，只有16.3%的消费者还没有加入网购家电的队伍中来。

据统计，78.8%的消费者在淘宝购买过家电类产品，其次是天猫75.8%和京东商城（自营）71.4%，再就是苏宁易购54.7%、亚马逊43%、库巴网（国美商城）32%。在易迅网、中关村商城、新蛋网、拍拍网、当当网等购买过得消费者就少很多。在京东商城、天猫、淘宝购买过家电的消费者的比例都在70%以上，相差甚微，竞争相当激烈。

2.8 网购家电疑虑重重

据调查，网站页面中物品描述不清、难辨真伪成为消费者网购时的困难头选，占比为49.7%。网购家电金额较大，消费者更加谨慎。网购缺乏实体触摸，缺乏消费者体验感，加之页面描述不清、证书等难辨真伪，加剧了消费者购买时的困难。网站众多、商品种类繁多也成为一大难题，跃居第二，占比17.5%。家电体积大，物流费用较高，产品到货速度太慢，困难指数为13.6%，之后分别是产品质量差10.9%、网站界面复杂2.9%、支付不安全2.8%等困难因素。

购买到心仪的家电，消费者最担心的莫过于商家的售后服务。数据显示，售后服务多数在一般的状态，仅有两成多消费者认为售后服务非常好，差评总计8.1%。因此，售后服务还是有很大的上升空间，各大商家做好售后服务才是王道。

2.9 苏宁：O2O购物节双线增长

为截流"双十一"，苏宁自8日起举行了首届O2O购物节。苏宁总裁金明透露，活动期间，苏宁全国1 600多家线下实体店平均每小时涌入100万人，较上年同期的客流量增长了近4倍，苏宁易购主要品类销售规模都取得了成倍增长，网站同时在线人数突破了1 200万，合计PV流量高达5.6亿次，苏宁易购移动客户端销售同比增长了10倍，以上各项指标都刷新了历史最高纪录。

据了解，苏宁易购3C、家电等优势品类继续领跑行业，部分品类增长速度达到200%~300%。据DCCI互联网数据中心11日发布的数据快报显示，苏宁易购在家电3C网购上优势明显，明显领先于天猫、京东等其他电商。

借O2O购物节之际，苏宁再次创新销售模式，苏宁易购上线了汽车频道和艺术品拍卖频道。据悉，汽车频道总计售出了135辆轿车，主要集中在奔驰、宝马、沃尔沃等中高档品牌，所售车辆单价都在25万元以上，最高单价达到220万元。艺术品拍卖频道也在11月11日10点正式开拍，总共推出了江浙名家专场、艺泉堂书画专场、当代油画专场、雅玩杂项专场、经典尚品专场5个专场246个艺术品。

据苏宁易购执行副总裁李斌介绍，苏宁云台6 000多家商户全部参与了苏宁第一届O2O购物节，绝大多数商户报名参与了"超级0元购"活动。商户从入驻苏宁云台到筹备O2O购物节活动，仅仅一个多月时间，就取得了200万单的销售成绩。

3. 案例内容

3.1 苏宁：2014年为战略执行年和成效凸显年

在刚一开年的苏宁春季部署会上，苏宁董事长张近东在内部讲话中强调要用再创业的激情和斗志，将2013年的战略布局全面落地，并明确定位2014年是战略执行年、成效凸显年。张近东提出，互联网时代的执行不再是标准化的复制，而是创新执行，就是要将互联网精髓和零售本质有机结合，形成适合苏宁的互联网思维和执行方法，即：以"用户体验讲效果，经营创新讲效益，制度优化讲效率"的"三效法则"作为苏宁互联网思维的核心;以"产品决定目标、项目决定组织"的理念作为苏宁互联网执行的方法,战术聚焦、重点突破。

在执行法则方面,互联网时代的执行不再是标准化的复制,而是要按照"三效法则"来创新执行。

在连锁时代,苏宁的快速扩张得益于制度的标准化,互联网零售时代要求苏宁要快速赶超,但是由于苏宁的很多经验和知识结构都来自于连锁,面对大量的新业务和大量传统业务的创新要求,存在着大量的模糊地带和探索空间。这个时候苏宁用什么来指导员工自主创新、自主管理,苏宁如何去选择主攻项目、创新执行,是互联网时代给苏宁的一个新的考验。

张近东提出围绕"效果、效益、效率"的"三效法则",即"用户体验讲效果,经营创新讲效益,制度优化讲效率"。

一是用户体验讲效果。过去讲"营销为纲",现在还要加一句"体验为王"。2013年苏宁做了很多创新业务,但是却没有给用户带来很好的体验,所以虽然苏宁很努力,但用户却并不买账。2014年,苏宁不能再拍脑袋决策,眼里只是盯着一时的轰动效应和促销效果,而忽略用户的体验。

用户体验是一种意识,集团各个体系都要贯彻这种意识:商品经营体系要进一步丰富SKU的种类、完善品类结构、出样展示和库存部署;线下平台要研究更合理、更人性化的布局、动线、购物流程和服务标准;线上平台的页面设计、搜索推荐、商品信息、支付结算、在线服务要进一步优化简化;市场体系要突破传统的传播形式和渠道,市场推广要满足不同阶层、不同年龄顾客的差异化需求,形成符合互联网时代特征的营销推广体系;服务体系要进一步梳理服务规范和操作流程,提升发货及时率、妥投率、服务满意度等核心指标。苏宁所有的工作都应以提升用户体验为前提,任何损害体验的行为都必须一票否决,因为失去用户苏宁就将失去一切。

二是经营创新要讲效益,量化考核目标。转型的目的是发展,是增效,转型的好坏最终都将靠业绩来证明。

要深刻理解战略背后的意义,如全品类、自主产品,不是简单地增加品类、SKU数量、自主产品品牌。全品类是为了丰富用户体验、整合供应链,最终是要寻找新的销售或盈利的增长点;自主产品的目的是增强商品研究能力、实施差异化营销,最终是为提高盈利能力。执行不是为了应付和交差,不以创造价值为目的的执行是没有意义的。但是,追求效益应根据发展阶段与业务特点来确定效益的具体指标,效益既包括利润,也包括用户规模、销售规模等;同时,追究效益也不能急功近利,要遵循零售服务的本质,打造坚实的发展基础,从而实现稳定持续增长。

三是制度优化要讲效率。对于企业来说,不存在什么完美的制度,企业的转型也是内部管理制度不断升级变革的过程。而衡量制度变革优化的一个重要原则就是提高效率,不仅包括时间效率,而且也包括资源利用效率。互联网时代,不再是"大鱼吃小鱼",而是"快鱼吃慢鱼"。效率不是跟苏宁的过去比、跟自己比,而是跟用户的要求比,跟对手的速度比。2014年是集团的执行年,执行必须讲效率,必须按预期推进,甚至超预期推进,才能抢占市场先机。所以,苏宁必须基于新的零售模式,以提升运转效率为目标,探索并固化新的制度流程,建立新的开放型管理体系。

围绕"效果、效益、效率"的"三效法则"给苏宁提供了一把尺子,用来度量和把握如何选择重点项目,如何去执行,如何去创新。效果第一、效益为本、效率至上。只讲效果,不讲效率,那就会延误战机;只讲效率,不讲效果,那就会仓促上阵;而两者最终的结果都要体现在效益提升上,不讲效益的执行,注定是不可持续的。这就是苏宁的互联网思维,在深入理解互联网精髓,并结合零售本质的基础上提炼出适合苏宁自身发展的"三效法则",将其作为创新的基本法,从而确保执行显效。

最后,执行还要讲方法。2014年要求苏宁要战术聚焦,重点突破,以"产品决定目标、项目决定组织"的理念作为苏宁互联网执行的方法。

2014年,在工作执行的方向上一定要有"产品突破"的意识,要"集中力量办大事"。在测算资源和能力的前提下,明确不同阶段的主攻目标。

2014年,一定要把用户体验作为执行的导向,并要求把目标聚焦化、具象化,具体到核心产品上,以"产品决定目标、项目决定组织"的理念,打造苏宁互联网化的执行力,以产品推进带动目标的实现。最终建立起战略性指标、战略性项目,明确哪些品类重点是提升规模,哪些品类是重点在利润,线上占比、自主产品占比必须取得结构性突破,互联网门店、金融产品、移动转售产品等必须领先,然后规定好哪些项目是集团必须牵头抓的,哪些是体系牵头抓的,哪些是部门的重点项目,项目如何选择,苏宁要根据"三效法则"的尺子,从纵向的行业,横向的地区来选择。

一是苏宁要聚焦行业、对标平台,推进行业经营攻略。

互联网的竞争是残酷的"赢家通吃",如果苏宁不对标领先者,即使取得快于行业平均水平的增速,也有可能被淘汰。所以在总部层面,各商品经营体系要立足行业、立足平台推进经营攻略。无论是电器、母婴产品还是超市,都要找到行业的领先者和竞争对手,寻找差距,从而确定每一个品类的渠道经营策略、品牌合作策略、品类经营策略,指导部署大区的地区攻略。

线上线下运营平台要各自对标全国性的竞争平台,针对性地找出短板,围绕平台建设、会员发展、终端互联网运营能力建设、顾客服务体验等核心指标落实攻略目标,指导部署大区的本地化经营。

二是要细分地区、对标同行，落地市场竞争策略。

大区和子公司层面，要立足自身的线下平台、共享总部的线上平台，明确辖区内的线下、线上竞争对手。针对一级市场、二级市场和三、四级市场，不同的对手，要有针对性地制定出领先、超越、遏制等具体的攻略目标，联动总部资源实施地区市场的竞争策略。2014年的地区攻略，一方面要突破全国超大规模城市的线上经营格局；另一方面要突破三、四级市场O2O的融合，由两头带中间，建立苏宁在全国的行业领先地位。

转型互联网，不能迷失自我，不是一味跟随模仿互联网表面和形式上的东西，否则就是邯郸学步，既理解不透互联网的精髓，也丢掉了自己的特点和优势。所以在企业经营和管理上，苏宁永远坚持自己的根本立足点和特色。在经营上，互联网带给苏宁的想象空间很大，但做什么、不做什么、怎么做，必须回归零售的本质。在管理上，企业长期持续发展永远依赖于严谨的管理和健康的文化。新技术应用、用户思维、产品迭代创新等是苏宁要学习的，但不合适的东西苏宁也必须摒弃，不能一味地神化和盲从，苏宁要看到互联网文化的本质。一分耕耘一分收获，执着拼搏、永不言败的企业精神，和创新标准、超越竞争的经营理念是苏宁完成一切的基础。

3.2 苏宁公布2014年空调战略

3.2.1 与一线厂商签订1 000万台采购大单

2014年11月26日，由苏宁联合家用电器协会、中怡康、美的、海尔、海信科龙、惠而浦、奥克斯、志高、三菱重工等一线空调品牌主办的"2014年度中国空调行业发展趋势高峰论坛"在南京召开，共同探讨未来行业发展趋势。苏宁宣布，联合空调厂商采购1 000万台空调，通过O2O模式融合线上线下全渠道，运用差异化的竞争策略，与各大厂商继续深化供应链整合，以更加高效、更加优质的服务，共创空调行业美好的明天。

3.2.2 深化互联网转型成果　多项举措促行业发展

经过多年探索，苏宁正式明确了"一体两翼互联网路线图"，就是要建立以互联网零售为总体方向，线上线下融合的O2O全渠道经营和开放平台。苏宁云商总裁助理陈琦阐述了2014年度苏宁围绕空调行业发展实施的6项重要举措：推进O2O融合的互联网零售；1 000万台大单采购，深化战略合作；推动包销、定制与品牌代理，深化供应链变革和协同；借助技术应用与数据挖掘，推进CRM管理与精准营销；加强定制服务领域合作，打造苏宁"私享家"品牌；以及保障服务品质、增强服务协同，推进物流与服务的全面开放等。

3.2.3 厂商携手　合力冲刺万人空巷抢家电冬季之战

针对已经进入空调制暖旺季的华东、华中、西南地区，以及西北部分地区，苏宁以1 000万台大单中的300万台苏宁专供机型为主力，在苏宁门店及苏宁易购开展以空调为核心，兼顾其他品类的"万人空巷/万人在线抢家电"活动，发起2013冬季家电抢购大战。

苏宁将联合各大空调品牌全身心投入这场2013年的万人空巷收官之战，合力冲刺20亿的空调销售。

【思考题】通过本文谈谈你对苏宁产品战略的理解。

【资料来源】
[1] 百度百科.
[2] 周艳琴.2013年家电行业电商情况统计分析.居无忧.
[3] 李秀红.苏宁张近东布局2014年 强势执行互联网战略.成都日报.
[4] 苏宁：2014年为战略执行年和成效凸显年.中国经济网.
[5] 苏宁公布2014年空调战略.海南特区报.

收集整理：刘潇

第二部分　国际企业的营销管理

营销管理是指为了实现企业或组织目标，建立和保持与目标市场之间的互利的交换关系，而对设计项目的分析、规划、实施和控制。营销管理的实质，是需求管理，即对需求的水平、时机和性质进行有效的调解。在营销管理实践中，企业通常需要预先设定一个预期的市场需求水平，然而，实际的市场需求水平可能与预期的市场需求水平并不一致。这就需要企业营销管理者针对不同的需求情况，采取不同的营销管理对策，进而有效地满足市场需求，确保企业目标的实现。

小米：饥饿营销还能走多远

> **摘要**：小米公司深陷黄牛丑闻，尽管黄牛的说法后来被证不实，但关于小米"饥饿营销"的讨论却不止。小米的"饥饿营销"在早期帮小米打下了市场和口碑，但在现行的定价策略、分销渠道和促销手段并不利其长期发展。于小米而言，改变，势在必行。
>
> **关键词**：小米；手机；饥饿营销；定价；分销渠道；价格

1. 公司概况

小米公司正式成立于2010年4月，是一家专注于智能产品自主研发的移动互联网公司。"为发烧而生"是小米的产品理念。小米公司首创了用互联网模式开发手机操作系统、发烧友参与开发改进的模式。

小米没有森严的等级，每一位员工都是平等的，每一位同事都是自己的伙伴。

小米崇尚创新、快速的互联网文化，相信用户就是驱动力，坚持"为发烧而生"的产品理念。

2014年10月30日，中国制造商小米公司已经超过联想公司和LG公司，一跃成为全球第三大智能手机制造商，仅次于三星公司和苹果公司。

2014年"双十一"活动中，小米在天猫平台上销售手机116万台，销售额15.6亿元，约占天猫当天总额的3%，成功卫冕单店第一。

2. 行业背景

手机行业新闻不断：苹果CEO库克另辟蹊径地用"出柜"来博得关注头条，一度被疑借此为苹果销售造势；三星电子2014年前三季度营收47.45万亿韩元（约合2 700亿元），同比锐减19.7%，三季度净利润则环比下降32.5%，同比减少48.8%；调研公司IHSiSuppli发布研究报告称，小米公司2014年前三季度小米手机共计销售4 510万部，已经成为全球第三大智能手机厂商，仅位居三星和苹果公司之后。然而小米只将全球季军的宝座维持了八个小时，在宣布完成收购摩托罗拉手机业务后，联想就超越小米，坐上全球季军宝座。从这一系列的新闻可见手机行业竞争之惨烈，但挑战与机遇是如影随形的。

三星手机在国内市场遇到发展瓶颈，苹果推出大屏手机对三星高端手机有一定的影响，同时在中低端市场又遭遇国内手机厂商的强烈冲击。国产手机的技术质量、品牌形象等近年来有所提升，出货量逐渐攀升，但目前仍以价格战为主，缺乏核心的技术和设计，没有形成良好的盈利能力。总体来看国产手机市场发展迅猛。

从手机厂商格局看来，目前国内手机企业的发展形势表现为三分天下的竞争格局。第一梯队以三星、苹果、索尼为代表，凭借其强大的资本和技术优势牢牢占据高端市场，并逐步延伸至中低端市场。第二梯队以国产品牌手机中兴、华为、多普达、联想、TCL、金立等为主要代表，凭借其质量上乘、品牌保证、价格低廉，再加上本土文化的渗透占据中低端市场。第三梯队以国产杂牌手机"山寨机"为主要代表，占据国内很大的低端市场。

3. 案例内容

3.1 小米与饥饿营销

一段时间内，小米遭遇些烦心事，事情并不算大，但却直戳痛点。事情源于一篇黄牛的自述文章引发了众多小米黄牛的现身说法，虽然小米方面拿出了"本是商业机密"的快递发货数据自证清白，但这还是再次引起了业内外对于小米"饥饿营销"的激烈讨论。

小米的"抢购"、"闪购"模式一直被外界认为是"饥饿营销"，这也是一直以来贴在小米身上的最重要的标签之一，但外界对此的评价却褒贬不一。褒者认为这是令小米品牌闪闪发光的重要因素，除了苹果和小米，其他品牌想"饥饿"也未必饿得了；贬者则认为这极大地影响了消费体验，使用不当会伤害小米成功最重要的基石——"米粉"，黄牛的存在无疑是最大的副作用。

细心者不难察觉，小米自身对于饥饿营销的态度也正在发生变化，他们正在积极寻求供应链和渠道模式上的改变，毕竟如今已经估值超过400亿美元的"大公司"小米，有些东西应该也必须要改变了。

这篇引起轩然大波文章中的主角是一个化名为"老娄"的"第一代"大黄牛，从2012年2月开始，他从线下渠道分销小米手机，最高月销量超过7万台，经过两年半时间，个人资产积累已超过千万元。

面对质疑，小米被迫"晒出了底裤"：小米手机主要配送公司顺丰、如风达和邮政EMS三家的发货单,这三张盖有公章的发货单显示:三家在2013年第二季度一共发出了1 031万单的小米手机。除以1 119万台的线上总出货量,平均每笔订单购机1.09台,应该可以得出并不大量黄牛的订货的结论,但这仅能说明今年的情况。

小米的证据足以证明小米的清白,而老婆爆出的则是2013年之前的情况,过去的3年中都是如此吗?不得而知。其实,纠结于此并无太大的意义,因为从某种角度来讲,小米和黄牛之间的纠葛也算是"剪不清、理还乱"的"家务事",黄牛毕竟也是小米的"销售员",只不过是以小米并不喜欢的方式。但是,这次偶然的"黄牛门"事件,也确实再次引发了人们对小米的"饥饿营销",以及隐藏其后的小米独特的商业模式、供应链和渠道真相的讨论,毕竟今天的小米已经不是4年前的小米了。

3.2 小米为何会"饥饿"

2010年4月,小米公司成立。2011年8月,小米手机第一代发布,这款号称主要针对"手机发烧友"的手机,不仅是世界上首款双核1.5GHz的智能手机,还拥有1G内存、800W像素摄像头等强悍配置,但价格却只有1 999元,而同等配置的智能手机,售价均在3 000元左右。凭借出色的性价比,品牌不low而且格调很高,小米手机一下成为国内最火爆的新锐智能手机品牌。之后历代的小米手机以及其他小米产品几乎都保持了非常诱人的价格优势,不过,用户遭遇的最大的问题就是买不到。

小米总裁雷军多次强调,小米从未刻意搞饥饿营销,用户买不到是因为小米的产能实在是跟不上用户的需求。3年前,小米第一代手机上市销售时,第一个月卖出1万部,销售额不过2 000万元。而2013年上半年,小米手机产能达到2 600多万部,全年完成6 000万部几乎无任何悬念,而明年年销量过亿的目标似乎也十分乐观,增速惊人。

小米的"饥饿营销"在最初阶段产能不足应该是主要问题。但是目前来看,随着用户需求的增加和公司话语权的加大,产能应该不是"瓶颈"了,所以"饥饿营销"应该已经成为小米的倾向性营销方式。小米一直"饥饿"的很大一部分因素来自于小米独特的定价策略、供应链设计和渠道安排。

3.3 定价策略

3.3.1 渗透定价

手机行业的特点是新品上市阶段成本最高,而随着时间的推移和销量的增大,成本会逐渐下降。传统手机厂商都是浮动定价的,通常高于成本30%定价,然后逐渐降价直至推出新品,即先盈利后亏损。

而小米却利用摩尔定律，采取了另外一个思路：先以一个较低的价格保证性价比，吸引用户，快速形成规模效应，随着成本曲线的向下倾斜，产品便可以开始盈利，这是一种先亏损后盈利的方式。

即在新产品上市之初将价格定的较低，吸引大量购买者，扩大市场占有率。由低价产生的两个好处是：首先，低价可以使产品尽快为市场所接受，并借助大批量销售来降低成本，获得长期稳定的市场地位；其次，微利阻止了竞争者的进入，增强了自身的市场竞争力。当然，低价利微投资回收期较长，不利于企业形象的树立，有可能招致反倾销报复。

而能够实现低价的另一个原因就是小米产品主要采用线上销售模式，这种方式让小米获得了快速的资金周转率和接近于零的仓储成本。在小米的账面上几乎不会出现"应收账款"，当周的生产量就是下周的销售量，这使得小米与其他传统手机也包括硬件厂商拥有了巨大的优势，特别是在新品阶段，预估销量是非常难的。而小米可以按订单生产，以实现更好地控制风险和成本。

目前，小米在售手机的价格如下：

型号	价格（元）
小米 4	1 999
小米 3	1 499
红米 1S	599
红米 Note	899

资料来源：小米官网，2014.11.11。

3.3.2 心理定价

（1）尾数定价。即保留价格尾数，采用零头标价，将价格定在整数水平以下，使价格保留在较低一级档次上。小米官网所有产品定价几乎都是以"9"结尾，给人一种心理上低价的暗示，提高购买欲望。

（2）招徕定价。利用消费者的求廉心里，以接近成本甚至低于成本的价格进行商品销售的策略。小米官网每期一款限量秒杀，周一至周五10：00 准时开始，每个账号限购一件，一般都是手机配件，以半价或低价引人注目。

（3）捆绑定价。捆绑定价也叫价格捆绑策略或捆绑价格策略，是指将两种或两种以上的相关产品，捆绑打包出售，并制定一个合理的价格、这种销售行为和定价方法常常出现在信息商品领域。

3.4 分销渠道

小米手机是 2011 年 8 月才开始正式发布产品。为了降低销售成本，去掉中间渠道、门店的成本，小米早期主要依靠线上发售完成手机销售。可是小米手机在发售没有多久后，出现了由于大量消费者在短期内刷新小米官网，一度造成官网无法打开，虽然后来小米手机增加了网络宽带，但是问题一直没有得到解决。从手机营销渠道演变的历史来看，随着产品技术的进步和更新，产品生命周期从导入期到成长期、再到成熟期的过程也带来了营销渠道的变革。

小米现有的分销渠道除了线上销售（自营官网、淘宝京东授权店）还有社会渠道（苏宁等电器连锁店）和中国联通、中国电信等手机运营商。

3.4.1　线上销售

根据小米手机的渠道战略，小米手机建立了自有渠道——消费者通过到小米手机的官网预订手机然后统一出货。这种方式省掉了后面的市场和渠道成本，而物流和库存由凡客支持。对于小米来说，这肯定是节约成本的。但单一的线上销售也有种种弊端：

- 长期缺货造成"饥饿"，一旦开售，短时间的流量涌入往往会导致网络经常瘫痪。
- 缺少分销商，没人在基层发起营销，单靠网络无法解决售后服务，亦无法提高用户体验；

为了分流官网压力并扩大品牌影响力，小米先后进驻了天猫和京东。

3.4.2　社会渠道零售商

在网络销售之外开辟新的渠道，苏宁电器成为小米手机的首家社会电商渠道销售商。但是面对苏宁这样的国内电器连锁店巨头，小米议价能力有限。

3.4.3　增加手机运营商渠道，置顶合约机

为了解决渠道问题，小米手机还先后与中国联通以及中国电信合作，增加手机运营商渠道，置顶合约机，通过实体营业厅和在线营业厅售卖小米手机。与普通版相比，联通定制版小米手机机身后盖有"WO"标志，并内置了"手机营业厅""沃商店""沃3G"联通定制软件。

饥饿一定是一把双刃剑。曾经，让消费者"饥饿"，这一招"险棋"在小米成了一招"妙棋"。当小米只是一家创业小公司时，回报的诱惑显然大于风险的担忧；但是当小米在品牌和规模上都已经成为一家大公司的时候，对风险的考虑权重就要大很多了。

不难发现，小米已经开始了有意识的销售渠道转型，运营商渠道等传统渠道开始变得越来越重要。毕竟，手机这类产品，重点的销量还是走线下渠道，而且单纯地做线上渠道很难往三、四线城市去渗透。所以小米未来线上、线下共同发展是肯定的。小米最初的市场定位为手机发烧友，是习惯于网络的年轻人，但随着小米进入低线城市和农村市场，这也是各家手机厂商最大的潜在空间和盈利增长点，仅仅依靠线上方式显然是不够的，因为那里的消费者更加倚重传统渠道。

但是，渠道转型并不是一个简单的变化，甚至会影响商业的模式和盈利模式。链条很长会给决策者很多错觉，觉得卖得好就马上追加订单，但其实货都在渠道里，按照不准确的销售量预测市场，会使生产计划面临很大风险，对供应链有很大压力。

抢购这种形式对于小米来说，造势是更主要的一点：营造出一机难求的现象，同时利用这种方式来调动用户的需求量。可以说目前小米的这种策略还未见到失败的迹象。但是预计小米未来还会对营销方式作出改变，不会一味实行这种市场策略。因为一旦用户对于智能手机的需求不再增长，或市场已形成饱和的情况下，这种方式有可能会影响到小米的品牌形象。

3.5 促销手段

智能手机行业，尤其是低端机，极度价格敏感。而在硬件领域，规模效应的威力无处不在。十万出货、百万出货、千万出货的最大区别，就是和供应链的议价能力，出货量越大的厂商议价能力越强。红米和红米Note"双十一"期间降价100元，对中小厂商是灭顶之灾，因为他们的价格结构被摧毁了，同配置手机跟着降价，亏损可以预期，而不降价则出货萎缩。

大型厂商的日子也不好过，红米是同价格区间出货量最大的机型，而且小米的销售模式也让它在成本控制上占据优势，雷军掌握着发动价格战的主动权，行业只能跟着节奏走。

599元的红米率先跨过了100美元这条原本用来区分"低端"与"超低端"机型的红线，对友商来说，跟与不跟，两难。而依赖运营商渠道推广低端手机的联想、华为、酷派，面对运营商大幅调低补贴以及小米式价格战双重夹击。

从小米官网透露的信息来看，此次降价并非"双十一"单日营销活动，"双十一"过后，红米系仍将维持调低后的价格，在红米二代出来之前，可能这样的价格不会再变动。所以这不是一股寒流，而是寒冬来了。

尽管雷军一直说：I have a dream——做一家小餐馆，但门口总有人排队。但今天的小米早已不是一家小餐馆，它已经长大了。现在，小米的估值已经超过了400亿美元，成为第一大国产智能手机品牌，在中国互联网领域仅次于三家互联网巨头公司BAT（百度、阿里巴巴和腾讯），而这个成绩的取得，小米仅仅用了四年时间。对于日益壮大的小米来说，改变势在必行。但如何转变姿态以面对强大的竞争对手，则是一个更重要的问题。

【思考题】谈谈小米"饥饿营销"的利弊。

【资料来源】

[1] 百度百科.

[2] 平安证券电子行业快评. 苹果出柜,三星受挫,国产手机方兴未艾.

[3] 刘松林. 小米手机分销渠道问题剖析.

[4] 小米的双十一:599元红米清洗低端. 网易科技.

[5] 孙冰. 小米:饥饿营销已走到尽头.

收集整理:劳苑倩

兰亭集势（Light in the Box）的营销之道

摘要： 跨境电子商务是国际贸易中的新形式。我国成功上市企业兰亭集势公司在其跨境电商运营过程中有许多经验值得借鉴分享。但是，跨境电商正在改写传统外贸的出口链条的同时，因为一直在规范化边缘自发生长，也不可避免地存在成长中的烦恼。

关键词： 兰亭集势；跨境电商；供应链；供应商管理库存

1. 公司简介

兰亭集势成立于2007年，主要集合国内的供应商向国际市场提供"长尾式采购"，业已成为国内排名第一的外贸销售网站。从2006年创始发展至今已经取得超过50倍的销售增长，并获得硅谷与国内顶级风险投资，也为CNN、路透社等世界新闻机构所报道。公司总部设在北京，在北京、上海、深圳共有1 000多名员工。

兰亭集势以婚纱发家壮大，目前销售内容已经涵盖了包括服装、电子产品、玩具、饰品、家居用品、体育用品等14大类，共6万多种商品。公司年销售额超过2亿元人民币。经过几年的发展，公司采购遍及中国各地，在广东、上海、浙江、江苏、福建、山东和北京等省市均有大量供货商，并积累了良好的声誉。许多品牌，包括纽曼、爱国者、方正科技、亚都、神舟电脑等也加入兰亭集势销售平台，成为公司的合作伙伴或者供货商。

"One World One Market"——兰亭集势的使命是为全世界中小零售商提供一个基于互联网的全球整合供应链。通过其创新的商业模式、领先的精准网络营销技术、世界一流的供应链体系，依托包括Google、eBay、UPS在内的全球合作伙伴，它已迅速拥有来自100多个国家数以千万计的访问者，和以万计的个人消费者与企业客户。

2. 行业背景

跨境电商是指不同国别或地区间的交易双方（个人或企业）通过互联网及其相关信息平台将传统国际贸易加以网络化和电子化，实现在线批发和零售的一种新型国际贸易模式。它包括出口和进口两个层面的总和。

跨境电子商务近年来成为中国电商行业新的发展热点，其交易额增速远高于外贸增速，发展势头强劲。中国电子商务研究中心的统计数据显示，2012年，跨境电商交易额已达2万亿元，同比增长超过25%，远远超过我国外贸出口的增长水平；2013年，我国跨境电子商务增速在30%以上。另据权威机构预测：到"十二五"时期末，我国跨境电商交易额占进出口总值的比例将达到16.9%，2016年预计达到6.5万亿人民币。电子商务已发展成为我国新兴的战略性产业，成为国际贸易中的新手段和新方法，必将推进国际贸易的深度和广度。

目前跨境电商有4种发展形式：

（1）通过阿里巴巴、环球资源、中国制造等网站发布商品信息，寻找商机，开展网站大额国际贸易批发业务。

（2）通过敦煌网等网站发布商品信息，寻找商机，开展小额在线支付国际贸易批发业务。

（3）在第三方跨境电商平台上开设店铺，通过这些平台以在线零售的方式销售商品到国外的企业和全球终端消费者。

（4）企业建立一个独立的跨境网站，如兰亭集势、易宝科技、炽昂科技、大龙网、走秀网等，以在线零售的方式将商品直接销售到全球终端消费者。

根据调研，在跨境电子商务经营中，在线批发多采用传统的通关物流方式；在线零售多以商业快件和个人行邮为主要的通关物流方式，并由此衍生出包裹集中后以百家货方式清关到香港转运以及批量货物海外仓转运的模式。

在线批发由于在进出口经营者身份备案、国际交易真实性确认、支付结算、检验检疫、通关、物流等方面与传统贸易采取的方式一致，所以结汇和退税遵照传统国际贸易方式进行。

但由于在线零售是以在线零售订单和第三方支付等方式确认交易合同的真实性，以个人行邮、商业快件等非货物贸易方式通关和运输，同时进出口交易者也不一定进行了进出口经营者备案，所以检验检疫部门无法给予正常贸易方式的检验检疫，海关也无法出具相应的商业贸易通关单，因此企业无法进行正常结汇和退税。所以这一类销售存在政策灰色地带，受政策影响性大。

3. 案例内容

3.1 婚纱起家

就像国内网购者喜欢上淘宝淘便宜一样，海外的网购者喜欢上兰亭集势寻找价廉物美的"中国制造"。兰亭集势是一家针对海外用户销售婚纱服饰、电子数码等中国产品的外贸 B2C 网站。

兰亭集势上显示的语言版本包括英语、法语等 16 个版本，没有中文版。根据兰亭集势 2014 年第三季度的财报，兰亭集势的客户遍布全球，其中欧洲和北美的客户最多，这两个区域的订单贡献了总营收的 59.7% 和 20.6%，南美及其他国家市场的客户分别占 6.4% 和 18.9%。

兰亭集势 2007 年成立时是做电子产品，但真正起家却是依靠廉价婚纱。

由于西方国家的婚纱价格昂贵，买一套普通婚纱至少要 1 000 美元，兰亭集势的婚纱价格从 100 多美元至 400 多美元不等，而且质量、款式都不错，因此，主打廉价婚纱的兰亭集势很快受到海外网购族的欢迎，站住了脚跟。通过兰亭集势这样的外贸电商网站，国外消费者随时都能"逛"到中国来大采购。

价格低廉驱动海外用户在兰亭集势消费的主要因素，拿婚纱来说，一件生产成本几十元人民币的定制婚纱，在国内可能卖 200 元人民币，但通过电商卖到海外后，身价有可能变成 200 美元，利润一下翻了六七倍，照样不愁买家。根据 The Wedding Report, Inc 统计调查，2011 年，美国地区平均每件婚纱的价格在 1 166 美元，而同期兰亭集势婚纱的平均价格仅为 209 美元。兰亭集势利用各种中国制造的"山寨"电子产品和廉价婚纱礼服，敲开了海外电子商务市场的一角，2014 年第三季度，兰亭的购买用户数量为 190 万，订单总量达到 250 万单。

物流也不成问题，大批量商品可以走集装箱海运，小件商品可以走 UPS、DHL 这样的国际快递。因此，在国内 B2C 电商还在苦苦寻觅盈利途径之际，兰亭集势的财务指标显示，2012 年第四季度的净利润为 122 万美元，首次实现季度盈利；2014 年第三季度净利润增至净营收为 9 900 万美元，同比增 45.3%。

兰亭集势在全国共设有 6 处采购办公室，由于品类扩张的需要，以及兰亭的外贸渠道越来越广阔，兰亭不断在全国范围寻找更多的供应商伙伴。由于商品主要销往海外市场，兰亭对供应商的生产能力也有相对较高的要求，例如，要能满足一定的采购量，对海外市场需求要敏感，甚至要懂得如何在设计并生产众多"山寨品"的同时，避免踩到海外知识产权的红线……除了这些无品牌商品，一些本土品牌，包括纽曼、爱国者、方正科技、亚都、神舟电脑等也加入 LightInTheBox.com 销售平台，成为该公司的供货商组成。此外，兰亭集势还组建了设计团队，打造自有品牌，丰富产品多样性，服装自有品牌包括 Three Seasons/TS brand。

不过，婚纱在造就兰亭集势的同时，也为兰亭集势埋下隐患。

电子商务的商业逻辑是通过高昂的广告费用获取新增用户，但可以通过用户的重复购买获得利润（产生重复购买基本不需要广告成本）。因此重复购买对电商的盈利能力十分重要。但显然结婚是一件不常发生的事件，而婚纱的重复购买率也就十分低下，这导致了兰亭集势的营销费用占比的居高不下。

3.2 创新供应链

垂直类电商往往在两个方面稳固自己在价值链中的地位：①缩短流通环节，降低消费者购买成本。通常受到规模限制，垂直类电商很难直接降低价值链过程中的运营成本，往往需要利用社会分工的资源来缩小与综合类电商在运营成本上的差距。兰亭集市、聚美优品是其中相对成功的例子。②增加附加值，简化用户选择过程，或者增加额外增值服务，改善用户体验。

根据兰亭集势 2014 年第三季度财报，公司毛利率为 37%，毛利远高于电商整体水平。高毛利的背后，是较短的供应链和廉价的生产成本优势。

兰亭集势之所以可以在如此低廉的定价水平上取得如此高的毛利水平，核心在于其具备相当强的成本优势，以及极大地缩短了供应链。例如，一件 100 元人民币的"中国制造品"即使直接将标价的单位换成美元，对于一部分海外"屌丝"群体，价格仍然极具吸引力，这就是中国制造的威力，你甚至可以说它是"暴利"，当然，这也是大部分中国外贸企业的优势。更为独特之处在于，兰亭集势极大地缩短了外贸 B2C 的供应链：向上，兰亭绕过了层层中间贸易环节，目前 70% 的商品直接从工厂进货，达到节约进货成本的目的；向下，兰亭直接将这些价格低廉的中国制造品以海外市场的定价标准直接卖到 C 端顾客手中，获得了高毛利的优势。

兰亭集势上线之初，主营的外贸品类是电子产品，逐步打开外贸市场后，兰亭集势开始将手臂伸向毛利更高的品类，如服装、电子产品配件、家居园艺等。随着品类的扩张和调整，尤其是毛利较高的服装品类销售占比快速提升，毛利较低的电子产品销售占比快速下降，推动兰亭整体毛利率不断上升。

除了毛利高外，兰亭集势的库存周转速度也相当惊人，21.7 的存货周转速度同样高出电子商务平均水平许多，而亚马逊的存货周转率大约在 9.3，唯品会的存货周转率约在 5。兰亭集势的库存周转速度能够做到比普通电商还要快，背后是由它的特殊供应链管理模式决定的。

3.2.1 个性品定制化生产，但效率极高

兰亭集势的定制商品主要是婚纱礼服类，顾客可以根据自己的身材和喜欢的

颜色进行个性化定制。苏州的虎丘是婚纱礼服的主要货源聚集地，据说占据全国婚纱生产70%的市场份额。但这里多是分散的小作坊生产模式，生产和管理水平大部分不高，要达到外贸标准，首先要想办法规范它们的产品质量和提高生产效率。为此，兰亭专门建立了一个内部的专家团队，直接打入生产线，负责指导供应商改进生产效率和提高产品质量，使它们能够在尽可能短的时间内，达到个性商品订制品以及标准品批量生产的标准。为了保证可持续的生产供应能力，兰亭集势通常与供应商签订为期一年的供应协议，内容包括产品种类、单价、数量、发货时间等内容。

对于服装类的定制商品，兰亭集势通常在接到订单后，每日向供应商更新订单，供应商按需定做。由于已经和专家团队达成了流程化的生产协调能力，供应商通常能够在接到订单10~14天的时间内完成生产并将货品送至兰亭集势的仓库；对于标准品，供应商通常能够在48小时内将货品送至兰亭仓库。

兰亭集势已经建立了较为高效的供应链管理机制，不仅能保证订单及时处理，同时，定制化的生产流程，能够帮助供应商减少浪费，相应也增强了供应商与兰亭集势合作的意愿。这种采购体系，可以使兰亭集势保持较低的库存水平，同时，由于每日及时向供应商更新订单信息，也使得兰亭能够保持较高的订单履约率。

3.2.2 标准品提前备货，但无库存风险

兰亭集势采用VMI（供应商管理库存）方式进行库存产品管理策略，即库存商品所有权在产生客户订单之前，一直属于供应商所有。该库存管理办法，一方面让供应商对畅销品提供提前备货；另一方面对于在库存商品滞销90天以上的商品必须由供应商收回，整个备货过程中，兰亭集势只负责提供仓库空间以及支付由供应商将剩余库存运走时的物流开支。高效的库存管理方式取得了显著效果。

很明显，通过供应商"提前备货"，兰亭集势提高了订单处理的效率，同时有效避免了库存风险。不仅如此，兰亭集势还可以根据商品受欢迎程度，要求供应商加大特定商品的备货，或是随时要求供应商将销量不佳的商品库存拿走，以及在90天内将商品剩余库存拿走，整个备货过程中，兰亭集势只负责提供仓库空间以及支付供应商将剩余库存运走时的物流开支。

总结起来，兰亭集势在供应链管理模式上，同其他电商网站有着极大的差别，一方面能够直接从制造商进货缩短供应链，实现较高的毛利率水平；另一方面针对定制品和非定制品，兰亭和供应商分别建立了独特的合作模式，在保证生产效率的基础上，能有效地降低库存风险，并实现超高的库存周转率。

供应链管理模式上的独特之处，使得这家网站在广阔的外贸B2C市场开辟了一条特色经营的渠道；接下来的问题是，怎样将这个渠道做大做宽，兰亭集势

独特的营销手段起着关键作用。

由于借助中国是世界中低档产品的生产大国，兰亭集势的目标市场定位为全球中低档收入消费者，同时产品采用低价定价策略，之所以可以在如此低廉的定价水平上取得如此高的毛利水平，核心在于其具备相当强的成本优势，该优势的取得很大程度上归功于其创新性地缩短了供应链结构，将以往企业的"中国工厂—中国出口商—外国进口商—外国批发商—外国零售商—外国消费者"6个环节的传统外贸流程变成"中国工厂—外国消费者"2个环节的供应链结构。

新的供应链结构减少了流通中介，降低了渠道成本，同时使信息流通畅、准确，节约了沟通成本，大大提高了工作效率。让一件个性化定制的婚纱礼服从下单、生产到收货共计不到一个月，平均只需要15~20天的生产加工时间、3~8天的物流时间。

3.3 精准网络营销推广

外贸电商网站的核心能力不是采购也不是物流，而是网络营销推广，因为客户分布在世界各地，如何能让客户通过互联网找到，是做好外贸电商的关键。会不会投广告关系到外贸电商的成败，投得好的话能花小钱办大事，投不好的话就是烧钱，有可能几百万元砸进去，都换不回多少有效客户。

供应链管理为兰亭集势赢得了价格优势，而将这些产品成功销售给海外消费者，则依赖的是兰亭集势的另一秘籍——互联网营销能力，其细分的方式包含了搜索引擎、展示广告、联盟广告、邮件营销，以及社会化营销等十几种方式。兰亭集势的财报显示，兰亭集势的营销费用比例较高，是一家典型的"营销拉动销售"公司。因此兰亭集势的"领先精准的网络营销技术"颇有特色，具体体现在以下几个方面。

3.3.1 社会化营销

兰亭集势强调通过社会营销和与客户进行"非正式"沟通，润物细无声地逐渐改变客户的思维与兴趣，形成一定的文化理念与价值观，使客户最后对商品和品牌忠诚变成自组织行为，从而转变为增加兰亭集势销售额的效果。

Web2.0时代，人们以强关系的"文化部落"为生存方式，每个消费行为的社会属性大大增强，任何一种消费活动，都会很容易地通过微信、微博等各种SNS（社交）平台进行交流，结果造成人们不再相信公司自我宣传品牌而更愿意相信的是其他客户的结论，特别是自己周围人的结论。兰亭集势公司非常明确这种变化是传统商业逻辑转向电子商业的逻辑。因此，借助于社会化媒体的兴起，他们非常注重SNS、BBS等社会化营销工具的运用，Facebook和twitter、Linkedin等多家社会化网络社区上，总会以各种软文形式出现兰亭集势的产品信息，这种潜移默化的广告形式，互动更多，成本更低，效果更佳。为了达到精准的网络营销效果，兰亭集势还采用了"因地制宜"的用人策略，针对200多个国家地区、不同文化背景的数千万消费群体销售多种商品。兰亭集势公司尽量聘用母语国家的工作人员进行营销和客服工作。

3.3.2 搜索引擎优化和网站联盟

搜索引擎是兰亭集势的第一大流量入口，兰亭集势公司技术人员精通搜索引擎营销，自主开发了独特算法，用以发现和调整关键字组合。

这种技术优势是别人难以学习和复制的，也是兰亭集势在营销方面的竞争力所在。他们在谷歌等搜索引擎上以17种语言至少投放了数百万的关键字，按照点击次数付费：当用户使用特定的关键字搜索并在搜索结果中点击了兰亭集势广告时，或者当用户浏览网页点击了搜索引擎匹配的上下文广告时，兰亭将支付搜索引擎固定的费用。兰亭集势建立了联盟营销方案，当用户通过联盟网站访问并购买了兰亭集势的商品时，兰亭集势会按照一定比例向联盟网站支付销售佣金。

3.3.3 展示广告和邮件营销

兰亭集势已在超过10万家媒体网站上投放了展示广告。

总之，兰亭集势采用了精准网络营销技术，综合运用各种网络营销工具和技术来实现其预期网络营销效果，成为企业成功运营的重要助力。

3.4 规范化隐忧

兰亭集势的眼球效应，很容易使外界产生跨境电商可以迅速"造富"的错觉。然而，对于众多B2C电商及采用类似模式的小额外贸公司，以及转向电商销售渠道的中国工厂来说，现实并没有看上去那么美：这一外贸渠道一直在流程规范化的边缘地带自发生长，并处于监管的灰色地带。外贸市场的需求和空间相当广阔，但该领域至今没有出现一家像阿里巴巴或亚马逊那样的电商巨头。这是企业自身原因和外部环境共同造成的。特别是缺乏完善的政策支持，使中国的外贸B2C企业笼罩在诸多不确定的环境下，在一定程度上阻碍了这一领域的发展。

在货物通关方面，目前面临的首要问题，是如何在大宗物流与国际小包之间进行选择：如果选择传统外贸模式使用的大宗物流，在政策监管、通关手续等方面会相对正规，但在时效性方面则难以满足海外消费者的需求，同时也意味着较高的关税费用；如果选择以国际小包方式，以礼品等名义邮寄订单，虽然可以不用缴纳关税费用，但存在被认定为非法外贸出口的风险。

由于外贸B2C面对的是个人消费者，商品价格水平一般也比较低，而我国海关又允许价值低于1 000元的包裹以个人物品通关，因此，国际小包就成为当前外贸B2C企业通关的主要方式。

通关环节的不规范将直接导致结汇收款环节的障碍。由于销售行为发生在国外，产品采购均在国内，外贸B2C企业都有将外汇转换成人民币的现实需要。

然而，由于出口手续不全，他们无法通过正规渠道收汇结汇。在外贸 B2C 的一般模式中，海外消费者通过网上支付将货款打入第三方支付账户，第三方支付机构则将资金转入外贸 B2C 企业的离岸账户，再通过某些特定渠道按照即时汇率将人民币资金转入外贸 B2C 企业的国内账户。这一资金操作方式相对于外贸企业通过信用证等结算工具在银行结售汇的传统操作方式，也存在一定的违规风险。

【思考题】谈谈你对兰亭集势营销策略的侧重点的理解。

【资料来源】
[1] 2014 年跨境电子商务产业发展现状分析．中商情报网．
[2] 刘丽娟．跨境电商进化论．
[3] 李冰，弓永钦．跨境电子商务企业的战略成本分析．
[4] 云踪．兰亭集势：外贸 B2C 缘何脱颖而出．
[5] 李妍．兰亭集势独特的供应链管理．雪球网．

收集整理：劳苑倩

丝芙兰（Sephora）：化妆品零售连锁的另类营销路

> **摘要：** 作为全球领先的化妆品零售商，丝芙兰一直给人以高贵、专业的感觉。"3E"（Ease，Excitement，Education）营销理念和快人一步布局电子商务的数字营销给这个连锁零售品牌带来新的机遇。本案例重点分析了丝芙兰的"3E"营销和数字化策略。
>
> **关键词：** 化妆品零售；丝芙兰；奢侈3E；数字营销

1. 公司简介

丝芙兰（Sephora）是全球领先的化妆品零售商，有"全球化妆品零售权威"之称，1969年创立于法国里摩日，1997年被全球最大的奢侈品集团路威酩轩LVMH收购。迄今丝芙兰（Sephora）在全球21个国家拥有800家店铺，已成为LVMH旗下最大的零售业务部门（包括在线商店sephora.com）。

SEPHORA，全球著名化妆品零售商，1969年创立于法国里摩日，1997年加入全球最大的奢侈品集团－法国LVMH（路威酩轩）集团。截至2014年6月30日，SEPHORA在全球28个国家拥有1 499家店铺。2005年4月，SEPHORA在上海开启了在中国的第一家店，正式进入中国市场。目前丝芙兰在全国范围内已有152家门店。美国数据研究公司Sanford C. Bernstein披露的数据显示，早在2012年丝芙兰就已经占据了中国化妆品零售市场15%的份额。

2. 行业背景

中国化妆品市场的快速发展，对于欧美的化妆品牌来说具有非常大的吸引力。同其他邻国相比，中国在接下来的几年内，必将会有更大的增长空间。目前国内的化妆品零售渠道非常多样化：百货公司专柜、专业化妆品连锁零售商、大超市或连锁超市专柜、品牌专卖店、药房、美容院、电子商务和直销。其中因为百货公司一般都以经营高档化妆品牌为主，辅以中高档的日韩系化妆品牌，高端消费者的忠诚度高，所以百货公司是丝芙兰最大的竞争对手。同时，近年来药妆概念的兴起，加之药妆价格普遍亲民，药房销售也在冲击着丝芙兰。

在专业的化妆品零售商领域，目前在大陆地区市场占有率和知名度比较高的化妆品连锁零售商主要有三家：丝芙兰、莎莎和屈臣氏（Watsons）。莎莎和屈臣氏都是来自香港的零售商。前者成立于1978年，现为亚洲最大的化妆品连锁店，亦为亚洲区居领导地位化妆品零售及美容服务集团，拥有自有品牌"SaSa"。莎莎在内地店铺主推一站式服务策略，用美容和增值服务来吸引顾客，在店内增设美容室，顾客在此可享受到免费的皮肤护理和保养。目前在大陆地区，莎莎发展速度落后于丝芙兰，但在北京、上海、沈阳和无锡都和丝芙兰展开了正面的竞争。同丝芙兰一样，莎莎也开设了网上零售业务。后者是香港和记黄埔有限公司旗下屈臣氏集团之保健及美容品牌。屈臣氏集团是全球最大的保健及美容产品零售商和全球最大的香水及化妆品零售商，在亚洲及欧洲36个市场、1 800多个城市共拥有19个零售品牌及逾7 700家零售商店。屈臣氏个人用品商店以"健康、美态、欢乐"经营理念，主导"发现式陈列"与"体验式购物"，店内商品由知名品牌商品与自有品牌组成，自有品牌商品大致在20%左右。

3. 案例内容

3.1 专柜与受众对象

丝芙兰的开张与营业，可以说对于目前比较贫乏的化妆品销售领域，吹来了一阵时尚的热潮风向。丝芙兰大走"本色"风潮，里面的产品几乎囊括了世界所有知名品牌在内的彩妆与护肤，沐浴与香氛系列，价格的优惠力度并不是很大，一般的消费者不容易接受。它的消费定位一般在中等偏高等的范畴里，上下浮动。消费人群主要是公司的管理人员、白领职业女性以及追求品牌品质的人。她们个人可支配货币高，注重美容化妆品对于皮肤的保养，需求层次高，对价格不敏感，购买频率高，倾向于交叉购买，重复购买程度较大。

丝芙兰一直都走高端品牌的专营店模式，从打品质牌，彩妆与护肤都走前沿路线，主体消费定位偏高，主要涉猎于小众人群，且在小众中很具口碑度。在产品种类上，自由品牌几乎不到1/5，店铺始终给人很宽广和专业性很强的态度，类似于开架日化的营销方式，它的存在不是以价格取胜，而是一种品牌的浓厚的品牌文化与氛围，有种让人想去了解和走进它的世界，体会糖果色彩以及甜美香氛的奇幻旅程的感觉。在化妆品零售领域，丝芙兰始终以高姿态存在着。作为跨国连锁的巨头，它也有自己优势与劣势。它的生存与否在一定程度上，也决定着此城市的经济发展规模以及消费水平。它的存在，让消费者了解了更多的美妆前沿的东西，同时，也衍生出了当今化妆品界的种种发展趋势。丝芙兰的会员卡似乎已经成为一种身份象征，几乎都已经成为一种消费标准。丝芙兰所设立的会员门槛较高，一次性消费满额600元才有资格申请成为会员。在一定程度上，已经对消费人群在经济消费能力上进行了细致的划分。

丝芙兰定位高端路线消费群体，营销战略非常科学，因为高端消费是都是消费的新趋势，同时为高端群体创造良好的消费氛围留住高端顾客，会员制模式始终让会员感受新潮及时尚，让顾客常来常新百来不厌，稳定会员保持店铺可持续发展的动力。

跟大多奢侈品牌一样，丝芙兰很少做促销活动，就算是店庆的时候，也只是针对会员进行95折的优惠力度。这在一定程度上对消费层次有了限制。不过，对于会员消费满额换购产品的点子，很受消费者欢迎。于是消费者不断地进行消费，以此进行积分的积累。

商品陈列艺术化成为无声的促销活动，满额换购让利会员享受实惠，自有核心利润品牌保证店铺的利润空间，保持店铺的竞争优势，走品质之路体验营销让顾客享受高品质的产品，环境引导氛围促成减少、人为推荐，给顾客充分的自由购物空间，让顾客来去自由购物自由试用自由。

在各个方面都体现到自由，因为高端目标顾客群体，不喜欢营业员左右自己的消费，白领、金领及财富女性、成功女性都非常有主见，丝芙兰恰恰满足高端顾客的消费特点，所以丝芙兰受到高端消费群体的推崇及信赖。

一般去专柜消费到一定数额，专柜的BA就会给您当季的新品的小样或者是试用装，但丝芙兰始终走高端路线，很少会采取这样的战略，它的价格几乎与专柜同步。相比专柜，尽管没有小样和试用装，但消费者多了些自由度，至少没有BA在耳边喋喋不休以及BA小姐的白眼，而且对于产品也是触手可及。

可以自己去亲身去体会产品的性质，能够更深入地接触彩妆品牌的精髓。购买的过程，实则上是一种认识的过程。丝芙兰完全把主导权，引入在消费者手中，而不是完全在BA手上。让消费者不光是消费，而是去体验一种深度的法国文化氛围。在入驻的品牌上面，种类并不是很多。

3.2　3E营销，做顾客的闺蜜

丝芙兰在中国成功来源于对顾客追求乐趣心理的满足。"顾客在心情愉悦、追求好玩的过程中完成购物体验，在中国只有丝芙兰能做到。"

对于FUN的追求，体现在经营策略上就是丝芙兰的"3E"体验模式。所谓3E，指的是Ease（自由轻松）、Excitement（为之激动）和Education（改变观念）。

3.2.1　Ease（自由轻松）

货架的巧妙摆放设计过度，区域划分十分清晰。方便产品购买者快速寻找自己所需和喜欢的产品,每个产品都有设有试用区域,便于消费者挑选到最适合自己的产品。

事实上,丝芙兰首先所做的就是在拥有足够人气的商圈内创造一个自由轻松的购物环境。丝芙兰的店面始终给人一种很自由与高贵的感觉,货架设计的摆放也很独特,商品陈列错落有致序而不乱。除了开放式的陈列货架外,店内的布局也按照产品的功用进行了科学布局。店铺中间区域的彩妆区运用了略带象征性的设计手法,用化妆后台专柜隔开各自区域,形成独立专区。香水区域与化妆工具区域都设计得较靠边,靠墙的主要陈列护肤品和香氛产品(为更加适应中国消费者,丝芙兰中国门店内还特别增设了独立的品牌区)。著名的 Sephora 香水墙几乎囊括市面上所有的品牌和产品并且男女用香水分开陈列便于消费者挑选。各季新品上市都会放在最为醒目的位置。

在购买决策流程中,意见领袖通过对商品的深入了解影响他人的消费态度和行为,而闺蜜就是意见领袖的一种。由于双方关系亲密、信任程度高,闺蜜的意见往往对购买者的决策有很大的影响力,尤其是对于化妆品这种要求功能适用的个人用品。闺蜜式营销很容易赢得消费者信任。这种营销方式深谙女性购物心理,如心情化决策、依赖朋友推荐等。

BA 是丝芙兰闺蜜式营销的关键。BA 是个美容顾问的简称,任何一个美妆专柜都会配上一两位 BA,可以很好地与顾客进行双效沟通。丝芙兰的 BA 都体现了良好的耐心,充分展现个人亲和力,用她们丰富的产品知识给出中肯的建议,直至客户找到自己真正喜欢的产品。闺蜜的精髓是始终陪伴,不舍不弃。丝芙兰除了要求 BA 有闺蜜式的亲和力,还通过微博、人人等新媒体建立网上互动模式,随时解答消费者问题,介绍产品信息,推广美容护肤知识,配合实体店经营,营造出始终在消费者身边的感觉。

当然丝芙兰所营造的自由轻松环境还表现在引进了 Sephora 网上商店,为全中国的消费者大开方便之门。

3.2.2 Excitement(为之激动)

从踏进店门的那一刻起,丝芙兰就试图调动起消费者所有感官,使其为之激动起来:定期更换的创意店面主题、开放式的产品陈列方式、时尚的小礼物、甚至店内的背景音乐都大费苦心……在开放式展架上,消费者们可以看到 60 多种化妆品品牌,其中既包括了那些响当当的一线化妆品牌的名字:迪奥、兰蔻、倩碧……也包括了丝芙兰最新独家引进中国市场的一些特别的品牌。

擅长于妙笔生花的丝芙兰还巧妙地在店堂内放置了镜子、卸妆纸和棉花棒,可以让顾客直接体验和试用感兴趣的产品。免费彩妆、美甲和皮肤测试服务、自由试用新品,以及整个店内空气中弥漫的芬芳,无疑招徕了众多为之痴迷的中国顾客。

3.2.3　Education（改变观念）

一半以上的丝芙兰 BA 都要在"丝芙兰学校"经过至少六个月的美容培训。她们需要熟练掌握护肤、彩妆和香水调配等技巧，还要会引导消费者。她们接受的理念是，"为顾客提供既具有启发性，又充满乐趣的购物体验"。

丝芙兰的目标就是帮助消费者自我发现，从而做出更适合自己，更符合潮流的选择。所以，丝芙兰配备了为数不少的销售顾问，为消费者提供有问必答式的帮助。在某种意义上，丝芙兰更像一个提供美容观念的自助服务商店。在欧美，经过丝芙兰 BA 人员的耐心引导，已经形成了一群忠实粉丝，她们被称为"美妆上瘾者"。在中国这个群体的消费者显然还不够多，为此，丝芙兰便通过各种方式，向消费者传达美容化妆的理念，培养忠实顾客。比如在北京大悦城店的香水区，丝芙兰设置了特别的闻香台，顾客可以通过 iPad 闻香体验软件体验不同香水。

丝芙兰还利用其网上商店将最专业美容建议和最新国际美容信息传递给非门店顾客，让消费者随时都可以与全球最前沿的美容信息亲密接触，在潜移默化中接受美的观念。

当品牌被赋予人的性格后，就可以通过与之一致的特殊情感体验，去触发或影响消费者的感情和情绪。这种情感互动的过程，才是真正能够触动消费者内心的营销之道，而这也正是丝芙兰一直巧打的情感体验牌。

3.3　数字化营销，打造新的沟通销售渠道

现今，网购已经成了一种时尚风潮，丝芙兰也积极建立自己的电子商务平台，实施数字营销。在一定程度上，丝芙兰通过网络媒介扩大了品牌的影响力，相比实体店的价格相比，官网上的产品，时常会出现一些打折优惠的活动，还会推出满额免运费的活动，变相地拉拢了受众的消费意识。网站新品速递以及缺货说明等方面，明显要优越于实体店。官网的产品的归类，非常的清晰和直观的感觉，还设有产品评论。让受众有很好地体验与了解，还特设每季美容特辑，信息相当的完善与多样。

丝芙兰一直是一个创新型的全球性企业，1998 年，该公司推出了它的网站，使丝芙兰成为早期涉足电子商务的公司。随着科技的发展，这家化妆品零售商开始被成功转型为数字营销的典范，它成功地将数字营销纳入公司的整体战略。这项战略的标志之一，即丝芙兰的 CMO（首席营销官）和 CDO（首席数字官）由一人兼任。朱莉·伯恩斯坦是丝芙兰的首席营销官和首席数字官。朱莉·伯恩斯坦 2007 年加入丝芙兰，当时丝芙兰显然拥有成为世界级的品牌的要素，即愿意承担风险，敢于对顾客做出承诺，并拥有服务顾客的热情。

在接受《哈佛商业评论》的采访中，朱莉·伯恩斯坦表示，她当时加入丝芙兰的时候，手机购物还闻所未闻。她加入丝芙兰时做的第一件事，就是建立内部

的网站开发团队。

如今的丝芙兰视数字化产品和商店中的实体产品同等重要——这要求丝芙兰在思维上、组织结构上以及人事雇佣上的重大转变。与此同时，丝芙兰试着像消费者一样思考——我心目中的购物体验是什么样的？什么能使我体验更佳？通过孩子与科技的互动，我们能否感知未来？然后，组织市场营销人员及内部IT人员全部参与进来，进行头脑风暴。一个小组认为可能的事，另一个小组可能认为是天方夜谭。不幸的是，在很多大企业，由于缺乏IT专业知识，一些好点子没有机会开花结果。丝芙兰很幸运，有一位出色的熟知电子商务的技术总监和强大的背后团队，他们有着将数字化与其他业务结合起来的强烈渴望。

当行业专家宣称手机的最佳功用是内容引擎，而移动购物的腾飞仍需数年时间时，丝芙兰便率先投入了移动购物这一事业。作为首批设立手机网站的化妆品企业，在过去的3年里，通过手机端的销售额每年都会增加100%以上。

丝芙兰认为他们大多数的客户都是跨渠道购物者，所以尽可能给消费者线上及线下购物无缝对接的体验。一切顾客可以在店内做到的，也可以通过手机实现。丝芙兰更新应用程序Sephora to Go，增加新功能，使消费者的购物体验无论是在店内，还是移动终端都得到增强。丝芙兰完全不担心"橱窗效应"，反而鼓励顾客在店内使用移动设备。假日期间，店内30%的顾客会使用手机。他们往往用手机来查询产品评论，或者使用电子会员卡。事实上，手机是将店内体验和网络相结合的最佳工具，尤其是在美容化妆行业。

同时，丝芙兰也在店内和移动端通过信技术手段提高服务。比如，通过全新的虚拟"丝芙兰化妆包"，消费者时刻都知道自己需要哪些颜色。丝芙兰和Pantone（一家专门开发和研究色彩而闻名全球的权威机构，也是色彩系统和领先技术的供应商）共同推出智能彩妆，顾客在店内通过扫描可以清楚地知道最适合自己肤色的粉底。朱莉认为，首席数字官将数字化提升到了"首席"级别，使数字化事业在高管层中获得更多支持，鼓励管理层尝试更多努力以及建立基础设施。一个充满创意和分析能力的企业应同等支持电子商务和实体店。在她看来，随着下一代购物者长大，他们会有新的需求。为了在残酷的竞争中生存，丝芙兰一直在评估新技术和新平台。

"我的孩子们就是我的目标客户。丝芙兰的总部在旧金山，那里人们的衣食住行通通数字化。我们可以尽早测试产品，改善设计。只有宣称'移动购物不可能存在'的人，才会停止寻找下一个用户接触点。"朱莉显然对丝芙兰的未来充满信心。

数字营销给丝芙兰带来了巨大成功，也为母公司LVMH（路易酩轩）集团带来新的增长点。作为LVMH最主要的零售部门之一，丝芙兰为集团贡献了13%的年收入。在LVMH集团2014年的半年报中，LVMH表示将继续推进数字化和移动端的发展以提高消费者的消费体验。

3.4 小众品牌和自有品牌

丝芙兰的定位是"经典"以及"有潜力"的品牌，包括护肤、彩妆、香氛、美发等。丝芙兰被 LVMH 收购后，成为美容圈的一个不小的角色。

在 LVMH 集团的鼎力支持下，在轻松拥有娇兰、欧莱雅等业内领袖之后，丝芙兰渐渐开始利用渠道的品牌力量收罗那些相对小众的品牌。

众多周知，许多欧洲小品牌根本不可能独立拓展海外市场（如中国市场），以它们的规模和潜力，无力拿下商场专柜，更别提市场推广这些烧钱的活。于是它们和丝芙兰签下合作协议，占用货架上一小块地方，立刻拥有丝芙兰的好地段，同时进入丝芙兰网上商店，再搭一搭营销的顺风车。

在市场成熟后，丝芙兰用会员制等方法增强顾客忠诚度。

近几年，丝芙兰已经在自己的连锁零售店内创立了自有品牌的产品专区。丝芙兰与代工厂合作，推出"丝芙兰"牌化妆品，既是零售商，又是品牌商，毛利率大大提高。以相对适中的价格以及良好的品质效果，在消费者心中确立了很好的地位。同时，品牌产品延伸范围很广，从彩妆到护肤，沐浴到香氛，再到男士护肤系列，产品很细致，连旅行装的空瓶以及指甲挫片都有涉及。自有品牌的创立可以减少商业成本上的开支，从中获取更大利润。产品大多都是在法国生产的，能够让消费者，感受到最为高品质的产品与享受。

自有品牌的诞生，无疑体现着一种品牌精髓。品牌有时候是一种象征性的东西。在产品设计以及构思上，都很具创意。

丝芙兰自有品牌涵盖面都相当的广，且更专注于细节上的产品。它对针对不同的季节，推出主打的产品，还会很贴心的进行礼物包装服务。该品牌的推广有些低调，几乎没有动用电视媒介等方式，而是走品质路线。相比其他品牌来说，在销售价格或者品质上面，都略胜一筹。品牌价值在一定时期内，发挥极大的商业作用。

【思考题】丝芙兰的营销策略有何独特之处？

【资料来源】

[1] 浅析丝芙兰深度营销模式. Zghzp. com.

[2] 丝芙兰首席营销官口述：我是如何从 0 开始"数字化"一家传统化妆品牌的？哈佛商业评论.

[3] 2014 路易酩轩集团 2014 半年报.

[4] 马欢. 被数字化装扮的化妆品. http://www.lvmh.com/uploads/assets/

Com-fi/Documents/en/Revenue/Q3_2014_revenue_VA. pdf LVMH Q3 2014 Revenue. http：//www. businessweek. com/articles/2013－06－06/cosmetics-seller-sephora-is-driving-growth-at-luxury-house-lvmh Bloomberg Business Week.

［5］肖辉. 化妆品零售企业的客户价值管理研究——以丝芙兰为例.

［6］李光斗. 丝芙兰的闺蜜式营销.

［7］SEPHORA 的"3E"式营销.

［8］卢曦. LVMH 玩转渠道魔方　丝芙兰靠自有品牌获取高毛利.

收集整理：劳苑倩

恒大冰泉的营销策略

> **摘要**：恒大集团进军饮用水快消品行业及"恒大冰泉"的异军突起令行业人士"称奇称道"。恒大冰泉的成功取决于五个方面因素，即恒大足球队获亚冠的事件效应、遍布全国的销售网络、轰炸式的广告宣传、高品质的矿泉水质量和亲民的产品价格。但随着恒大冰泉的快速发展，恒大冰泉定位混乱，后续品牌内涵的扩展不足等问题也渐渐暴露。
>
> **关键词**：恒大冰泉；事件营销；定位；移动营销

1. 公司简介

恒大矿泉水集团于2013年9月成立，是恒大集团多元化发展的又一力举。集团致力于打造世界一流的天然矿泉水及衍生饮料等产业集群，目前旗下已成功推出"恒大冰泉"矿泉水品牌。2014年，恒大冰泉率先实现"一处水源供全球"，将来自长白山深层火山矿泉分销至全球各地，正式跻身世界级矿泉水品牌行列。

集团下设行政人事中心、管理及督察中心、生产指挥中心、采购中心、营销中心、企业发展中心、监察室、资金部等部门及恒大矿泉水水厂、销售公司、物流公司。借助恒大地产特色产业平台，恒大矿泉水集团快速构筑起立体营销网络。现已在全国成立31个省级销售公司、737个市级分公司。

2. 行业背景

随着消费者心理的成熟和生活水平的提高，作为健康饮用水首选的天然矿泉水的需求量也随之增大。矿泉水的需求逐渐升温，矿泉水市场炙手可热。

水源和水质是关乎矿泉水企业品牌未来发展的关键，因此优质矿泉水水源之争已是势在必行。农夫山泉、乐百氏、娃哈哈、康师傅等全国品牌，已投入巨资占据了全国多处优质矿泉水水源地。吉林长白山地区已成为我国最大的矿泉水产业基地：农夫山泉集团公司投资 4.7 亿元建设的吉林长白山靖宇矿泉水厂；娃哈哈集团公司也在长白山靖宇县建立了年产 10 万吨的矿泉水厂；顶新集团（康师傅）亦投资 5 亿元在长白山区靖宇县建厂正式投产。乐百氏公司则积极布局京、津、沪、渝、四直辖市和东北、东南、西部、中原各区域的省会城市以及大连、青岛、汕头等沿海城市。

一些地域品牌也在行动，深圳景田、四川蓝剑饮品集团、统一集团、吴太集团、厦门惠尔康集团、深圳益力公司等也纷纷摩拳擦掌，积极寻找优质矿泉水水源并投资建厂。

目前矿泉水市场竞争较大，产品利润较低，且市场 90% 销售份额集中在中低端矿泉水品牌。另外，作为新的市场进入者，恒大冰泉面临着国内中低端品牌、怡宝、娃哈哈、农夫山泉等，国内高端品牌昆仑山、5 100 及国外高端品牌依云等的多方包夹，竞争优势并不明显。未来大型矿泉水生产厂家将不断增加，市场竞争将日益激烈，产品很可能会越来越向几个大的饮品集团集中，甚至会出现垄断趋势。

3. 案例内容

2014 年 5 月 20 日，恒大冰泉出口欧洲签约仪式在北京人民大会堂举行，恒大冰泉与英国、法国、德国、俄罗斯、意大利、荷兰、西班牙、瑞典等欧洲 13 个主要国家的 43 位经销商代表签约。至此，恒大冰泉正式跻身世界级矿泉水品牌行列，成为中国首个出口全球的矿泉水品牌。

在本次签约仪式上，恒大冰泉还与中国海运集团、中国远洋运输集团签约，两大中国国际海运物流巨头与恒大矿泉水集团战略携手强强联合，为恒大冰泉出口全球提供强大保障。

"世界级"是我国矿泉水行业各企业追求的梦想。世界级的矿泉水必须具备以世界三大黄金水源地为一处水源、世界顶级品质、全球统一供应模式三大条件，缺一不可。"一处水源供全球"形象明确了世界级矿泉水的标准和标志。

3.1 产品："一处水源供全球"

3.1.1 水源

国际饮水资源保护组织主席布朗·霍思根和中科院院士陈梦熊等知名专家，将欧洲阿尔卑斯、俄罗斯高加索和中国长白山并列为世界三大黄金水源地，其水质纯净不受外界接触污染，是珍贵天然深层火山岩冷泉水。恒大冰泉的采水点位于 3 000 万年长白山的原始森林深层火山岩天然矿泉，历经火山岩循环过滤，水质纯净不受外界接触污染，其矿物元素的组成完全天然无添加，pH 7.25～7.8，呈弱碱性，水温常年保持6℃~8℃，是珍贵天然深层火山岩冷泉水，含有硒、锶、钾、钠、镁、钙等20多种天然的常量及微量元素，益于人体健康。

"一处水源供全球"是国际矿泉水行业通用的模式。这样能最大限度地保证品质，对于建立全球性的知名度大有帮助。该模式还包含了一层更重要的含义，那就是这处水源必须是"欧洲阿尔卑斯山、俄罗斯高加索山、中国长白山"之一。与过往国外出口的矿泉水不同，恒大冰泉坚持"一处水源供全球"。此模式指的是仅以世界三大黄金水源为采水点，向全球统一供应世界一流好水。

有了黄金水源地，又将"一处水源供全球"，这就是是世界级矿泉水通用模式，也是恒大冰泉的模式。

3.1.2 灌装

恒大冰泉除了严格把控水源，还将工厂建在远离水源地的地方，采用全封闭不锈钢管道引流天然矿泉水，严格保证水温水质不因外界因素而发生变化。在远离水源地的工厂进行加工灌装，防止人类活动和工业生产对水源的污染。

公司主要设备从德国进口，取水、净化、吹瓶、灌装、瓶贴、包装、码垛、品控等环节均采用世界上最先进的生产工艺。水处理采用臭氧杀菌及钛终端过滤系统，专用的生产流程确保从水源至装瓶的品质如一。采用全面的多层系统，符合包括中国质量认证中心：ISO9001-2000及G/T19001-2000；危害分析及关键控制点：CAC/RCP1-1969，Rev4（2003）等专业机构的国家法规及标准指引。生产车间内建有300平方米的品控室，与水处理、灌装间相邻，便于对原辅材料及产品进行质量控制，品控室拥有完善的检测仪器、设备、设施，微生物检测及培养室，均按照国家标准进行建造，确保恒大冰泉的优良品质。

经世界权威鉴定机构德国Fresenius检测，恒大冰泉"口感和质量与世界著名品牌矿泉水相近，部分指标更优"。

3.2 （数字化）渠道CRM营销，移动应用助销售

2013年以来，大量的传统企业开始启动向移动互联网领域的迁移，并逐步部署移动互联网应用，企业级移动互联的应用案例层出不穷。移动互联网时代的到来，将促使企业移动应用无处不在，无论企业在经营层，内部控制层还是战略决策层，企业级移动应用需求的大幕已然拉开。

恒大冰泉，国内中高端矿泉水领导品牌，异军突起，30天实现日均2亿元订货额，全国签约金额突破57亿元，在其高速发展背后，出奇制胜的法宝就是对终端强有力的控制。

3.2.1 渠道开拓困难重重：恒大速度背后的"快"与"痛"

恒大矿泉水集团董事长潘永卓表示，恒大冰泉将借助恒大地产特色产业平台，打造多元化的立体营销渠道服务平台，以终端直营渠道和现代渠道为主，以

特通渠道和经销商渠道为辅，建立起立体营销网络。

快消行业玩转得最为顺畅的营销模式就是深度分销，深度分销模式的核心就在于渠道的整合，终端为王是深度分销模式的灵魂。恒大冰泉最重要的成功秘诀在于"恒大速度"，归根到底就是一个字——"快"，为了在终端制胜，必须建立一个庞大的能深入终端控制的营销组织，为此，恒大冰泉以最快的速度搭建了万人营销团队，早在2013年12月，恒大冰泉的销售人员就已经达到1万人，用短短2个月时间就铺货到全国200万终端。

57亿销售神话的缔造背后也伴随着管理瓶颈和营销痛点，恒大冰泉负责一线营销管理的霍总将其简要归为"人"、"财"、"货"、"数"四点。

（1）对人的管理。恒大冰泉的营销组织人数庞大，终端覆盖面积广，如何管好手底下数以万计的销售人员成了首要的难题，目前传统的销售人员周期性的拜访管理规范，主要通过管地略图、路线和CRC表格等手段，但这些文件信息依靠手工进行，不仅拜访出勤难以举证，拜访执行的质量和效率也难以跟踪。销售员管不好，终端就不可控，不仅人力成本高，工作效率、质量都难以保证。

（2）对数据的收集。由于恒大冰泉走的是以终端直营渠道和现代渠道为主，以特通渠道和经销商渠道为辅的营销体系，销售通路链条长、环节多，数据采集困难、反馈慢成了心头病。销售报表的原始数据收集需要层层上报和统计，完成速度慢而且容易出差错，从各地销售办事处统计完毕交到总部，往往需要超过一个月的时间，严重影响了公司市场决策的时效性和销售管理的有效性。

（3）对费用的核实。主要表现在总部对地方营销费用的投放使用缺乏实时掌控，业务员常常谎报费用或多报费用，使得各地费用经常超标且又达不到预期效果。目前各地市场的品牌宣传、促销费用等方案从计划到审批再到验收，费用申请审批流程烦琐、无序，很多费用最终到了何处，有没有用到关键点上，是否按计划和标准投放，都难以跟踪落实和控制。

（4）对货物的铺设。为最快速的实现终端市场的铺货量，恒大冰泉实行分销体系多样化，渠道层层分隔，终端市场还分由经销商、批发商或零售商等经营与管理，导致对产品分销的流向、销量难以把控，渠道销售数据和渠道库存情况反馈不及时，容易出现偏差，难以有效预测市场需求和合理安排生产，造成有的产品在渠道库存形成积压，直接影响经营效益。

3.2.2 移动信息化助控终端，"通"则不"痛"

团队人数巨大，终端覆盖面积广，人员、通路、渠道、费用等管理上都无法得到有效管控，急需借助信息化工具协助管理。

所以，恒大冰泉集团提出的营销管理信息化系统建设的首要需求是：通过系统的搭建，将旗下一万多人的终端销售人员管控起来，能够实现业务流程标准化、规范化，做到拜访管理的高效、有效执行，提高工作效率；加强集团对订单、门店、经销商、人员、财务等及时、全面、高效的管理；并且做到销售订单快速收集统计，市场数据的快速反馈。为恒大冰泉的年度销售目标保驾护航。

恒大信息化建设团队首先考虑的是移动应用，原因是：销售人员去巡店的时候，不可能带着电脑去，也不可能带着 iPad 平板电脑或其他设备，恒大冰泉的信息化部署，要用手机端代替传统 PC 端。经过严格选型，从需求匹配程度高、经验丰富、系统成熟、开发能力强、售后服务反应迅速及行业排名口碑等几个方面综合考量，恒大冰泉选择了玄武科技，通过玄讯移动 CRM 移动营销管理平台构建恒大冰泉创新型的营销管理模式。

了解到恒大冰泉的项目需求后，玄武科技立即根据恒大冰泉的实际业务需求，进行了系统的整体框架搭建。目前，恒大冰泉的营销管理已通过玄讯移动 CRM 营销管理平台全部实现。这套系统总共分为 SFA、TFM、DMS、PMS 四大模块。

平台借助移动应用模式，利用智能手机和移动网络，为恒大冰泉的销售管理建立一套切实可行的控管机制，让恒大冰泉对业务人员的拜访工作获得有效的过程监控和执行指导，实时跟踪销售的工作目标达成，即时反馈市场信息，以及监控渠道营销费用的落实，提高通路运作的把控度，实现在分销环节对人、财、物、数的全面监控和管理。

（1）SFA——管好自己人，终端管控很轻松。恒大冰泉玄讯移动 CRM 营销管理平台中最重要的一个系统模块——SFA，通过产品管理、终端管理、人员管理、竞品管理、拜访管理、资产管理、订单管理、资讯管理、车销管理等主要功能模块，将终端销售行为的全过程实现了规划范、流程化、标准化管控。

业务人员只需要拿着手机就可以轻松跑店，根据拜访路线提示进行巡访工作，在店面工作的内容和标准，通过系统进行固化步骤和流程，规范化业务人员的拜访动作，实现标准化操作和销售行为的高可复制性，使业务人员的业务技能和效率不断提升，从而提升人员绩效。

此外，按照终端等级设置拜访频率，编排周期拜访路线计划，实现量化业务人员的拜访工作指标，实时跟踪监督业务人员的工作目标达成，为业务人员的业绩考核提供有效的依据凭证。而通过手机也可以方便督导稽查、协同拜访，从而建立一套高效的业务行为督导机制，保证业务人员的执行力和提升工作效率。

（2）DMS——管好经销商，打通渠道分隔。通过基础信息管理、采购订单管理、销售订单管理、信用资金管理、来往对账管理、资讯管理、库存管理几大方面，对恒大冰泉产品分销体系的进行合理规划，实现对下属经销商进销存信息的及时掌控，库存、货流和销量等数据信息快速反馈，防止缺货、窜货等情况发生。渠道阻隔打通了，通路理顺了，经销商管理实现系统化、流程化、自动化，不再无从下手，四处抓瞎。

（3）TFM———键核销，管好钱。费用管理专员可进入系统后台设置费用投放的方案和金额，挂接具体投放的终端门店，业务员使用手机接收具体终端门店的费用投放提醒，使用手机对费用执行进行拍照和记录举证，如果有计划外的费用投放方案，业务员可以使用手机针对具体终端门店随时新增投放，并同时进行费用执行举证上报，督察员使用手机查询需要稽核的终端门店，实时上报费用执行的稽核结果。

此外，恒大冰泉还通过费用管理、费用申请、费用审批、费用核销，实行申请、审批、执行、检查、核销的规范审批，提高费用实投率和费率，切实跟踪管控渠道终端费用的投放，提高执行力，防止费用虚报和挪用，分析实投率和费率，为费用决策提供依据，规范化费用全业务流程。费用核销执行电子化流程，核销资料系统自动完成检查，做到一键核销。

（4）PMS——信息协同，移动办公新体验。恒大速度的执行，便捷沟通、信息共享、高效协同必不可少。在除了以上三大核心业务功能模块的构建外，还特别增加了产品促销陈列管理、销量上报管理、人员考勤管理、工资计算、人才招募等功能，搭建起一个便捷、高效、可移动的企业内外部信息共享平台，让恒大冰泉始终快人一步，信息沟通无阻碍。

迅雷之势，快速上线。恒大冰泉在2014年9月上旬便已完成SFA、DMS的试点和推广，TFM的试点也开始运行。

CRM的初衷就是要让销售动作简化，提高工作效率，现在系统的将拜访流程简化固化，业务员只需要拿着手机按步骤操作，就能轻松完成工作，有序有据，快速高效。

CRM的另一个巨大作用就是让管理层对市场的准确了解，同时根据市场的变化提供即时的支持。现在销售业绩即时就可以呈现在集团决策者面前。市场数据如沙场点兵，快速反馈是制胜关键，对于新的动向，即时通过玄讯做出审批、决策，不错失、不放过。

玄讯CRM让恒大冰泉把终端控在了手里，把市场拿到眼前，把管理者拉到了市场，对整个公司全局营销战略部署的作用不言而喻。

目前恒大冰泉的信息化建设采用玄讯移动营销管理系统支撑实现，在恒大冰泉销售管理中心、特殊渠道、商超渠道、线下广告、财务中心，各地区省公司、市公司等全线推广使用，从0到57亿元的销售额，足以说明，移动信息化初显威力。

能以最小的投入获得最大的收益，其实最重要、最关键的一点在于前瞻性的信息化建设思维，恒大比别人更早地预见到了移动信息化手段对于企业创新发展的变革意义与价值。移动互联网技术的突飞猛进，使得移动应用不仅仅只局限于满足个人需求的APP应用，结合实际业务场景的企业移动应用创新，成为企业解决管理、营销、效率、成本等众多难题的一把钥匙。与时俱进，利用可移动办公的销售管理工具,快速布局,赢在终端,这才是恒大冰泉的秘密武器。

恒大冰泉的销售神话并非不可复制,相反,传统企业更应从中探究精妙,借鉴成功经验,紧随移动云时代掀起的创新思维,把握被移动技术赋权的管理行为变化,才能内疏管理,外对竞争,重塑现代化的企业管理模型,重构企业的转型升级之路。

3.3 促销:事件营销+悬念营销=良好的开头

作为亚洲足球俱乐部间的最高水平赛事,中国恒大和韩国首尔 FC 之间的亚冠联赛决赛备受各界关注。在中国恒大成功夺冠的 2013 年 11 月 9 日当晚,外界揣测已久的庆典活动再次将狂欢之夜推向高潮。

期间恒大各产业元素被运用得淋漓尽致,而"恒大冰泉"标识的出现不仅抢眼,更是引起了好奇,恒大队员悄然换上了全新的队服,胸前"恒大冰泉"的广告格外醒目。即便如此,直到庆典全部结束,恒大官方并未对"恒大冰泉"进行解释,人们也仅仅知道"恒大冰泉"是一款矿泉水,而对此款矿泉水何时上市及价格定位等信息却全然不知。此种悬念式营销手法令业界赞叹不已。由于悬念式营销,媒体的关注一直持续。决赛后的第二天,国内外媒体继续追问恒大冰泉,而恒大集团则适时召开发布会,正式将悬念一层层揭开。全媒体立体式多方位的宣传攻势覆盖全国人口,形成爆炸式的传播效应。据了解,央视各频道及全国 30 个城市 60 家电视台、248 家主流媒体对恒大冰泉进行了报道、宣传等。

营销专家指出,将品牌宣传建立在亚冠夺冠的事件上,并巧妙利用层层铺垫制造悬念的方式,令恒大冰泉一面世就家喻户晓,这无疑是中国迄今最成功的事件营销案例之一。从现在来看,恒大冰泉已经有了一个完美的开端——它从诞生的第一天起就获得了媲美国内著名矿泉水的品牌效应。

3.4 定位、定价和广告推广

恒大冰泉有了一个好的开端,但是,其品牌策划在具体执行过程当中战略层面与战术层面出现了一定程度的偏差。这偏差主要体现在目标人群的定位和后续品牌内涵的扩充和推广上。

定位属于根本性问题,定位决定着产品的包装设计、营销策略、广告创意等,定位不清晰或者定位的错误属于战略上的重大失误,会造成产品滞销,任何一款产品都应该具有自身的目标消费人群,只有读懂消费者的内心,以消费者的需求为核心,企业才能做到有的放矢。

恒大足球夺冠后,集团宣布正式进军高端矿泉水市场,消费目标锁定都市白领、中高端人群。由此可见恒大冰泉的定位应为面向中高端人群,拥有高端品牌形象的高端矿泉水产品。在这一领域的竞争对手主要是国内的昆仑山和国外的依云。据相关信息咨询公司预测，中国高端瓶装矿泉水市场在 2016 年销量将达到 6 亿升，年销售额将达到 118 亿元。可见定位高端的恒大冰泉的 300 亿元销售目标在国内较难实现。

定位混乱主要表现在恒大冰泉的宣传广告上。在上市初期，恒大冰泉的广告语为："不是所有大自然的水都是好水，我们搬运的不是地表水，是 3 000 万年长白山的原始森林深层火山矿泉"。很明显恒大冰泉是针对农夫山泉的广告语："我们不生产水，我们是大自然的搬运工"。农夫山泉卖的是一元多一瓶普通的天然饮用水，目标受众为普通的消费大众。恒大冰泉不把昆仑山作为自己的竞争对手，而是把农夫山泉作为自己的直接竞争对手。恒大冰泉的定价为 350 毫升 3.8 元，比普通饮用水价格偏高，但与昆仑山、依云比又偏低。就价格而言，恒大冰泉到底是一款高端饮用水还是一款普通的饮用矿泉水呢？

定位的不清晰就使高端的消费人群不会选择去买这样一瓶矿泉水去彰显身份和生活品位，而大众消费者又不会去经常消费一瓶 350 毫升价格将近 4 元的矿泉水，如果想喝大众化的饮用水，大多数消费者会选择农夫山泉或者百岁山。恒大冰泉既然要打造一款高端的饮用水就要精准锁定高端的目标消费人群，而不是把产品打造成一款各个阶层都适用的大众化的饮用水。因为，任何一款产品都不可能适合所有的消费人群。

广告诉求混乱，一年九变广告概念也使广告诉求出现混乱，姑且不说海量的广告效果如何，恒大冰泉的广告一年九换已经颠覆了广告界的定律。

从"天天饮用，自然健康"到"喝茶醇甘，做饭更香""健康美丽"再到"长白山天然矿泉水""我们搬运的不是地表水，而是 3 000 万年长白山原始森林的深层火山矿泉水"、"做饭泡茶，我只爱你""喜欢我就喝恒大冰泉""一处水源供全球""出口 28 国""爸爸妈妈我想喝"……让人眼花缭乱，应接不暇。代言人也是换了一轮接一轮，从里皮到成龙、范冰冰，最后竟然请来了都教授和千颂伊，都是一线明星大腕。

广告的频繁更换会造成消费者认知的混乱，使消费者一头雾水，无所适从，不明白产品到底能给自身带来哪方面的价值与利益。这种大规模的广告投放以及粗糙的广告制作水平也降低了产品的档次。

除了定位问题和广告问题，于长期而言，恒大冰泉还面临着品牌文化的缺失。任何一款产品都需要产品和品牌背后的文化、故事以及精神的支撑，品牌文化及精神与消费者展开精神层面的互动，消费者能否在内心对产品产生一种认同感决定着消费者是否会购买产品。

矿泉水属于快速消费品行业，其行业特点为便利性、视觉化产品及品牌忠诚度不高。完善的销售渠道网络、零售终端的陈列可以通过恒大巨额的资金投入迅速完成，而品牌忠诚度依靠的是品牌资产建立这一长期任务。缺乏品牌设计及时间沉淀将难以短期内建立起良好的品牌形象及品牌忠诚度。

缺少品牌文化及内涵恒大冰泉提供的是单纯物质层面的价值,是一款能够解渴的天然矿泉水,在精神层面来讲,恒大冰泉品牌背后缺少的是品牌故事及文化,这就使消费者很难在精神层面对产品产生认同感,很难激起消费者的情感消费欲望。

依云矿泉水之所以多年常胜而不衰是因为依云矿泉水背后强大的品牌文化支撑。依云水的发现颇具品牌故事,依云水的名字也是拿破仑三世赐予的,其背后的文化价值及文化底蕴也使得依云水身价倍增。

恒大冰泉要真想做到行业规模第一、品牌价值第一,就应该进行重新定位,突出差异化,并按新的定位进行长期的品牌资产建设。相信拥有足够的资金及时间积累,恒大冰泉定能实现集团定下的发展目标,真正做到叫好又叫卖。

【思考题】谈谈你对恒大冰泉"悬念式营销"策略的理解。

【资料来源】
[1] 吉林省多项举措力挺恒大冰泉做大做强 拓展全球的战略. 新浪乐居.
[2] 玄讯移动 CRM 营销案例:移动应用铸就恒大冰泉销售神话. 中国经营网.
[3] 恒大冰泉"悬念式营销"成经典案例. 中国食品网.
[4] 高京君. 恒大冰泉的几点营销启示. 糖酒快讯.
[5] 张伟. 冷眼看冰泉:从品牌战略分析恒大冰泉三大问题.
[6] 罗伟,黄恩,宋盈滨. "恒大冰泉"市场营销的成功经验及发展对策.

收集整理:劳苑倩

呷哺呷哺：把标准化武装到牙齿

> **摘要**：2014年11月，休闲火锅品牌呷哺呷哺赴港IPO。本案例分析了呷哺呷哺标准化模式和产品营销策略。一直以来，都是国外的餐饮业连锁店覆盖全球，中华美食由于本身独特的原因很难实现连锁化经营，本文通过对呷哺呷哺的经营模式的探索，试图找到一条可行之路。
> **关键词**：呷哺呷哺；标准化

1. 公司简介

呷哺呷哺源自我国台湾，1998年在北京创立。其新颖的吧台式就餐形式和传统火锅的完美结合，开创了时尚小火锅的新业态。秉持"卫生清洁第一、营养快捷为要、大众消费是本、亲切关怀得宜"的经营理念，通过十几年的不懈努力，成功在北京、上海、天津、辽宁、河北、山东、江苏7个省直营开店近400家。遍布北京、上海、南京、天津、沈阳、石家庄、济南、廊坊、涿州、唐山、秦皇岛、衡水、沧州、保定、霸州、三河、邢台、邯郸、苏州、无锡、常州、开原20多个各级城市。

2. 行业背景

2.1 高端餐饮受挫

随着反腐倡廉的深入开展，高端餐饮受阻，而与此同时，物价不断飙升，租金成本、劳动力成本日益增加，餐饮行业遭遇到了前所未有的挑战，新一轮的洗牌在所难免。整个餐饮行业仍处于不景气状态。有知名餐饮机构的黯然退场，就有新兴餐饮品牌的粉墨登场。我国餐饮行业增速下滑和企业盈利受压交织，消费需求变革和信息技术大行其道呼应。在内外多种因素的影响与冲击下，我国餐饮行业在市场结构和商业模式上都发生了深层次的变化，整个餐饮市场在波动和震荡中逶迤前行。

2.2 大众化餐饮成为主流

在2014年商务部的重点工作中，早餐工程、厨房改造工程、绿色饭店将是财政支持的重点项目，引导更多的餐饮企业加入到早餐工程、社区餐饮、商务快餐等领域，加大大众化餐饮连锁步伐。

2.3 连锁经营是趋势

连锁经营不仅可提高效率、降低成本，更能帮助餐饮业突破发展中的管理瓶颈。连锁经营具有成本优势、价格优势、品牌优势，应该是餐饮业经营模式的主要发展方向。餐饮行业整体由单纯的价格竞争、产品质量的竞争，发展到产品与企业品牌的竞争，文化品位的竞争。由单店竞争、单一业态竞争，发展到多业态、连锁化、集团化、大规模的竞争。

2.4 口碑营销、网络营销被广泛应用

"导吃顾问""美食侦察"为餐厅带来创新、改良菜品、营销餐厅。网络营销也被看重，用网络搜索自己钟意的餐厅、美食已是常见景象。微博微信在餐饮行业的营销中将会发回的重要作用。

3. 案例内容

所谓"小火锅"，就是以小锅取代大锅，一人一锅，大部分餐厅以吧台形式布局，最早流行于日本，后传入我国台湾。如今大陆一、二线城市也出现许多小火锅餐厅，呷哺呷哺、千味涮等多个休闲小火锅品牌各占山头。

呷哺呷哺是国内最早成立的休闲小火锅餐厅之一，台商贺光启1999年在北京开设了其第一家餐厅，两年后将触角延展到天津。截至2009年12月，呷哺呷哺餐厅数量为100家，之后更以迅雷不及掩耳之势增设，到2012年9月餐厅数量增长至300家，2013年底有394家，而截至其招股书付印前的2014年10月26日，这个数字已达到408。

不过，呷哺呷哺"量"在飞速增长，"面"却只是缓步前行。呷哺呷哺408家餐厅分布在北京、天津、上海三个直辖市，及河北、辽宁、山东、江苏四省的21个市，其中北京市的餐厅就有236家，占总量的57.84%。大本营在北京，从大区域上看，呷哺呷哺覆盖的仅是华北、华东部分地区。

根据呷哺呷哺招股书披露，其未来计划通过股权融资和股东贷款两种方式融资，所得资金用于开设新餐厅和北京、上海两地的食品加工厂。

呷哺呷哺2014年开设85家新餐厅。在其未来计划中，2015~2018年，每年开设餐厅数量分别为120家、140家、165家、185家，总计610家，其中除开京津沪三地外的其他地区拟新设453家，占比达74%。

根据招股书中对"其他地区"的解释，截至2018年年末，呷哺呷哺要进军河南、山西、浙江、陕西、吉林和广东等6个新市场。

面对众多洋品牌，诸如肯德基、麦当劳和必胜客等大举进军中国市场，中国餐饮企业是甘居人下，还是奋起搏击呢？呷哺呷哺的14年奋斗历程，或许能给我们以启发。企业发展面临最为关键的环节就是营销，以顾客为导向的呷哺呷哺也不例外。创始人贺光启将营销概括为产品开发、价格、连锁经营和全新的网络营销四大块。

3.1 产品开发策略

呷哺呷哺作为中式快餐，与西式快餐最大的区别就是产品内容上的不同。中式快餐在保持传统正宗口味的食品时要注意原有产品的改革与新产品的开发。

3.1.1 源头采购

呷哺呷哺对供应商有着非常严格的要求。就拿肉类供应商来说，从工厂的场地建设、硬件水平、人员管理以及现场管理都有着严格的要求。呷哺公司采购人员定期进行厂家巡查，检核厂家存栏情况、屠宰加工情况、原料库存及使用情况、制作标准等，与厂家现场沟通探讨，持续改进产品工艺标准及品质要求。

在蔬菜品类，呷哺呷哺采用基地化种植来实现菜品的标准化。目前，呷哺呷哺共有9家蔬菜供应商（可理解为9个基地），满足了呷哺呷哺90%的蔬菜提供量。而呷哺呷哺订单占到了蔬菜供应商的80%的产能。

3.1.2 三级配送体系

在呷哺呷哺标准化运营中，物流配送是核心环节，它保证了经过严格品质管控的产品能够高效率，低成本到达门店。在配送体系上，呷哺呷哺设置了全国总仓—区域分仓—运转中心三级网络架构。

目前呷哺呷哺400多家门店主要集中在华北、东北以及华东地区，为了辐射上述区域的门店。呷哺呷哺将全国总仓以及华北区域分仓设置在北京，华东区域分仓设置在了上海，而在天津、沈阳、石家庄设置了运转中心。

值得注意的是，呷哺呷哺总仓—区域分仓—运转中心之间的功能是包含关系或者说重叠关系，而并非一般意义上的层层递进关系。举例来说，总仓可以将货品配送到区域分仓，也可以直接配送到运转中心（而并非由区域分仓层层转发），这样做是取决于配送半径和成本的考量。而运转中心则是针对门店，它负责收集门店的订单，并且将订单进行分解以及根据自己的库存满足门店需求，它是唯一直接针对门店的配送中心。

由于呷哺呷哺的三级配送体系，总仓、分仓以及运转中心的功能是重叠的，因为没有明确的规定，哪些商品储备在总仓、哪些商品储备在分仓（中央厨房生产的产品除外），而是根据当地供应商的仓储位置、配送能力以及单笔订单起订量来决定，这是一个动态的布局，以最大限度降低配送成本。

3.1.3 标准化操作规程

门店人员对食材有着严格的验收标准，而对食材的处理也有着非常严格的标准和流程。仅一项切肉操作便有十多个步骤和标准。

呷哺呷哺岗位操作检查表上严格规定：操作人员在切肉之前首先要经过洗手消毒、穿戴好围裙，雨鞋，帽子，口罩、检查肉卷、检查设备、检查餐具5个步骤，每个步骤都有详细的规定。跟踪合格之后，便会在该项标准上打对勾。

在切肉的操作环节中，又分为解冻、上肉卷、切肉、出品等几个步骤，每个步骤同样有具体的规定。比如，解冻时要在常温下解冻，解冻的肉以能用指甲刚好掐动为最佳。切好的牛羊肉出品每盘都有具体的克重，上下浮动不超过5克。此外，对切好的肉品如何摆盘也有明确规定。

呷哺呷哺的标准化是一个系统工程。每个环节都做到了标准化处理，从而使下一个环节更加方便。呷哺呷哺供应商在提供商品的时候就已经对食材进行了预处理，从而使得食材到了门店可以"开袋即用"。以海带为例，供应商按照一定的规格将海带包装成袋，而每一袋分量正好适合门店用于泡海带的盆子一盆。

3.1.4 提高产品附加值

追求纯净、健康、自然的绿色快餐已成为一种新的发展趋势。呷哺呷哺开发食品过程中重视营养配餐，同时利用中国丰富的饮食文化和对人体有治疗养生作用的中医成分的配料，打出"绿色食品"的口号来提高产品的附加值。

3.1.5 产品创新

呷哺呷哺在保持自己传统特色的饭菜时，注意与当地饮食习惯、饮食文化相结合，推出适合新的目标市场的创新产品，另外也在原有产品的外观、色泽、配料，口感上使其创新。

除了饮食产品的创新，呷哺呷哺还重新定位"快餐式火锅"，颠覆了传统火锅理念。中国传统火锅讲究的是一群人一起吃，而呷哺呷哺另辟蹊径，将餐厅定位为人均消费30~40元、可以一个人来吃的快餐式火锅店，通过"吧台式"的餐厅布置和提高单独用餐顾客的比例设计来实现快餐模式。

"吧台式"设计可以提高翻台率，完成"大众火锅"向"快餐火锅"的发展。"吧台式"设计让顾客与陌生人并排进餐，面前还有忙碌的服务人员，压缩了顾客的私人空间，从而达到缩短顾客用餐时间。呷哺呷哺在快餐方面的独到设计保证了非常高的翻台率。在北京的翻台率可高达7，平均每位顾客的用餐时间仅为40分钟左右，而火锅业的平均翻台率在3~4，如此快速的翻台率保证了餐厅的收入。"吧台式"设计使店铺单位面积内的顾客容量增加了30%以上。同时,服务员站在吧台中央"四面出击",四周顾客的一切要求尽收眼底,并能在第一时间迅速响应。在呷哺呷哺,一名服务员最多能同时为20位顾客服务,大大降低了人力成本。

单独顾客是快餐的重要客户,呷哺呷哺通过多样的菜品搭配和套餐来满足单独顾客对多种菜品的需求。平均30元可以吃到10多种菜品,可以保证单独用餐顾客的多种口味需求。

3.2 价格策略

呷哺呷哺定价策略是以成本加利润为原则决定价格,将每年的利润率定位在8%左右,人均消费32元,而西式快餐业等则大多以竞争导向与渗透市场为定价目标。其中大部分的利益转让给消费者,以低价策略,让广大消费者获得时尚与实惠的美食享受。

影响商品价格的重要因素,可归纳为下列各点:成本因素、竞争者定价水平、顾客心理价格标准、公司的营销目标、公司的营销利润与市场占有率衡量。而西式快餐在定价时就兼顾了诸多因素例如麦当劳是以依消费者的感受价值加以定价。肯德基则是参考竞争者所订的价格加以定价,目的在于市场竞争。

究竟应使用统一定价还是差别定价,应视具体情况而定,一般在连锁经营的情况下,采取统一定价比较容易管理。呷哺呷哺由于其标准化的流程及强大的中心物流配送体系,在成本环节节省了大量的资金,同时其吧台化的场地最大化了单位时间内的顾客容量,达到了压缩成本的目的,方便其实行低价策略。

3.3 连锁经营策略

采用连锁经营,使呷哺呷哺在满足消费者分散需求的同时获得规模经济效益,既形成跨地区的经营优势,又在许多地区门店的经营管理上保留自己的特色。

连锁经营一方面使公司总部负责全盘的采购订货,为同一地区的各个门店统一制定采购计划,以其极具竞争力的低价位掌握销售优势;另一方面,众多连锁店同一的企业形象和同样的广告投入而造成各家分店广告宣传费用的摊薄因此可实现效益最大化,充分挖掘中式快餐的连锁潜力。

3.4 全新的网络营销模式

据世界级领先的全球管理咨询公司麦肯锡最新权威调查显示,没有哪个时代像如今这样重视品牌营销,新兴的营销模式最重要的变化就是加大了网络营销的力度。官网、电子杂志、电子餐券,微博传播,微信互动、网络的软性包装以及幕后的网络推手,无所不可企及。

目前呷哺呷哺携手各大团购网站开展团购业务，在自己的官方网站上也提供电子优惠券。与此同时，呷哺呷哺还开设了一个官方微信平台，粉丝关注量达到2万，试图通过微信后台数据记录为消费者推送更实在的优惠。

在网络上品牌宣传只要花钱是可以无孔不进的，而且还能做到潜移默化。于是无论你吃没吃过呷哺呷哺，你肯定知道呷哺呷哺，这些就不能不说是些网络推手的作用了，呷哺呷哺采用的网络营销策略是相当成功的。

以往，呷哺呷哺的店面大都集中在人流如织的商场或是大卖场，目标客户也主要定位于年轻群体。如今，呷哺呷哺将目光瞄准了写字楼密集地区。不管怎么说，火锅本身的美味和快餐化的形式都能为吃惯了套餐盒饭的商务白领增添一种新的选择。"呷哺呷哺的竞争对手，不是传统的火锅企业，而是整个快餐市场。"贺光启不断提醒着呷哺呷哺的身份。

【思考题】呷哺呷哺的营销策略为何在国外遇到困难？

【资料来源】

［1］呷哺呷哺："标准化快餐"模式成就上市之路．联商网．

［2］呷哺呷哺如何将标准化武装到牙齿．网易财经．

［3］呷哺呷哺要上市，背后有4个核心营销要素．

收集整理：劳苑倩

老干妈："逆营销"的奇迹

> **摘要**：中国老干妈可以算得上是一个逆营销的奇迹：不贷款，不上市，不做广告和推广，却走向了世界，成为华人的"国民女神"。逆营销奇迹的背后其实是因老干妈过硬的产品品质和强硬的渠道控制。
>
> **关键词**：老干妈；产品；现款现货；定价策略

1. 企业简介

贵阳南明老干妈风味食品有限责任公司位于贵阳市南明区，成立于1996年。企业现拥有一栋四层的多功能办公大楼及四个生产基地，占有地面积为两万多平方米，员工有2 000余人，其在管理、技术人员方面总共有246人。老干妈是国内生产及销售量最大的辣椒制品生产企业，主要生产风味豆豉、风味鸡油辣椒、香辣菜、风味腐乳等20余个系列产品。其中最著名的是陶华碧老干妈牌油制辣椒。

1984年，陶华碧女士凭借自己独特的炒制技术，推出了别具风味的佐餐调料，马上风靡川贵地区。1996年批量生产后在全国迅速成为销售热点。

几十年来，老干妈一直沿用传统工艺精心酿造，具有优雅细腻，香辣突出，回味悠长等特点。

2. 行业背景

改革开放以来，随着城镇居民生活节奏的加快和消费观念的改变，居民对佐餐酱料一类快捷消费食品的需求量越来越大，佐餐酱料在日常生活中已不仅限于家庭佐餐的使用范围，还成为酒店、食堂的配菜佳肴及日常休闲食品。佐餐酱料快捷消费食品行业产品日益精细化，新产品层出不穷，市场产品结构日益丰富，市场容量提升潜力巨大。

中国是全球辣椒酱头号消费国和生产国，消费人群超过5亿人，消费额以每年16%的高速递增,全国辣椒酱生产厂家多达数千家,但其中不乏作坊式生产。中国巨大的辣椒酱市场吸引了国外众多辣椒酱品牌的进入,但是中国独有的辣椒酱消费习惯与口感,使得国外品牌的渗透率并不高,群众认可度偏低。

目前国内有影响力的辣椒酱品牌除了老干妈还有花桥、饭扫光、海南黄灯笼、李锦记、阿香婆等。在众多辣椒酱品牌中,老干妈一枝独秀,无论在华东华北还是西部中南,都始终保持着超过30%的市场占有率,大幅超过排名第二位的牌子。

3. 案例内容

近年来,老干妈对北美、英国、日本、韩国、法国、澳大利亚、新西兰、新加坡等成熟市场进行了深入挖潜,市场销售额稳步提高。此外,还开拓了乌克兰、泰国、西班牙、孟加拉国、巴拿马、比利时等新市场。

在美国各大华人超市中,货架上都少不了老干妈的几款经典辣酱,一瓶售价在3美元左右,合人民币约19元;在韩国的中国食品超市,老干妈的单价在5 500韩元左右,合人民币约30元;在日本,老干妈的价格相对较为便宜,东京一家较大的华人超市"华侨服务社"中促销的老干妈两瓶410日元,约合12元人民币一瓶。虽然价格比国内的售价要贵上几元到十几元,但相比当地的食品物价水平来说,这样的价格已经相当亲民了。

在大多数国外购物网站上老干妈都直接译成"Lao GanMa",也有译成"The godmother"。

美国奢侈品电商Gilt把老干妈奉为尊贵调味品,称其为"来自中国的进口奢侈品"。

不接受媒体采访,不搞营销。不缺钱,不贷款,即便政府推动也不上市。8元一瓶的辣酱,每天卖出130万瓶,老干妈陶华碧是怎么做到的?

无广告,不活动,不贷款,不上市,现款现货……种种"逆营销"之举下,老干妈却塑造了一个商业传奇。

快消品,尤其是调味品行业,大家都想成为老干妈,又看不明白老干妈。

8元钱一瓶的辣酱,每天卖出130万瓶,一年用1.3万吨辣椒、1.7万吨大豆,销售额40亿,15年间产值更是增长了74倍。老干妈制造了中国品牌的一个传奇。更传奇的还有其"奇葩"经营模式:不做推销,不打广告,没有促销,坐在家门口,经销商就来抢货。

不上市、不贷款、不融资。别的企业到处找贷款,拉融资,想上市,老干妈却多次拒绝政府的融资建议。

现款现货,经销商要先打款才发货,现金流充足的令人结舌。

老干妈口味的各种特色菜遍布大小餐饮饭店，成为其销量的又一重要支撑。

老干妈的市场奇迹和不走寻常路的营销模式，让快消品行业看得云里雾里，到底老干妈凭什么这么牛，真的只是陶华碧老太太的个人商业直觉？

3.1 "真不二价"：产品核心战略下的极致用户体验

"为官须看《曾国藩》，为商必读《胡雪岩》"。富可敌国的徽商胡雪岩，"真不二价"是其经商精髓之一，即货真价实，价格稳定。老干妈恰恰是把这一理念发挥到了极致。

老干妈的成功是产品思维的成功：产品是一切营销的源头。那种一杯水卖出天价的浮躁思想，都是靠不住的。只有像可口可乐、康师傅红烧牛肉面、双汇火腿肠等产品力过硬的产品为基础，营销才能发酵出奇迹。

本质上，老干妈的一切市场行为和奇迹，都是依托其强有力的产品而存在的，它用产品为消费者提供了极致的用户体验。老干妈在产品上做出了硬功夫，让低门槛、易跟随的佐餐酱品类有了门槛。

3.1.1 味道即王道，恰到好处的复合口感和最普世口味的抢占

对食品而言，味道即王道，可口可乐的神秘配方能成为无价之宝，就是因此。

在中国市场上，跟随战略随处可见，超过首创产品也是常事。但是，老干妈的销量冠军产品风味豆豉，热销多年，却无一家产品能与其抗衡。究其原因，主要因为豆豉是发酵产品，属于复合口味，恰到好处的豆豉产品，给人丰富口感，也在餐饮菜肴中被广泛应用，其他企业不是不想跟随，而是达不到老干妈对豆豉产品口感的把握。

食品之争，最重要的是口味之争，口味之争首先是抢占最普世的口味。老干妈很好地平衡了辣和香，让最大多数消费者接受，以至于很多消费者一段时间不吃，都会非常惦记。

3.1.2 品味虽贵必不敢减物力，严格到苛刻的原材料把控

老干妈所用辣椒原料，主产地在遵义。遵义辣椒曾为出口免检产品。当地为陶华碧供货的收购大户说，只有我们欠过她的钱，她从不欠我们。给她的辣椒，却谁也不敢大意，只要出一次错，以后再想与她交道就难了。当地给她的辣椒，全部要剪蒂，一只只剪，这样你剪过的辣椒，再分装，就没有杂质了。

现在，老干妈与当地联合建立无公害干辣椒基地和绿色产品原材料基地，搭建了一条"企业+基地+农户"的农业产业链，绝大部分原料都来源于老干妈的自产基地。

3.1.3 保证客户价值，把品质稳定做到极致

一段时间品质好、几个区域品质好都不是难题，难能可贵的是，老干妈卖了这么多年，无论消费者什么时候买，在哪里买，味道都始终如一。这种高度稳定

的产品品质就成了一般企业难以企及的竞争力。

老干妈独特而稳定的口味，也是其餐饮渠道的强大支撑。基于老干妈产品的众多菜品在很多餐厅饭店随处可见，很多企业都想推出跟随产品，但餐饮对产品口味的稳定性要求更高，因为更换调味品，常常会造成菜品口味波动，而老干妈产品就不会出现这样的问题。

食品安全备受诟病的当下，真正能像老干妈这样，在企业做大做强、赢得市场之后，仍然坚持产品质量始终如一的企业已经寥寥无几。尊重客户，保障客户价值的企业，客户也将以市场回报。

3.1.4 低价不是低质，创造极致的客户体验

低端绝对不是低质。紧紧把握这一点的企业，如牛栏山，如老干妈，才有可能成为市场的老大。老干妈的消费人群绝大部分都是中低端消费者，但其扎根这一区域，即使目标市场是中低端人群，也创造出极致的客户体验。

中国企业常常做的一件事就是产品取得市场认可之后降成本。所谓"降成本"，大多是在产品原料和工艺上做文章，一次调整也许大多数消费者感觉不到，但一再地降低产品要求，将最终导致质变，被消费者抛弃。可以说，早期老干妈的很多对手，并不是被老干妈打败，而是自己打败了自己。

老干妈用过硬的产品力，横空劈出一道鸿沟，没有门槛，老干妈就给后来的竞争者创造一个门槛。

3.2 定价也是定位：占位最有利价格区域

价格往往决定着品牌和目标人群的定位，价格变动，不只是企业利润和销量的变化，更是品牌定位的转移，尤其是企业具有领先市场份额的情况下，提价，往往是给对手让出价格空间。

东阿阿胶上市后为了更快树立起自己的高端形象，频繁提价，并将渠道进行全面提升。东阿阿胶看似锐不可当，但其高端化、奢侈化的转移，恰恰是将中低端消费者的市场需求留给了福牌阿胶。福牌正是紧抓这一机遇，抢占东阿阿胶留下的空白市场，实现了业绩提升，现在，福牌阿胶的总体销量已经超过了东阿阿胶。

以老干妈的主打产品风味豆豉和鸡油辣椒为例，其主要规格为210克和280克，其中210克规格锁定8元左右价位，280克占据9元左右价位（不同终端价格有一定差别），其他主要产品根据规格不同，大多也集中在7~10元的主流消费区间。基于老干妈的强势品牌力，其他品牌只能选择价格避让，比如，李锦记340克风味豆豉酱定价在19元左右，小康牛肉酱175克定价在8元左右，要么总价高，要么性价比低，都难与老干妈抗衡。

这就造成了调味酱行业定价难：低于老干妈没利润，高过老干妈没市场。老

干妈的价格一直非常稳定，坚守价格定位，价格涨幅微乎其微，不给对手可乘之机，在老干妈本身强势的品牌力下，竞争对手们要么为了低价导致低质，要么放弃低端做高端，而佐餐酱品类又很难支撑高端产品。

3.3 消费者心智占领：广告的本质目的

广告的主要目的是以占据消费者心智而谋求市场，一句能够唤起消费者共鸣的诉求，往往成为品牌成功的利器。所以，企业的本质目的是占领消费者心智，而非广告本身，老干妈看似没有做过广告，但其已经完成了消费者心智的占领。

3.3.1 从特殊群体（学生）入手

从学生入手，最容易唤起消费记忆。据心理学分析，学生时代是品牌最容易引起好感和怀旧的时机，北京连锁餐饮新辣道就常常把门店开在学校附近，在吸引顾客的同时，潜移默化地占领消费者心智，以后无论这些学生走到哪里，新辣道的味道都会伴随着他们青春的记忆。

老干妈起家于学校附近的素粉店，无意中已经开始了消费者心智的占领。同时，由于老干妈的产品本身物美价廉，作为佐餐酱美味又极为下饭，经济不足的学生群体是其主要消费群体之一，口味的培养和消费者心智教育很好融合，很多留学生都把老干妈称为家乡的味道。

3.3.2 品牌符号化

行业经常有人质疑老干妈包装土气，多年来从未更换瓶贴等。事实上，正是老干妈多年来的坚持，其包装和瓶贴已经固化为最深入消费者内心的品牌符号，甚至成为这一品类的代表符号。茅台推出过无数新品，但消费者最认可的还是其老包装的飞天茅台，认为这才是国家领导人喝过的茅台，是地道茅台。

3.3.3 舌尖上的中国名片

现在，老干妈又早于很多产品，开始走出国门，产品遍布30多个国家和地区。在国外，老干妈被称为"留学生必备"、"家的味道"，也受到很多外国消费者的喜爱。而且在中国，八九元一瓶的老干妈，在国外卖到十几美元，堪称调味品行业的奢侈品，国外渠道的销量目前还无从得知，但这一步的跨出，老干妈已经成为舌尖上的中国名片。

3.4 市场布局：从区域战略根据地到全国扩张

广州是老干妈最先爆发的区域市场，而后逐步扩张到全国，这也是人们一直提倡的：先做好区域市场战略根据地，继而复制全国。老干妈和一般企业的区别就在于，绝大部分企业是经过市场分析选择区域战略根据地，而老干妈是通过自然选择，首先爆发了广州市场。

1994年，贵阳修建环城公路，昔日偏僻的龙洞堡成为贵阳南环线的主干道，途经此处的货车司机日渐增多,他们成了"实惠饭店"的主要客源。陶华碧近乎本能的商业智慧第一次发挥出来,她开始向司机免费赠送自家制作的豆豉辣酱、香辣菜等小吃和调味品,大受欢迎。

正是货车司机让老干妈如同蒲公英的种子一样,撒向全国,并在最适宜的地方扎根生长。当时,以广州为代表,大量农民工进城,老干妈正符合了他们的口味和价位,于是首先在广州市场取得销量爆发。继而逐渐实现全国扩张。

3.5　现款现货:硬通货下的经销商策略

老干妈的经销商策略极为强势。

一是先打款后发货,现货现款。别的快消品都在尽力把货压在经销商手里,而老干妈的经销商必须先打款,才能拿到货,甚至打二批货款的时候,才能拿到第一批的货,现金流充盈,让各厂家叹为观止。

二是以火车皮为单位,量小不发货。没有政策支持。老干妈没有广告,没有活动,自然也不会给经销商政策支持,而且利润空间很低,一瓶甚至只有几毛钱。所以只能薄利多销,量小不发货。

三是大区域布局,一年一次经销商会。为了维护经销商,构建经销商网络,快消品企业大部分要维护数量庞大的经销商,每年都要召开各种不同地区,不同层次的经销商会议,会议上以各种形式极力讨好、回馈经销商。但老干妈一年,甚至两年才开一次经销商会,一个省或者几个省一个经销商,这种状况下,甚至还在进行省区合并。

那么问题来了,老干妈如此强势的经销商策略,底气何在?经销商为什么会接受这些"霸道"的规矩?原因还在产品上,老干妈把产品做成了硬通货,只要能拿到货,就不愁卖,而且流通速度快,风险小,是经销商利润的可靠保障。

单纯羡慕老干妈的"强硬作风"毫无意义,企业在产业链中的地位,决定企业的话语权。老干妈在产业链上的强硬,源于其无可替代的产品力。

3.6　渠道网络:无所不在的深度和广度

2000年年初,绝大部分企业像王致和一样,坐在家门口等各地大小经销商前来采购,没有物流运输等各项服务,没有一批、二批之说,更没有经销网络。企业就是一家批发商,各地经销商只管来拿货,拿回去怎么卖,企业也不关心。这一阶段中,由于路途问题,南方经销商较少来北京采购,等到王致和有意识布局南方市场,却为时已晚。

老干妈当时选择了一条与众不同的路子,只选择大区域经销商,并负责物流运输,区域经销商为了达到销售目的,就必须进行二批的开发布局,逐渐形成了经销网络遍布区域,便利店、商超,甚至菜市场的局面,老干妈产品随处可见,现在更是走出国门，进入国际市场。

因此，老干妈先一步完成了渠道网络布局，形成了完善的经销商网络，产品随处可见。大区域经销策略也让老干妈的招商变得极为轻松，一年一次招商会就能搞定。

【思考题】你是从哪个渠道知道"老干妈"的？从个人角度谈谈你对其营销策略的理解。

【资料来源】

[1] 智妍数据研究中心．http：//www.chyxx.com/research/201404/236212.html．

[2] 老干妈辣椒酱：从"国民女神"到"国际女神"．国际先驱导报．

[3] 解析老干妈："逆营销"下，你不知道的事．http：//newshtml.iheima.com/2014/1121/147883.html．

收集整理：劳苑倩

乐高的逆袭

摘要：1995~2004年的10年时间里，乐高的发展史几乎可以称作是企业经营、管理失败案例的经典集合，几乎在破产的边缘。但这家玩具公司却能在短短几年里迅速调整过来。2014年上半年，乐高集团的利润达到20.3亿美元，乐高公司击败了由美泰公司保持的半年度利润最高玩具制造商，相比上年同期利润增长了15%。乐高正式成为全世界最盈利的玩具制造商。本案例简析了乐高"失去十年"挫折的原因，并展示了乐高改革、最终完成逆袭的过程。

关键词：玩具；乐高；创新；供应链

1. 公司简介

乐高公司创办于丹麦，至今已有80年的发展历史，追本溯源，还得从它的金字招牌LEGO说起。商标"LEGO"的使用是从1934年开始，其语来自丹麦语"LEg GOdt"，意为"play well"（玩的快乐），并且该名字首先迅速成为乐高公司在Billund地区玩具工厂生产的优质玩具的代名词。

"LEGO"的发展，伴随着的是乐高公司规模与知名度不断地上升，手中的"武器"则是源自丹麦的玩具——积木，通过不同人的不同组合，甚至同一人的不同巧思，乐高积木可以构建出不同的世界。简单的物件不但为孩童构建出一个奇妙的世界，让每一个看到它的小孩都抵挡不了如此巨大的诱惑。

1949年，第一块乐高塑料积木问世。两年后，穴柱连接原理的塑料积木投放市场。乐高积木最初只是启发婴幼儿智力的简单玩具，后来逐渐发展，拥有了多种系列，对不同年龄的男女少年儿童都颇具吸引力。乐高积木走俏全世界，在130多个国家里占有市场。据估计，拥有乐高积木的儿童在3亿人以上。

乐高公司除了保持在玩具制造方面的巨无霸地位，还努力向电脑游戏的方向发展，而他们的题材，仍然是自己最擅长的玩具积木方面。不论男女老少，乐高的游戏系列都能适合他们，他们也必定能在其中寻找到曾经经历的或是未曾经历的感受。

20世纪80年代初，乐高集团开始延伸生产线至教育方面，一个独立的教育产品部门专责发展此类产品供应给学校、幼儿园及早教机构，设计时并已考虑到伤残儿童。今天，这个部门已经改名为Dacta。除此之外，成功的乐高组（Lego theme）还包括有太空组及城堡组。

2. 行业背景

乐高起于20世纪30年代，发轫于50年代，并在70年代末迅速发展，在20世纪末成为全球儿童玩具的"必备品"。但在疯狂的20世纪90年代后，玩具界的巨擘乐高遭遇了时代的剧烈冲击，电子玩具浪潮席卷全球，世界似乎不再需要传统玩具了。乐高公司为了"顺应时代潮流"，除了保持在玩具制造方面的巨无霸地位，还努力向电脑游戏、主题游戏乐园、电影等方向发展，并努力细分市场，创新产品。但是，产品多元化的努力并没有使乐高跟上时代步伐，反而变成其沉重的财务负担。与此同时，乐高一次巨大的用人失误又几乎造成了一次难以挽回的灾难。1995~2004年的10年时间里，乐高的发展史几乎可以称作是企业经营、管理失败案例的经典集合，就差一口气，乐高就无法度过其70岁的生日了。中国人常说，置之死地而后生，乐高在几乎绝望的2004年，迎来了新帅，奇迹般地踏上了复兴之路。

3. 案例内容

1960年，乐高清理大多数木制积木存货，新积木开始热卖，因此乐高开始将塑料积木作为其核心产品。这个转型的动作非常重要，停止生产占公司产品种类90%的玩具绝对不是一个轻松的决定，但这也让乐高形成了一项至今为止影响公司战略的原则——专注。

创新就是一项概率游戏，做得越多就越有机会获益，确定边界之后乐高所做的就是在有限边界内无限创新。1974年从乐高家族开始，乐高图表logo发布。1978年，乐高发布"迷你"小人，他们拥有能拿住物体的可移动的肢体和手，这是公司在积木以后第二项最重要的设计。

在这20年当中，乐高最大的成就是从生产单个玩具发展到创造整个游戏系统。哥特弗雷德在与渠道交流中发现，玩具制造商不应该只开发短暂占据市场的一次性产品，而应该开发一种不同玩具之间互相关联的综合体系，这样一个体系才能够形成重复销售。

带着这种顶层设计的理念，乐高让所有积木都具有向前兼容性，所有创新都是在乐高系统性基础上的创新，让不同形状、不同套系、不同年代的产品都可以更好地组合在一起。这非常有杀伤力，也为乐高奠定了今天的雏形。

1979 年，凯尔被任命为乐高的总裁。年轻低调的凯尔围绕乐高游戏系统建立起一套有效的管理体系，让乐高经历了一个长达 15 年的高速增长期。

这段时期乐高的经营思路以产品经营和渠道扩张为核心，乐高将产品线分为三个部分：德宝专门负责生产针对幼儿的大积木；乐高建筑玩具负责生产构成乐高系统核心内容的基本拼砌套装；第三部分负责生产乐高其他的拼砌材料，比如 scala——一条针对女孩子的可组装珠宝系列产品生产线。

期间乐高的产品经营重心开始以套装为主，推出了一系列到现在为止依然具有影响力的核心套装并不断更新，包括乐高小镇系列、乐高城堡系列、乐高太空系列等，其中乐高迷你人仔起到了至关重要的作用。乐高人仔的出现让乐高游戏系统不仅能够更大范围地扩展和兼容，更重要的是让乐高有机会打造出一个世界，由于人仔和主题的出现，乐高成功将叙事和角色扮演融合起来，使概念中的游戏系统最直观地以产品形式呈现出来，创造出一种令孩子身临其境的拼砌体验，孩子们的游戏体验感直线飙升，并直接引发了乐高的急速扩张。乐高对体验感的把握让其无意间窥视到游戏产业的核心，这条原则伴随乐高经历低谷与高峰，并成为进入新世纪后乐高对抗互联网时代跨领域竞争对手的利器。

当乐高进入 20 世纪 90 年代其销售额达到顶峰时，已开始分不清销售额的增长与成功的区别了，乐高已经开始变得自满、得意并且保守，同时面对技术与文化快速演变驱动下儿童生活中日新月异的变化，乐高也已显得有些力不从心。

进入 20 世纪 90 年代，电子玩具大行其道，传统玩具日渐式微，竞争对手们纷纷向低成本国家外包制造业务，提供更低廉的玩具。敏感的凯尔发现乐高在走下坡路，危机中公司聘请了丹麦的企业转型专家保罗·布拉格曼来重组乐高，没想到这次用人的失误直接导致了乐高"失去的十年"，并一度濒临破产。

乐高过去由于重视创新取得了初步的成功，这次却因为过度创新和创新管理不足导致了经营的困难。同时，落后的供应链也加重了乐高集团的财务负担。

3.1 产品：实施激进的发展战略，疯狂增加产品数目

1994～1998 年，乐高生产的新玩具数量达到原来的 3 倍，平均每年引入 5 个新的产品主题，最致命的是多数新增的主题与乐高既有的产品线融合度不高。这样就导致几个问题。

（1）生产成本攀升。新的主题需要新的零件组块，对原有生产线利用度比较低，都需要新开模具以及引进新的昂贵生产线，直接导致生产成本急剧攀升，产品利润率大幅下降；

（2）创新程度过高。新产品主题创新程度过高，和既有各乐高主题产品在风

格上、形式上、受众上差异过大，自成体系。盘点一下那些年乐高失败的产品就能看出些端倪：婴儿玩具 PRIMO、塑料玩具 ZNAP、针对女孩的类似于芭比娃娃的 SCALA 系列、网络大师机器人套装、防卫者系列、试图取代传统乐高人仔的杰克斯通系列、一块乐高积木都没有通过针和孔而不是凸起和小孔拼接的古怪概念"乐高存在"、和好莱坞著名导演斯皮尔伯格合作的乐高电影工作室系列等，结果就是新用户没抓住，老用户也由于对乐高文化丧失的失望而流失。

（3）竞争内部化。市场和渠道对新产品的消化能力是有限的，一定时期内消费者接受了一种新产品之后对其他竞争产品的消费力会大打折扣，而乐高频繁推出的新品中很多是自己体系内的竞争外化，新的研发团队还把乐高已有多年经营得不错的得宝品牌砍掉，试图通过"乐高探索"系列取而代之，但最终这个系列把乐高的基因全部丢掉，市场反馈极差。市场业绩自然会受影响。

（4）盲目扩张衍生业务。乐高在周边产业也大肆扩张，但可以说基本上都超越了自己的能力边界，丧失了多年来坚守的诸多原则。乐高先后启动的乐高 3D 数据库、乐高教育中心等项目皆以失败告终。布拉格曼还试图照搬迪士尼模式，几年内在全球范围快速建立的几个大型乐高主题公园占用了乐高大量资金（每个主题公园的投资都在 3 亿美元以上）且资产回收周期极长，成为乐高历史上最大的包袱。

以上这些失败有各种各样的原因，但都脱离不了乐高处于战略迷茫期的背景，他们为了能跟得上时代的脚步，设计了许多新兴产品，但是这些产品显然与乐高的创意设计与核心理念背道而驰，导致一次次的失败。当然，这个时期乐高也并非一事无成，星球大战系列、哈利波特系列、在线社区 lugnet、个性化小批量的长尾产品在线"乐高工厂"、在一些失败尝试上继续前行的乐高教育等都给乐高带来一些亮点，不过最终还是靠代理"星球大战"等电影产品才起死回生，后来给乐高带来 10 年稳定现金流的"生化战士"系列也是在这个时期开发出来的，但总的看来这些畅销的产品都没有能挽回乐高一泻千里的颓势。

继 1998 年乐高历史上第一次出现亏损，2004 年的乐高已行走在破产边缘。在乐高集团偏离最初的核心价值已近半个世纪后，这家玩具制造企业发觉自己应该扭转之前的转型了。

3.2 乐高的逆袭

2004 年 10 月，乔根出任 CEO。他一上台，即提出回归公司的核心理念——创造力（Creativity）、乐趣（Fun）和品质（Quality），专注公司优势业务——拼搭玩具制造，坚定执行公司的"环球瘦身计划"（World Wide Fitness Programme）。

3.2.1 缩小经营半径，削减成本

据报道，乔根以 8 亿美元外包了乐高主题乐园的业务，并出售了其中的度假

村。同时，乐高退出了大量衍生业务的直接经营，转为 IP 授权，缩小经营半径。

同时，削减可使用的组件，从 12 900 个减少到了 7 000 个——每推出一个新组件，都需要昂贵的新模具，并会改变全球的供应链。他希望乐高玩具的使用者利用现有组件就能变得创意无限。

3.2.2 让玩具讲故事，增强游戏体验

某种意义上，在 2005 年前后，乐高玩具发生的最大的变化是，在积木拼装体验之外植入新的流行元素和故事线，讲玩具从制造业转变为文化创意产业。

2005 年以后，乐高在保留经典产品（如 LEGO DUPLO 系列）的同时，增强了流行故事线的引入力度。根据 2014 年报，乐高全球销售最好的产品，分别是 City 系列、Star Wars 系列和 DUPLO 系列。值得瞩目的是 2013 年年初才上市的 Legends of Chima 系列也获得很好地销售成绩从而跻身乐高销售一线（Top selling line）行列。

外来版权的故事线，其引进标准，不只是流行，必须与乐高核心能力与价值观保持一致：首先，新的模具模型要引入，这些模型应当确保与已有的拼搭体系能结合在一起，这样才可以形成长期的吸引力；其次，题材需要与乐高的价值观保持一致。

产品本地化时，乐高会把一些亚洲的元素更多地带到全球产品线中，比如说忍者系列，新出的气功传奇，其实就是融合了中国传统概念中"气"的概念，它在欧洲北美很多国家取得很好的市场反响。

3.2.3 建立动态商业圈

乐高机器人"头脑风暴"系列给乐高体系带来的冲击最大，但这个冲击带来的影响也最为积极，无意间让乐高的观念被动提升到一个高级阶段。头脑风暴本来是为儿童设计的，但却吸引了全球成千上万的成年怪才，尤其是一些黑客对这个头脑风暴项目产生了浓厚的兴趣，黑客开始把乐高的程序源代码向全球展示，乐高的头脑风暴机器人研发成果已彻底被扒光，乐高担心自己被抄袭但并没有起诉，而是决定任由黑客自由行动。结果非常具有戏剧性，乐高头脑风暴网站和 lugnet 网站以及粉丝建立的几十个头脑风暴网站火爆异常，用户还发了很多关于乐高机器人的帖子。

来自世界各地的粉丝建立了几百个网页详细指导如何复制他们的发明，并附带了其头脑风暴作品的照片和视频。他们对头脑风暴的热情引发了一个指导如何变成和搭建乐高机器人的书籍市场，也催生了很多初创公司去销售第三方的头脑风暴传感器和硬件。一夜之间，一个完整的生态系统似乎就围绕头脑风暴形成了，包括客户组建的网络论坛、书籍、微企业以及 FIRST 乐高联盟机器人竞赛。消费者在使用和改变乐高公司的产品时，尽管会侵犯公司的知识产权，但是会给品牌带来新的含义。用户和开发者帮乐高开拓了其无法服务缝隙市场，这标志着

乐高从一个高度封闭的组织变成了一个开放的创新机构。

相应地，乐高在 RCX 机器人发行当年的前 5 个月就卖出了 8 万套"头脑风暴"套装。玩具界和游戏界第一个开发者社区形成了，乐高无心插柳打造出了第一个基于开源平台的产业生态圈，无意间进入了商业竞争中迄今为止最高的阶段——生态圈竞争。有了这样的成功经历，乐高开始主动接受外部的生态圈并尝试驾驭使之为己所用。乐高也在此过程中积累了深厚的经验：对外部开发者的能力边界和对项目的影响范围要有非常现实的估计，主要设计特征还是应该由内部研发决定；认真审慎挑选外部团队，保密工作要做到位；坚持共同创造者的地方与内部研发团队并不对等；最重要的就是，利用群体智慧要能够做到群体控制。

3.3 促销：数字营销，优化客户体验

在数字营销方面，乐高有自己的 APP 和视频，也有在线游戏。比如忍者系列，这个系列有 45 集 20 分钟的小动画片。孩子看了忍者动画片，他可以玩乐高真实的玩具，也可以到网上继续玩。这些都丰富了孩子的体验。其实对于乐高来说，产品在工业时代和现代都是常青的。乐高主张创造和动手动脑的感受，即使现在很多孩子玩完了电子游戏以后，他也会去真实动手拼一拼乐高的东西。真实的感受，是最核心的产品价值。我们现在专注于核心业务，在核心体验上创新和消费群的拓展。

乐高的产品体验有非常严格的流程。非常有经验的设计师会严格地设计产品的造型和玩的体验，过程中必须要去按照公司的严谨的步骤流程完成多重的验证。

从变化上说，最近 20 年里有新的产品线，乐高的使命，是不断开拓未来玩的方式。乐高带给孩子的玩乐体验是唯一性的。在接下来的一段时间里，乐高一定会与新媒体、电视等媒介大力、深度地结合。

3.4 一砖一瓦，重造供应链

导致乐高"失去的十年"亏损的核心原因在于供应链。所以重塑乐高供应链势在必行。从设计、采购、制造和分销等环节开始的一砖一瓦再造，使乐高向"在正确的时间，以正确的成本，把正确的产品，送到正确的地点"迈进。

3.4.1 摸清病症

为什么在业绩低迷多年之后，乐高才意识到供应链是问题的根源呢？因为这不是公司的核心优势——创新能力以及高质量才是。而公司管理者最初的想法是依赖核心优势走出泥潭。从 20 世纪 90 年代到 2004 年，乐高进入电子游戏、电视节目以及零售领域，但这种多元化使情况更为复杂，导致公司赤字不断。

乐高成立之初，供应链管理不过是搬搬箱子而已。当沃尔玛和家乐福依靠供

应链革命站稳了脚跟，乐高却错失了巨变的良机。20世纪50年代，公司的积木刚刚流行起来的时候，乐高的供应链能够适应控制玩具市场的小型零售商。60年来，这种方式一直运转得很好；但进入20世纪90年代后，乐高的竞争者开始重新设计分销系统，以适应以对大型零售商店的配送，乐高却把更多的精力放在了品牌建设上——那时，乐高积木玩具已经是世界上最广为人知的产品了。90年代末，乐高的大多数地盘已经被别的公司抢占，后者更注重分析和精打细算，把每笔成本降到最低，并为零售巨头提供及时生产。

为了重振昔日辉煌，乐高意识到，必须重新打造其供应链的每一个环节，把创新能力与市场对接，在大型零售商占统治地位的世界里运营和竞争。对于乐高集团来说，这可不是件小事情。

乐高真的过度多元化了吗？是的。

但如果仅仅关注它，并非解决问题之道。成本是问题吗？绝对是，但这也只是冰山一角，仅仅打一场成本战不可能成功。是由于公司与电子游戏市场断了关系吗？然而公司3/4的销售额都来自非电子类新产品，可见仅仅在电子市场竞争中去找原因，也是错误的。

新的团队审视了公司运营的方方面面，然后开始重点关注供应链。他们用全面分析方法，分析了产品开发、采购、制造和分销配送的各个环节。

（1）忽视成本的产品开发。多年来，乐高集团源源不断地推出创新性产品，其产品开发实验室"Kitchen"绝对是公司的骄傲。但领导小组发现，新产品接连不断，但利润却越来越少。过去，塑料积木等产品仅有一种主要颜色，再加上黑和白；现在有100多种颜色。产品系列也更为精细化：一副海盗套件包括8个海盗，10种装束和姿势各异的腿。

对细节的关注反映出公司追求卓越的文化，但同时也反映出公司对创新成本的漠视。设计者在构思新玩具时，不考虑原材料价格等生产成本。而当今全球玩具市场，成本压力一直是热点，这种忽视一切的创新是站不住脚的。

此外，每年都推出新产品本无可厚非，但乐高并没有把这种商业战略与供应链匹配起来。公司的最小存货单位（SKU）为1 500多件，其中30件产品就占据了公司80%的销售额，但公司库存货物的2/3却都是已经停产的货物。而且最小存货数量每年都在递增，积压了大量库存。

（2）采购中的浪费。令人惊讶的是，乐高集团与超过11 000家供应商打交道，这几乎是波音公司制造飞机所需供应商的两倍。随着产品开发人员寻求新材料，这一数字还在逐年增加。每个设计师都有自己偏好的供应商并与他们保持独特的联系，公司并没有统一的采购流程。

这种采购方式导致了令人难以置信的浪费。比如说，一种新的设计可能需要一种专门的彩色树脂，但这种树脂以3吨起卖。制造这种新玩具可能仅需要几千克树脂，公司就为此积压了价值 10 000 欧元、以后再也派不上用场的树脂。由于从大量供应商手中，不定期地订购这么多特殊产品，使得采购人员与供应商打交道时，不可能以规模采购作为有力的谈判筹码。

（3）没有规模优势的制造。与采购一样，乐高组织生产设施的方式，使其难以获得规模优势。公司采用一项世界最大的塑料注射成型工艺，丹麦工厂里有 800 多台机器，各生产小组就像在上百家独立玩具作坊一样工作。小组随意处理订单并且频繁改动，使得顾客需求、供应能力及库存水平不能紧密、可靠地结合起来，这种缺陷导致整体产能利用率仅为 70%。

在一个割裂的系统里，进行长期计划是异常困难的，日常运营也杂乱无章。而乐高的制造工厂都位于成本较高的地区，比如丹麦、瑞士以及美国，这对公司更为不利。

（4）"一视同仁"的分销配送。乐高的 200 家大型连锁店带来了 2/3 的收入；其余绝大多数商店只产生 1/3 的收入，但乐高却对他们一视同仁！公司为服务小型商店花费了不成比例的时间和精力，这大大抬高了成本。而在 2/3 的订单中，装箱不满导致了配送非常昂贵，因为这需要配送中心劳动密集的"挑选－包装"。另外，为了服务众多小型客户，乐高集团建立了多层库存系统；难以在正确的配送中心配送正确的产品，这正是丢掉生意和高库存的原因。

3.4.2 推动变革

为了推动变革，乔根组建了一个包括高级执行人员和管理人员的小组，双管齐下。领导小组制定战略，来自销售、物流、IT 以及制造部门的代表和设计者则在操作（运营）层面上协调变动。

管理层建了一个"作战指挥室"，整个运营小组每天聚集于此，制定具体的"作战方案"。例如应当生产哪些玩具，分清任务的轻重缓急，如何对付困难，等等问题。小组成员追踪关键活动的进展、及时解决瓶颈问题并平息争端，以这样的方式明确分派任务，杜绝组织内的过于人情化的倾向。

"作战指挥室"的墙面上，贴满了各种清单，追踪尚未解决的问题、配送故障及库存水平等。在接下来的一年中，公司随时都会有 30~40 个人集中推进这些计划。乔根会经常光临这间"作战指挥室"，一旦他看到上次来访后仍没有得到解决的问题，就会质问经理人员。

工作量大，时间紧迫，也让人产生了异常巨大的压力。除此之外，管理层还特别关注细节。他们设置明确的优先权，限制各个项目的范围，密切监控进程。每一个小组提出自己的跨部门计划。这一进程从审视公司供应链的复杂性以及分析其对生产力、计划和控制的影响开始。

改革小组采取一种"假设驱动"法，讨论如何改善流程。一旦某项行动计划上达成一致，除非最初假设是错误的，改革小组才会改变方向，这一方法使得整个改革进程走上了正轨。

领导小组还抽出时间来建立共识。他们知道，在一个组织严密的家族企业里，光靠行政命令来管理是绝对行不通的，乐高需要维持员工的忠诚——尽管为了打造一个更为全球化的供应链，已经裁掉了不少职位。

他们认为，完全透明化的战略是最令人尊敬的改革方式。从早期开始，领导小组就与全体员工沟通了公司的现实情况，直到提出裁员的痛苦计划（为了节约成本和接近市场，乐高把原来位于美国的工厂迁移到了墨西哥），这一过程领导小组都咨询了全体员工的意见。虽然看起来进展缓慢，但却意义重大：当领导小组最终达成共识，这一决策是非常具有凝聚力的。

规划和协商流程后，领导层开始制订行动方案。他们认为，先将公司的原材料成本合理化，是整个改革中较为容易的环节，并且马上就能省下钱来。首席财务官牵头做这项工作。由于这一举动正击中乐高创新能力的核心：那些赋予积木缤纷颜色的彩色树脂，因此，如果这项方案成功，不仅仅是节省钱财，更显示了乐高集团改变的决心。

（1）成本透明化。彩色树脂一直是公司的大项支出，价格极为不稳定。采购小组分析了原材料的价格，与更少的供应商合作从而稳定价格，也更容易制定生产计划。更重要的是，采购项目的成功让大家更为乐观，也激发大家去推动其他的改变。供应链沿线的每个成本中心，改革小组都采取了新观点：限制并不会破坏创意或者产品卓越性，甚至可以增强产品卓越性。

乐高集团的座右铭是"锐意进取，只求最好"，公司的名字来源于丹麦语"Leg godt"，即玩得好。创新一直深植于公司文化中。公司成立之初，这种做法帮助公司塑造起品牌，并且让员工颇感自豪。但是一段时间后，这种文化成为"不计成本制造新玩具"的代名词。乔根说："这种想法已经成为一种感情上的观念，一种反对成本削减新计划的借口。任何时候，都有些人不想做某些事，他们就会说'因为质量原因，你不能这么做'"。

但是公司的产品创新主管 Mads Nipper 与监管供应链的 Bali Padda 紧密合作，设计出一系列方案，解决这种限制中的矛盾。Nipper 和 Padda 建议把约 100 种颜色减掉一半，并去掉产品中成千上万种的玩具警察、玩具海盗以及其他人物造型。该小组深思熟虑，在树脂采购工作的基础上，分析每一配件的真正成本；确定哪些成本是存在仓库里被浪费掉的。这项工作，和树脂小组一起，帮助公司削减了一半的树脂成本，将供应商数量减少了 80%。

同时，运营小组还帮助设计师提高成本效率。小组成员制定出采用新颜色、新外形及订购新材料的基本规则，并构造了一个成本矩阵，清楚表明变动与成本的关系。一旦成本改革清晰了，设计者们被敦促利用新方式使用已有的材料，而不是用新模型和新颜色来设计出新配件。这种方案让设计者在开发新产品时多考虑成本因素：是的，你可以把闪闪发光的琥珀用在生化战士 Bionicle 的眼睛上，但却不能用于爪子上。

成本透明化让开发者重新定义自己的成就。"最好的厨师不是那些把所有原料都摆在跟前的人，而是那种进到任何厨房，用手头仅有原料就可以工作的人。"一位高级经理人员在乐高集团开发室"Kitchen"的备忘录里写道。设计者们把这些话铭记于心。产品研发小组"最初把削减复杂性看成是件纯粹痛苦的事情"。但他们渐渐意识到，一开始被认为是束缚的东西，事实上令他们更有创意了。

设计小组思维的变化，再次肯定了 Knudstorp 长期以来的想法。那就是——用全面的观点看待企业问题。"我认为很多公司犯的大错误，首先与供应链有关，其次是创新，最后是产品质量。最好全面考虑这些相关联的问题。创新也是一个供应链的问题，有时候，供应链能够为顾客导向的创新提供思路。"

（2）全面考虑价值链

砍掉为数众多的材料与颜色，更容易进行下一步——让生产周期合理化。小组首先停掉的是过去引以为豪的做法——任何机器都能够生产任何部件，这意味着频繁、昂贵的重新装配。取而代之的是，小组为特定的机器配置了特定的模型，并且制定了 4~12 周的常规生产周期。现在，乐高可以在月度例会上确定销售和运营计划，从而减少频繁的生产变动。

领导小组还阐明了决策权，从而保证时间进度表对整个组织都有意义。比方说，从今以后，对成型机器做出任何手动变化而不通知产品包装组的做法是不可接受的。清晰描述的权利和责任，使得员工难以回避艰难的决定，或是不考虑对其他部门的影响。因此，公司现在可以绕开很多潜在的生产问题。

领导小组还考虑了制造工厂的分布。乐高从中国合同制造商手中采购 10% 的产品，但小组反对将更多的工作转向亚洲。鉴于将生产任务移至捷克 Kladno 的成功经验，公司认为：把工厂设在最接近重要市场的地方可以提高效率。一家位于东欧的工厂只需三四天，就能把产品运送到欧洲的商店，而乐高 60% 的销售收入来自欧洲，40% 的销售收入发生在圣诞期间。

2005 年，乐高集团把一些比较简单的产品外包给一家匈牙利的工厂，这家工厂是新加坡电子产品制造商 Flextronics 旗下的公司。同年，公司还把业务扩展到了 Kladno。谈判非常漫长而艰难，同时还必须非常谨慎处理这种变动对员工的影响。首席采购官（CPO）Niels Duedahl 负责监管整个过程，他的身后有一个分析团队，该团队建立了详细的成本模型。他们的理念是：比供应商还了解供应成本。这一措施可以使乐高的领导层不仅能评估方案，也为与供应商谈判做好了准备。

乐高还需要使分销渠道更靠近顾客，从而降低膨胀的分销成本。第一，其物流供应商的数量已经从 26 个削减到三四个，此举在充分保证弹性，鼓励供应商竞争的同时，获得了规模经济，仅这一项举措就节约了 10% 的运输费用。合并缩减物流供应商，仅仅让乐高集团完成了其竞争者多年以前就完成的工作，而重新设计分销系统则使公司有能力超越对手。

虽然很多公司都将制造转移到成本较低的市场，但很少有公司对分销工作采取同样的办法。乐高淘汰了丹麦、德国和法国的 5 个分销中心，在捷克建立了唯一的新分销中心，由 DHL 负责运营。"把鸡蛋放在一个篮子里，听起来是一个挺差劲的战略，但统一的分销更容易追踪库存以及避免存货短缺，也使乐高更接近欧洲最大的人口中心，缩短与市场的平均距离。"

有了新的价值链，乐高集团能够更容易地获知顾客偏好，公司的营销小组向其他包装消费品制造商学习，与大型零售商密切合作，进行联合预测、库存管理以及产品定制。占据乐高大部分市场的大型连锁商店获得了乐高的营销支持，公司也继续与小型零售商打交道，但服务条款更为常规化和标准化。通过为早期订单提供折扣，以及满一箱起运的做法，乐高进一步降低了服务的成本。

公司还邀请大客户参与产品开发，不仅取悦了大客户，而且零售商较强的预测能力和补给技术，使公司营销人员比依靠单打独斗更能了解购买者行为。集团让这些大零售商帮助制定商品组合决策，为他们提供独家的 SKU（最小存货单位），从而进一步强化了这种关系。

3.5　再次盈利

供应链改革之后，乐高集团恢复了盈利。2004 年以来，集团节省了大约 5 000 万欧元。即使面临石油价格上升导致原材料和运输等成本提高的因素，2005 年，乐高的库存周转率提高了 12%，并刷新了 2002 年以来的利润纪录——6 100 万欧元。2006 年，集团依然保持了这种良好的势头，库存周转率比 2005 年又提高了 11%，利润出乎意料地提高了 240%。

收获不仅仅是在运营层面的。Knudstorp 认为，供应链再造对整个公司都带来了变革。在正确的时间，以正确的成本，把正确的产品，送到正确的地点，只是走出这些战略挑战的第一步。"它让我们再次把重点放在发展业务、创新和发展我们的组织上，使这个组织更具创新性。"Knudstorp 说。"而当我们赚不到钱的时候，当我们拥有一个落伍了 10～15 年的供应链的时候，这些都是奢侈品"。既然乐高集团已经认识到这一点，精简了其产品开发、采购、制造以及分销工作，它便可以把资源应用于自己最擅长的领域：制造绝妙的玩具。

【思考题】谈谈你对乐高自我审视的理解，如果你是乐高高管，你打算如何做。

【资料来源】

[1] Brick Fanatics (UK LEGO NEWS, REVIEWS&MORE) LEGO Annual Report 2014. http://brickfanatics.co.uk/lego-annual-report-2014/.

[2] 一砖一瓦,再建乐高. 北大商业评论.

[3] 吸金塑料块:乐高的逆袭. 二十一世纪商业评论.

[4] 专访乐高中国区总经理姚思鹏. 二十一世纪商业评论.

收集整理:劳苑倩

第三部分　国际企业的跨文化管理

随着企业全球化浪潮的推进，跨文化管理逐步得到企业的日益重视。跨文化管理又称为"交叉文化管理"（Cross Cultural Management），它是指通过克服不同异质文化之间的差异，在此基础之上重新塑造企业的独特文化，最终打造卓有绩效的管理行为。即在全球化经营中，对子公司所在国的文化采取包容的管理方法，在跨文化条件下克服任何异质文化的冲突，并据以创造出企业独特的文化，从而形成卓有成效的管理过程。其目的在于在不同形态的文化氛围中设计出切实可行的组织结构和管理机制，在管理过程中寻找超越文化冲突的企业目标，以维系具有不同文化背景的员工共同的行为准则，从而最大限度地控制和利用企业的潜力与价值。全球化经营企业只有进行了成功的跨文化管理，才能使企业的经营得以顺利运转，竞争力得以增强，市场占有率得以扩大。

所谓跨文化管理包括跨越国界和跨越民族界限的文化管理。消除文化的差异是跨文化管理着力解决的核心问题。文化差异可能来自于沟通与语言的理解不同、宗教信仰与风俗习惯迥异、刚性的企业文化隔阂等诸多因素。

因此，跨文化管理需要对以下问题进行有效管理：①如何清晰本企业的文化价值倡导？②如何避免文化的本位主义？③如何确定本企业的跨文化管理策略（文化同化、文化折中、文化融合）？④如何进行人才的本土化培养？

文化融合助力海尔并购三洋

> **摘要**：2011 年海尔并购三洋东南亚冰洗业务已成为行业内的焦点。到 2012 年 3 月 30 日，海尔与三洋电机正式完成业务交割。无论是三洋品牌的沉浮、海尔扩张的步伐还是松下"去三洋"化的调整，桩桩件件都是足以撼动行业的大事。三洋品牌的存废，海尔与松下未来的走向，中国家电行业与日本家电行业的兴衰，正似一盘珍珑棋局，扑朔迷离，险象环生，却又令人欲罢不能。
>
> **关键词**：并购；文化融合；海尔

1. 背景介绍

2011 年 7 月 28 日，青岛，中国/大阪，日本——海尔集团公司（"海尔"）和日本三洋电机株式会社（"三洋电机"）就海尔意向收购三洋电机在日本、印度尼西亚、马来西亚、菲律宾和越南的洗衣机、冰箱和其他家用电器业务签署备忘录（"备忘录"）。海尔此次收购涉及在上述区域的三洋电机洗衣机、冰箱的研发、制造以及所收购公司家用电器的销售和服务业务，收购亦包括三洋洗衣机品牌 AQUA 以及相关品牌。同时，双方就"SANYO"标识的使用达成一致。此次收购完成后，海尔在日本市场将实现"Haier"和"AQUA"双品牌运营；在越南、印度尼西亚、菲律宾和马来西亚市场，海尔在运营"Haier"品牌的同时，将在指定期间内同步运营"SANYO"品牌。

从 2012 年年初开始，海尔开始在日本市场以海尔、亚科雅的双品牌运作。亚科雅即海尔从三洋并购过来的高端白电品牌。海尔为何能够成功并购三洋，并在强手如林的日本家电市场迅速崛起？

2. 并购交易罕见复杂

这个并购项目在海尔内部被称为"海洋项目"（海尔、三洋的缩写）。通过此项目，海尔收购了三洋电机在日本和东南亚的白色家电业务，包括 1 个研发中心、4个生产工厂、5个国家销售渠道，转让的专利超过1 200项，商标超过50个，涉及员工超过3 000人，交易在6个国家分别进行。"海洋项目"涉及范围之广泛、内容之丰富、程序之复杂，在亚洲近年的并购交易中也比较少见。

面对如此复杂的并购交易，海尔搭建了由业务、人力、财务、法务、供应链等全流程的项目团队，并整合外部资源，锁定目标，志在必得。前期调查阶段，海洋项目团队赴10多个国家，对收购目标公司进行实地调研，排查出了劳工、财税、知识产权等八大类、1 100多个风险点，"光是签下来的法律文件就有4大箱子。"

对于此次并购，日本业界几乎没有负面声音。专家评论说："这是第一宗中国企业收购日本知名品牌的交易。三洋电机将1 200多项专利转让给了海尔集团，这也是亚洲迄今为止最大的知识产权转让交易。"

3. 全系统并购

海尔此次并购是对三洋白电业务全系统的并购，从企划、开发到制造、销售、售后服务等整个事业体系。全系统并购最大的好处是可以尽快发挥并购的协同效应。海尔如果只收购三洋某个业务单元，对这个业务单元来说，它要跟新"东家"所有部门去对接，必然造成时间成本和管理成本的增加，短期内无法保障目标实现。而全系统并购，等于把三洋白电这张"小网"放进了海尔这张"大网"里，所有业务单元可以无障碍运行。

全系统并购但又非全盘照搬，海尔对并购涉及的6个国家的8家公司业务进行梳理后，内部重新排列组合，最终形成京都、东京两大研发中心以及湖南电机（日本）以及海尔越南、泰国、印度尼西亚4个制造基地和6个区域的本土化市场营销架构。海尔收购的是一个体系，有技术，有工厂，有团队，还有市场。而海尔始终保持全球白电第一的领先者地位，取得规模效益，从量变发生质变。

一宫忠男社长是日本最大家电连锁集团山田电机公司的掌门人，他说没想到海尔行动得这么快：3 000个渠道门店、33款为日本消费者设计的新产品、9万多台样机瞬间切换，"海尔在做日本家电史上史无前例的事情"。

4. 改革日本传统企业文化，实现文化融合

全系统并购保证了三洋原有优秀企业文化的传承。与此同时，海尔把互联网时代的企业管理文化——"人单合一"融入日本团队中。日本企业非常注重团队精神，其年功序列制和终身雇佣制根深蒂固。但在互联网时代，日本传统的企业文化正在遇到越来越大的挑战。

海尔在不违反日本法律的前提下改革企业机制：改革原工资体系以及职能式的评价标准，建立了以市场目标为导向的评价体系；改革日本公司里能升不能降的人事升迁制度，建立以目标和绩效为导向的机制。

中川勉是海尔日本销售公司的销售主管。按照日本公司传统的薪酬绩效机制，其市场业绩与薪酬并无紧密关系，但薪酬机制改革后，他不能再以完成上级下达的任务为目标，而是直面自己的市场，以创造用户价值为己任。中川在经过一段时间的思想斗争后，选择挑战自己，承诺了翻番的目标。企划部的科长阿布巧由于成功策划了市场竞争力方案，为企业实现超额利润，被公司提拔为企划部部长时只有 35 岁。在员工感到不可思议的同时，一种更强大的活力正在团队中蓄势待发。

对于海尔"人单合一"双赢文化的认同，保障了最复杂并购交易的成功，并在最短时间内产生 $1+1>2$ 的效应。海尔集团首席执行官张瑞敏说："用资金兼并和购买一个企业是非常容易的事情，任何企业都能做到。采用文化战略才能保证成功，其中文化融合是决定因素。"

【思考题】 谈谈你对海尔的企业文化的了解。

【资料来源】
[1] 人民网—《人民日报》.
[2] 青年文化融合助力海尔并购三洋 "海洋交融"产生"$1+1>2$"效应.

收集整理：秦良媛

崇德鞋业公司跨文化管理案例分析

> **摘要**：在竞争激烈的21世纪舞台，伴随经济的全球化和区域经济的集团化的深化，各国企业经营的国际化已经成为不可逆转的时代潮流。能否克服现代企业在实施跨国经营战略时由国际公众的文化差异所造成的相互沟通上的困难，实行有效的跨文化管理，是其能否取得跨国经营成功的关键。现在的企业在全世界范围内利用资源，将其自身所拥有的优势与东道国的优势相结合，在从事跨国的生产经营活动的同时也跨越了文化。
>
> **关键词**：文化差异；跨文化；企业管理

1. 公司背景

广州崇德鞋业公司成立于1992年，由日本与我国台湾地区的资本合作，双方股份各占50%，在广州市番禺区莲花山保税区租房设厂，生产一次性注塑中高档童鞋。由于种种原因，台资退出，其股份由日方收购。1998年，崇德公司由莲花山搬迁至番禺石碁镇购地设厂，用地面积49 530平方米，注册资本500万美元，总投资额1 250万美元，由日本阿基里斯株式会社全资经营，从业人员1 200人。现高层管理人员中有日本人6名，台湾人4名，公司董事长山中静哉、总经理田村均为日本人。高管人员中的台湾人是日台合资时期由台湾派过来的，台资撤离时，这些人被日资老板留了下来。公司年生产一次性成型注塑童鞋400万双，产值1亿元人民币，由日本崇德公司用自有品牌，100%出口到日本销售。

2. 跨文化管理差异

2.1 工资制度的差异

公司开业初期，有10个日本人驻厂作为管理人员，照搬日本本土的做法，结果质量没有保障，效率低下。

在日本的崇德集团系统，实行计时工资，依然有很高的效率。在日本的文化背景下，员工遵守厂里的规章制度，真正做到"领导者在场不在场一个样"，没有人会偷懒。日本人认为计件工资不人道，但这些计时工资的观念和做法在中国大陆则行不通。班组长用尽办法记考勤，产量还是上不去。在这种情况下，台湾来的厂长和其他管理人员提出学习台湾与内地的做法，实行计件工资。日本公司总部派人来调查之后认为，在产量上不去的情况下，长此下去公司会出现亏损，最后同意台湾厂长的建议，试行计件工资。经过试行计件工资，效率大为提高，达到了预期目标。这项制度就固定下来，成为考核车间员工的主要制度。对工人实行计件工资，对干部则实行基本工资加生产奖金。这项制度不断完善后，不但日本人从无法接受到完全接受，而且还作为日本崇德集团在东南亚设厂的样板。如总公司在印度尼西亚设立一间工厂，1 500员工，3条生产线，开业后，完全由日本总公司派人管理，用日本的计时工资制度，产量低，品质差。广州崇德公司创出利用计件工资的经验后，总部要求印度尼西亚工厂的日本管理人员来广州学习，并接受广州方面的培训，拍相片，派资料、表格，学习计件工资的管理方法。印度尼西亚工厂花了很大的力气总算达到预期效果，但是仍不及广州工厂完善。这说明，计时工资在日本可能行得通，但在中国大陆和印度尼西亚却行不通。由计时工资改为计件工资，是日资企业适应当地文化对工资制度管理进行的调整和变革。

2.2 年终考核与奖励、激励的差异

日本人重视年功序列，在年终考核奖励时，考核的不是职务高低、贡献大小，而是进入公司时间的长短。比如，班长来了7年，组长只来了3年（组长比班长工职位高），给班长发700元，而给组长只发300元，这影响了组长的积极性。一般员工也一样，一个班20人，干得最好的可能仅进厂一年，干得一般的来了5年，干得最好的只拿100元，而干得一般的则有500元，不利于调动积极性，无法起到激励员工的作用。

按年资历考核奖励各项所占的比例也反映不出多干多得的办法。原来的比例是年资占40%，工作考核占30%，职务占30%。这项措施也无法在中国大陆推行。后来经过摸索改进，把年资比例缩小到只占10%，同时增加有效的考核项目，如出勤占15%，安全占10%，奖惩（平时）占15%，其余50%属于工作考核，如品质、效率等，班组干部还要加上领导能力。

2.3 管理沟通的差异

日本崇德公司有三大业务，分别是鞋业、工业资材、建筑材料PVC。其中鞋业占30%。到中国大陆开厂投资的目的是利用大陆廉价的劳动力，加工成品后

出口，同时试探大陆市场，为适当时候进入大陆市场做准备。20世纪90年代初，日本崇德的公司对大陆没有直接的沟通渠道，与台湾人合作的原因，一是台湾商人是原来的合作伙伴；二是台湾人在语言文化上与大陆差异不大，与大陆沟通没有什么问题。因此，日本投资者目标非常明确，想借助台湾这块跳板进入大陆。但是，经过几年合作，觉得组成的董事会在许多方面特别是由于文化方面的原因，沟通困难，有些问题扯不清，决策效率大为下降。另外台湾政局动荡，台商对大陆形势判断还没有日本人准确，因此产生诸多摩擦。在经历了一段不太愉快的合作之后，台商自动退出，日商全部购买其股权，形成现在的日商独资的局面。当时台商派到合资公司工作的台湾四位经理全部被日商留用。

【思考题】 谈谈你对日本企业薪酬制度的理解。

【资料来源】

[1] 一览文库.wk.yl1001.com.

[2] 浅谈中国跨国公司的跨文化管理战略.

收集整理：秦良媛

海尔集团整体兼并红星电器公司

> **摘要**：海尔并购成功的关键就在于企业文化、管理方式等核心知识资本在目标公司的转移和知识资本协同的实现，其"移植OEC，激活休克鱼"的整合模型已广为人知海尔集团是国内家电企业并购的先驱和典范。
>
> **关键词**：并购；生产经营模式；文化融合；企业文化

1. 案例背景

1991年由青岛电冰箱总厂、青岛电冰柜总厂和青岛空调器厂组建而成的琴岛海尔集团公司，1993年9月更名为海尔集团，产品以制冷设备为主。1993年7月集团与意大利梅洛尼设计股份有限公司合资创办琴岛海尔梅洛尼有限公司，开始生产滚筒洗衣机。1994年集团实现销售收入25.65亿元，利润2.1亿元，生产洗衣机71.3万台。1995年5月海尔洗衣机"玛格丽特"被评为1995年中国市场十大畅销洗衣机。

青岛红星电器公司曾是我国三大洗衣机生产企业之一，拥有3 500多名员工，年产洗衣机达70万台，年销售收入5亿多元。但从1995年上半年开始，其经营每况愈下，出现多年未有的大滑坡现象，而且资产负债率高达143.65%，资不抵债1.33亿元，前景堪忧。为了盘活国有资产和3 500多名职工的生计，1995年7月4日，青岛市政府决定将红星电器股份有限公司整体划归海尔集团。这是一次引人注目的旨在盘活国有资产而在政府牵线搭桥下进行的产权交易，其成败扣人心弦。

2. 文化先行

1995年7月4日，海尔电冰箱股份有限公司副总经理柴永森奉命来到由红星电器公司更名的海尔洗衣机有限总公司，就任党委书记兼总经理。划归之初，海尔集团总裁张瑞敏便确定一个思路，海尔的最大优势是无形资产，注入海尔的企业文化，以此来统一企业思想，重铸企业灵魂，以无形资产去盘活有形资产，是最重要的一招。

海尔集团副总裁杨绵绵首先率海尔企业文化、资产管理、规划发展、资金调度和咨询认证五大中心的人员，在划归的第二天便来到红星电器公司，开始贯彻和实施"企业文化先行"的战略。"敬业报国，追求卓越"的海尔精神，开始植入并同化着"红星"的员工们。

随后，张瑞敏又亲自到"红星"，向中层干部们讲述他的经营心得，解释"80/20管理原则"，灌输"关键的少数决定非关键的多数"这个"人和责任"的理念。

"企业最活跃的因素就是人，而在人的因素中，中层以上管理干部虽是少数，却在企业发展中负有80%的责任。"

令"红星"中层干部们耳目一新的"80/20原则"，关于解决例行问题和例外问题要用不同方法的"法约尔跳板原则"，以及引用的中华民族的古训："德，才之帅也；才，德之资也"，唤起了"红星"广大中层干部的进取心，鼓起了他们奋发向上争一流的风帆。

3. "范萍事件"

应该说3 500多名红星电器公司员工，对企业划归"海尔"表示了欢迎和拥护的态度，但由于企业文化、企业管理、员工素质等方面的差异，人们对海尔的管理方法，在理念上存在着认识偏差。

海尔的管理指导思想立足"以人为本"。对此，以柴永森为首的新领导班子，没有简单地采用单纯说教的方式，而是抓住发生在员工身边的典型事例来引导人们自觉地进行观念上的转变。

一天，洗衣机生产车间发生了这样一件事，质检员范萍由于责任心不强，造成选择开关插头插错和漏检，被罚款50元。这本是一件小事，因为过去企业发生质量问题从来都是罚一线工人，但若是用海尔的管理观念来看这件事，则不应该如此简单处理，当事者周围的干部们更应当逐级承担责任，针对这件事，他们利用集团主办的《海尔报》，开展了《范萍的上级负什么责任》的大讨论，并配发了评论《动真格的，从干部开始》。

以此为出发点，柴永森督促下级部门迅速处理企业数年来的洗衣机存库返修问题，但拖拉惯了的下级部门认为此事无关紧要，并没有按期照办，柴永森据此引咎自罚了500元。全新的海尔管理，使原红星人受到震撼，尤其是广大干部，开始认识到管理的差距与不足了。

干部红黄榜迅速设立，先后有 10 位干部对自己工作的失误进行了自罚，许多长期难以根除的质量、供货、干部作风等问题由此得到解决。抓住员工观念已有所转变的时机，柴永森组织全体员工分批参观海尔电冰箱等企业，使他们亲眼目睹海尔科学有序的管理现场，集团 OEC 管理，寻找自身差距。海尔现场管理的精髓是"责任到人"、"人人都管事，事事有人管"，除去生产环节，哪怕是车间里一扇窗户的玻璃，其卫生清洁也有指定员工负责。而该公司现场管理最大的弊病就是责任不清，出了问题谁也不负责任。

参观回来后，该公司各分厂都把严抓现场管理，落实每人、每事、每天的责任，作为开展工作、上水平的突破口，各分厂领导每天至少有 6 小时靠在现场，抓薄弱环节，解决实质问题，促使现场管理水平每天都有提高。过去现场管理较差，各种物品乱堆乱放的总装分厂，现场面貌从此变得整洁而有条理，崭新的《现场管理区域图》挂在车间大门处；最优、最差车间主任、员工及评比缘由，提醒大家注意的当日工作重点，工整地书写在黑板报上；日清栏内质量、生产、物耗管理、设备、文明生产、工艺、劳动纪律等条目标注清晰，一目了然；车间地面上新画的区域黄线，将各种物品的设置，界定了归位明确的界限。现在，该公司各分厂均改变了过去那种从投入到产出的无序状态，形成了系统管理。

【思考题】 怎么理解文化冲突与文化整合？

【资料来源】
[1] 英济企业法律事务部.
[2] 海尔集团兼并红星电器公司. 豆丁网.

收集整理：秦良媛

非全盘本土化
西门子保留外籍员工价值？

> **摘要：** 德国西门子公司在中国有着超过 100 多年的业务历史。在中国众多的知名跨国企业中，西门子进入中国市场的时间最早，业务规模和服务范围也最为庞大，同时，和各级政府也有着良好的合作关系。西门子在中国发展战略的调整和期间所遇到的困难正是跨国企业在中国市场竞争策略的一个缩影。然而在发展过程中大幅裁掉中国员工的决定引人深思。
>
> **关键词：** 本土化经营；文化差异；营销战略；跨国公司经营管理

1. 案例背景

西门子裁员事件迅速成为人们议论的焦点。媒体报道，西门子与明基达成手机业务并购协议之后立即裁员 80%，基本上都是中方员工，而留任的则大约有一半为外籍员工。

"其实西门子手机业务失败的根源在于其人才本土化的不到位。"某咨询公司的高级顾问说，"西门子在生产制造、原料采购、企业文化建设等方面的本土化都做得非常出色，但研发、设计和营销的本土化程度还远远不够。这对于手机行业来说是致命的。"

2. 职能本土化

"不同职能部门所要求的本土化程度差别非常明显。"北京大学经济学院副教授、盛世誉华管理咨询公司首席顾问薛旭说："销售部和市场部历来是本土化人才体现优势的重要阵地。很多企业出现的市场战略偏差，都可以归因于优秀本土化人才的缺位，和外方人员对瞬息变化的市场情况的失察。"

文化始终是跨国公司进入一个新市场时最难以捉摸的问题。尤其是在市场、销售、人力资源等领域，传统文化与习惯的影响根深蒂固，本土化人才的优势显得尤为突出。"解决文化冲突的最有效方法之一是管理人员的本土化。"薛旭说。

"在交流上，在对一些社会惯例的理解上，本地人员都是能非常自然地了解，并且在与这些要求相关的工作中，相比外籍人员有更为便捷、有效的处理能力。"TEDA 酒店管理公司 COO 顾群说。

营销部门的人员本土化过于缓慢似乎正是西门子手机销售量层层下滑的症结所在。尽管西门子的销售人员几乎全是中国人，但掌握战略计划与决策权的高管却还停留在德国的思维模式，与中国市场严重脱节。在欧洲，西门子赞助皇家马德里、拜仁慕尼黑等多家足球俱乐部并获得成功。但西门子在赞助"中国之队"并冠名中国足球甲 A 联赛时，难以变通的德国人没有想到球迷早已对中国足球非常失望，在中国赞助足球根本无助于西门子品牌的提升，被认为是西门子营销战略的一大败笔。

产品设计与研发则是一个与本土审美观念与消费习惯紧密相连的部门。西门子的技术与质量一直为业界称道，其中国研发中心的实力让其他手机厂商难以望其项背，但西门子按照德国工程师的思路开发出来的手机，款式设计与内部功能都和中国消费者的需求与偏好之间存在不小的差距。

"在西门子，中方研发人员的想法必须要通过德国的审核，很难付诸实践。"一位西门子员工抱怨说，"德国人的审美与中国人不一样，结果他们设计出来的手机要么外表太普通，要么就显得很怪异。"

"凡是与人打交道的部门必然要求相对较高的本土化程度，例如人力资源部和售后服务部。反之，对于处理人际关系技能要求并不是很高的部门，就不一定要求较高的本土化程度，例如财务部。"《在华跨国公司人力资源管理》作者、同济大学经济与管理学院副院长彭正龙教授说。

跨国公司为了保持总部对海外机构的控制，避免过度的本土化，跨国公司更倾向于由外籍人员担任一些要害部门的管理职位，最典型的莫过于财务总监。

但是人才本土化并不意味着跨国公司的管理职位全部由本地人员担任。海外管理人员同样可以迅速融入中国的文化环境，成为本土化人才。相反，即使管理层全部都是本地人员，如果不能灵活掌握总部决策与本地市场之间的关系，仍然是本土化的缺失。

"本土化问题是观念问题，不是人种问题。"曹来京说。关键不在于外籍还是本地，而在于跨国公司的高层管理人员能够"了解掌握本地的政府意志、市场动向以及企业内员工的需求，并能与公司经营事业有效结合"。

3. 行业本土化

"人才本地化程度是由内外部环境因素决定的，内部因素包括企业对文化、管理和技术转移等因素的考量，外部因素包括企业对客户、本地供应商和政府关系的重视程度。"海问联合国际培训中心有限公司总经理、资深人力资源专家任建平说，"如果企业所在的行业对外部环境依赖性很强，需要适应本地的市场，与本地供应商和政府加强、建立紧密的关系，则本土化对于该企业就非常重要。"

手机、汽车、家电业、大型零售业等消费品行业就属于这一类。在这些行业，与企业面对面接触的是消费者，外观与功能设计、营销和售后服务对产品是否成功起主导作用，管理人员对本土文化的理解与尊重就显得尤为重要。

"管理人员的本土化为跨国公司深入了解中国当地市场的消费文化、消费需求和生活习惯提供了有益的帮助，为公司拓展中国地区的业务积累了宝贵的经验。"顾群说，"同时，启用本地经理人员拉近了跨国公司与中国消费者之间的距离，使跨国公司更富当地色彩。"

20世纪90年代初，一汽大众引进高尔夫—捷达生产线的初衷是生产两厢高尔夫，但中方高层管理人员考虑到中国人对于"有头有尾"的三厢轿车的钟爱，最终下线的却是名气远不如高尔夫的三厢车捷达。在同一时期，雪铁龙秉承法国人的风格，在中国极力推广两厢车富康，却不被市场接受，其困境直到近年来才有所扭转。

西门子Xelibri手机的迅速夭折更是消费品行业本土化不足的经典案例。在力推"时尚配饰"概念时，西门子并不了解手机在中国消费者心中的真实位置。实际上，在Xelibri手机的目标顾客——中国的时尚人群看来，手机仍然是一个通信工具，其次才是一件饰品。性能、价格与外观设计是购买手机的主要因素，但Xelibri唯一的优势只是外观比较新奇而已，其功能与价格毫无竞争力可言。

在任建平看来，如果对内部的技术、管理、文化的依赖性超过对外部环境的依赖，则企业的核心业务单元、中高管理层的本土化程度就不宜过高。"因为公司内部的沟通（尤其与国外总部的沟通）、文化的贯通、核心技术的控制，都需要适应来自母国的管理框架和传统，本地化就存在执行的障碍。电信设备制造商和能源企业应该归属于这一类别。"

像高通、微软、英特尔这些IT企业拥有独立的核心竞争力，比如不可超越的技术和不可复制的模式，在各自的领域内国内企业很难超越，因此本土化就不是个迫切的命题。操作系统还拥有一个与用户交流的界面，需要了解用户的使用习惯，CPU则完全是一项核心的技术，其研发与制造几乎不需要在本土市场进行。

而且从本土化的可能性来看，"从事高科技产业、制造和销售高附加值产品的企业，本土化步伐可能比较慢一些，因为关键技术没有掌握在本土人才手中。而服务行业相比起来，本土化就比较快一些，因为企业培养人才相对要容易，可选择人力资源也多一些。"曹来京说。

【**思考题**】谈谈西门子在企业管理本土化方面的做法。

【**资料来源**】

[1] 中华励志网. www.zhlzw.com.

[2] 非全盘本土化 西门子保留外籍员工价值?

收集整理：秦良媛

为员工搭建无边的舞台

——陶氏化学的跨文化管理

> **摘要：** 伴随着经济全球化的浪潮，各国间贸易往来日益频繁，国际贸易货物进出口总额对比起10年前有了很大的增长，各国之间的联系也愈加密切。正是高速发展的科技使得人们的"地球村"的梦想正变成现实。国与家、地区与地区间的差异也在缩小，而在这其中跨国公司的跨国经营起着不可忽略的作用。
>
> **关键词：** 陶氏化学；中国市场；员工差异性；跨文化管理

1. 案例背景

陶氏化学（The Dow Chemical Company）是全球最大的化学公司，成立于1897年，总部在美国密歇根，产品遍及160多个国家和地区，全球有5万多名员工，2010年全球销售额537亿美元，在世界财富500强中名列前茅。陶氏化学中国投资有限公司主要经营化学制品等产品。公司尊崇"踏实、拼搏、责任"的企业精神，并以诚信、共赢、开创为经营理念，创造良好的企业环境，以全新的管理模式，完善的技术，周到的服务，卓越的品质为生存根本，始终坚持用户至上，用心服务于客户，坚持用自己的服务去打动客户。

在陶氏的2004年年度增长报告中，第一条特别提到了中国作为新兴经济体对陶氏发展的重大影响。早在20世纪30年代，陶氏就已经在中国大陆开展业务，至今在华投资额达9亿美元。2009年陶氏在大中华区的销售额为37亿美元。陶氏在大中华地区共有5个业务中心和20个生产基地，员工约3 900名，就销售额而言，中国已成为陶氏的第二大市场。

大规模的人力扩编源于陶氏化学在华经营业绩的大幅度增长。"难以想象，如果忽视了中国地区的发展，陶氏化学强劲增长率来自何方？"陶氏化学全球高级副总裁麦健铭说。陶氏着眼于在中国的长期发展，不断提高本土生产和研发能力，培养全球性人才，致力于将地区业务打造成为陶氏全球业务中心之一。位于上海张江高科技园区的陶氏中心于2009年6月投入使用。它是陶氏在亚太区的商业和创新中心，同时也是陶氏最大的一体化研发中心，汇聚了研发专业技术和面向市场的应用开发实力。

2. 陶氏管理

作为历史悠久的跨国大公司，陶氏化学一直注重员工在公司的发展，也关注不同文化背景对工作带来的影响。其中人才培养与开发都是一个非常重要的课题。陶氏认为，"尊重员工"的价值理念中包含对员工个体发展意愿的尊重与满足，而员工的发展很大程度上有赖于公司提供的培训机会和工作机会，因此，陶氏在培训和内部发展机会上投入了大量精力。

为不断突出大中华区的地域特色，致力于培养本土人才。陶氏认为，大中华区业务飞速发展离不开本土人才的卓越贡献，而"多元化和包容性"也一直是陶氏遵循的人力资源理念。为此，陶氏大中华区从2004年起更为重视对本土人才的培养与开发。

在陶氏的价值观准则中，有一条专门提到了对员工差异性的尊重。他们认为，一个由不同文化背景组成的团队将拥有更多的创造力，他们鼓励全球团队中的每位员工都保留自己的独特性。陶氏对员工的尊重体现在基于不同文化背景特别强调了员工的多样性，陶氏要求每位员工都能互相学习，只有从崭新的角度并且好奇的观察周围不同的事物，才能造出意义深远及有收成的革新。陶氏深信利用每个员工的独特之处可增加其竞争性是陶氏成功的关键因素。陶氏鼓励每个员工都应该去理解并且尊重不同文化背景的其他员工、客户、社区和其他人之间的差异，希望营造一个鼓励互相切磋与创作的工作环境。陶氏不论员工的年龄、种族、国籍、性别都给予所有员工平等的竞争机会。

所有新员工在加入陶氏时，都会有两周的有关公司文化、价值观和准则的培训，其中一天就专门安排了有关文化差异和文化冲突的培训。首先每一位员工都应该尊重不同的文化差异，而不是主观地认为哪一种文化好，哪一种文化不好；其次，之所以有这样的培训不是为了改变员工做出改变，而是为了大家更好的保留自己的文化特征，并且在跟来自不同文化背景的同事、客户合作时，如何尊重不同文化，如何使自己的工作更加有效率，而不被文化差异所带来的冲突所牵绊，所以才开这门课程让员工事先了解文化差异的存在，以及对工作的可能影响，这为以后的顺利地跨文化协作奠定了基础。

另一个有利于跨文化管理方面的实例是让公司员工多样化。正因为如此，调高了公司以及员工个人对不同文化的包容度。在陶氏大中国区，中国员工和来自北美、欧洲、亚洲其他国家的员工一同工作，其乐融融。这既是经济全球化中跨国企业寻求发展的必然，也与其"以人为本""尊重员工"的文化理念相互对应。

同时，公司内部绩效考核方案和每个职位的工作职责，在公司内部网上都有全球统一的大标准、具体到国家和地区的不同的小标准。这样不仅使公司管理非常规范化，而且也有利于减少文化差异对不同事物不同理解带来的影响。

正如陶氏大中华区总裁麦健明所言：“很多人都以为陶氏是一家美国公司，但陶氏60%的销售人员都不在美国，我们的CEO也不是美国人，所以陶氏是一家真正国际化的公司。”从全球到世界各地，陶氏认为本地人才对市场文化和客户都有很深刻的了解，所以对吸纳本地人才非常重视。现在的陶氏大中国区，98%的员工都来自本地，而管理层中的30%来自大陆，今后这个比例有望达到75%。正是这种具有包容性的管理方式，才使得陶氏在中国乃至世界市场上不断进步，在创造出更多新产品的同时，将更多新颖的文化管理理念出入中国，以期未来达到共繁荣的市场竞争环境。

陶氏化学在中国的迅速成功地发展和陶氏本身的正确处理美国文化和中国文化的差异是分不开的，正是本着承认差别、尊重差别、利用好差别，陶氏在中国得以飞速的发展。

【思考题】总结一下陶氏如何对待员工的。

【资料来源】
[1] 企业跨文化管理研究．百度文库．
[2] 为员工搭建无边的舞台——陶氏化学的人力资源管理．中华英才网：《HR经理人》，2006年8月．

收集整理：秦良媛

从星巴克看跨文化管理

> **摘要**:随着经济一体化进程的不断加快,跨国经营成为企业发展壮大的重要途径,在企业管理实践中跨文化管理的重要性已经凸显出来,如何使其成为核心竞争力是众多跨国企业思考的问题。本案例从星巴克(中国)公司跨文化管理实践中可以得出跨国公司本土化经营的启示。
>
> **关键词**:跨文化管理;市场定位;文化营销

1. 案例背景

星巴克至今已经在全世界30个国家开了6 000家店铺。并且这个数字以每天3家的速度增长着,星巴克如此规模的扩张同样也曾面临过严峻的文化冲突问题。2007年,在故宫这个对于中国有着特殊文化含义的地方经营了6年4个月的星巴克因为一个记者的博客黯然退出,"故宫里的星巴克"一时成为街头巷尾的闲谈话题,也将"如何调节文化冲突实施良好的跨文化管理"这个难题摆在了星巴克面前。

作为一个美国发源的咖啡连锁咖啡店,想要进攻中国这样一个饮茶大国,除了依靠其自身优质的产品与服务,星巴克的成功之处还在于实施了良好的跨文化管理,即拥有明确的市场定位、精准的营销策略和不断的品牌创新,这些都为星巴克的本土化赢得了更大的发展空间。

2. 星巴克本土化明确的定位

2.1 消费者的明确定位

星巴克在北美地区的主要消费者是学生和上班族,他们倾向于即时消费,而星巴克到了中国将其明确定位成白领阶层,是一种"小资情调"的消费,这些顾客大部分是高级知识分子,爱好精品、美食和艺术。而且是收入较高、忠诚度极高的消费阶层。

在餐饮服务业中,本身构筑差异化的成本很高,所以想通过产品和价格吸引顾客是很难的,而顾客往往在认同了一种服务之后,在很长时间内都不会变化,会长期稳定地使用这种服务,这一点在白领阶层中表现得尤为明显,他们总有一种追求稳定的心理倾向。正因为此,星巴克以"攻心战略"来感动顾客,培养顾客的忠诚度,使他们认同自己的文化,同时养成一种消费习惯。这种明确的消费者定位为星巴克"供其所需投其所好"打下了坚实的基础。

2.2 店铺定位

星巴克通过经营发现中美消费者心态和消费方式的巨大差异,在美国,小型门店生意很好,办公室职员或学生早上常常会在上班的路上匆匆买杯咖啡和一个培根干酪三明治;但在中国,星巴克逐渐认识到,中国消费者看重的是空间和可供他们在下午时放松一下的沙发,尤其是针对星巴克的中国目标消费者白领阶层,于是我们可以看到中国的星巴克一般店面较大,氛围轻松和谐,其店面平均面积比北美大很多。

在中国,星巴克公司的定位是将其店面定位成一种生活中的"第三地",也就是定位介于顾客的家和工作场所的地方,希望将每一家星巴克布置得简单舒适,每一家星巴克除了木制的硬椅,也有靠墙的软沙发,也会提供插座让使用笔记型电脑或是随身听的顾客充电。在中国,大多数的星巴克都可以免费无线上网,这种"阅读享受"式的图书馆或书吧,随着经济与社会的发展成为了流行。此外,星巴克各分店每周必须为顾客开设一次咖啡讲座,主要内容是咖啡的相关知识,形式上十分灵活,一般选在顾客较多时,时间控制在30分钟左右,气氛很活跃。

这种消费教育和清楚的店铺定位使得星巴克很好地推行了它的咖啡文化和品牌价值,培养了大批忠实顾客,并成为一种消费流行。

3. 文化营销策略

无论在哪里,星巴克都主动进攻,采取积极的营销策略,其跨文化营销已经成为一个典型的成功案例,主要分为品牌文化营销,产品文化营销和企业文化营销三者互相协调,结合统一。

3.1 "星巴克"的品牌文化营销

星巴克品牌强大的秘密是,星巴克的员工以自己的个人感受来链接与顾客之间的关系。星巴克创始人霍华德·舒尔茨认为,创建星巴克的品牌,首先靠的是星巴克的员工,要迎合乃至超越顾客期待的最佳方式,就是聘用和训练那些对咖啡有着热情的员工,他们将这称为"情感营销",在每杯咖啡中加入了一种特别的调料,那就是"人情味儿"。

星巴克进入新市场前,其创意部门了解了当地民情文化和市民最关切的问题后设计出该城市的个性图案,比如用自由女神喝咖啡的造型来代表纽约,用故宫图案作为北京的代表,使其形象本土化,在店面设计上,星巴克强调每栋建筑物都有自己的风格,而让星巴克融入原来的建筑中去,而不去破坏原来的建筑物设计。

3.2 "星巴克"的产品文化营销

星巴克最注重的是咖啡的口味。他们在全世界精选采购最优质的咖啡豆,对于咖啡的每一件事都尽力做到最好。为了保证品质,星巴克坚持四项原则:拒绝加盟,拒绝贩售人工调味咖啡豆,拒绝进军超市,选择最优质的咖啡豆。虽然最后由于市场的扩展使霍华德不得已作出妥协——进军大卖场和与加盟商合作,但正是星巴克这种对产品品质的坚守得到了人们普遍的肯定。这也是星巴克营销最大的成功之处,即"口碑营销",通过口口相传是自己产品得到最大限度的认同。

原料固然是品质的基础,而新产品的不断开发创新也是发展的根本,让喜欢喝茶的中国人来普遍地喝咖啡需要很长的一段路走,而星巴克在以绿茶为主要饮料的国家初步成功,与它不断的产品创新不无关系,同时也证明了它的理念可以被不同文化背景所接受。

3.3 星巴克融东西方文化于一体

(1)中秋节是中国人很重视的传统节日之一,于是中秋节时节星巴克便在中国市场上推出了月饼。

(2)2009年端午节期间,星巴克的特色端午节产品"星冰粽"在苏、浙、沪三地出炉,很是吸引中外客人,星巴克的又一次在中国的本土化尝试取得了很大的成功。为了迎合中国传统的特色,其产品创新越来越贴近中国饮食特色,并且采取了并行的文化营销手段。

(3)2010年3月,星巴克在具有茶文化传统的中国市场推出了令人吃惊的九款茶饮品,开始卖茶。包含中式茶、四款异域茶以及两款特制茶饮。

(4)推出彩椒蘑菇包、豆腐蔬菜卷等中国式新品。

(5)2010年4月,星巴克再次推出多款非咖啡夏日新品,让人们在炎炎夏日也能尝到既合乎口味又能冰凉一夏的星巴克饮品。

(6)不断推出融合中国元素的特色商品随行杯、马克杯、生肖储蓄罐等出现在人们的眼帘中,这也成为星巴克的盈利点。

这些本土化的产品让我们看到星巴克在中国在不断融合中国的传统文化，不断调整着跨文化管理模式。

当今星巴克的扩张速度令人咋舌，在中国，星巴克计划2015年在75个城市开设1 500家门店，并且星巴克、星冰乐等饮品也开始了大规模的流入超市，正在无孔不入地侵入我们的生活。比这个更加"恐怖"的是文化侵蚀，"故宫里的星巴克"虽然最后被取缔，但也在故宫驻扎长达6年之久。这种品牌理念和消费文化的灌输是星巴克最成功的地方，也是我们营销应该学习的地方。同时我们需要思考的是，怎么让我们的国民接受咖啡的同时，也能怀念那一缕茶香！

【思考题】平时是否去过"星巴克"？如果去过，谈谈你作为客户的体验。

【资料来源】
[1] 闫泊宁. 星巴克跨文化管理模式探究. 豆丁网.
[2] 星巴克品牌跨文化营销的传播学分析. 豆丁网.

收集整理：秦良媛

入乡随俗　戴尔电脑放弃零库存

> **摘要：** 2001年，戴尔从康柏手中夺得了全球PC老大的称号，市场占有率高达26.9%。戴尔成功的秘诀之一在于采取直接销售（Direct Selling，简称"直销"）的渠道模式。1994年，戴尔开始进入中国市场。由于中、美两国市场的消费观念、基础设施和竞争环境存在很大差异，因此在美国市场大获成功的直销模式在中国不一定行得通。在这种情况下，戴尔选择了本土化策略。
>
> **关键词：** 本土化经营；直销；渠道分销；跨国公司

1. 案例背景

1984年，19岁的迈克尔·戴尔开始在大学宿舍外销售个人电脑，到2003年年底，19年间，他把自己宿舍里的销售业务转变为销售额已经突破400亿美元的计算机帝国。戴尔公司目前已经发展成为世界上最大的电脑直销商，也是全球发展最快的第二大电脑制造商。有媒体报道说，戴尔公司目前已成为全球领先的计算机制造商，成功跻身于业内主要制造商之列，成为全球排名第一、增长最快的计算机公司。在美国，戴尔也已经成为商业部门、政府部门、教育机构等客户市场排名第一的个人计算机供应商。在中国市场，戴尔的市场地位日益强势，已成为仅次于联想的计算机供应商。

Dell.com创建于1996年，是全球最大的电子商务网站之一，戴尔每年与客户进行近20亿次网络互动，全球超过350万的用户通过社会媒体以及在线服务商与戴尔进行联络。2007年，戴尔又推出了思想风暴网站，人们分享创意，并评出他们喜欢的创意。迄今为止，戴尔已采纳了其中400多个创意。

作为全球领先的系统与服务提供商，戴尔为包括大型企业、政府机构、教育组织、中小企业以及个人消费者在内的广大客户提供服务。同时戴尔是全球最大的医疗IT服务供应商。

2. 戴尔的本土化经营

2.1 改变策略

在"直销模式"不景气的大环境下，戴尔却始终保持着较高的收益，并且不断增加市场份额。我们习惯于给成功者贴上"标签式"的成功秘籍，正如谈及沃尔玛成就商业王国时，"天天低价"被我们挂在嘴边；论及戴尔的成功之道，几乎是众口一词地归结为"直销模式"。然而在中国的电脑卖场选购时，常看到戴尔产品与其他品牌的电脑摆在一起待价而沽，这颇令人费解：戴尔不是直销的吗，怎么跑到这里来卖货了？

戴尔"号称"将直销、按需定制、零库存等先进的销售方法带进中国，但在实际运作中，却"创造性"地采用了和国内其他IT生产商一样的渠道分销法，这在IT业界已是半公开的秘密。事实上，戴尔四成以上产品是通过分销到达消费者手中的——当然，以独特销售模式著称的戴尔公司官方从未承认这一点。

看直销和分销的区别，最容易想到的就是"库存因素"。在信息和技术高速更替的时代，传统分销渠道代理是存贮货物的水渠，厂商的库存是压在分销渠道中的，这样来保证所谓的"零库存"。而直销模式同样不可避免地遇到"库存"的问题。库存问题的实质是两个方面：其一是库存管理的能力；其二是与零件供应商的协作关系。"以信息代替存货"。与供应商协调的重点就是精准迅速的信息。

零库存的前提是按需定制的"工厂—订户"模式：订一台产一台，产一台卖一台，否则，有固定型号的量产就一定有库存。而零库存不仅意味着减少资金占用的优势，还意味着减少作为PC行业的巨大降价风险。直销的精髓在于速度，优势体现在库存成本。特别是计算机产品更新迅速、价格波动频繁，更使库存成本体现得淋漓尽致。库存成本为PC行业最大的"隐形杀手"。戴尔在全球的平均库存天数可以降到7天之内，但这是有一定下限的，而中国IT巨头联想集团是30天。这使戴尔可以比其他竞争对手以快得多的速度将最新的技术提供给用户。

据戴尔厦门工厂的工作人员介绍："戴尔的全球所有的工厂与一般的计算机生产线不同，自身并没有零部件仓库和成品仓库，是根据用户的定单数量变化而决定零配件的数量。"观察戴尔在中国的广告，仍然是在主打几款产品，而不是在强调按需定制，只不过销售热线比其他厂商多了几个而已。想来点个性化的定制？当然也行，你可以要求戴尔为你加一条内存或加一块硬盘。不过，如果这也称得上定制的话，国内IT厂家自从销售电脑那天起就在这么"定制"了。当然，真正的按需定制还是有的，但主要是面对政府企业等大客户而言。

2.2 分销的魅力

戴尔在中国为什么不采用它横扫全球的销售方法了？这和中国的物流链有关。中国物流的效率难以支持戴尔在美国提出的将产品 3 天内从工厂送到用户手中——尤其是非中心城市的用户手中的承诺。而且，一般的中国用户恐怕也不想为了享受一次上门服务，承受多几百元的成本。同样做一件事，如果生产方式不同的话，那么就可能产生利润空间，这就是商业模式的魅力。戴尔模式中利用摒弃库存赚取利润的方式是用户货款与供应商货款中间的时间差，即在未来的 15 天内，顾客已经帮戴尔把钱付了。

更重要的是，分销还与中国人的购买习惯有关。中国的消费者购买商品喜欢去卖场货比三家，因为卖场里可以多一些选择机会，购买前还能看到真品。对于电脑这类的大件商品，非要试用几下，才能买得踏实。像美国人那样还没看到真品模样，就打个电话购买了产品，一般的中国消费者还难以接受。这归根结底还是因为中国的人均收入暂时还处于较低的水平：美国人买一台电脑稀疏平常，算不得什么大件；而我们就不一样了，购置电脑对中国大部分普通家庭来说，还常是能令一家老少一起出动的大事。

国情决定购买习惯，购买习惯决定销售方法——戴尔深谙此道，在中国干脆采用分销和直销结合的形式，能卖出产品就行。毕竟产品的质量、品牌、服务还是一流的，这足以使其成为有力的市场竞争者。分销，是戴尔适应市场的行为。

【思考题】戴尔电脑如何做到"入乡随俗"的，这样做是否与其一致遵循的经营理念相背离？

【资料来源】
[1] 戴尔直销模式的改变，入乡随俗戴尔中国电脑市场放弃零库存. 有效营销网.
[2] 戴尔. 百度百科.

收集整理：秦艮媛

海底捞在美国水土不服
只获 2.5 星差评

> **摘要**："美国人最不缺的就是好奇心"，海底捞创始人张勇曾对《华尔街日报》说，"他们想要什么，我就提供什么。"美国人想要什么呢？他也没有给出答案。海底捞之所以出名，一个很重要的因素就是提供了非常细致的服务，已经超越了传统的餐饮行业的范畴，打动了消费者。走出国门的海底捞，这些办法似乎不灵了。相关信息显示，在美国的餐饮软件中，满分是 5 分，海底捞的评分只有 2.5 分。为什么在中国很有优势的服务，在美国反而会成为劣势？失去优势的海底捞，还能有所作为吗？
>
> **关键词**：海底捞；本土化；服务；管理

1. 案例背景

1994 年，当时还在四川拖拉机厂做电焊工的张勇，利用业余时间，在四川简阳的一条马路边支起了四张桌子，开始了自己的麻辣烫生意。没有一点经验的他，只能用无微不至的服务感动顾客，虽然当时他的麻辣烫口味还谈不上多么"美味"，但顾客却总是一次又一次地光临这个叫"海底捞"的小店。而发展至今，"海底捞"以它独特的品牌形象和周到贴心的服务称为时尚川味火锅第一家。除去它火锅店的本质，"海底捞"的一系列"增值服务"可谓是其品牌的象征：客人在门口等位时可免费享受擦皮鞋、美甲、小吃等娱乐项目；入位后，服务员更是无微不至，包括提供保护手机的塑料小袋、眼镜布等贴心赠品，更有欢快的甩面舞供用餐客户欣赏。

2010 年，海底捞已经成为拥有超过 50 家连锁店的餐饮企业，公司营业收入超过 6 亿元，营业利润超过 1 亿元，资产总额达到 2.5 亿元。让顾客无可挑剔的服务已经成为海底捞的独门秘诀，而这一切，也正是海底捞董事长兼总经理张勇的成功秘诀。

2. 海底捞遭遇水土不服

2.1 海底捞要出海

"地球人已经无法阻止海底捞！"这本是一句网络上的玩笑话，但每当海底捞有"重大动作"的时候，无数的网友都会选择这句话来评价海底捞。近期，当海底捞推出上门送餐服务时，有网友拍下了海底捞服务人员上门服务的全程照片，并发布到了网上。一时间，"地球人已经无法阻止海底捞！"再次铺天盖地地袭来。

无法阻挡的到底是什么？其实地球人都很清楚，那就是海底捞成功的法宝"服务"。上述网友在接受记者采访时说："本来火锅送餐服务只是一些人开玩笑的构想，但没想到海底捞却将这一想法变成了现实，而且服务和店里一样好。"

在将自家的火锅成功打入用户的餐厅后，海底捞又有了新的计划——让海底捞的火锅占领美国人的餐桌。

2013年9月7日，海底捞终于在美国洛杉矶富人区阿凯迪亚市安家落户。这次开店可谓是千呼万唤始出来：半年前就被美国年轻华人期待，《华尔街日报》也引用中国市场研究集团高管的话，称其"可能像日本铁板烧品牌Benihana"一样受到美国人的喜爱。Benihana的特色就是厨师在食客面前烹饪食品，加上略微有趣的小表演，的确非常受欢迎。但别忘了其中一个重要的原因是，老美也是吃着烤肉长大的。

大多数中国企业到了美国市场来都会花时间先行克服"水土不服"，不要说中国企业，中国人初来乍到，也要适应个一年两年，才能大略明白老美文化的不同。当然企业家们是清醒的，他们知道不是每个用在中国甚至亚洲市场备受欢迎的方法，都会在美国适用。

2.2 "改良"的服务遭遇差评

可是这一系列的"特殊服务"却并不被美国客户所认可，中国的大众点评网"海底捞"的评分可高达满分5分，而美国的点评网站Yelp.com"海底捞"的评分却只有2.5分。

走出国门的企业水土不服比较常见。但让人看不懂的是，让美国人最接受不了的，恰恰就是那些让我们觉得"贴心"的服务。比如，美甲服务开在餐馆里，在美国人看来，这真的太不卫生了。海底捞只好砍掉了这项服务。

另外，服务员动辄询问顾客需求的方式，在美国人看来有点侵犯隐私。海底捞团队的热心服务在美国恰恰没有了用武之地。更要命的问题是，在美国，海底捞依然忠实地提供纯正的中文服务，不仅菜单是全中文，就连预订电话也没有英文。最受当地人诟病的则是价格：在海底捞吃顿饭，平均每个人得花40美元，这个价钱，在当地的餐馆里能吃到龙虾套餐，而且还能外带点心和甜品。

2.3 "Is everything OK so far"（你的一切都好吗？）

入乡随俗既是生活规则，也是经营之道。

为了入乡随俗，海底捞的海外团队下过一番工夫——将中国常见的大火锅改成了分餐制的"小火锅"；把地点选在近五成以上居民都是华人的地方，降低了对中餐的接受门槛；而那些特色配菜如腰花、脑花、鸭肠、牛肚，以及特色服务如美甲按摩则并未列入洛杉矶的分店之中——一些在中国的"比较优势"到了美国已经被省略了。

创始人张勇唯一坚持保留的是"舞面条"的节目，服务人员往往要经过4~6个月时间才能练好这一招。问一个去过中国海底捞的美国朋友，他说印象最深的就是"舞面条"，"我们这里只有爵士乐表演"。

对于"好的服务"的定义也因国别而异。在《海底捞你学不会》一书中关于员工的"创新"的例子不胜枚举，其中有一条写到，"北京六店领班彭梅，无意中看到客人桌上的结婚请柬，得知客人是12月12日结婚，当天她特意买了玫瑰花给客人送去，客人和亲朋好友都感到太意外了！"

但这些"学不会"的"创新"在美国却可能成为微妙的文化冲突。在纽约体面一点的餐馆中，你听到的多是"Is everything OK so far"（到目前一切都好吗？）这是一句善意的问询，懂得察言观色的服务生甚至不会在谈兴正浓的时候闯入，往往等上菜间隙或谈话渐息时递上这句话。如果服务生热切地留意到客人的"婚礼"临近并买了玫瑰花，就会引发触及隐私的尴尬。隐私这事美国人还是相当看重的。

3. 路途坎坷源于错误定位

看起来，"海底捞"的优质食物、顾客为上、服务周到的经营理念很适合美国的文化理念，但究其坎坷的美国之路的原因主要还是源于发展战略的错误定位。

首先，在中国大城市的消费者愿意花费多一些在健康新鲜的食物，可是在美国食品安全健康问题并不存在。外国的中国餐馆给美国人的印象就是便宜，不太讲究，服务态度差，甚至连多要酱料还要收费。所以一下子让美国人花大价钱吃一顿中式火锅且只是为了体验他们的周到服务貌似并不是那么有吸引力。

其次，美国人通常不习惯吃太多调味料的东西，而川式火锅底料却含有大量的辣椒、花椒等调料，所以一下子让他们改变自己的饮食习惯不是件容易的事。

最后，"海底捞"的员工福利、薪资和待遇也是被人所认可，丰厚的薪资和免费的食住吸引了很多来"海底捞"工作的优秀人才，他们在这里不是寻求一份打零工的机会，更多的是在餐饮业有一个很好的职业发展路线。可是在美国，很多在餐馆打工的人大多是外来移民人员，他们大多没什么文化，只是为了挣一些零用钱而且并没有一个稳定的职业规划，所以自然也不会对企业有什么忠诚感和上进心，所以在美国服务质量也就大打折扣了。

海底捞在美国市场的目标客户群是海外已经本土化的华人群体、亚洲人和部分欧美人，但西方和国内对服务业的理解完全不同，海底捞式的热情服务在当地很难被接受。

"这是意料之中的事。"合益集团副总裁王钺认为，"中国企业到跨文化的背景里，如果是带着成功经验过去的话就必败无疑。因为所有在中国成功的因素都不成立了，尤其是以瞄准大众人群的、标准化和快速反应、追求客户满意度为出发点的企业。"

4. 海底捞应学习的美式服务

美国文化从来都倡导不可浪费，普通人从来不讲究用奢侈品，更喜欢简单、舒适、自由。

海底捞之所以在中国被热爱，因为其宗旨是：顾客要什么，我们就给什么。而在美国市场，海底捞要找出顾客需要的服务，并适应当地的文化，可能还要花上一段时间。

比如，美国人不容易接受店家发给发卡，在吃火锅的时候别住头发；你也很难在下雨天帮顾客换上拖鞋，并提供烘干鞋子的服务：一来洛杉矶一年到头没几场雨；二来人人都开车，鞋子湿透的机会根本没有，而且美国人也不见得愿意把鞋给你，因为不习惯。

服务是餐饮企业的重要核心领域之一，对所有餐饮企业来说，强调服务这一点对餐饮企业经营无论是在本土经营还是出去经营还是走国际化道路都是非常重要的一点。为何"海底捞"这样特色的服务，在国外遇到了水土不服？因为服务强调个性，满足消费者个性化的需求，不断地给消费者惊喜。海底捞在国外，要了解国外消费者的需求是什么？他在餐饮用餐过程中所需要一些真实的服务是什么？了解之后可能要从这些方面入手去给国外的消费者提供所需要的增值服务。这样才能实现海底捞一直所坚持的服务为本，服务第一的核心竞争力。

餐饮企业要想走出去，除了产品要好，文化如何接轨，是更大的挑战。对比已经在美国生根发芽的小肥羊，海底捞的服务显然是不对路。在这中间，时长和文化的调研不足肯定是重要原因。不过，挫折虽然有，但发展潜力依然巨大。国内餐饮企业，也应该从海底捞的遭遇中吸取教训，为走出去做好充足的准备。

海底捞美国未来如何做到"本土化"、受到当地食客的欢迎并体现独家特色，仍然是一个巨大的挑战。海底捞如果想在美国受到认可，仍需在定位、定价、服务和特色开发上做综合考量，以及重新挖掘海底捞的"美国特色"。

【思考题】 从海底捞的跨国经营经历谈谈东西方文化差异。

【资料来源】
[1] 食品行业知识资料网站.
[2] 尹朝安博客.
[3] 手机联商网.
[4] 第一商业网.

收集整理：秦良媛

中美合资长安福特公司的跨文化管理

> **摘要：** 当今时代，随着经济全球化趋势的日益加强，国际商务交往活动也日趋频繁和密切。其中跨国公司"以世界为工厂，以各国为车间"从事全球化经营的成功运作不仅要求拥有先进的技术和精湛的经营管理，还必须克服不同国家、不同地区间的文化差异，尤其是消除跨文化方面的障碍。对于合资企业的经营管理而言，解决不同文化产生的碰撞更是具有重要意义，并对大型企业的管理提出了至少多数人尚未意识到的新任务。如何把握国际文化环境，科学地管理来自不同国家（地区）的人力资源，是摆在大型企业经理们面前的一个难题。我们知道不管是生活方式、满足需要与欲望顺序、对商品的偏好，还是工作与生活价值观、工作理想及努力程度、激励方式都是以人们的文化背景为基础的。文化作为人类知识、信仰、伦理、法律、风俗习惯等的总和，时刻都在影响着人们的思维言谈、生活及工作方式，影响着人们的思想和行为。民族不同、地域不同决定了各个国家和地区的人们具有不同的文化。甚至一个国家和一个地区也具有多种文化。因此，分析探讨合资企业在经营管理中因文化差异而出现的问题和困难，正确看待文化价值和行为期盼在经济运行过程和企业经营中的作用，协调中国与美国经济文化，将对那些不视合资企业中的文化差别为负担而将其视为企业中文化协调的源泉并加以利用的企业大有裨益。
>
> **关键词：** 跨文化管理；合资企业；文化冲突

1. 案例背景

中美合资的长安福特汽车有限公司成立于2001年4月，并于2003年年初正式投产。2006年3月，福特的控股子公司马自达汽车公司，以及福特亚太汽车有限公司参股长安福特，公司正式更名为"长安福特马自达汽车有限公司"。2008年2月，长安汽车以自有资金向合资企业增资2 900万美元，增资后的四方持股比例为：长安50%，福特10.5%，马自达15%，福特亚太24.5%。股权比例的变化并不影响长安作为福特在该合资企业的核心合作伙伴的地位。

长安福特马自达作为一家典型的中美合资企业，其经营管理兼具中美管理思想的特点。创立于1903年、世界排名第二的福特汽车体现着美国管理文化，诞生历史可追溯至1862年洋务运动的长安汽车则体现着中国管理文化，合资双方通过多年的相互协作，由冲突到磨合，逐渐探索出一套融通中美管理文化的跨管理文化模式，为中美合资企业的跨文化管理提供了典范。针对长安福特马自达的跨文化管理问题，笔者采取深度访谈的研究方法，分析和总结了该企业实行的跨文化管理政策和措施。

2. 福特公司的文化冲突

2.1 个人主义和集体主义

美国的社会文化以个体为基本单位，因为美国是一个移民国家，从西部拓荒时代至今，美国聚集了那些远离亲人靠自己力量想赤手空拳打天下的人，他们极其崇尚个人主义与独立。与美国文化不同，集体主义是影响中国文化的重要因素。这是由于在中国文化中，团体是社会的基本组成单位，一个人的身份是由他所属的团体来定义的。中国人具有妥协甚至中庸的民族性格；讲求以"和为贵"的统一与和谐，善于运用平衡、协调解决冲突和对立；重视伦理与道德，讲究等级秩序；推崇集体主义和艰苦奋斗精神，鄙视个人主义和享乐思想。在中国，人情经常是重于道理的，中国人十分重视人际关系和情感。

价值观的不同表现在工作上，长安福特中的外籍主管总是将工作的内容及具体任务、责任分配都表述得相当清楚，划清自己的工作与他人工作的界限。但这并不表示他们就不互相帮助，外籍主管虽然本身很乐于助人，但除非你主动要求，否则他不会主动来帮你。这样的观念差异往往让中方员工觉得外籍主管自我和人情淡漠，而外籍主管认为中方职员工作缺乏主动性和责任感。

每当长安福特开会时，一般提反对意见的是美国人，因为在他们看来，公开发表不同意见是一种健康的行为，而对于大多数中国人而言，"和为贵"的文化，即维系和谐与关系则显得更为重要。由此可见，正是由于这种文化渊源的价值观的差异导致双方在管理上的冲突和矛盾。

2.2 自我与无我

在长安福特中对于员工处罚是否公示的问题，中美双方的观念完全不同。中方管理者认为无论是表扬或处罚，最好广而告之。而美方则更重视正激励，比如员工过生日，人力资源部应亲自电贺，对于晋升、嘉奖等表扬也都要公告。但不主张公开批评，他们认为这样的做法是侵犯个人隐私，会对犯错人的自尊造成伤害。

中方管理者认为小错误可以不公开，但大问题、很严重的错误必须公开，只要提前告知该员工并帮助他改进，是既可以警示本人及其他人，又有利于本人的进步的，这样的做法在中国企业是很正常的。在这一点上双方争执很大。

类似处罚是否公示的这类冲突正是中美双方对于"自我"观念理解的差异。中国受儒家思想影响将"无我"视为高尚的精神境界，主张顺从、克己。美国文化强调"自我"在价值体系中的中心地位，倡导自主、责任、自尊。因此，美方管理者认为处罚公示是一件有损员工"自我"的做法，而中方管理者则不那么认为。

2.3　上下级关系

在美国，大多数企业的下级对上级有一定的建议权、质疑权，下级在自己的职责范围内有较大的自主权。地方政府部门对管辖区内的企业无直接控制权。在对不同意见的表达方式上，中国员工比较含蓄，遇事一般不会明确表达自己的看法，有不同意见也不会当面直接陈述，避免发生冲突，使双方面子上挂不住，很尴尬，尤其是在开会时，一般只有领导发表其决定，员工很少发表意见。而外国员工则比较喜欢直来直去，有意见当面提，想什么说什么，"对事不对人"，发生再激烈的冲突，朋友还是照样可以做下去。

这在长安福特中表现很明显。中方的员工很少当面质疑上司。而美方员工则往往直接对上司表达自己的反对意见，同时很敢于发表对公司政策的质疑。长安福特的中方人员对某事如有不同看法，通常不是当面直陈己见，而是喜好背后议论，而美国人则是直截了当说明真相。

2.4　情、理、法

中国讲究"关系"哲学，无论对政府部门还是对宣传媒体，往往非常注重组织间、人际间的相互关系，管理关系与个人关系也经常互相渗透和影响，并流行请客送礼。但长安福特的美方管理者工作内外关系界定较清楚，完全不理解也不能接受这种"混合"方式。中方管理者虽然尊重外方的观念，但认为还是要适应中国国情。结果，美方某些"不近人情"的做法，一度使公司公关和宣传很不到位，致使很长时间长安福特同政府和媒体的关系不佳，其结果是不仅媒体曝光率低，而且负面宣传多，甚至有些不实报道，政府方面的支持和帮助也没有充分获得。在经过内部多次讨论之后，最终双方达成共识：其一加强公益形象的宣传，比如增加对重庆大学、湖南大学赠车等善举。其二经常邀请媒体到公司参观访问，协同好与媒体的关系，进而影响公众。

长安福特的美方管理者笃信企业制度的权威性，而中方成员往往制度观念弹性大。长安福特公司的成品车事件就是这方面文化差异的一个典型例子。长安福特公司有明确的制度规定：任何员工不得擅自动用成品车。外方老总认为有制度保障，即使钥匙放在成品车上，也应该不存在安全隐患。中方管理人员则心存疑虑：他们担心基层员工可能会出于好奇或其他原因去试车，更担心引发其他危险，所以最好将成品车钥匙交由专人保管。但总裁（美方）坚决不同意，他认为这样的做法很不尊重人权。在总裁及其他美方管理者的坚持之下，经营会议决定，先按外方的意见试行一段时间。结果不到一个月，就有部分员工下班后去动车，并最终酿成两起成品车被损坏的事件。尽管人力资源部最终按制度对肇事人予以开除。但事情处理完后，总裁依然感到不可思议。

其实上述冲突所存在的文化差异是源自"法治"与"人治"观念的差异，这种差异往往会直接反映在合资公司的经营管理中。美国人的法律意识是根深蒂固的，在美国，治国依靠的是基本国策、法律，自然，治厂也就是要靠规章制度，美国企业管理遵循"法、理、情"的次序，主要依赖严格的法规进行管理；而中国的管理受儒家思想的影响遵循"情、理、法"的次序，将企业管理建立在和谐、彼此信任的人际关系的基础上，无论是机关、学校，还是工厂、商店，都在一定程度上实行了以"情"为中心的人治。

作为福特这样的美国企业，一般是在法律环境比较严格和完善的条件下开展经营与管理，自然会用法律条文作为自己言行举止的依据，而受儒家文化影响的中方合作者，不可避免地习惯于以往的思维模式，表现为政府、媒体也强调"情"为基础的人际关系，中方员工则"法"制观念弹性大。然而福特方固执地认为在企业法制管理建设中，应该少讲人情和关系。这显然是受到美式法制建设模式的影响而没有充分考虑儒家文化区企业的社会文化特点，因此容易招致周围环境的抵触甚至排斥。

2.5 决策方式

由于中国文化的集体主义和高风险规避倾向使得长安福特的中方主管在做重大决策时都一定要咨询别人的意见，而且会考虑维持和谐、降低冲突的各种因素。而美国文化则典型具有个人主义和低风险规避倾向。在决策方式上，国内企业的决策常由集体做出，其责任、功绩也都属于集体。美国习惯于个人做出决策，个人对决策承担最终责任。与此相适应，美国的企业倾向于决策的分散化，国内的企业倾向于决策的集中化。

体现在长安福特中，中方管理者习惯于集中决策，决策时常拟订十分详细的方案，征求多方的意见后进行修改和选择，然后据以制定实施程序、细节安排和建立计划考核的方法。而美方管理者习惯于责权明确的分散决策，实行独立决断和个人负责。中方的决策程度一般是由工作人员调查情况，领导分析决断，再由工作人员贯彻执行，决策细致而缓慢；美方管理人员则要求有职有权，在了解问题过程中就解决问题，决策速度和工作节奏很快。正是这样的思维习惯使美方经理常常抱怨公司决策过程太慢，每件事都要开两三次会议，考虑上下级的关系和方方面面的问题，再选择向左还是向右，而且有时决策是否有效还要看雇员、客户、本公司员工和各级领导四方面能否都满意。

2.6 尊老与能力至上

在对员工年龄的看法上，不同文化背景的管理者持有的文化价值观是不同的。中国文化十分重视尊老，在管理上尊重年长的，视年长者为知识、经验、能力和权威等各方面素质的代表，故而长安福特中方代表在用人政策上仍受"论资排辈"模式的制约。美国文化则视其为不重要，反而极其重视尊重青年，奉行"能力主义"。

3. 跨文化冲突对中外合资企业的不利影响

3.1 市场机会损失和组织机构的低效率

由于人们的不同价值取向，必然导致不同文化背景的人采取不同的行为方式，而同一企业内部便会产生文化冲突。随着合资企业经营区位和员工国籍的多元化，这种日益增多的文化冲突就会表现在公司的内部管理上和外部经营中。在内部管理上，人们不同的价值观、不同的生活目标和行为规范必然导致管理费用的增大，增加组织协调的难度，甚至造成组织机构低效率运转。在外部经营中，由于文化冲突的存在，使合资企业不能以积极和高效的组织形象去迎接市场竞争，往往在竞争中处于被动地位，至丧失许多大好的市场机会。

3.2 跨国经营企业全球战略的实施陷入困境

从一般的市场战略、资源战略向全球战略的转变，是国际企业在世界范围内提高经济效益、增强全球竞争力的重要步骤。全球战略是合资企业发展到高级阶段的产物，它对合资企业的经营管理提出了更高的要求。为保证全球战略的实施，合资企业必须具有相当的规模，以全球性的组织机构和科学的管理体系作为载体。但是，目前大多数合资企业的组织机构，由于文化冲突和缺乏集体意识，导致组织程序紊乱，信息阻塞，各部门职责不分，相互争夺地盘，从而造成合资企业结构复杂，运转不灵，反应迟钝，大大不利于全球战略的实施。为了发挥多元文化的优势，合资企业内部文化必须经过整合。

合资企业的文化整合过程可以分为4个阶段：探索期、碰撞期、整合期和创新期。

3.2.1 探索期

需要全面考察跨文化企业所面临的文化背景状况、文化差异问题、可能产生文化冲突的一些相关方面，并根据考察的结果初步制订出整合同化的方案。

3.2.2 碰撞期

此阶段是跨文化企业进行文化整合的实施阶段，也就是文化整合开始执行的阶段。不同的文化在这个时期直接接触，必然会发生冲突。所以，制定一系列的管理制度尤为重要。管理学和组织行为学的研究表明，冲突问题的研究和冲突管理的训练在管理实践中是十分重要的。不成功的管理者与成功的管理者相比，前者花费了更多的时间用于冲突管理，后者更为准确地理解和把握了冲突管理。所以在这个阶段，进行跨文化培训是防止和解决文化冲突的有效途径。

作为中外合资企业，要解决好文化差异问题，搞好跨文化管理有赖于一批高素质的跨文化管理人员。因此，双方在选派管理人员时，尤其是高层管理人员，除了要具有良好的敬业精神、技术知识和管理能力外，还必须思想灵活、不墨守成规、有较强的移情能力和应变能力；尊重意识与平等意识强，能够容忍不同意见，善于与各种不同文化背景的人友好合作；在可能的情况下，尽量选择那些在多文化环境中经受过锻炼的人及懂得对方语言的人。

3.2.3 整合期

此阶段是不同文化逐步达到融合、协调、同化的过程，这是一个较长的时期。在这个阶段，主要是形成、维护与调整文化整合中的一系列行之有效的跨文化管理制度和系统。为此，企业应该做到：①在企业内部逐步建立起共同的价值观。作为文化重要组成部分的价值观，是一种比较持久的信念，它可以确定人的行为模式、交往准则，以及何以判别是非、好坏、爱憎等的标准。②采用本土化经营策略，使外方的文化有效地适应我国文化的特点，双方文化彼此达到融合、同化。

3.2.4 创新期

该时期是指在文化趋向同化的基础上，合资企业整合、创造出新的文化的时期。为此，企业应该在这个时期做到：①认真分析不同文化，找出它们的优缺点，摒弃不同文化中分别具有的缺点或不适应之处。②建立共同经营理念，建设"合金"企业文化。③培养和创造新鲜的企业文化，创新出独特的跨文化管理文化。总之，在文化整合的不同时期，应该制定相应的管理战略和制度，找出文化的冲突之所在，通过有效的整合，使多元文化发挥出应有的优势。在整合的基础之上，创新出新的企业文化——跨文化管理文化。

在企业管理中使合作双方增进跨文化理解，进行跨文化沟通，建设"合金"企业文化来实现文化协同，通过实施以文化相融和创新为主导的文化战略、本土化经营战略以及两权分离的战略方面的对策，采用人本型法制的管理方式，跨文化培训，招聘文化适应力强的员工及树立共同愿景等对策来解决来自于管理思想、管理规范及管理行为差异所引发的冲突。总之，文化的差异性经过正确管理可为企业带来优势，成为资源而不是障碍。

【思考题】 中美在企业决策方面有何明显不同？

【资料来源】
［1］ 蓝动网，www.lunw114.com，道客巴巴.
［2］ 曾艳. 中美合资长安福特公司跨文化管理研究. 重庆大学，2004.

收集整理：秦良媛

华立集团收购飞利浦带来的文化冲突

> **摘要**：考虑到目前中国进行海外投资的能力和世界直接投资发展的新特点，以及中国国内产业结构调整和优化的目标，现阶段的中国海外投资的重点产业之一就是科技开放行业。本案例主要是通过研究华立集团收购飞利浦 CDMA 手机及相关知识产权的案例来阐述中国企业如何引进先进的技术，管理文化冲突带来的差异，来提高本土企业的实力。
>
> **关键词**：海外收购；文化冲突；飞利浦

1. 案例背景

在华立集团收购飞利浦公司的 CDMA 技术之前，华立并不为人所熟知。这家 1970 年诞生，以雨具厂出身，通过生产电工仪表起家，主营医药的集团也许只有在医药、仪表界为人知晓。2001 年，华立集团被政府确定为信息产业类企业并纳入国家信息产业归口管理。自确定将信息产业作为主业方向后，华立集团投资介入了宽带通信、光电存储、移动通信等项目，2001 年 9 月正式宣告收购百年老店——飞利浦 CDMA 设计部门。并在此基础上组建了美国华立通信集团公司，由通信行业名不见经传的企业，一夜之间成为掌握 CDMA 核心技术，与美国高通公司同起点竞争市场的腕级企业。

而对于飞利浦而言，其在电信行业有着悠久的历史。1999 年，飞利浦收购美国一个公司，开始进入 CDMA 芯片的制造领域；飞利浦陆续投入 4 亿多美元收购和研发，拥有一整套实验设备、人员和技术成果，成为全球三家销售 CDMA 芯片组的公司之一；2001 年，飞利浦宣布，通过与美国高通达成的专利互换协议，已永久掌握 CDMA 手机的核心芯片技术。飞利浦重金进入 CDMA 领域的目的是看重中国联通将推出的 CDMA 业务及巨大的市场空间；2001 年 5 月，联通计划迟迟未落地，全球半导体产业出现整体下滑，世界电信也萎靡，飞利浦半导体出现巨额亏损，为了保证其半导体核心技术的发展，飞利浦决定放弃应用和终端产品，将 GSM 卖给中国电子，CDMA 卖给华立。

华立的董事长汪立成说，为了抄近道加入国际竞争，我们走到了巨人的肩膀上。20年前，华立公司是做竹制品开始的传统企业，1987年，转入电表行业，迅速占领了国内40%的市场份额，并建立了遍布全国的营销网络。2000年，因看好通信行业的未来市场，华立开始了在海外的技术收购行为，华立想通过购买技术公司保持国内的竞争优势。华立首次购买了美国加州的一家上市公司，更名为太平洋系统控制技术公司，并将之转型为电表和能源自动化技术研发。之后，华立又通过在美国的子公司购买当地的电信技术。华立最初的想法只是将自己定位于为中国的制造商提供手机部件。飞利浦出售设计CDMA手机芯片研发部门的计划对华立来讲是天赐良机，使企业迅速提升了技术水平，并改变了企业未来的发展方向。其意义应大于华立放弃制作竹扫帚转向电表行业。

2. 华立对飞利浦CDMA技术的收购策略

2.1 高举高打，火线收购

华立集团的运气很好，国内19家手机生产厂家中没有一家是生产手机芯片的，在手机业国际巨子纷纷卸包袱时，华立主动接下了这个大包袱：飞利浦CDMA无线通信部门几乎所有的知识产权、研发设备、研究资料和研究人员，以及飞利浦半导体研发的CDMA协议软件的独家授权。但是华立也不能采用拖延战术，如果迟迟谈不下来，飞利浦会在2001年8月前一两个月开始处理一些善后事物，有些高级工程师可能已经另谋高就。对于这种"空壳"收购，华立深以为戒。所以，华立火速收购飞利浦的CDMA技术，这意味着在不久的将来，美国高通一夫当关，垄断中国芯片的大门将被华立撕开一条缝隙，国内厂商首次切入了手机业务的核心领域，华立率先成为国内完整掌握IT产业中核心技术的企业。

2.2 站在对方的角度进行收购运作

作为一个普通的中国特色的民营企业，华立与飞利浦谈判双方的实力明显不对等。飞利浦出让公司不仅看重钱的交易，更看重对方接手公司后的持续发展计划，他们无法承受公司转手后的不良结果对他们公司产生的信誉影响。所以飞利浦一开始就提出了一个非常苛刻的要求，让华立先押50万美元"门槛费"以试探华立的实力和诚意。在华立取得飞利浦的信任后，飞利浦要求华立写出如何运作的报告，并一遍遍修改，直到飞利浦公司满意为止。

同时华立也仔细分析了飞利浦不卖的后果。显然，华立不买是没有损失的，而飞利浦如果不卖，就只好关掉，这样它还要付员工遣散费。而且，飞利浦已经把GSM卖给了中国，如果CDMA关掉，它就无法进入中国市场，那样就意味着巨大的潜在损失，也对飞利浦名声不好。所以谈到最后，价格已经不是问题了。

2.3 以标准的美国公司形式运作

华立认为，国际化的内涵和真正意义是：产权制度安排的国际先进性，治理结构设计的国际领先性，企业文化塑造的国际包容性，职业经理队伍的国际高水平。华立成功收购了飞利浦CDMA的整个核心部门之后，为使其以一个标准美国公司的形式继续运作，公司保留和强化了"本土化"策略，设立美国式的期权制度，秉承美国式的企业文化，寻找硅谷和华尔街认同的CEO等。这些做法解除了美国员工内心深处对公司"运作层面低，按照中国惯例办事"的担忧。原来所有的海外员工都已和公司续约。

3. 直面文化差异带来的冲突

收购之后面临的最大的挑战其实在于双方可能出现的文化冲突，正是这一点前些年把一些雄心勃勃在美国收购研发机构的中国企业最终打下马来。华立集团董事长汪力成承认，最开始肯定有些抵触，但现在大部分员工还是接受了。"因为我告诉他们，这是一个中国人控股的美国公司，所有的运作都将按照美国的程序，今后我们请的CEO、CTO也都会是美国人，而不是从中国派过来的。当我把这些运作计划告诉他们之后，他们都认为这是完全按照美国化的高科技公司的运作方式，像硅谷的很多高科技公司，但比美国公司更具优势的是我们有强大的中国市场做背景。"

成功地收购飞利浦在美国和加拿大的科研机构，让汪力成对企业雇用外国人渐渐树立了信心。汪力成打算，将来要有1/3的雇员是外国人。

"如果不是这个公司里有40%的华人工程师，如果不是碰到美国经济萧条，失业率高，员工不敢轻易'跳槽'。我们是不敢买的。"汪力成有些后怕地说。因为他无法忘记收购之前翻阅那些历史资料给他带来的恐慌，许多中国公司收购行为都遭遇了全体员工辞职的噩梦。

他也清楚地记得，自己是怎样凭借着在公有制企业中培养的长袖善舞的人际技巧，安排属下一个个地做华人工程师的工作的。

前几个月，一个美国工程师就曾经给了他一个下马威。出于对一项关键技术的关心，汪力成每两天都给这个项目的美国负责人发一封E-mail询问进展情况，一个星期之后，这个工程师给他回了一封信，内容竟然是要求辞职。

"这事如果放在中国人那里，都会认为这是领导对自己的重视和关心；但美国人觉得，我每天问他进展，是极其不相信他。"后来，费了九牛二虎之力才向这个美国工程师解释清楚，没让他走人。经过这件事，汪力成明白了，购并海外公司后，最大的挑战在于如何整合双方的文化冲突。关键的问题是我们中国企业有没有能力来管理好这样一种跨地区、跨国、不同文化、不同民族员工的团队和企业，这是我们必须面对的一种挑战。

费用是中国民营企业和美国人的另一个严重冲突。这个科研机构收购下来的时候，每个月的运营费用都要上百万美元，当时给主管下达任务，让他们砍费用，得到的答案一定是："不可能！"美国员工不管是谁，坐飞机最少是公务舱，票价和经济舱相差一半。一出差，都是要住五星级宾馆。而华立一进来就要求改坐经济舱，理所当然地引起强烈不满，直到汪力成现身说法，告诉员工："我自己每次乘飞机也是经济舱。"才让这些老外雇员们平静了下来。

"现在我想到一个办法，就是'搓麻将'，我们在杭州也有个研发中心，我把加拿大的员工、美国的员工和杭州的员工互派，让他们在每个地方都待上几个月，看看这样能不能促进文化的融合。不仅我们要适应美国的文化，美国人也要适应中国的文化。"他强硬地表示。

曾经到日本考察过很长一段时间的汪力成认为，中国，特别是浙江的很多民营企业都已经走到了日本企业20世纪60年代末的阶段，他已经认识到，美国的企业文化和日本的企业文化都有弊病和长处，他认为，中国企业的幸运之处在于，能够看到两种模式的全部历程，吸取日本经济的教训，意识到预防可能出现的危险，还有机会探索怎样融合东西方两种文化，这就是优势所在。

4. 文化差异对企业跨国兼并成败的影响

4.1 对企业人文环境的影响

跨国并购企业要达到并购的最终目的，"天时、地利、人和"三个条件缺一不可，其"人和"即企业赖以生存发展的宏观和微观人文环境。跨国并购企业整合过程中，文化差异和文化冲突处理不当，宏观上会危及与东道国政府和人民的关系，影响整体企业运营与外部人文环境的相容性、和谐性；微观上会影响双方企业内不同层次群体、员工间的关系，降低人力资源产出的效益。对不同层次群体、员工与生俱来的文化差异进行科学管理及对可能产生的文化冲突进行合理控制，将决定人力资源产出效益。如果人力资源管理者不能正确理解文化差异及正确解决文化冲突，就会对来自不同文化背景的员工采取有情绪的或非理性的态度，员工也会随之采取非理性的行动。这种恶性循环势必会加剧双方的矛盾和冲突，降低人力资源产出效益。

4.2 对企业组织效率的影响

一般情况下，跨国并购企业在并购前已形成了自己独特而稳定的组织文化。

组织之间相互了解，相互依赖，采用彼此熟悉的合作方式完成组织目标。跨国并购后，在双方企业整合的过程中，由于调换、裁员、重组等原因，以前的组织及组织文化往往会受到强烈的冲击，组织间原有的均衡被打破。因此，管理者必须通过各种途径，运用各种方法对新组织进行有效的管理、协调和沟通，促成新的均衡，重塑新组织文化，最大限度地减少文化差异及文化冲突对组织效率的负面影响。否则组织间就会产生疑惑、挫折、争吵、不合作，以及相互攻击的情形，降低组织效率和整个企业的凝聚力，使整体企业的运营陷入困境。

4.3 对企业决策的影响

企业决策的制定可分为两种情形：群体参与制定决策或由最高管理者制定决策。文化差异对决策的影响有两种可能。一种是群体制定决策的情况下，由于参与决策的管理者中有不同民族文化背景的人的存在，不同的人站在不同的立场，持有不同的观点，各持己见，相持不下，降低决策的效率。另一种是中间管理层提供决策信息，由企业最高管理者最终制定决策的情况下，由于受自身文化背景的影响，最终决策者往往会不自觉地依据自身文化特点对来自不同文化背景的信息做出价值判断。由于认识的偏差，决策者很难在全面、客观考虑实际问题的基础上做出决策，并且这种决策的失误在实施前很难发觉，能改善的只是决策意识到的可能的失误并在及时得到反馈信息的情况下才能弥补或调整。

【思考题】从华立的收购案中，总结其如何处理文化冲突，如何稳定员工心理的。

【资料来源】
[1] 跨文化管理考验中国企业．财经观察．
[2] 华立收购的启示．百度文库．

收集整理：秦良媛

松下企业文化的"中国化"

> **摘要**：与其他大多数外国公司一样，松下是在中国的改革开放以后才开始大举进军中国市场的。但在仅仅20年的时间里，松下在中国的经营取得了巨大的成功。松下与中国的成功合作，引起了中外各方面的极大关注，吸引了许多来自世界各地的国际考察团前往松下在中国合资企业参观、访问，探求成功之道。显然，松下在中国的经营过程中，充分发挥了其在技术、管理和经营等方面的特长，而中方也充分发挥了人力、物力和地理方面的优势。但除此之外，松下的成功还有秘密的法宝，这就是松下非常重视企业文化的建设，重视员工之间思想文化的交流与沟通，相互学习、借鉴和融合，逐步形成了松下的"中国化"的企业文化。
>
> **关键词**：企业文化；本土化经营；松下

1. 他山之"玉"

松下公司的电器产品在世界市场上闻名遐迩，被企业界誉为"经营之神"的公司创始人松下幸之助也因畅销书《松下的秘密》而名扬全球、备受推崇。松下电器所从事的经营涉及与国民生活相关的电子、电器用品和工业所需要的电子器械、电子零部件、半导体等电子技术领域。作为综合性的电子生产企业，松下电器以其完善的销售能力和产品的魅力，在世界各地开展着各项业务。现在，松下电器公司已被列入世界50家最大公司排名之中。1990年，日本1 500多名专家组织评选出了该年度日本"综合经营管理最佳"的15个公司，松下电器公司名列榜首。

松下电器能有今天这样的成就，归根结底得益于松下幸之助确立的经营管理理念，即"克尽实业家的职责，致力于社会生活的改善与提高，以期对世界文化的发展做出贡献"。作为经营管理理念的具体化，松下集团的经营母体事业部制孕育了企业文化，而事业部制的历史可以追溯到松下集团创立的初期。

松下在日本大阪创立，至今已有81年的历史。创业初期，产品只有电灯插座和电风扇的绝缘盘两种。1933年，松下公司的人数增加到1 860人，开始实行事业部制。1935年，松下电器制作所改为株式会社，成立了"松下电器株式会社"，原来的事业部制改为分社制。第二次世界大战期间，公司受命于军方的命令转为军需品的生产，并在中国上海建厂生产干电池。第二次世界大战结束后，美军占领当局以财阀为由冻结了松下的资产，禁止其经营。1952年，冻结令解除后，松下重建企业，恢复正常经营，并恢复了传统的事业部制。公司重建以后，松下幸之助非常重视技术的引进和企业文化的建设，积极寻找合作伙伴，振奋公司员工的精神面貌。从20世纪60年代起，松下公司开始了跨国经营。公司从此进入了快速发展的黄金时期。到1998年时，在全世界电器产业的排名中，松下电器销售额超过享有"电子帝国"称的德国西门子公司，仅次于美国通用电气（GE）和日本日立公司而居第三位，成为名副其实的电器王国。

松下公司实行的事业部制，是其经营管理制度的支柱。在事业部制的管理制度下，松下公司孕育出了自己独具特色的企业文化："无退路"经营、自主责任制、集思广益经营、顾客至上原则和造就人才为先。松下集团在意识到公司的使命，确立了自己的经营理念之后，于1933年开始实施了各事业部贯彻自主责任经营的事业部制，经过长期的不懈努力，形成了今天的事业部制。

松下电器的事业部可以称为"企业内部的企业"，研究、开发、生产、销售、服务等各部门构成一个整体，各自承担经营责任、实行独立核算，是经营活动的主体。总公司制订着眼于未来5年、10年发展的长期计划，为全公司事业发展的战略确定方向。着眼于未来3年的中期发展计划由各事业部制订，每个事业部都要明确自己所承担领域中事业发展的方向。年度事业计划也由各事业部自己制订，主要是解决短期经营的具体实施方案，检查公司计划实施的情况；各事业部都要在当月做出月份决算，对实际成绩与计划的差异进行研究，并加以调整。这种事业计划相当于事业部与社长之间的合同，如果完成不了，将被视为违反合同；因此，以事业部部长为首，事业部的全体人员都将为完成事业计划而竭尽全力。

松下集团始终不渝地以经营理念为核心，以事业部制为经营母体，孕育出了自己的企业文化。可以说，松下集团的企业文化在本土的经营过程中取得了巨大的成功。松下的刚柔相济、宽严互补的"精神价值观"成为其出奇制胜的秘密法宝。但是，松下集团也清醒地认识到，成功是有地域性限制的，其成功是建立在日本本土社会文化风俗的基础之上的；要想成功地在海外经营，就必须针对当地传统文化的特点，对其进行研究并对企业的管理文化做出适当的调整以适应当地的实际情况。正是因为松下非常重视这一点，并不断地努力改进和完善海外企业的内部文化，所以松下在海外经营的企业也非常成功。

2. 入乡随俗

2.1 松下独特的本土化经营

在中国，松下电器集团也一贯坚持切合中国实际的经营目标。松下集团希望通过积极培养和录用当地管理人员，促进产品开发和设计的当地化，同时兼顾为中国做贡献，促进国际协调以及国际的人才交流，努力使松下的经营理念和企业文化在中国得以实现。松下电器中国有限公司的总经理青木俊一郎把这种做法称为松下经营的中国化，并将能否彻底实现中国化，看成是松下能否在中国经营成功的关键。

松下在中国的投资活动可以追溯到1979年中国实行改革开放的政策之时。那一年与1980年，年事已高的松下幸之助先生两次访问中国，与中国领导人邓小平进行了交谈，并提出了帮助中国电子工业实现现代化的"松下构想"。但令人遗憾的是，由于种种原因，在20世纪80年代初期，这种构想并没有能够实现。松下真正在中国的大规模投资活动始于1987年。这一年，松下与北京及电子工业部等有关单位的4家企业合资成立了北京松下彩色显像管有限公司，双方各注资50%，共投资200亿日元。其后，松下又先后在中国的北京、广东、浙江、江苏、上海、山东等地投资设厂，建立合资企业。特别值得一提的是，1994年在北京成立的松下电器（中国）有限公司是一家合资的投资控股公司，执行许多过去由总部履行的职责。在公司酝酿成立的阶段，松下公司欣然接受了中方有关人士的建议，不搞独资控股公司，而由松下公司和北京华瀛盛电器开发公司以60∶40的比例合资建立。这在著名的跨国公司中是很少见的，也充分体现了松下公司的中国化经营理念。

松下公司在中国经营的过程中，也将其颇具特色的松下企业文化带到了在华的合资企业中，与中国的文化逐渐融合，并且在两种文化相互撞击和摩擦的过程中，初步形成具有中国特色的松下企业文化。在许多松下在华的投资企业中，都能够强烈地感受到这种企业文化的氛围，成为跨国公司在海外投资企业文化建设的典范，这其中又以北京松下最为突出。

2.2 用实际行动证明"人和企业兴"——北京松下

北京松下成立于1987年，由北京东方电子（集团）股份有限公司和北京显像管总厂等四家国有企业与日本松下集团和集团下属的一个企业，以全额注资的方式（中日双方各占50%）共同创建，董事会由中方任董事长，日方任副董事长，总经理由日方派出，副总经理由中方派出。面对在不同社会和文化背景下发展起来的企业,进行合资合作能否取得成功?很多人当时对此都存有疑虑。中日双方在经过深入细致地磋商和研究之后认为,合作要想取得成功,关键的因素在"人和"。但松下本土的企业文化所解决的只是日本本国的人和问题,而此时面临的是不同思想、文化、法律和制度背景下两个不同民族之间的合作与协调问题,企业文化建设的地位比以往更重要。因此,合资成败的关键,其中一个非常重要的因素,就在于能否建立具有中国特色的企业文化。松下在企业文化建设方面有着丰富的成功经验,经过充分论证后,松下得出的结论是:完全照搬本土模式明显不可取;双方具备合作的坚实基础和客观条件,搞好企业文化建设是完全有可能的。北京松下以后的实践也证明了这一点。

共同的利益是合资企业价值观的基础,这使中日双方能够"同舟共济"。在坚持"同舟共济"这一企业价值观的前提下,北京松下制定了具体的公司纲领、目标和企业精神。公司在成立初期,就把松下的经营理念"克尽实业家的职责,致力于社会生活的改善与提高,以期对世界文化的发展做出贡献"确定为公司的纲领。在合作的过程中,中日双方的员工难免要发生摩擦和争执,甚至面红耳赤的相互攻击,但最终在同舟共济和公司纲领的指导思想下统一起来了。为了体现公司纲领的价值,北京松下又提出了公司的目标,即北京松下要精一致,向彩色显像管、照明事业的国际竞争挑战。在此基础上还形成了规范全体员工行为的企业精神,即"工业报国之精神,实事求是之精神,改革发展之精神,友好合作之精神,光明正大之精神,团结一致之精神,奋发向上之精神,礼貌谦让之精神,自觉守纪之精神,服务奉献之精神"。这些价值观和行为规则在北京松下的发展过程中起到了难以估价的作用,使得中日双方的员工能够始终坚持同舟共济的原则,避免进入合作的"误区"。

北京松下认为,中日双方的权利和责任都是100%,没有所谓的"权限"和"责任"的势力范围;双方的员工都要做到开诚布公的透明式经营,避免相互猜疑和钩心斗角现象的发生。1992年,日方经理感到北京松下生产显像管的零部件都要从国外进口,成本难以降低,但减少进口就会使松下公司的一些企业降低产量,经过再三思索,他率先提出彩管零部件在中国国产化的建议。这一建议得到了所有中方高层领导和员工的欢迎,大大地推动了彩管国产化的进程。

北京松下还要求管理人员和普通员工在经营的过程中要坚持义利并举、依法经营的原则,并尽力服务奉献,回报社会。他们既讲利更重义,实事求是,光明正大,避免员工的单纯趋利倾向。1990年7月,国家将彩管所需原料和零部件的进口关税从30%降到25%,退给北京松下多上交的关税1.148亿元。北京松下认为,这笔退回的关税已经打入卖给厂家的成本里,理应退给国内各电视厂家,于是他们分文未取全部如数退还给厂家。这一行动不仅在国内引起了巨大的震动,同时在员工中也有很大反响。努力奉献,尽心回报社会也是北京松下所一直倡导的。1995年年初时，日本发生阪神大地震，北京松下的员工自发向松下集团的其他兄弟公司捐赠50万元人民币，这在松下集团中也引起了巨大的反响。松下集团社长松下正治及夫人在同年6月访华时，捐赠100万美元设立"松下电器育英基金"，资助生活困难的大学生，受到了社会的广泛称赞。此外，北京松下还将上缴税金后的部分利润，以一定的比例留做地区贡献基金，向其所在地北京市提供用于基础设施建设的资金，促进当地社区的建设。

2.3 注重培养，才能更强

培养员工的市场意识也是北京松下企业文化建设的一个重要组成部分。北京松下的员工98%是中方人员，由于受传统经济概念的影响，他们的市场意识都比较淡薄。为了增强员工的市场竞争意识，北京松下在全体员工中加强了市场意识的培训。经过培训后，员工的头脑中逐渐形成了一套市场经济的"船论"。他们把公司比喻成航行在市场经济大海里的船，随时都有遭遇风暴的可能，每个员工都是水手，因而只有团结一致、相互协作，发挥大家的才能，才能够使公司这艘大船乘风破浪，顺利前进。1996年下半年，国内彩管大幅降价，平均每支降价20%，有的品种降幅达40%。全年利润的2/3是上半年创造的，按照下半年的趋势，即使超负荷运转利润也将降低50%，甚至亏损。在此情形下，北京松下号召全体员工找问题，查原因，调整产品结构，并实施了一系列重大措施，扭转了市场价格变动给企业造成的被动局面。现在，在全体员工的意识中已经逐步形成了市场竞争的概念和运行机制，使得北京松下掌握了市场的主动权，在竞争中充满了生机和活力。

培养员工主人翁的精神和主动参与管理的意识。北京松下的企业文化建设把育人作为企业的根本任务，努力在员工中树立"自己是本岗位最高的责任者和专家"的意识。"做一流的国际同行业人"已经成为每个员工奋斗的目标。员工们一上班就以自己是本岗位的最高责任者要求自己，全身心投入工作，严格要求每道工序。"下道工序是我的用户""不给别人添麻烦""一切工作质量优先"也已经成为大家的座右铭。员工们自觉用三条标准来衡量工作的好坏：一是心情是否愉快；二是干起来是否轻松；三是是否领悟到这项工作的全部要领和技巧。员工积极性的提高不仅推动了企业生产经营任务的完成，还促进了公司技术的革新和改造。仅1995年8月到1996年7月间，员工的合理化建议就有41 648条，直接经济效益达1.3447亿元。

此外，北京松下有一套"防止问题再发生机制"。一方面，出了问题不是先追究个人责任，而是迅速查明原因；另一方面，要找出主要的问题点，通过分析研究采取相应对策，并写出"防止问题再发生报告"，从根本上杜绝此类问题的再次发生。

3. 松下式管理带给外国公司本土化经营的启示

企业文化是企业管理模式和体系在更深层次上的体现。随着外国公司在华投资的增加，文化观念上的冲突也日趋暴露。许多外资企业，特别是合资企业，在经过几年的经营后，由于矛盾重重、内耗严重而难以为继，最终不欢而散。

外资企业的管理蕴含着文化的交流、冲突与碰撞，以及文化的摩擦、融合与再生。跨文化管理已成为外资企业经营与管理成功与否的重要因素。在这方面，松下在华企业的成功经营就是一个很好的例子。松下在一开始进入中国时就清醒地意识到，要想在中国成功，就必须扎根中国，踏踏实实地从头干起。

美国前众议院议长奥尼尔曾说过："任何政治都是地域性的。"企业的经营也是如此。松下并没有把它在其他地区的成功经验直接地搬过来套用，针对中国的实际情况和文化背景，力求松下的企业文化与中国文化的融合和再发展。所以，松下在投资的初期就确立能够为中国文化和国人所接受的企业目标，统一了经营理念上的意识。松下的价值观、管理模式和企业精神在潜移默化中就被广大中方员工接受，并为员工在工作中积极地贯彻推行。这对松下在中国的发展发挥了巨大的作用。

北京松下的成功，不仅是松下集团在华合资企业的成功，而且还为其他公司在华投资企业的企业文化建设树立了一个典范。它说明，在现代化大生产的今天，企业管理已不仅是一种简单的方法问题，而是一种意识的培养和企业文化的建设。这对我们当前的国有企业改革也有深刻的启示，那就是不能因眼前的利益而沾沾自喜，而要注重企业长远经营理念的建设。只有形成了前后连贯一致的开放式企业文化，才能培养出驾驭市场的高素质管理人才和员工，企业的长远发展才能充满生机和动力。

松下在华的成功是一种交叉文化背景下的成功，它植根于悠悠的中华文化沃土之中，它的成功的经验对我国的企业来说也会有一种很好的启迪。

【思考题】如何理解松下的"人和企业兴"？

【资料来源】
[1] 易迈网络. MBA163.com.
[2] 入乡随俗——松下企业文化的中国化. 种子世界，2011（12）.

收集整理：秦良媛

宜家的本土化营销

> **摘要**：本土化营销战略体现在产品、价格、渠道、促销等营销组合要素的策略选择方面充分考虑东道国市场的特殊性，运用本土化倾向的战略调整化解因环境差异造成的管理冲突问题，消除本土化障碍。宜家在中国市场的成长与发展体现了其在应对市场环境变化中所采取的本土化战略。宜家的产品设计、物流配送、促销手段、价格策略等方面的调整和创新有赖于对中国市场复杂性和多变性的认识。
>
> **关键词**：宜家；本土化；营销战略

1. 案例背景

1934年，17岁的英格瓦·坎普拉德在瑞典南部的斯马兰创建了宜家公司。1951年，英格瓦集中力量生产低价格的家具，为人们今天所熟知的宜家从此诞生了。1974～2005年，宜家已经从拥有10家店铺的一家公司，扩大至在34个国家拥有251家店铺，销售额达138亿欧元。如今宜家在全球的65个国家设有工厂，有2 500多家供货商。1998年1月，宜家在中国的第一家店——上海店开业。经过10年的发展，宜家集团在中国市场取得了骄人的业绩，在上海、北京、广州等地建立了七家商店。

宜家家居已经成为全球最大的跨国家具零售企业，在中国市场12年的成长与发展体现了宜家在应对市场环境变化中所采取的本土化对策。瑞典宜家家居（IKEA）是跨国连锁经营的大型家具零售企业，它从瑞典的一个小农庄创立至今已有60多年的历史。截至2009年9月，全球总共有301家宜家商场分布于37个国家和地区，其中的267家商场为宜家自营店，另外34家商场为宜家集团以外的特许经营商拥有并负责运营，分布于16个国家和地区。如今，宜家已成为世界上最大的家居用品公司，商品品种多达数万种。2009年宜家在全球获得了215亿欧元的销售收入，其中大约80%的销售额来自欧洲，15%来自北美，5%来自亚洲和澳大利亚。宜家在全球16个国家拥有28个物流配送中心和11处顾客配送中心。

自 1998 年进入中国市场以来，宜家目前在中国大陆拥有 7 家商场，分别位于北京、成都、大连、广州、南京、上海及深圳。其中北京四元桥店是全球第二大宜家商场，其营业面积仅次于斯德哥尔摩的宜家全球旗舰店。另外，宜家沈阳商场将于 2010 年年中开业。宜家全球范围内 20% 的产品采购来自中国大陆，中国也是宜家在全球的最大采购国。宜家刚进入中国不久，便获得了中产阶级消费者的关注，并成为时尚家居和小资生活的符号，目前还没有任何一个家居用品企业能够与宜家形成正面竞争。

2. 宜家在世界各地的创新本土化营销

宜家在全球推行高度本土化的营销政策。在瑞典总部的指导方针下，各地采用新颖奇特、"离经叛道"的非传统营销方式，在全球范围内产生了无数令人大跌眼镜的另类创意，大大激发了人们的灵感。

虽然各地的创意执行迥然不同，但是宜家的创意都是以产品为中心，并拥有统一的基调。宜家的传播经理指出："我们希望为大众创造更美好的生活图景，我们要创造与众不同的生活，而不是接近大众的生活方式。我们习惯于按公司的内部准则进行思考，这就如同一把保护伞，保证了全球化思考的相似性。"

在中国，宜家选择了北京的 20 座旧公寓楼，对楼内电梯进行了改造。在电梯内，宜家为电梯操作员准备了小橱柜、茶壶、咖啡杯和凳子，还有产品目录供他们散发。布满整个电梯内壁的大幅海报，以直观逼真的方式展示了宜家产品装饰的样板间，并向人们表明：无须花费太多，宜家就可以为你创造一个富有现代感、舒适怡人的居住空间。对此，宜家的全球营销传播经理介绍说："我们采用非传统媒介的目的是提高关注度，而占领尚没有竞争的领域是一项具有战略意的决策。"

在中国的媒介创新不过是宜家全球另类创意的沧海一粟。宜家这种具有反叛和创新精神的创意遍及欧洲、北美、中东和亚洲的 34 个国家。

在新加坡，宜家与维亚康姆的尼克少儿频道合作展开了"由尼克接管你的房间"的促销活动。经由宜家进行了重新装饰，四个孩子的卧室看起来就像是电视演播间。在这里，孩子们自己主持的专题节目通过有线网播出。

在荷兰，宜家每逢周三销量就锐减，这种情况一度让人大伤脑筋。宜家阿姆斯特丹的广告代理突然想到：星期三在荷兰语中还有"生活之日"的意思，于是一个基于星期三"生活之日"的宜家节日从此诞生了。每逢星期三，宜家就会大张旗鼓地庆祝这个自创的节日：购买《地铁日报》的周三头版，发表关于"生活之日"的新闻报道；通过平面广告、广播广告、直邮式邮件营销，以及"生活之日"网站的宣传,把这个全国性的宜家节日捧上了天。同时,宜家店内还发放折扣代金券、宣传彩页、印有"生活之日"的手提袋,播放"生活之日"主题曲。据说,宜家的首届"生活之日"异常火爆,所有折扣商品不到一小时就已售罄,大量消费者涌向宜家造成了交通拥堵。

在德国,宜家还"接管"了火车站,在天花板上悬挂灯罩,并用色彩鲜艳的织物打扮光秃秃的墙壁。这是一种无声的证明:新的!照明和色彩能够改善环境。

在宜家的诞生地瑞典,一名年仅 11 岁的伊朗移民尼克不可思议地成为宜家营销攻势的前沿人物。两年来,这个胖嘟嘟的充满个性魅力的小男孩为宜家奠定了稳固的品牌内涵,并有效地推动了特定品类的销售。在宜家的电视广告中,尼克在城中游荡,一看到诸如垃圾桶、行人地下通道等不顺眼的东西就用织物盖上。而在另一支来自荷兰的平面广告。橱柜电视广告中,尼克使销量提升了 24%。尼克不但推动了销售,而且成为家喻户晓的小名人,成为脱口秀节目的常客,甚至还发行了自己的 CD。

在英国,宜家以"生活无限"作为宣传主题,具有极强的现代气息和煽动力。在 30 秒电视广告及电影片头广告中,一对夫妇周围的起居室和家具瞬息万变,墙壁滑进滑出,而他们却浑然不觉。30 秒内展示了近 3 000 种不同的宜家产品,可谓大手笔。

在西班牙,宜家的广告语"重新装饰你的生活"已经成为当地的流行语。经过 5 年的时间,表达了这样的理念:宜家可以深刻地改变人们的生活。以前的广告是让生活中的普通人在电视上发表改变生活的声明:秘书告诉老板她要炒老板的鱿鱼,年轻人告诉父母他是同性恋……现在广告的内容则是物品的倒序,从展示装饰一新的公寓开始,画面随后倒退,最后看到的是原本不堪入目的房间。这一切的改变竟然是从一件宜家小壶开始的。

最近关于宜家营销步入全球化的传闻不断,宜家对此予以否认:"更为国际化的营销方式不是一朝一夕能够实现的。只有当我们找到一个适合全球的传播讯息时,国际化的营销才能奏效。但目前的情况是,不同国家的市场需求是迥然不同的。比如,我们在瑞典已存在了 60 年,而进入中国市场只有四五年的时间,当地化的零售需要因地制宜的营销方式。因此,深入挖掘当地的人文特质和人们的所思所想是非常重要的。"

3. 宜家在中国的营销战略

3.1 差异化营销战略

宜家的产品设计所蕴含的和表现出来的斯堪的纳维亚风格,使其产品体现出极强的差异化概念，为广大中国消费者、特别是年轻人和城市中产阶级所钟爱。产品是企业的主要竞争力，也是设计的主要对象，所以对于产品设计的准确定位是公司发展的基础。在产品方面，宜家采用差异化的营销策略，其设计和成本方面具有独特的优势。宜家在中国所销售的产品大多是在中国生产的，上海有宜家在亚洲最大的分销中心，为宜家提供了较低成本和便利渠道的保证。

宜家富有特色的购物模式吸引了众多潜在顾客前去体验"宜家购物"。宜家创造了独特的样板间式的购物方式，通过卖场的交叉展示布局创造了购物的连锁反应和轻松自在的购物氛围。宜家历来重视产品目录册在家居产品销售中的重要角色，这使宜家能够长期有效地利用目录册吸引更多的新老顾客，在他们认为合适的第一时间光顾宜家店。

为了最大限度地降低制造成本，宜家还在全球范围内进行制造外包，不仅要求供应商能够保证过硬的产品质量，而且在考核评估供应商绩效的过程中，不断比较供应商成本与质量控制的情况。

3.2 宜家需要符合中国国情的营销模式

宜家所宣传的是物美价廉，但因其在中国的目标市场是城市中产阶级、中等收入人群，这就使得其消费群体的扩大非常有限。许多顾客认为宜家商品较贵，这与宜家在全球的"中低档家具"的自我定位不符。

作为一个发展中国家市场，中国尽管有着巨大的市场潜力，但消费能力比起众多发达国家来说，依然存在着较为明显的差距，这种差距在人均家具消费支出方面体现得最为突出。此外，宜家一般不提供免费送货及安装服务，顾客需要自行运输及安装，这样的销售方式并不完全适合于中国市场。很多中国消费者没有私家车，而且宜家一般选择离市区较远的区域作为卖场，就造成了运输困难，也使得一部分潜在的宜家顾客放弃了购买计划。

从经济发展速度和前景来看，中国居民特别是城镇居民收入的快速增长，以及城市化进程的加快，都使得居民的消费水平在快速提高。家具作为生活必需品和耐用消费品，自然成为收入增长后人们首选的购买对象。对于现阶段的消费群体而言，宜家的产品定位逐渐由"中低档家具"转变为"中高档家具"，相应的目标市场定位也由"城市中等收入阶层"转变为"城市中高收入阶层"。事实上，目前宜家在中国的首要目标市场正是那些具有较高收入的城市居民。从收入角度来看，这些人群拥有高于平均水平的稳定收入，正在成为宜家现实的稳定的目标顾客群。此外，城市消费群体对家具的需求呈现出一些新的特点：个性消费逐步凸现，消费的主动性有所增强，知识营销受到前所未有的重视，对购物方便性的需求与购物乐趣并存。

宜家来说，它发展过程中将不得不面对各种资源短缺、价格上升带来的成本上升的威胁，尤其是木材短缺对宜家发展的影响尤为严重。随着环保理念的贯彻和绿色观念的盛行，消费者对家具产品的安全性和环保性要求越来越高。

4. 宜家在中国遇到的挑战

虽然宜家对中国情有独钟，但中国不会对宜家偏爱有加。宜家依然要面对众多的困难与挑战。

4.1 宜家的姗姗来迟

宜家是一个"迟到者"。调查显示，中国国内市场的建材城已超过数十万家，仅北京就有40家左右的各种家居采购市场。家具市场增长最快的是在2000年前后。宜家已属于晚来者，所以时间成本与市场教育成本是宜家在此阶段需要考虑的。

4.2 宜家的形象误读

宜家是一个"被误解者"。无论在瑞典本土还是北美市场，宜家都是一家典型的"家居便利店"，这同样也是宜家的初衷。但是，在中国这个庞大的家居消费市中，本来想靠低价策略谋取大众市场的宜家被误读了。在中国消费者心中，宜家就是"贵族"形象，就是身份和地位的象征。一贯以向中低收入阶层提供"有意义的低价格"为口号的宜家在这里却成了高收入阶层的乐园。这无疑是宜家最不愿看到的。

4.3 宜家被模仿复制

宜家是一个"被骗者"。面对中国成千上万的家具制造商，加之中国不太健全的法律环境，宜家经常遭受一些企业的仿造与欺骗：它们到宜家店里量尺寸，看样式，之后以更低的价格仿造出售。结果宜家风靡全球的"价格优势"在中国失灵了。

4.4 宜家的义化认同

宜家是一个"外来者"。宜家的的确确是一个"外来者"。它的独特的或者说具有欧洲特点的经营风格多多少少偏离了中国大众的消费习惯。尤其是在心理上，中国老百姓对它的北欧文化还有些不适应。于是"本土"与"本色"如何融合，成为宜家在中国发展的一个不可忽视的问题。

5. 宜家的变革

宜家家居的市场优势非常明显，巨大的中国市场又为其提供了良好的发展机会，在未来的发展道路上可以采取更深层次的差异化战略，继续保持其产品设计的独特性、购物模式的特色性以及较高的品质，为中国消费者提供更好的家居产品。

价格方面：通过优化公司管理、缩减采购环节、加强成本控制等来降低成本，根据中国消费市场实际情况适当调整价格和产品结构，为中国市场提供更多物美价廉的产品。

渠道方面：充分利用宜家（中国）众多的供货基地和强大的分销网络，有效调配货源，减少分销环节，同时在中国市场逐步增加直属店，在北京、上海、广州等大城市增开新店，在天津、西安、郑州、武汉、杭州、重庆等大城市筹备建立店铺。

宣传方面：通过在线产品目录册、店内促销、社会公关活动等扩大企业知名度，树立和巩固国际知名家具企业形象。

产品方面：细化产品档次，除原有高价位产品外，专门为中国消费者设计低价、简单、实用的产品。通过用低价值材料代替高价质材料，采取简化包装、就地取材、当地生产等方式降低成本，使产品价格符合中国消费者的心理价位。同时注意突出产品特色，保持其原有的北欧风格。

渠道和促销方面：强化企业形象以及品牌形象，重点宣传宜家产品的设计特色以及独特的购物模式，以强化宜家与百安居、家得宝等国际家具品牌以及众多国内家具知名品牌的显著差异，突出自身特点。

成本控制方面：针对木材等原材料价格上升以及资金、人力资本等生产要素上升等问题，宜家完善物料采购，简化采购环节，选择合适的供应商并与其建立长期的伙伴关系，并通过纵向一体化并购降低采购成本；同时在国际市场上寻求有利融资，在发展中国家建厂，争取东道国优惠。对于中国市场来说，宜家产品价格偏高，而且随着国内各种生产要素价格的上升，宜家的产品成本还会上升。这一趋势势必影响宜家在中国市场的扩张，宜家要想在中国站稳脚跟并稳步发展，就需要做出相应的战略调整。

6. 宜家家居的中国本土化战略

经过不断的策略变革，宜家在中国的营销战略作了大幅度调整，使其在各方面迎合了中国大众的消费习惯，以逐渐扩张中国市场。

6.1 价格本土化

自宜家进入中国以来，宜家的价格一降再降。2002年间500余种宜家产品价格降低20%；2003年9月，宜家（中国）又调低了1 000多种商品的价格，2003年的新产品目录册中，平均降价幅度达到30%以上。其中最大降幅达到65%左右。通过降低价格，使越来越多的中低收入阶层走进宜家。

6.2 采购本土化

为了打好降价牌，宜家在所擅长的供应链管理上也下足了工夫，从产品的设计开发，到采购、分销，再到零售商店，宜家都有自己独特的运作体系。除了坚持只销售宜家自己的产品系列外，宜家（中国）在本土化方面也力求突破。自2001年起，宜家在中国的采购量占其全球采购份额逐年上升。宜家现在在中国共有370多家供应商，在哈尔滨、青岛、厦门、蛇口、武汉、成都和上海设立了7个采购中心，进行全球集中采购。

6.3 选址与服务本土化

商场的选址，宜家总是在远离市中心的地方买下一块廉价地产，自己建造商场。但考虑到中国大部分消费者都没有私家车，宜家不得不把商店设在交通便利繁华的地区，并具备一定规模。如上海开出的第一家标准店就选在繁华的徐家汇商业区旁边，并保持了欧美郊区店的统一标准。另外，宜家为了适应中国消费者的习惯，在店铺中增加了服务人员，配备了较多的送货车辆为顾客送货，在消费者的强烈呼吁之下，降低了送货费用。

6.4 促销本土化

为了让中国消费者从心理上接受宜家的产品，宜家采用了多种先进的营销手段，包括在卖场内现场实景布置家居模型，让参观者和购买者都在不知不觉中或多或少地接受宜家所倡导的家居文化。由于中国家居市场复杂程度的加大，宜家在中国市场的宣传除了使用目录手册，还采取了其他宣传手段。如2002年9月，宜家首次使用中视这一媒介在北京和上海同时宣传，通讨52集电视系列片"宜家美好生活"解决观众在家具装饰中经常遇到的难题。

经过一系列的本土化变革，宜家不仅在世界各地占有了可观的市场，也逐渐在中国这块大蛋糕上站稳脚跟，其创新的思想、善于调整战略的本土化经营思想势必会带给跨国企业走向世界更远的角落以更多的启示。

【思考题】谈谈宜家的本土化策略。

【资料来源】

[1] 三亿文库. 3y.uu456.com/.
[2] 慧聪纺织网. www.textile.hc360.com.
[3] 张理军博士官方网站.

收集整理：秦良媛

成功的本土化助佳能"盈"在中国

> **摘要：** 随着世界经济的进一步深入发展，经济全球化已成为世界经济发展的基本趋势，世界各国或各地区生产、经营等活动将纳入全球经济之中，全球将成为一个统一的网络化的市场体系，全球化营销成为跨国公司的必然选择。当营销跨越国界时，就必须考虑营销方式的改变，也就存在着国际营销标准化与本土化界定的问题。由于单纯的标准化和单纯的本土化都存在不足，所以，有效的国际营销战略应该是标准化和本土化的融合。
>
> **关键词：** 本土化；国际化；跨国公司；佳能

1. 案例背景

佳能的中国事业开始于20世纪70年代末。时值中日建交开端，中国政府与佳能公司高层领导人的互访，为佳能在华事业迈出了坚实的第一步，佳能与中国的合作也由此拉开了序幕。30多年来，佳能在华事业伴随着中国经济的繁荣而成长和发展起来，佳能的"共生"理念正在中国结出硕果。

今天，佳能已经在大连、珠海、中山、苏州等地拥有包括生产、研发、销售在内的15家现地法人机构，在华投资总额已累积超过10亿美元，拥有员工3万余人，通过技术转让及外汇创收为中国的经济发展做出贡献，在众多的外资企业中名列前茅。

1997年，佳能（中国）有限公司在北京成立，开始负责佳能公司在中国的投资及其他相关业务。伴随着中国政府相关经济举措的实施，佳能的中国事业也开始被纳入到佳能全球化销售体系中来。2002年，佳能亚洲营销集团总部正式迁入北京，佳能在中国的发展开始了从投资为重心向市场为重心的战略转移。2004年是佳能（中国）获得直接进口和销售权的开始，2005年是佳能（中国）销售体系进一步强化和完善的重要一年。一方面，佳能设在中国的工厂将继续增加更适应中国市场需求的产品；另一方面，佳能增强销售力量，努力深化销售渠道的建设。从2006年开始佳能进入高速增长的第二阶段，拥有14亿人口，经济开始腾飞的中国在佳能面前呈现了更加广阔的商机。始终站在时代前沿的佳能，作为以科技服务社会的国际企业，坚持开发更能满足时代需求的新锐产品。佳能成功运用其世界顶级影像技术，为中国市场提供了照相机、复印机、打印机、传真机、扫描仪、投影仪等诸多产品，并已向耗材、医疗设备等领域进行积极的拓展，使个人消费者和商务用户都能够从中获益。在这一崭新的发展时期，佳能将一如既往地支持中国经济的发展，在创造雇佣机会、培育人才、技术支持以及社会援助等方面继续努力，为中国的社会繁荣做出贡献。

2. 佳能的本土化经营策略

20 年前的这个春天，一度让欧美工商业感到咄咄逼人的日本泡沫经济正式宣告破灭。如今，日本债务与 GDP 的比例已达到令人生畏的 180%，高居全球发达国家首位；而作为日本制造业巅峰象征的丰田汽车，眼下也在"召回门"中声誉大损；更加值得关注的还有，在全球金融危机渐次退去中，日本 GDP 竟然萎缩了 5% 以上。不过，这并不妨碍佳能的持续盈利。汤森路透的调查显示，市场分析师此前预计，佳能第一季度净利润为 485 亿日元。由此看来，佳能第一季度业绩大大超过了市场预期。当然，这其中的"中国因素"日益重要。佳能（中国）副总裁兼 CFO 青山伸一在接受《首席财务官》杂志的专访时表示："目前在我们整个集团当中，亚洲和中国的发展速度最快，增长比例也最高。"

2.1 树立本土化品牌

在现代化营销中，品牌是关键，尽管政府采购原则上不是特别关注品牌，但是在实际的操作中品牌的知名度和美誉度还是采购人选择的重要依据。

有关专家表示，通过专业公司的调查，我们了解到佳能在中国，尤其是在二、三线城市中的知名度还不太高。佳能的品牌建设是多层次的，包括商业广告、现场营销、体育营销、客户接触、社会公益行为等多种手段和方式。

打印机采用中文名"炫飞"、PIXMA 喷墨打印机采用中文名"腾彩"；产品中文名征集例如上半年开展的 Power Shot 系列数码相机的中文名征集；采用中文包装例如"腾彩"PIXMA iP1180/1880 在包装上针对中国用户采用中文标识，同时在产品型号上采用中国用户喜爱的数字"18"，全面考虑到了中国用户的需求。

佳能还积极致力于社会公益活动。在环境保护方面，佳能曾先后举办了环保题材 DV 摄影大赛、为中国野生动物摄影训练营提供支持、赞助世界自然基金会大型图片展与赞助北京动物园百年纪念大型公益活动；在教育支援方面，佳能设立"北京大学佳能奖学金基金"、每年举办"佳能杯"大连日语演讲比赛、捐助建立了 3 所佳能希望工程小学；小泽秀树在美国曾经工作过 15 年，同时还在新加坡与香港常驻过，这位自称"亚洲人"的中国区总裁，在 SARS 肆虐香港的时期，就敏锐地以"香港加油"为主题展开了系列营销活动，并提出"购买一台佳能相机，捐赠 100 元"，获得了销售业绩提升 54% 的空前成功，同时为医疗机构捐赠了价值 200 万元的医疗设备。

佳能给普洱地震灾区捐赠了价值 30 万元的儿童物资，还定期举办聋哑儿童影像交流活动等。

2.2　把脉客户心理

"除品牌外，佳能的另一个优势是通过准确把握中国市场脉搏与消费者心理，灵活调整在中国的产品市场策略。"专家表示。经过调查研究后，佳能发现中国中低端打印市场上用户对于黑白文档打印的需求占主流位置，因而在 2007 年向中国市场推出了专门为中国消费者设计的 iP1180/1880 打印机，在"腾彩"PIXMA iP1180 上标配单独黑色墨盒，单独安装和使用黑色墨盒使消费者能够以更低的初期成本就能享受高品质打印。

到目前为止，佳能的这两款机器在市场上取得了非常大的成功。此后，佳能还会继续向中国市场不断导入能够满足中国消费者需求的产品。

进一步强化售后服务也成为佳能的重要战略之一。事实上，对于很多国际品牌来说，不论采用直销还是代理，中国地区一向是售后服务的薄弱点。随着用户数量和投诉电话的不断增多，佳能把提高售后服务质量作为工作重心之一。目前，佳能（中国）有 4 家大型自有快修中心及 1 家特约认定快修中心。在这些快修中心里，数码相机这样的小型机器可以在 60 分钟内修好。奥运期间，北京的两家快修中心更将每天都为用户提供该服务。佳能希望这些优质的服务体验能真正"感动客户"。

而且，快修中心不仅提供了让客户称赞的服务，还发挥了意想不到的作用。由于直接掌握了第一手的客户资料，它常常能为总部提供非常有价值的决策信息。消费者也逐渐对这里产生亲切的依赖感，快修中心的工作人员甚至会收到用户寄来的感谢信、明信片和土特产。

2.3　加速本土化

早在 2002 年，佳能就将亚洲营销集团总部迁入北京，佳能在中国的发展开始从投资为重心向以市场为重心战略转移。青山伸一很直接地表示，"对于佳能（中国）来说，其实它扮演着三重角色。首先，是中国大陆地区的一个销售公司，全部覆盖中国大陆市场的销售工作；其次，它起着组织和连接关联公司的角色。佳能集团在中国大陆地区一共有 14 家关联公司，佳能（中国）是作为干事公司（日本的说法）负责连接这些关联公司；最后，佳能（中国）还是佳能亚洲营销集团的总部。"

"据我了解，把这样一个掌管着整个亚洲销售工作的集团总部放在中国地区，并不是所有公司都会这样做的，应该说也不是很多，佳能就是其中为数不多的公司之一。"青山伸一解释说，"我们当时把总部定在中国也是考虑到中国在整个亚洲地区的重要战略位置和它巨大的影响力，其实这从佳能（中国）现在的销售业绩上也能看出一二。"

定位的清晰化随之带来全面的本土化浪潮。销售出身的小泽秀树在2005年执掌佳能（中国）公司时曾做了一次市场调查，结果发现中国消费者对纯英文标志的认知度很差。于是他决定在品牌标志"Canon"的旁边加上"佳能"两个汉字，在品牌口号"Delighting You Always"的旁边加上"感动常在"。这一招让"佳能"的品牌知名度很快得到了提升。小泽秀树越来越强烈地意识到"中国标志"的重要性。

在2006年年初的一次公司大会上，小泽秀树一口气提拔了100多名中国员工，并承诺"以后每年都会有这样大规模的提升"。佳能（中国）的高管曾经全是日本人，而现在已经有本土员工做到了直接向总裁汇报的总经理位置。"佳能（中国）的财务体系构建有六个组成部分：会计、税务、资金、资产管理、预算和信用。在这六个部分里除了预算以外，其余都是由本地的员工来进行管理，本地化的程度非常深。"青山伸一说，"目前这是我们最着重去做的一块。"

此外，他还强调要把管理人员放在一个最适合的地方，"比如，信用和会计这两个职能的总部就坐落在上海。"当然，青山伸一也表示，佳能没有必要刻意为了本土化而去做本土化，在中国的市场上有非常多优秀的人才，并且可以说超出了日本。"这是很自然的，我们在实施'优胜劣汰'的用人方式的过程中，采用了大量的本地人才，而现在留在佳能公司的本土员工也非常多。"很快，在佳能公司的董事会中，也会出现非日本籍董事。在中国，佳能公司共投资了9家企业进行佳能产品的本地化生产。

目前佳能在中国的所有7 441名员工中，来自日本的员工仅有94名。以后，这一比例还将下降。小泽秀树每周都会随机邀请一位员工共进午餐，餐叙内容甚至包括话家常。中方员工对小泽秀树的这一做法很喜欢，因为他们能感觉到高层管理人员对员工个人的关怀。

小泽秀树同时表示，佳能深知在中国一定要注重本土化的进程，佳能一直在人力资源改选方面努力迎合中国的市场发展，佳能将进一步建立强大的销售和服务团队，加强各个不同市场的营销能力，实行扁平化的管理，让服务更贴近用户。"为进一步推崇我们'共生共享，共创理想'的宣传口号，我们会在中国各大城市设立一些佳能影像广场，让更多的中国消费者来体验佳能产品的魅力所在。"

3. 佳能"盈"在中国的秘诀

3.1 魅力新品

在春季新品发布会上，佳能就推出了 17 款新品，并提出了"你好，色彩"的概念。"你好，色彩"既是此次佳能新产品的主题，也是对佳能产品的全新体验和阐释，同时强调了佳能相机对画面色彩的超群表现以及其色彩亮丽的外观设计，标志着佳能产品在技术与外观上的双重突破，为广大用户带来了一个科技感与时尚感并存的全新佳能．一改以往通过专业媒体、各种讲座以及户外广告进行推广的传统渠道，佳能除了通过网络推广外，还进行了一个大胆的尝试：在北京、上海、广州的地铁里铺上了百米长的广告。很多年轻白领、大中学生都会选择地铁作为日常交通工具，而佳能的 IXUS "你好，色彩"广告的意图就是打动这部分人群。但是地铁广告不少，很多人每天连走路的速度都很快、走路的时候可能还在想着很复杂的事情，如果只是很小很简陋的展示不见得会引起他们的注意，佳能想到的办法是用百米广告让每一个消费者都无法逃避这个冲击。"很多人都会停下来，在广告前面拍张照片，这正是我们想要的效果。"佳能（中国）有限公司影像信息消费产品本部总经理西村英明决定，要把广告效果做得足够震撼，让每个路过的人都能看到并记住佳能的产品，这就是长近 100 米地铁广告的来由。

3.2 经营策略

在营销策略方面，佳能将保持一定的投入，并以更具体、更吸引消费者的方式展开。在佳能官网上也下了非常大的力度，设置了很多关于 IXUS 非常有意思的话题，以吸引消费者关注。从经济危机开始，网购渐渐成为一种时尚，一些电子商务网站的交易额猛增，尤其是 20 多岁的年轻人更喜欢网购。显然，佳能在有意增加网络营销工作。

除了视频网站，佳能在官网上也屡出新招。这组广告的舞蹈动作很吸引人，于是佳能在官网上开了一个"跟我一起跳"的栏目，专门教网友学这些流行的舞蹈。还有 60 秒的纪念版广告片以及广告制作花絮，使"你好，色彩"活动页面的访问量在短短不到一个月的时间内达到 750 万。

3.3 全员营销

每逢周一，佳能（中国）有限公司总裁兼首席执行官小泽秀树都要系上一条鲜艳的红色领带。每周的第一个工作日，佳能中国男员工都会系上红领带，女员工们则戴着红围巾或者身着红衬衫、红裙子。这是小泽秀树为佳能中国公司设定的"激情日"。在小泽秀树看来，激情可以让任何问题迎刃而解。小泽认为，销售工作就像是舞台表演，除了每周一的"红色激情日"，小泽还在员工中间倡导"你好"活动，每天，每个部门会轮流到其他部门一一打招呼，说"你好"，借此鼓励员工多问候、多沟通。

事实上，小泽上任之后要求员工把"销售和为客户服务的意识"灌入到自己的日常工作中。每个月的固定时间，小泽会用 E-mail 告诉所有员工佳能（中国）上个月的销售情况，需要努力和改进之处在哪里；他也指示销售部门向全公司发出推销某种产品的奖励计划，让每一个人都对销售工作产生兴趣。

"现在我们要求负责产品的同事，不再仅仅做技术资料的翻译、产品上市的指导，而要更多地关注消费者和市场。"影像信息消费产品部经理王军说。比如产品广告投放之前，他们必须考虑广告的设计是否与产品相符，针对的是哪些用户，能否通过这样的广告告诉顾客产品的优势何在。这就是小泽秀树期望的"全员销售"，通过各部门——即使看似与销售无关的部门。

按照美式标准衡量，佳能的公司治理很不"先进"：既没有独立董事，又在经过 19 年的外姓经理人治理之后回归到了创始人家族经理人治理的状态。但是佳能的业绩很"不俗"。2009 年，佳能的美国专利注册数量仅次于 IBM、三星和微软，位居第四；2009 年度营业额达 348.83 亿美元。《商业周刊》杂志 2009 年"全球最佳品牌"排名中佳能列第 33 位，《财富》杂志 2009 年"财富 500 强"中佳能营业额居第 190 位，净收入列第 131 位。英国《金融时报》2009 年"全球 500 强"中佳能市值排第 104 位。

佳能 70 多年持续稳定的成功发展历程表明：美式德式日式经营管理之道，都不是完美定式；坚持自我、努力学习，管用就是好的。

【思考题】从佳能的企业管理，看美国、日本在企业管理上的区别。

【资料来源】
[1] 政府采购信息网——政府采购信息报.
[2] 佳能的经营之道. 百度文库.
[3] 叶龙招. 佳能，"盈"在中国. 人物.

收集整理：秦良媛

零售巨头乐购 Tesco 败走中国

> **摘要**：Tesco 的最后归属终于尘埃落定，华润万家吞下了 Tesco 中国业务，Tesco 羞羞答答地还保留了 20% 的股份。10 年前，Tesco 以收购乐购为起点进入中国，最终是否会带着失意以被收购的结局黯然淡出了中国大陆这个充满无限商机的市场呢？
>
> **关键词**：零售业；文化差异；乐购

1. 案例背景

在华十年后，全球第三大零售巨头 Tesco 终于开始撤出中国。2014 年 5 月 29 日，中国最大的零售企业华润万家有限公司称，华润创业有限公司与 Tesco 签署的合资协议已获得中国相关政府机构的批准，合资双方将组成多元化零售合资公司，于中国大陆、香港及澳门经营大卖场、超级市场、便利店、现购自运业务及酒类专卖门店等零售业务。TESCO 将其中国业务及现金注入合资公司，基于此，华创持有合资公司 80% 的股份，TESCO 持有合资公司 20% 的股份。交易完成后，"乐购超市"将更名为"华润万家"，并将成为内地、香港及澳门经营大卖场、超级市场、便利店、现购自运及酒类专卖店的独一平台。新成立的合资企业销售额预计将达到 100 亿英镑左右，约合人民币 950 亿元，是中国领先的多业态零售商。华润万家 CEO 洪杰表示，通过此次合作双方的零售资源将得到最大的发挥，双方后台管理系统将实现整合。洪杰认为，华润万家选择和 TESCO 合作，可达成双方共赢，是全球智慧与本土经验的结合，通过外资企业的管理加上中国本土化企业的规模资源，不仅加强了双方的互补作用，也是中国零售巨头和外资巨头业务合并的重要一步。

2. 曾经的雄心

2.1 Tesco 进军中国

乐购超市的建立最早要追溯到 1997 年，原系我国台湾地区顶新国际集团旗下的连锁超市品牌。2004年7月，Tesco意图进军中国大陆市场，耗资21亿元人民币收购当时乐购50%的股权，并将超市品牌更名为"Tesco乐购"，Tesco也以此进入到中国大陆的大型零售业市场。Tesco与顶新集团占有乐购中国股权比例为50：50，在内部管理架构上，乐购中国总部及大区的各个部门基本上都是1：1的双主管的架构安排；英国方面控制着乐购的地产取得、收购、店址调研以及设计等权力，而中国台湾的管理层则拥有乐购的采购和营运权。

这种"双主管"模式很快爆发了一山不容二虎的局面。在短暂的"蜜月期"后，双方就开始在乐购中国公司的控制权问题上展开了明争暗斗。在正略钧策分析师闫强看来，管理层面的矛盾，导致了"Tesco乐购"超市品牌在华发展从一开始就陷入了停滞。也因此错过了大陆零售业发展的黄金时期。

"2004年前后是中国零售业发展的黄金期，大批外资巨头纷纷入驻。当时，各家外资零售巨头的门店数量差距不大，家乐福的门店更多是集中在以上海为中心的华东区，而沃尔玛则集中在以深圳为中心的华南区。后来，两家巨头在中国都已成了气候，都完成了布局，但是很可惜，在最早的几年中，乐购没有抓住时代机遇。"闫强说。

直到2006年12月，Tesco再度出资1.8亿英镑（约为28亿元人民币，当时1英镑对人民币15.3232元）从顶新集团手上买入乐购中国40%股权，Tesco自此持有乐购中国股权从50%增加到90%，而顶新集团仍持有10%股权。2010年以后，乐购中国进入高速扩张期。彼时，英国总部要求，到2015年，乐购在华业务要实现可观的盈利。英国方面对乐购中国定下的增长目标是销售额要提高至40亿英镑（约合416亿元人民币），门店数量要增加1倍以上，达到200家门店。而当年乐购的门店总数为90家。这就意味着在5年时间里，乐购每年的门店平均拓展速度必须在22家以上。除了传统大型超市门店外，乐购还试图增加便利店数量以扩充公司的业态和利润。

2011年，尚且做着"复兴梦"的英国Tesco，在我国香港特区发行7.25亿元离岸人民币债券，该笔融资后被Tesco方面确认全部用于中国内地零售业扩张。与此同时，Tesco还在中国做起了商业地产生意，将其在华开发的购物广场称为"乐都汇"，并且提出至2015年将在中国总共开设50家乐都汇的目标。每个商业地产项目的投资额在4亿~7亿元。

不过，这一系列的折腾在Tesco中国业务全部并入华润创业旗下后，换来了华润创业首席财务官黎汝雄在中期业绩记者会的一句评价："Tesco在中国的布局颇大规模，出现一些过度投资的现象。"这是Tesco进入国外市场的一贯模式。例如，Tesco分别与韩国三星集团、泰国Charoen Pokphand合作进入韩国和泰国市场。在竞争激烈的零售业市场，各家零售商基本完成跑马圈地，通过这种方式扩张Tesco可以快速与当地供应商建立联系，获得消费者资源。Tesco却把中国作为最重要的市场之一拟5年内投资400多亿元、增设50个商场和30个购物中心，使在华销售额增加3倍。

2.2 Tesco style

"与其他外资不同，尽管Tesco布局较晚，但仍沿袭着英国企业的沉稳、务实的风格。"曾在沃尔玛工作6年的张天莉回忆道。Tesco入主后首先关停了缺乏盈利潜力的门店。2006年、2007年国内零售业正值跑马圈地抢地盘的疯狂扩展阶段，当时绝无仅有的外资门店关停对内部员工、地方政府、消费者都带来了很大的震撼。在许多业界人士看来，Tesco的经营风格更像是一位身穿西装有着英国纯正血统的绅士，可在中国很多时候却需要光着膀子血拼。在内资企业促销降价、大打价格战的同时，乐购在中国的经营却较为温和，店铺内数百种从英国进口、价格不菲的自营商品成为独有的特色。

为了能长期中国扎根立足，Tesco为将来快速发展做了大量基础性的工作。当初，Tesco制定了千亿元销售目标，整个信息系统容量、管理架构、布局设置、物流配送、供应链等都是按照这一级别来构建的。地方性零售企业追求区域投资的密度，由于资金少，追求即期利益、要求开一家店盈利一家；Tesco却强调投资的广度，许多布局首先从战略层面考虑是否有利于长期在中国发展。运营中，沿用英国评估体系把灯泡、空调等是否符合环保标准作为门店考核的指标之一。

一位老员工介绍道，当时，很多外资企业对员工的培训仅止于企业内部，Tesco却常常专门从英国聘请专家在五星级酒店培训。然而，Tesco这套英式管理模式在经济增速放缓、人口红利减退、要素成本提高的中国，逐渐失去了魔力。Tesco中国区上交的财务报表每况愈下。2013年，Tesco在华销售额223亿元，整体亏损。根据Tesco2014年上半年业绩报告，2014年上半财年，乐购税前利润同比下降91.9%至1.12亿英镑，销售额同比下滑4.6%。特别是2014年6月乐购公布的一季度业绩显示，乐购销售额同比下滑3.8%，为近十几年最差季度。

3. 乐购Tesco败走中国

3.1 水土不服

Tesco通过吃掉乐购进入中国市场后，首先向中国区输入了大量"洋面孔"。很长时间内，Tesco中国的高管只有两名华人，一名负责对接政府和媒体，一名负责人力资源。这些外籍高管为企业在各个层面植入了纯正的英式基因。

在新店的选址上，乐购沿袭了Tesco英国模式——英美有着浓郁的汽车文化，大型超市通常设在郊区，人们习惯驱车数十里前往购物。"外籍高管在中国设店选址上，不太在乎门店是否偏离商圈、周边是否有足够的消费人群，门店选址往往偏僻，但场地大、停车位多。"乐购上海光兴店总经理金坚认为，外籍高管并不了解中国的市场需求，国内很多城市交通拥堵、人均车辆较少，消费者通常只会就近消费。

此前，在顶新集团治下的乐购采用的是大区负责制，大区和门店有一定的自主权，可根据不同区域个性化管理。Tesco入主后却改为了中央集权管理，大区和门店只是执行者，大小事务均由中国区和英国总部决策。

Tesco这一管理方式、运营模式根源于英国以及西方的市场特点、管理理念。在英国区域小、市场差别小、商品趋同、消费习惯趋同，在类似市场中实行中央集权、标准化规范化管理可以发挥集约优势和协同效应。可英国总部高管和派驻中国的外籍人士固执地认为放之四海而皆准的法则，却在中国失了效、碰了壁。一位高管介绍道，中国市场体量大、各区域之间有着极大的消费差异，独具地方特色的产品较多。如华东地区消费者口味为酸甜，四川为麻辣，Tesco采用集权管理、全国统一采购根本无法适应区域市场的需要。乐购门店内"本土化"商品远远少于竞争对手，很多商品因不符合地域风格而滞销，门店销售业绩始终不见起色。

如Tesco从扬州采购一种知名白酒，这种酒在不同地区专售商品种类不同，上海专售52度、扬州专售53度，但公司统一采购销售后，上海顾客因度数与本地市场不符怀疑为假酒，而中央集权体制下门店改变起来却十分困难。中央集权制必然要求"门店—大区—中国区—英国总部"层层汇报，这使得乐购在激烈的市场竞争中缺乏快速应变能力。无锡乐购门店一位管理人士介绍道，每当具有时令性的生鲜上市、每当竞争对手加大促销力度时，乐购应对竞争起来显得明显慢半拍，错失了商机。这一现象是外资零售业在中国的通病。

一位Tesco内部人士表示，乐购总部很大程度上是以销售额、销量为评估导向，对报表中销售额大、销量高的商品采购的多、给予资源多，但这些商品的利润率往往却不高，有些反而是亏损的商品（如鸡蛋）、卖的越多亏得越多。门店总经理只是执行者，无法看到相关财务报表，无法及时向上反馈信息。

3.2 适得其反的救助

2008年席卷全球的经济危机爆发，外资零售巨头们在经济增速放缓、人口红利减退、消费能力下降、要素成本提高的现实面前，利润空间不断被挤压。目前，全国零售业平均利润率只有1%。水土不服的Tesco长期陷入亏损，盈利无望。尽管如此，成立于1932年的老牌英企不肯放弃快速成长的中国市场，为了拯救陷入亏损泥潭无法自拔的乐购，从2011年起Tesco开始频繁更换CEO，希望这些有着数十年零售业经验的零售大师能力挽狂澜。

2011年3月，Tesco中国第二任CEO施敦庭（Tim Ashdown）上任；2012年5月更换为鲍睿琪（Paul Ritchie）。可实际上，Tesco不断换帅并没有挽救乐购逐年下滑的业绩。"从2011年后，公司连续更换CEO，每一任只有一两年的时间。新来的CEO对中国文化、国情完全陌生，与员工、政府、媒体、公众交流的礼节、方式一点一滴都要重新学习；对市场更需要长时间的摸索。可刚刚熟悉过来，却又因业绩不佳被撤换。"一名Tesco中国高管说道，"一任高管一个思路，公司政策忽左忽右，决策承接性、一致性大打折扣。新任CEO因对中国国情和市场的不熟悉，处于谨慎决策时间就要拉长，有时甚至要付出巨大的资金成本。"

比如，门店价格标签须备案受政府监管，按照规定只允许有原价和现价，字体大小须一致，且不允许有促销信息。实际上，中国因地域差异各地政府管理的宽严尺度不同，地区性竞争对手往往能灵活掌握。外籍CEO却下令效仿，当统一的标签分发到全国时，多地门店被政府查禁、处罚，延误了商品的正常销售。不仅如此，当Tesco总部拿到报表发现业绩不佳时，就会从全球调配高管和专家团队空降到中国区"诊治"，最多时有一二百名外籍人士同时进驻。部分员工反映，一个外籍人员到中国后的住房、用车、通信，甚至孩子、配偶问题却需要高额的成本。派来救助的外籍人士越多，人力成本费用就越大。可这些"多国部队"进入后对中国市场也同样陌生，诊断、救治的决策周期很长，无法跟上中国快速多变的市场节奏。这也成为许多员工的共同困惑。

一位Tesco门店总经理就认为，中央集权制使得公司高管和商品无法实现本地化，导致决策与市场脱节，乐购亏损很大程度上是战略层面的失误。多个门店在开张的前不久、在各种条件准备就绪的情况下突然被下马，耗费了巨大的人力物力。

4. 败北中国的原因

4.1 全球扩张策略失误

其实Tesco的"衰落"早有苗头。2014年4月，Tesco方面公布2013年财务数据时，就曾因"在英国季度销售下滑幅度创下40年来之最"而受到了广泛的关注，而其英国国内市场占有率已经从此前的30.3%下降至28.9%。在星球零售（Planet Retail）分析师大卫·格雷（David Gray）看来，Tesco此前全球化投资策略上的失误，是其走到今天局面的根源之一。他同时指出，Tesco方面也是在近两年里才意识到自己在全球业务上所面临的挑战。

中国是"挑战"中颇为严峻的一个。"中国作为世界上最大的食品杂货零售市场，大型连锁超市盯上中国本不足为奇。"格雷向时代周报记者评论道，"但是

Tesco近年来将其主要关注力转向中国、泰国等国际市场的同时，却忽略了英国本土市场的发展。"格雷进一步解释，英国国内市场占Tesco的收入比重接近2/3，并且拥有将近30%的市场份额，正是这一赖以生存的基础，为Tesco在国际市场上的投资、并购提供了资金支持。

格雷还指出，目前因为错误的投资策略，Tesco已经陷入内外交困局面。除却国内市场销售业绩下滑以外，Tesco在全球九大主要国际市场均面临爆发式的业绩下滑。值得一提的是，Tesco在美国市场的投资自2013年9月已经宣告失败。彼时Tesco宣布将其在美国的150家亏损的Fresh&Easy商店，卖给美国亿万富翁罗恩·比尔克莱（Ron Burkl）的尤开帕集团（Yucaipa Companies），并关闭剩余的50家店面，彻底退出美国市场。而2011年Tesco就曾经因为水土不服而在日本当地超过半数的门店都未能盈利，因此退出了日本市场。

4.2 本土关系缺失

当你在困境中越陷越深的时候，最好放弃挣扎果断止损，而不是心怀幻想地继续投入。从这个角度说，卖中国业务，也许是Tesco进入中国大陆10年来最正确的决策之一。

许多因素共同导致了Tesco在中国市场的被动局面，比如业态单一、选址不佳、扩张缓慢、规模不振等等，而这些表象背后更根本的原因是——Tesco本土化关系的缺失。零售生意的诀窍，一是品牌；二是规模。从2004年算起，Tesco进入中国市场10年，旗下"乐购超市"门店数量从最初的25家增长到2013年底的135家。相比之下，沃尔玛、家乐福中国门店数量分别为406家、236家。门店数量的劣势令Tesco难以发挥规模经济。

Tesco旗下"乐购超市"大多位于人流密集地段，经营面积数千至上万平方米，除了部分为自有物业外，还有部分为租赁物业，不可避免地遭受租金上涨的压力。Tesco在中国大陆拥有135家"乐购超市"和25 000余名雇员，员工薪水高于行业平均水平，这也是难以忽略的固定成本。成本上升推高进场费、条码费，导致供应商关系紧张不堪，屡屡陷入"断货危机"。

虽然引入F&F等自有品牌，试图发挥国际直采、农产品采购等既有优势，并积极拓展电子商务，但受制于单一的大卖场业态，大规模扩张即面临大幅成本支出，经营业绩难以扭转。企业经营中，提升运营效率或者规模效应，可有效发挥经营杠杆作用，摊薄固定成本，提升盈利能力。Tesco何尝不知规模的重要性？但是，作为外企的它缺乏规模扩张所需的本土关系。

经营连锁超市的三大关键是："选址、选址、选址"。选址不仅需要精准的眼光、精细的计算，更离不开必要的关系。如果没有关系，或者缺乏打点关系的手段，往往意味着与好地段绝缘。早在2008年，Tesco便成立商业地产部门，企图通过自建商业地产打开中国各大城市的市场通道，然而几年下来，Tesco 的商业地产大多位于三四线城市偏僻地段。

在传统零售这个高度依赖地理位置的行业，缺乏本地关系的跨国公司很难打入错综复杂的内陆城市。河北石家庄——一个 1 200 万人口的省会城市，至今没有一家"乐购超市"，家乐福曾被本地超市联合挤出，后通过与当地超市合作才谋得立足之地；沃尔玛选择市中心新开盘的一座商业中心，显然以高昂租金为代价迎合了地方政府招揽"世界 500 强"的政绩诉求。

全球零售巨头之一的英国 Tesco 集团董事长向联想控股董事长柳传志提问说，在中国做企业，行政管理方面的透明度和执法比较差，如何应对？被称为"企业教父"的柳传志给他支的招是：最好找一个已经退休的中国官员帮忙。"他们主要负责研究你们的业务跟中国的哪些官员和哪些部门有联系，然后你所在的省份的官员具体的人的个性是怎么样的，他们都要负责研究，然后负责把关系理顺，这必须是中国人承担的事情。"柳传志的这番话十分直接，也从一个侧面折射出 TESCO 这些年在中国市场折戟的其中一个因素。

4.3 乐购进入中国时间晚未抓住先机

Tesco 始创于 1919 年，最初的形式是 Jack Cohen 在市场里设立的一个小货摊，"Tesco"作为一个品牌首次于 1929 年在伦敦艾奇韦尔（Edgware）大街亮相。发展至今，Tesco 已是全球三大零售企业之一，全球门店总数将近 6 000 家，员工总数约 520 000 人业务不仅包括零售，还涉及金融、加油站、电信和医药等领域。

在全球市场表现十分强劲，而在中国，Tesco 的表现只能算是差强人意，甚至有媒体称 Tesco 在中国的业务是鸡肋。比起沃尔玛于 1996 年进入中国，在深圳开设第一家购物广场和山姆会员商店，1995 年家乐福在中国开设第一家大卖场，乐购进入中国的时间晚得太多了。

4.4 整合扩张速度较慢被诟病

根据业内的评价，其实 Tesco 并不是一家擅长并购的企业，Tesco 中国也没能很好地体现其全球零售巨头的优势。

2008 年开始，乐购开始在中国购地自建商业地产项目的业务运营。TESCO 在中国采取租赁地产和商业地产相结合的发展策略，在中国的地产项目以"乐都汇购物中心"命名。自建物业是 TESCO 在全球的统一风格，但是在中国，这一做法有些水土不服，另两大巨头沃尔玛和家乐福在中国以租赁物业为主，因此扩张速度把乐购远远甩在了后面。

比如，2007 年 2 月，沃尔玛收购了好又多 35% 的股权，同时以向其他股东提供 3.76 亿美元贷款的代价换取了另外 30% 的投票权，全面掌控好又多的经营，并利用好又多的网络加大渠道的开拓和下沉。发展至 2013 年，沃尔玛、家乐福在中国的门店数量已相当惊人，截至 2013 年 2 月 28 日，沃尔玛在全国 21 个省（自治区）4 个直辖市的 150 多个城市开设了 390 多家商场，家乐福的门店数量也超过 200 家，而乐购的数据显示，在中国的门店包括卖场大约为 150 家。

4.5 对中国市场了解不够

除了以上这些因素，乐购的高层队伍结构也一直被业内评价称不够本土化。最近几届乐购中国区 CEO，无论是鲍瑞琪，还是施敦庭，都属于空降。2012 年，乐购中国更是被曝出大规模的"人事地震"。之后乐购中国相继关闭了其在绍兴、金华、蚌埠、常熟、泰州、铁岭等地的门店，缩减规模惊人。

当然，这也不仅仅是乐购一家的遭遇，随着全球经济放缓以及消费者习惯的变化，零售巨头都面临业绩挑战。沃尔玛、家乐福这些年来也开始在中国减速，此前，沃尔玛首席财务官霍利也公开表示："很显然，我们走得太快了，已经走在了自己的前面。"

曾几何时，Tesco 将中国作为亚太地区最重要的市场，制定出雄心勃勃的中国计划。谁能想到 10 年后，乐购开店数量不仅远远未达预期，而且多年深陷亏损的泥潭。最终，Tesco 掌握着 20% 的股权，在进入中国市场十年后，铩羽而归。

补充后记：2015 年连续曝出华润万家因为门店关闭问题被员工起诉的事件，同时又有财务报表显示，华润集团为这次合并所累，亏损严重，开始低价销售一部分门店。这一切说明，这次跨文化的收购是冷暖自知。

【思考题】TESCO 在中国市场的失利原因是什么？

【资料来源】

[1] 徐雯．乐购的困惑：怎么在中国搞好关系．新浪财经．

[2] 汤向阳．合资华润　乐购中国以进为退．经济观察报．

[3] 败走中国：风暴眼中的乐购——"Tesco 乐购"品牌消失成定局　财务造假丑闻引发连串危机．时代周报．

[4] Tesco 撤离中国：长期水土不服陷入亏损　盈利无望．经济观察网．

收集整理：秦良媛

超越文化　融合文化
——东风日产

> **摘要：** 随着在华中外合资公司数量的增加，规模的扩大，文化差异导致的文化冲突问题在合资企业建立初期显得越来越重要，它直接影响企业的跨文化沟通和管理。而最难解决的就是两种甚至多种企业文化的矛盾、冲突问题，这其中有跨国、跨地域企业间的文化差异，也有不同行业、不同所有制的企业之间的文化差异。因此企业并购中的文化融合是非常关键的问题。
>
> **关键词：** 东风日产；文化融合；文化差异

1. 案例背景

1933年12月26日，由日本产业公司出资600万日元、户田铸物公司出资400万日元，成立了注册资本1 000万日元的"汽车制造股份公司"。两公司的社长鲇川义介新任新公司社长。在1934年5月30日举行的第一届定期股东大会上，汽车制造股份公司更名为"日产汽车公司"，同时，由日本产业公司接收了户田铸物持有的该公司全部股份，"日产"正式成立了。

在当时的日本，汽车工业是其他机构都不愿意做的事业，就连三井、三菱、住友这样的大财阀都不愿涉足。理由很简单：谁都无法承受每年2 500万日元的亏损压力。为此，鲇川义介已经做好了五六年内每年亏损2 500万日元的准备。当然，这种魄力与他手下被称为日产康采恩的日本产业集团的强大支持是分不开的。日本产业是鲇川义介将久原矿业改组后于1928年出资5 000万日元创立的控股公司，其麾下拥有日本矿业、日立制作所、户田铸物等企业。为了能够与美国的轿车工业相抗衡，高瞻远瞩的鲇川义介将主要精力集中在日产汽车这一日本第一家真正的汽车企业的建设之中。

东风汽车公司始建于1969年，是中国汽车行业三大集团之一。主要制造基地分布在十堰、襄樊（现襄阳）、武汉、广州、郑州、盐城等地，公司运营中心于2003年9月28日由十堰迁移武汉。主营业务包括全系列商用车、乘用车、汽车零部件和汽车装备。截至 2003 年年底，公司总资产达 636.8 亿元人民币，净资产为 273 亿元人民币，员工总数为 11.2 万人。进入新世纪，东风汽车公司着眼参与国际竞争合作，按照"融入发展，合作竞争，做强做大，优先做强"的发展方略，不断提高经营质量，经营规模跃上新台阶，国际合作提升到新水平，步入了融入国际合作的新台阶。全面合资重组后，东风的体制和机制再次发生变革。按照现代企业制度和国际惯例，构建其较为规范的母子公司体制框架，东风公司成为投资控股与经营管控性的国际化汽车集团。

2002 年 9 月 19 日，东风、日产正式签署长期全面战略合作协议，这一天，中国汽车工业迄今为止最大的中外合作项目宣告诞生。这一天，改变了中国汽车工业的竞争格局和发展道路。

2003 年 6 月 9 日，新的东风汽车有限公司在武汉举行创立大会，国内最大规模的中外合资汽车公司宣告诞生。东风汽车有限公司的成立，是东风公司实施"融入发展竞争合作"的新世纪发展战略所取得的重大成果。凝聚着全体东风人奋发图强、追求跨越式发展的胆识和梦想。借助日产多智能的管理、丰富的产品、广泛的技术和全球化的品牌优势，东风公司将加速主业调整、优化升级，改造十堰、襄樊老基地，形成国际竞争能力。纵观国内的汽车合资项目，东风是唯一一家跨入世界六大汽车公司核心层进行合作的中国企业。东风与日产的合作是集团对集团的合作，将来在日产——雷诺体系中的位置非常重要。首先是把新东风改造成一个具有竞争力的企业，最终是在国际大背景和日产——雷诺、东风战略联盟中承担国际市场的分工。

2. 历史缩影

2010 年 9 月 8 日，东风日产发布自主品牌"启辰"，这是继广汽本田、上汽通用五菱之后，汽车合资企业的第三个"自主品牌"。可谁又曾想到，2004 年，东风日产成立的第二年，由于中日双方矛盾激化，东风日产为此停产一个半月？此前，对中国市场不甚熟悉的日方总经理分管市场和销售，而曾创造出"风神神话"的任勇则担任分管副总经理。

在具体工作方式上，中方往往以假设为工作前提，日方却坚持用数据说话；在营销方面，日产在全球坚持严格的体系化流程和制度，特点在于计划的严密性和执行的严格性。与之相反，强调速度、灵活应变则是合资前"风神"成功的法宝。双方的同床异梦，使东风日产的决策和反应速度明显慢市场半拍。2004 年，东风日产的销量仅为 6 万台，同比下挫 6.6%，其 2.6% 的市场占有率甚至不敌自主品牌奇瑞。在管理权和话语权上，合资双方均站在东风或日产的立场，互不相让，一时间人心涣散。

2005年1月23日,东风日产中日双方高层在东莞召开具转折意义的"会议",会议决定,制定东风日产行动纲领,作为基本的价值观和方法论。次年10月,《东风日产行动纲领》正式颁布,确立了"共创价值共谋福祉"的企业使命。此后,中日双方按各自经验办事的方式,开始转变为寻找到双方都认同的"游戏规则"。同一的价值观解决了营销难题,但在生产制造领域,双方的沟通并不顺畅。在中国,由于市场变化快,营销部门下达的生产计划变化也很快,令习惯了计划组织生产的日方代表头疼不已。譬如,在日本国内,车子的任何改动都需要报到研发部门,经过严格程序才能进行。慢慢地,日方也学会了本地化,从模具开始改,快速实现客户需求。

2005年,东风日产一扫阴霾,以年销量增幅160%打了一个漂亮的"翻身仗",与变幻的市场保持一致,东风日产的跨文化管理显示出了魅力。东风日产用结果证明了一条合资企业的整合新路:用树立核心价值观的办法,统一公司内部东风、风神以及日产三方面文化,从根源化解合资企业的融合问题。从"合"到"和"。从"合资"到"合心",再到追求"和谐",东风日产用一年时间迅速解决了合资企业貌合神离的通病。

3. 东风 + 日产 = 美满姻缘

3.1 从蜜月期走向磨合期

"和"需要基础,有"合作"才能有"和谐",对于合资的态度,无论是任勇还是总经理吉田卫都很明确:这是谋求共同利益上的一种必然结果。对风神来说,需要借日产的实力补充技术和管理的不足;同样日方也需要借东风和风神的平台拓展中国市场。

对于合资的东风有限和东风日产乘用车公司,外界给予了很大的期望。不仅是因为合资的规模,对于东风日产,有人形容是集合了风神、日产和东风最优秀的精英。合资前,风神公司的主要领导团队集合了老东风公司的年轻骨干,以及台湾裕隆和社会招聘的精英。这个以周文杰、任勇为首的团队,依靠仅有的2 300万元资金,在3年的时间里实现风神公司总资产50亿元、净资产超过45亿元的超常规发展。

日产方面同样也是对这个合资项目异常重视,日产CEO戈恩亲自委托了两个公司常务——中村克己和志贺俊之进行操盘,这在日产的历史上并不多见,志贺俊之现在已经担任了日产的COO。对于派驻东风日产的日方管理人员,日产方面也是精挑细选,不仅要求能力过硬,而且只有那些有丰富海外工作经历,对中国没有历史偏见的优秀人才才可能被挑中。

和新婚的夫妻一样，东风和日产合资有过短暂的合资"蜜月期"。由于有着相同的目的和利益，东风和日产的两股优秀团队走到了一起。就在东风日产合资后准备大干一场的时候，却迎来了被视为中国汽车业"拐点"的2004年，市场从"井喷式"增长转入回落。这样的背景下，东风日产销量同比则下降6.6%，不仅跌出了乘用车市场占有率"十强"，2.6%的市场份额甚至逊于本土车奇瑞的3.7%。

有人把办企业戏称为"骑自行车"，当企业高速发展的时候，能掩盖所有问题，可一旦市场状况不好，发展停滞时，一切积攒下来的问题都会爆发，东风日产也不例外，尽管有市场环境的因素，但这并不能成为东风日产失利2004年的主要原因。任勇在后来的2004年工作总结中明确表达了对管理层工作的不满意。

在残酷的市场环境面前，东风日产不得不由"蜜月期"进入了痛苦的"磨合期"。无论是日方人员还是中方人员都希望能够以我为主，按照自己成功的方式去管理东风日产。

经历过东风、风神和东风日产三个阶段的营业总部副总部长陈斌波认为，当时最大的问题是中日双方都有着一套成功的方法，而这两种套路却截然不同。日产的做法是确定目标，通过周密的计划，依靠"精益管理"和执行能力，最终实现目标，强调的是计划的周密和流程的控制。而风神公司却有着自己的经验，风神模式最大的特点是快速和灵活，凭对市场的敏锐洞察力，风神最大的特点就是不受条条框框的局限，采用灵活的，甚至有时是非常规的方式进行市场营销。

由于做事风格的大相径庭，往往面对同样的问题，日方人员和中方人员会得出两种截然不同的答案：日方会质疑中方做事的科学性，而中方则抱怨日方的保守和迟缓。不可忽视的一点是，由于中国汽车工业的相对落后，日产方面对于中方的能力一直存在疑问。与东风合资的日产，当时刚刚摆脱困境，实现了"大逆转"，公司的信心正在高涨，其管理和营销的理念在全球（除中国）都得到验证。这也许是一个悖论：一直处在市场经济环境下的日方却在不断强调所谓"计划"；而长时期在计划经济之下生存的中方，眼下却更强调所谓的"市场"。由此可见双方的基础与生存环境之间存在着多大的差异。

不容否认的一个事实是在合资企业中，外方一般都是强势进入，在管理中担任主导，东风日产也不例外，除了总经理吉田卫外，日方还担任了最重要的两个部门——营业总部和制造总部的总部长。在分工上，吉田负责销售，而任勇则负责生产。现在看来，这种分工是2004年东风日产的一个败笔：让最了解中国市场的中方人员去做最不擅长的制造和质量控制，让讲求计划的日方人员去面对快速多变的中国汽车市场。

结果显而易见，2004年，东风日产的轿车销量才6万来辆，被挤出了行业前十名。由于日方市场人员在定价上的过于死板，导致在价格十分敏感的中国市场上处处被动。很多人都把东风日产的市场表现不佳归结为产品定价过高。比如，在蓝鸟智尊刚推出的时候，最高定价为24.38万元，是同为2.0升排量的车型中定价最高的。当时在营业总部担任副总部长的陈斌波回忆，在市场会议上，中方人员都十分着急，因为只要降价1万~2万元，当时的市场情况就会有很大的不同，然而日方则坚持必须按照已定的计划执行，机会就这样一个个地溜走了。

同样，日方在产品定位上也错误地估计了中国市场。以阳光为例，作为一款定位于事业小有所成的年轻人群的车型，却搭载了2.0升排量的发动机，配备了辅助刹车系统和丰富的内饰件。这些配置不仅拉高了阳光的成本和价格，同时更让阳光远离了他所定位的消费人群。此外，东风日产在市场上经常要面对"自己打自己"的尴尬：定位被拔高了的阳光冲击着低端蓝鸟，天籁的推出又影响了同样被拔高了的高端蓝鸟。天籁、蓝鸟、阳光，单独来看，日产在中国的哪一款车都有巨大的潜力，但将这些产品组合在一起，东风日产的整体市场表现却大失水准。

总之，整个2004年，日方人员被固执的计划折磨得不知所措，而说不上话的中方人员只能是干着急。给人印象最深的是2004年的任勇谈起风神的事情可以滔滔不绝，但一说起东风日产的整合问题立刻就不愿意多谈了。

3.2 东风"和"日产

"和"者，不是要求双方必须完全一样，而是求大同，存小异。只要双方的根本利益和目标一致，其他矛盾、摩擦完全可以通过沟通而化解。

2004年10月14日，任勇做了他有生以来也许最痛苦的一次报告——东风日产花都工厂的限产报告。出于安定军心的考虑，任勇将限产的原因更多归结为行业的低迷导致库存压力过大，但大家心里实际上都明白问题是出在内部。一个月的停产，让公司管理层有了更多的时间来思考问题。经历了惨痛失败的中日双方终于又回到同一个桌面上去讨论问题。

从最终目的来说，东风和日产有着相同利益，不然两家公司也不可能走到一起。任勇认为中日双方并没有根本矛盾，双方的分歧主要是在方法论上：由于文化和经验的不同，导致在管理方式上的高层摩擦。尽管公司遭受着严峻的考验，但是公司的两位最高领导吉田卫和任勇在最关键的时刻却保持了高度的一致和良好的沟通，这也是东风日产整合成功的一个关键要素。两位老总在合资的立场、意义和战略上保持了高度的一致，在经营过程中的很多问题，双方都能够互相尊重对方的观点。

2005年1月，对于东风日产具有转折性意义的东莞会议召开，中日双方全部的管理层被集中在一个度假村里探讨如何解决公司面临的困难。在会议开始之前，任勇提出了此次会议的基础是从东风日产的角度看问题。他提出一个原则，要求中方人员不能以东风怎么样和风神怎么样的思路及口气讲话，同时希望日产的人员也能够如此。这个提议得到以吉田卫为首的日方管理人员的赞同。"东风和日产的最终目的都是建立在前提都是东风日产基础上，东风日产如果失败，一切都无从谈起。"任勇摆明了利害关系，得到中日双方一致的认同。在几天的会议里，中日双方推心置腹，站在各自的角度反思了一年多的合作经历和遇到的问题。

拿陈斌波为例，这个从风神公司到东风日产的元老级人物，在东莞彻底反思了风神的成功与不足，特别是与日产方相比中方的差距与不足。"风神的成功在于学习、创新、高效、灵活。但是我们也要向日产学习严谨和科学。现在看来，日方所讲的'计划'是在高度市场化环境下的'计划'，相当积极，而且我相信，中国的市场必将走向成熟。"陈斌波认为找到共同利益和自身问题是东莞会议最成功的地方。

而日方人员也同样在思考自己的工作方法的灵活性。制造总部的总部长门田从最开始不理解中方的做法，到逐渐开始反思、接受："过去日产一致强调按照计划，通过一些案例，我开始觉得中方的某些灵活的做法也是对的，我现在的目标就是要创立一个能融合中日双方优点的东风日产制造方法"。

会议再次确定了任勇提出的"尽快出台一部'东风日产基本法'，以构建员工的共同价值观，统一员工对公司长远发展的认识，形成公司的核心竞争力。我们要把风神优秀的部分与日产优秀的部分有机结合起来，重视以人为本的管理理念，充分调动员工的主动性和积极性，培养员工积极向上，见贤思齐，追求卓越，追求成功的上进心态和作风"的提议，将公司的整合确立为公司的头等大事。

3.3　过程比结果重要

"和"是一种过程，首先是人与人之间的"和"，通过"理解、沟通、欢聚、合作"，最终实现。尽管到现在"东风日产基本法"还没有正式出台，但是任勇对此并不着急："制定基本法不是目的，更重要的是要这个过程，在不断沟通的过程中解决问题"。

任勇的想法得到了东风日产管理部副部长李军的认同："每一次最有成效的地方不是确定了'东风日产基本法'某些条款，而是就这个条款的讨论中，中日双方把自己的想法说出来，等'东风日产基本法'出来基本就可以摆进书架了"。为了这个目的，李军成立了专门负责调研的"东风日产基本法"事务局，从2004年下半年开始，就在中日管理层进行了大量的调研工作，先后进行了数次的问卷调查和分组讨论。通过中日方各自内部、中日双方相互和中日双方整体等不同形式的讨论，广泛收集意见。

"其实问题找到了，解决起来的方法有很多"，任勇认为整合的困难不在于方法，而是知道对方的真实想法和推心置腹的交流，"整合难是因为大家有话不说，或者干脆不能对话，那样问题找不到，何谈解决。"

在2004年总结的最后，吉田特别强调了"无论是中方员工、还是日方员工以及各部门，都要树立跨职能合作意识，团结一心，共同奋斗。解决问题的核心是将我们的努力付诸每位员工的工作实践中去"。中日双方的最高领导在认识上的一致性保证了整个沟通过程的顺利进行，原来基本上没有什么额外交流的中日双方的话逐渐多了起来，日方对于中方的建议也不再像以前那样保守拒绝，而中方也开始学习日方的严谨。

有了交流，很多问题就迎刃而解。任勇最大的感触就是在矛盾激化的时候，中方管理层整天都是在不停地抱怨，"特别是吃饭的时候，全是跟我说日方这不行、那不行的。"任勇清楚地记得，"现在大家坐在一起就是谈问题、解决问题，没有人再和我说日产怎么样了。"任勇认为这就是沟通过程带来的最明显的变化。同样这种变化也表现在市场上，2004年还苦苦挣扎的东风日产在当年的12月和2005年1月开始有了转机，单月的销量连续突破历史纪录。

3.4 用企业文化解决原则问题

"和"本身就是一种文化，讲究兼收并蓄，古为今用，洋为中用，你为我用。在东风日产，这变成一种学习的文化，无论是中方的想法还是日方的规划，只要是能够适应市场需求的，就用谁的方法。这也是东风日产基本法的一个总的原则。

随着中日双方冷静、务实以及市场上的优异表现，中日双方都感受到了沟通的好处，不过此时的任勇却开始担心这种热度能保持多久。"刚开始沟通，大家的热情很高，但是如何让这种状态保持下去"，吉田卫、任勇沟通后主持召开了管理层会商讨解决办法。任勇当时提出的建议是通过制定"东风日产基本法"，树立新的东风日产企业文化，解决合资期限50年的事情。

什么能解决50年的事情？任勇认为单一的管理规则不行，必须从人的意识去改造，所以树立东风日产核心价值观就成为第一件要办的事情。任勇把这件工作交给了自己的两位干将，李军和总经理办公室主任陈昊。

据陈昊介绍，制定的"东风日产基本法"在总则用很大的篇幅强调了制定基本法的5个基本原则：准确定位原则、合资公司利益最大化原则、市场竞争主体原则、文化统一原则、尊重环境原则。这5个原则同样也是制定"东风日产基本法"必须遵循的原则，它突出体现了东风日产作为合资公司的特点，考虑了双方的共同利益和文化。在文化建立上，东风日产充分考虑由于历史原因造成的合资公司三种文化的交融，采取吸收精华的原则，将风神、东风和日产的文化和优势进行梳理。

4. 让"文化"落地

"和"是虚的，但并非无用，"致中和，天地位焉，万物育焉"，将"和"落到具体事情上，就可以做到各司其职、各显其能，实现"和为用"。

尽管从名称上看起来，东风日产"基本法"和《华为基本法》有些类似，但是却有着本质的不同，"基本法"是从现实的问题入手。目的是解决现实问题；《华为基本法》则是着眼对未来的考虑，是对将来的理想状态的规划。这无疑是一个进步。于是乎"基本法"在还没有正式出台之前就已经开始发挥效力。

正是在共同利益、共同价值观的前提下，中日双方才调整了组织架构而权限分配，任勇从生产方面开始主管市场，而日方则更关注生产环节。

企业文化在诸多人眼里，甚至在许多管理者眼里是虚的，是无法解决实际管理问题的，而东风日产此次却在尝试着用企业文化解决实际的问题，并以"基本法"的形式固化下来，成为日后合资双方共同的行为准则。虽然看起来只是小小的互换，但是双方却都发挥出了自己的强项。从2004年下半年开始，东风日产在营销方面连出重拳。

先是2004年8月，东风日产为蓝鸟智尊上市活动助阵请来中央电视台"同一首歌"。至2006年3月15日，对旗下的所有产品实施降价补偿。2005年年初，东风日产又在推出2005款阳光的同时，对蓝鸟全系列车实施降价，普遍降幅在2.5万元以上，最高达4.4万元。

借"同一首歌"造势的目的是凝聚企业在2004年弱势中有可能流散的人气，实施降价补偿的目的是要恢复消费者的信心。而在推出2005款阳光的同时对蓝鸟进行降价，则直接把立足点放在了调整产品结构上。蓝鸟降价，一方面摆脱了原先定位不高不低的尴尬；另一方面也消解了天籁对高端蓝鸟造成的冲击，同时，还为新款阳光的上市让开了道路。在推新车型方面，分别定位于高端市场的天籁和经济型车市场的颐达，填补了蓝鸟和阳光所不能及的市场空白，进一步丰富和完善了产品体系。

同样，日方在研发和质量控制上也给东风日产带来大幅提高。东风日产在市场上改观的一个主要原因就是新车源源不断，给予市场方面充足的竞争资源。同样，科学的质量控制让东风日产的造车水平有了质的飞跃，与日产在日本制造的汽车几乎一样。日产采用的精益生产模式也使制造成本大幅下降，据了解，东风日产最新的产品颐达的上市价格除去必要的费用，比如17%的增值税和5%的消费税以及关税等其他费用，比在日本本土还有竞争力（日本颐达的售价为140万日元至180万日元之间）。任勇把现在的结果称为"用合适的人做合适的事"。"取长补短，这也是我们为什么要合资的原因"，任勇说："有竞争力的产品加上营销,销量增长是水到渠成。"正如东风有限总裁中村克己先生所言:"东风与日产不仅要尊重各自的优点,还要学会容忍对方的缺点。"正是抱着这样的态度,合作双方通过交流、沟通积极探寻企业文化的融合。

5. 价值观+行为准则托起共同愿景

东风日产认为,企业文化建设就是要在企业中建立一种共同的价值观,把这些价值观充分地体现在企业的各项制度和内化到全体员工的思想行为当中去,使之成为确保企业可持续发展的一种机制。

用共同的价值观统一员工的思想。东风日产在全体员工中积极倡导"诚信、业绩、变革、融合"的价值观。一是倡导诚信。这种诚信不仅表现在我们对客户的承诺上,还反映在公司内部股东之间、员工之间的以诚相待。二是崇尚业绩。引导干部、员工重视业绩,注重工作实效。三是推崇变革。树立改革、变革的思想,进一步推动体制、机制的创新。四是加强融合。我们注重教育引导员工以开放的姿态学习先进的科学技术、管理理论和管理方法,致力于"东风有限"利益最大化。

用《员工手册》规范员工行为。《员工手册》是合资后推出的第一个针对员工行为规范的制度性文件。为了让广大员工熟知《员工手册》内容、认同它的精神并认真遵守,我们结合员工身份转换,在员工中开展了"四项教育"活动,即法律法规教育、合作双赢教育、目标责任教育和职业道德教育,帮助员工实现从身份转换到心理转换。

用效率优先理念激励员工。东风日产公司实行全员KPI绩效评价与考核,建立起了与员工绩效评价一致的薪酬分配制度。同时,公司推行专业师制度,设计出了专业管理、专业技术、专业技能三条员工成长路径,各路径按职级又分为师、主管师、主任师、首席师四个层级,给员工留足了向上发展的空间。新的员工业绩评价机制和薪酬分配制度的实施,带来了员工观念的变化,现代契约理念、效率优先理念、职场等级理念等开始为员工所接受。

6. 拓宽思路与创新形式

借助创建学习型企业,推动企业文化建设。公司把创建学习型企业作为企业文化建设的一个重要方面,与业务流程再造联动,坚持全员学习、持续改善的思想,不断创新建设学习型企业的活动载体、方式、方法;坚持把建设学习型企业与打造一流团队有机结合起来,将学习贯穿于企业研发、制造、销售等各个环节;坚持把学习与工作有机结合起来,通过全员QCD改善活动推进学习的深入。

我们还在全公司营造在工作中学习、在学习中工作的文化氛围,大力推进"8+2"、"40+4"学习工程,促进公司包容性、国际性、先进性的企业文化的形成。

借助大型活动,外树企业形象,内增凝聚力。2004年7月,由公司党委牵头与行政部门一起组织了公司运营一周年庆典系列活动,在《东风汽车报》、东风电视台分别开办了"奋进的东风有限""变化"等栏目,讲述合资一年来发生在公司身边的新鲜事,感人事;邀请国内50多家中央和省部级媒体到公司采访,见报、见播各类文章908篇,对合资公司运营一年来的情况进行全面报道,树立了公司的形象,提高了东风和日产品牌的知名度和美誉度,提升了东风和日产的品牌价值。

【思考题】如何理解东风日产在文化融合上遵循了儒家"和"的思想?

【资料来源】
[1] 雷敏. 日系合资车企文化冲突:儒家背景 和而不同. 南方都市报.
[2] 傅强. 东风日产管理案例之四 整合把问题消灭在根源. 科技智囊.
[3] 叶惠成. 融合创新东风有限文化. 企业文明网.

收集整理:秦良媛

日本花王，凋零中国

> **摘要**：日本花王是全球著名的日用消费品企业，2003年，其全球市场排名位居全球500强第358位。但不幸的是，面对日本经济复苏，日本产业活跃的局面，日本花王好像并没有从日本经济复苏中获得巨大的品牌提升与企业成长，2004年日本花王排名滑至385位，市值137.82亿美元。花王2004年度的表现其实已经从一个侧面反映了花王在布局全球市场策略上比她的国际同行落后了一步，而其中国策略的滞后可能是其全球排名落伍最重要原因。
>
> **关键词**：花王；本土化失败；销售渠道；经营模式

1. 案例背景

花王株式会社成立于1887年，花王前身是西洋杂货店长濑商店（花王石硷），主要销售美国产化妆香皂以及日本国产香皂和进口文具等，花王创业人是长濑富郎。目前花王产品涉及化妆品等600多种，大都是高分子化学品。1993年8月，花王在中国的第一家企业——上海花王有限公司在上海诞生，由此开始了花王与中国消费者分享研发成果、共同创造美与清洁每一天的事业发展历程。作为花王在日本百年历史的延续，花王中国的旗下已经拥有了碧柔、乐而雅、诗芬、洁霸、花王、飞逸等众多以高品质著称的品牌。

然而日本花王进入中国市场已经21年有余，其在中国市场的表现可谓凄凉，这家有着120年历史的老字号企业甚至被人评论为"花王在中国正在沉睡"。诗芬、碧柔以及花王之后推出的乐而雅卫生巾、洁霸洗衣粉的广告很少见诸电视和平面媒体，在超市里的陈列面积相对于宝洁、联合利华乃至中国本土品牌的产品也显得很小，看起来与这个日本巨头的身份有强烈的反差。受2013年佳丽宝产品白斑事件影响，花王集团2014年上半年财报显示，其美容产品销售业绩同比增幅仅为1.8%，化妆品部在日本本土市场仅有0.1%的增幅。对于业绩几近停滞的花王现状，香颂资本执行董事沈萌对记者表示，花王作为日本一个历史悠久的企业，其经营层面的特点已限制了其在华渠道适应性等多方面的发展。如果依旧按照固有模式发展，不仅利润会继续减缓，还有可能亏损。

2. 花王现状

2.1 花王在华年亏损或超 10 亿

在中日 CEO 论坛上，花王中国投资有限公司董事长平峰伸一郎向网易财经表示，"花王在中国销售业绩不佳的确存在"。日本花王是全球第四大的日用消费品企业，也是亚洲最大的日化用品品牌，2010 年全球年销售额约 150 亿美元，仅次于宝洁、欧莱雅和联合利华。

花王早在 1993 年就在华设立上海花王有限公司，1995 年开始先后在上海市和广东省中山市设立工厂，逐步实现了花王化学品原料的本土化生产，2002 年又设立花王中国投资公司作为总部，在华销售品牌包括碧柔、诗芬、佳丽宝、乐而雅等。欧睿信息咨询机构统计数据显示，截至 2011 年 3 月的财年中，花王 2010 年在华销售额是 300 亿日元（折合人民币约 24 亿元），而宝洁集团 2010 年在华销售额达到 260 亿元人民币。资深日化营销人士张红辉告诉网易财经，比起中国本土日化品牌，年销售额 24 亿元也许已经不是一个小数字了，但是比起同样进入中国的宝洁、联合利华等国际日化巨头的销售数额，这个数字过于"杯水车薪"。

2.2 落跑同行

产品单一、推广欠佳、销售渠道投入不足、在华业务推广力度不够，使得花王在高调进入中国后后劲乏力。在后起之秀曼秀雷敦已经从一只唇膏家喻户晓做到了在防晒霜、乳液、爽肤水上开花的时候，花王碧柔仍然只主打洗面奶、鼻贴等几种单一产品，直到 2010 年花王（中国）投资有限公司董事长兼总经理平峰伸一郎才对外宣布，花王（Kao）将于 2010 年 9 月引入日本全进口的"碧柔护肤系列"，包括两款化妆水、一款乳液以及日本全进口的超人气单品碧柔化妆水绵。

当资生堂高调推出高端护发品牌丝蓓琦之后，花王于第二年才悄然推出自己的高端护发品牌亚羡姿。而面对宝洁、欧莱雅等日化巨头已经纷纷占据商场的各档护肤化妆品专柜时，花王才在 2004 年姗姗来迟，在上海推出了高档护肤品牌 Sofina（苏菲娜）。每一步动作都让外界反映"动作慢"，而缺乏有力的市场推广也让这些产品难以对消费者产生有力的影响。

3. 变局：日本花王选择战略退却

花王是日本本土最大家用产品制造商、第四大化妆品制造商，其化妆品品牌在日本国内更是家喻户晓。但是花王在全球竞争格局中明显表现出内战内行、外战外行。首先就是其市场大部分在日本国内市场，目前，花王业务收入中本土收入占70%，海外业务仅占30%。也许正是花王这种本土化策略比较强势使得其在海外市场表现总是不尽如人意。其中国市场表现与全球国际品牌相比显得拘谨、保守、中庸、贫乏。但是，我们并不能由此判断花王就是这样一种不思进取的中国式企业，其在中国市场战略调整依然十分积极与深刻。很明显，花王正在进行战略退却。

3.1 加大中国市场投资力度，建立上游资源垄断中国战略

花王一直是一家非常重视研发的家用产品制造商，其全球员工中，研发人员占到1/3多，研发投入在全球消费品企业中也稳居前列。花王面对中国市场竞争态势推出了在中国建立研发中心，通过技术输出对中国日化进行高端控制，获取中国市场技术利润。花王的这一策略具有非常大的前瞻，中国日化企业暂时还很难有这样深度思考与资源投入。

3.2 整合全球品牌资源对中国市场进行高端覆盖，建立高端市场中国战略

与全球任何一家跨国公司一样，花王扩张全球的野心从来没有却步。2001年，花王为争夺伊卡璐品牌曾经与全球最大日用消费品企业——美国宝洁展开激烈竞争。2004年年初，花王更是抛出38亿美元收购全球著名的化妆品企业嘉娜宝（Kanebo）公司。同时，花王在中国大陆市场品牌布局也发生着深刻变革。

2004年3月，花王公司日本总部宣布，该公司将于下个月将其高端苏菲娜品牌（Sofina）投放中国市场。花王公司还表示：到2007财政年度，公司在华的销售额力争达到940万美元。花王摒弃低端市场反映了其在华业务艰难处境。

上海花王公司推出的全新概念"洁霸亮彩"，有效地解决了花色衣物越洗越暗的问题。它特含亮彩成分和强力洗净因子，能够捕捉油污顽渍，分解剥离"灰暗附着层"，恢复衣物鲜艳色彩，持续使用，可使衣物洁净，并常保颜色如新；还特含抗菌去霉成分，具有抗菌去霉功效，洗后可消除衣物异味。其天然留香技术，能常保衣物清香，特别适用于阴湿及雨天时晾干衣物。

3.3 对自己低端洗浴产品进行技术升级与市场升级

实现通过技术嫁接向市场高端嫁接战略转移。花王对自己主力品牌诗芬进行了品牌传播升级，将技术诉求向情感诉求转移，并且在调上凸显满足高级白领需求的倾向。在市场布局上，花王有意识对一部分市场采取低端放弃，但对上海等一级市场则加强了精耕细作意识，力争在主流利润市场占据有利地位。

3.4 日本"花王"鼓励创造，将创造作为竞逐全球市场主要手段

日本化妆品市场的高度饱和使得竞争空前激烈。力求得发展，位居鳌头的"花王"公司提出"依靠独创技术求生存"的经营战略，并把劳动工资的改革与开发职工的创造紧密结合。"花王"要求每个职工都要"发奇想"，"闯新路"，千方百计创新，任何人晋升、提薪和奖励的标准是他们的创造如何（包括能力和成果两方面）。人事部门还建立了一套对创造的评分制度，由家、领导和顾客对职工的思维、行动和成果进行综合评分。在这种全企业重视创造的气氛中，"花王"逐续推出诸如"高效洗涤剂"、"生物技术洗衣粉"等前所未有的新产品，在竞争中占据了主动。

4. 表现：中国大陆不是其最大海外市场

日本花王在中国大陆市场表现究竟如何？我们可以从品牌表现、市场表现、竞争策略、中国市场在其全球战略中位置来判断日本花王中国表现。

就品牌而言，日本花王低端洗浴品牌基础很好。从历年的 CMMS 数据看，日本花王的诗芬、碧柔、花王等品牌在品牌知名度、品牌忠诚度、品牌美誉度以及品牌第一提及率等品牌指标上均居于行业领先位置。良好的品牌形象得益于花王比较过硬的产品品质，而不是得益于品牌传播。

在市场竞争层面，日本品牌的矜持还是给其与中国消费者特别是低端消费者沟通上设置了一定的障碍。我们见到的日本花王品牌广告在创意与制作上丝毫不逊色于任何一间国际公司，但是其媒体组合、传播策划形式、终端表现均缺少必要的呼应，使花王与中国本土日化企业好像在两条线上作战，本土企业一般已经不将花王作为自己直接竞争对手，而日本花王也对与中国本土日化企业竞争缺乏动力。花王在中国市场布局确实好像是针对某一个细分人群的市场竞争策略使得其市场表现越来越淡出中国日化核心竞争圈。

日本花王最大的失误恐怕还是其海外市场定位。在日本花王高层面对中国媒体谈话中有过一次至今可能都让其后悔的讲话，"中国市场不是我们目前海外最大市场，我们海外最大市场在东南亚。"

5. 花王凋零原因

5.1 战略不清管理混乱

和君咨询集团高级合伙人杨旭对记者表示，花王的产品在进入中国日化用品

市场表现并不成熟，品牌影响力不大，消费者不认同产品，渠道又受到挤压，亏损是自然而然的问题。

法国巴黎银行驻东京的分析师摩恩也曾表示："花王的整个海外业务凌乱，令人失望，特别是在华业务。"单拿中国市场的适应性这一条来说，花王通过并购来实现创新的做法早已过时，其在华管理机制上的战略不清和经营上的渠道混乱已经呈现出来，可以说在中国遭遇严重的水土不服。再加上花王在中国的部门负责人基本都是日本籍，并不能迅速捕捉和理解市场的反馈和商业规则。据悉，花王也曾考虑过借助中国本土渠道浙江传化进行品牌推广，但并不顺利。日本企业一般都很谨慎偏保守，在这种市场下，不追求过多的产品附加值、促进十几年忠实用户的快速转化、抓住新的消费者习惯才是花王继续发展的关键。

花王在中国的渠道很乱，因为花王对中国市场一开始根本就不重视。除纸尿裤以外的花王其他产品，如碧柔之类，都是走传统的商超渠道，花王在中国的授权经销商，也都是擅长商超渠道。直到2013年开始，花王总部才开始跟以前的几家授权经销商一起敲定了推广正品行货的战略，并开始重视网络销售。上述代理商进一步解释，市面上的花王主要是这三大类：假货，有在内地生产的，也有在香港生产然后以原材料报关进入国内分包的；水货；少量的正品行货，主要在传统商超渠道。

现在，花王在中国并没有总代理。在沃尔玛超市所销售的所有花王产品，底部生产厂家一栏标注的是：上海花王有限公司制造。并且标明该公司是中日合资企业，地址位于上海市花王路333号。但据网易财经了解，此前花王中国方面从未表示过上海花王有限公司是中日合资企业，并且在上海花王有限公司的官网上对于该公司的介绍为：该公司成立于1993年8月，是日本花王设立在中国的生产基地，主要从事花王旗下的家庭日用品的生产。

在北京多家大型连锁超市如物美、卜蜂莲花等均未发现有花王的产品销售，这些大型超市销售的日化品大部分以宝洁和联合利华的产品为主。据连锁商超集团反馈信息显示，许多大型连锁超市已取消和花王的合作。

5.2 本土化战略失败

据了解，洗涤用品的毛利润率在10%~20%左右，化妆品毛利润率则会更高，达到50%以上。资深日化营销人士张红辉表示："像花王旗下的产品，与宝洁和联合利华的产品相比，毛利润相差不大，但是花王的产品在进入中国日化用品市场表现并不成熟，品牌影响力不大，消费者不认同产品，渠道又受到挤压，亏损是自然而然的问题。"

花王进入中国近20年来，花王中国公司中的高层大部分仍然是日本人。品牌专家李贵君表示："这些日本人怎么可能了解中国消费者的需求？而且花王的投资过于谨慎，品牌在中国本土化不强是在花王中国市场水土不服的主要原因。"

5.3　产品创新速度慢

不可否认，花王曾是一家产品力极强的企业，在中国大城市里的白领也认可其产品高价优质的定位，产品确实有很强的市场适应性。然而，在中国渠道为王的市场氛围下，规模化才能求得竞争力，恐怕花王只有保证熬到企业品牌鼎力稳固之时，才可以抵挡市场浪潮。

更重要的是，市场需求在于创新，而花王产品创新的速度慢是其致命伤。花王中国区董事长沼田敏晴曾公开坦承：一旦产品出来就有长久的生命力，但从研发到产品花的时间的确很长。上海家化董事长葛文耀曾公开表示，曾去日本拜访有合作关系的日化公司，这些在日本名列前几位的日化公司社长都出面接待，但当他向日本方提出了一些"很有利于对方扩大中国业务的方案"时，几家日本公司表示要研究一下，此后两年也没答复。

花王一开始主要是内部自主研发，市场集中在日本国内，在一些高增长市场信息上反馈分析不敏感不快速，通过收购来创新显然不合理，首先被收购企业和本身企业文化和机制上存在不同特点，到底多大程度地深入都是一个矛盾，浅了也就是一个财务并购，产生不了化学反应，形成不了产品的品类创新，深了也就是日本花王的一个分支，又不叫作创新。所以，花王通过并购求创新，肯定是不能存活的。

6. 花王的存在感

虽然在超市商场这样的明线战场上，花王看上去战绩不佳，但是在网店代购这样的暗线市场上却流传着关于花王的传说：花王出品的妙而舒纸尿裤是排在日货代购单子上头几位的。尽管妙而舒纸尿裤并未在中国生产和销售，更不要说推广，但是在妈妈和奶爸中口碑却非常好。这一特别的动态对花王来说是否是一个扭转在华颓势的契机？

注意到了这一点的花王于 2010 年开始正式与国内的批发商合作，在部分母婴用品店以及日系超市、卖场进行开始销售日本进口的妙而舒产品。另外，花王还于 2011 年开始启动电子商务事业，在淘宝商城开设了花王官方旗舰店，产品销量也在持续增长。2010 年开始花王也开始着眼于本土化生产，2011 年，花王投资 10 亿元人民币在合肥着手兴建工厂。花王方面称："该厂主要投产的正是婴儿纸尿裤。"

2011 年 11 月 25 日，花王推出了一个重大举措：与上海家化宣布开展战略合作。其目的就在于借助上海家化在批发与销售网络方面的优势，希望将花王旗下婴儿纸尿布、卫生巾、衣物洗涤用品等产品推入三、四线城市。花王株式会社董事长尾崎元规表示，将借助上海家化从而将目前进入 90 个城市、100 亿日元的销售收入扩大至 650 个城市、500 亿日元，最终实现 1 000 亿日元的销售额。此前，花王也试图与另一中国企业传化进行合作，但由于产品战略不清晰，市场开发欠缺，合作后一直打不开局面而失败。

在开始合作半年之后的 2012 年 5 月，上海家化的业绩分析指出：花王与家化的合作会成为家化业绩的新增长点。作为花王大中华区唯一的分销商，家化目前代理的是纸尿裤、卫生巾和洗衣液，与花王未来合作的品类有望逐步扩大。花王目前在中国的销售渠道以直营和分销为主，预计 2012 年在中国区的销售额在 5 亿~6 亿元左右，其中直营收入占比在 70% 左右。因此更需要依托家化庞大的渠道网络协助分销。预计在未来的一两年内，公司的分销渠道取得的收入有望达到花王中国区总收入的 50% 以上。有业内人士质疑：同为日化企业，产品方面又有如此多重合，花王与家化之间存在的竞争关系是否能让两者的合作顺利地开展下去？但就目前而言，预言得失似乎为时尚早。

作为中国消费者，很少会注意到 2005 年花王在日本的一项大手笔：斥资 4 000 亿日元（合 37 亿美元）收购陷入困境的日本另一化妆品巨头嘉娜宝。这次收购是日本企业历史上最大的一笔收购交易，也是从那时开始花王作为日本最大的化妆品公司，成为资生堂在日本的最大对手。而这一举措事实上对于中国国内的化妆品市场格局也是颇有影响，目前嘉娜宝旗下已有 6 个护肤彩妆品牌进入中国，对于助力花王对抗中国市场上的日化劲敌资生堂、宝洁和欧莱雅。

"花王今后将进一步扩大在中国的事业，力争成为值得中国各界信赖、并具有存在感的企业。为此我们今后将面向更多消费者和消费群体、充实产品线并在全国范围强化市场、销售活动。"花王方面表示。虽然对于目前在中国的生存状况讳莫如深，但花王给出的答案却意味深长。

【思考题】 花王在中国市场上失利的最主要原因是什么？

【资料来源】
[1] 日本花王在华遭遇水土不服　产品及渠道创新力不足. 中国经营报.
[2] 日本花王的中国记忆. 中国论文网.
[3] 王传才. 日本花王　凋零中国. 品牌世家.
[4] 陈俊宏. 身陷中国市场泥潭　日本花王在华年亏损或超十亿. 网易财经.

收集整理：秦良媛

第四部分　国际企业人力资源管理

　　人力资源管理是在经济学与人本思想指导下,通过招聘、人力资源管理甄选、培训、报酬等管理形式对组织内外相关人力资源进行有效运用,满足组织当前及未来发展的需要,保证组织目标实现与成员发展的最大化。就是预测组织人力资源需求并做出人力需求计划、招聘选择人员并进行有效组织、考核绩效支付报酬并进行有效激励、结合组织与个人需要进行有效开发以便实现最优组织绩效的全过程。

　　学术界一般把人力资源管理分八大模块或者六大模块：人力资源规划；招聘与配置；培训与开发；绩效管理；薪酬福利管理；劳动关系管理。

你不知道的奇葩福利制度

> **摘要：** 本案例介绍了 10 个大公司的奇葩福利制度。据外媒报道，苹果和 Facebook 将报销女员工的冷冻料卵子费用，网友直呼这个福利"太奇葩"。事实上，科技公司诸如此类让人羡慕又大跌眼镜的福利还有很多，"失恋补贴"、男女同时享受"姨妈假"，今天我们就来看一下公司福利到底能有多奇葩。
>
> **关键词：** 创新型公司；福利

1. 案例背景

员工福利是指在相对稳定的货币工资以外，企业为改善员工及其家庭生活水平，增强员工对于企业的忠诚感、激发工作积极性等为目的而支付的辅助性货币、实物或服务等分配形式。在人才竞争日益激烈的今天，大小公司为了吸引和留住人才，在福利形式上也进行着积极创新，花招百出。

2. 案例内容

2.1 苹果：报销女员工冷冻卵子费

从明年 1 月起，对全职和临时女员工卵子冷冻过程和存储过程所发生的费用，苹果将给予报销，最多高达 2 万美元。此举旨在帮那些有意把精力放在工作上又想不影响今后生育孩子的女性。为女性员工提供冷冻卵子所需昂贵费用将有助于科技巨头们吸引优秀的女性人才。苹果和 Facebook 成为首批尝鲜的科技公司。

2.2 Facebook：开木匠工作坊　帮员工开发大脑

Facebook 一直有为员工提供丰厚福利的传统，令外界惊讶的是，其中竟然包括为员工修建了一个"木匠工作坊"。"木匠工作坊"面积达 3 000 多平方英尺，里面提供一系列木匠常用工具,包括锯、机床、钻床、砂纸、激光控制的雕刻机等。Facebook 称,员工在里面从事的一些活动,可以开发大脑,而这部分大脑的开发是员工日常工作所不能开发到的。码农同时当木匠,新时代的全能人才啊。

2.3　谷歌:死后也能领工资

谷歌在 2013 年 10 月公布了一项"死亡福利":如员工在雇用期内过世,未来 10 年,其未亡配偶或同居伴侣每年将获得一张金额相当于该过世员工年薪 50% 的支票。没有员工任职年限要求,谷歌 3.4 万名员工都有资格享受这项待遇。此招一出,立刻秒杀所有科技企业。

2.4　美柚:男女平等　都有"姨妈假"

主打女性助手应用的美柚公司,其男女员工享受每月半日的带薪"姨妈假",不影响正常考勤。女员工只需提前一周向公司预定,就可以享受到这个福利。当女友来例假时,男员工可以请半天带薪假陪同,每月一次,也不影响正常考勤。网友戏称为这才是"男性最强福利"! 该福利被誉为"男女平等假"。

2.5　富士康健康"福利":抵制康师傅

富士康母公司鸿海集团发布公告称,"基于集团员工健康,从发布公告之日起,顶新集团旗下相关产品全面预防性下架,全面抵制顶新集团旗下的康师傅以及德克士炸鸡。中国台湾顶新集团拥有康师傅、德克士、味全等知名品牌,被查出以饲料用油混充食用猪油制成精致油品销售。3 年前还宣称"有富士康的地方,就会有康师傅牛肉面"的兄弟情义,为了"员工健康福利"还是蛮拼的。

2.6　Square 精神福利:带新人拜访甘地雕塑

移动支付公司 Square 的精神福利可谓是高大上,新员工入职时,Square CEO 杰克·多西(也是 Twitter 的共同创始人)会带着新员工一起去拜访印度民族解放运动的领导人圣雄甘地的雕塑。

2.7　流云:恋爱有奖金、失恋有补贴

2012 年成都流云网络技术有限公司设置恋爱奖金:凡是恋爱成功的单身男女,均可获得 1 112 元的恋爱奖金;如在公司内部解决问题的恋人,公司内部还会开 party 庆祝。还有更奇葩的"挖墙脚"奖:与其他 IT 公司员工谈恋爱,可再获得"潜力墙脚奖金"。当然这么有爱的福利不忘关照失恋员工:失恋的一个月内可提出带薪休假两天。以上福利每人最多两次享受机会。

2.8　印度航空：死后免费机票还有继承权

常年亏损的航空公司——印度航空，背负着世界上最庞大的员工福利票系统：为2.4万名在职员工和大约2万名退休员工，以及他们的亲属，提供免费的国内、国际机票。同时允许已故员工的子女继承享受免费机票的权利，已故雇员的配偶可以把他/她的机票转移给家庭成员。

2.9　Adobe：宠物也给上保险

世界著名多媒体软件公司Adobe，不仅一年28天的带薪假期，每5年还有一次大特休的度假方案，让同行们羡红了双眼。除此之外，奥多比还为员工的宠物上保险。

2.10　Airbnb：能带宠物上班

Airbnb允许员工每天带宠物来上班，还设立宠物休息区及配套设施。此外，作为一个旅游租房网站，Airbnb每个新入职的员工都能拿到2 000美元的旅游资金。

【资料来源】

[1] 如何在福利中体现鲜明的企业文化. 中国行业研究网，2012-06-14.
[2] 最奇葩的福利：男员工也有"姨妈假". 腾讯科技，2014-10-16.

收集整理：陈容

谷歌的人力资源战略

> **摘要**：本案例具体描述了谷歌的独具特色的招聘、福利和绩效考核体系，还对谷歌给员工放权的管理模式做了简单分析。一个企业的成功更大程度上取决于这个企业的人。
>
> **关键词**：谷歌；招聘；OKR；福利

1. 公司介绍

  Google 公司（中文译名：谷歌）是一家美国的跨国科技企业，致力于互联网搜索、云计算、广告技术等领域，开发并提供大量基于互联网的产品与服务，其主要利润来自于 AdWords 等广告服务。

  Google 由当时在斯坦福大学攻读理工博士的拉里·佩奇和谢尔盖·布卢姆共同创建，因此两人也被称为"GoogleGuys"。1998 年 9 月 4 日，Google 以私营公司的形式创立，设计并管理一个互联网搜索引擎"Google 搜索"；Google 网站则于 1999 年下半年启用。Google 的使命是整合全球信息，使人人皆可访问并从中受益。Google 是第一个被公认为全球最大的搜索引擎，也是互联网上 5 大最受欢迎的网站之一，在全球范围内拥有无数的用户。

  Google 允许以多种语言进行搜索，在操作界面中提供多达 30 余种语言选择。除此之外，谷歌还多次入围《财富》历年 100 家最佳雇主榜单，并荣获 2013 年"最佳雇主"。

  Google 做事的行为准则是拒绝邪恶的事物（No evil），他们的站点时常包括富有幽默感的特征，如他们的图标有选择地在特定时机内风趣的变化。

  Google 词义的一种解释是：G 意义为手，OO 为多个范围，L 意为长，E 意为出，把它们合一起，意义为：Google 无论在哪里都能为您搜寻出海量您所需要的资料。"Google"该词也可以用作动词，意思类似于百度一下。

  "谷歌"是 Google 针对海外市场而起的唯一一个名字，是为了进入中国市场而选定的。谷歌在发音上与 Google 相似，同时也融合了中国传统文化的含义。谷歌的意思就是以谷为歌，是播种与期待之歌，亦是收获与欢愉之歌。

2. 案例内容

2014 年 5 月，美国职业和企业评分网站 Glassdoor 评选出了 2014 年度薪资福利待遇最佳的 25 家公司。在公布的最佳雇主排行榜中的 25 家公司里面，有 12 家科技公司上榜，谷歌以其优厚的待遇占据榜首。而早在 2013 年 1 月，《财富》杂志公布的最佳企业雇主排行榜中，谷歌连续 5 年位居第一。作为全球最大的搜索引擎，谷歌的人力资源管理有什么过人之处呢？

2.1 严苛的招聘

很多谷歌（Google）员工称，他们为该公司工作所享受的最大的福利就是能够与其他聪明绝顶的、创意无限的人一起共事。这正是谷歌所希望看到的情形：该公司将物色人才视为头等大事，它往往通过认真的评估和同事的推荐等程序来招聘人才。

谷歌（微博）在招聘人才方面的挑剔是出了名的。谷歌人力资源主管拉兹洛博克称，公司每年接到的应聘书多达 300 万份，但是每年招聘的新员工只有 7 000 名左右，招聘率大约为 0.2%。

虽然很多人都听说谷歌招聘时所出的考题不是一般的难，但是其实它在挑选人才方面是有一套严格的规定的。

谷歌始终如一地坚持着其招聘策略，每一名员工都确切地知道如何去挑选人才。它选拔新人的指标很多，按优先顺序包括一般认知能力、领导能力、谷歌式思维和岗位学识。在第一步的简历筛选中，谷歌会挑选出那些展现出认知能力超群的候选者。

但是谷歌还制定了一系列措施来尽可能地消除个人偏见。博克说，他提醒他的团队时刻牢记一点，即大多数人都不是好的面试官，很多人会因为一些偶然的因素而对面试者留下长久的印象，但是那并不能准确地反映出面试者的各项能力。

为了消除个人偏见，谷歌还专门设立了一个负责挑选新人的委员会。由招聘委员会评估候选人，并决定是否发出录取通知。这有助于降低一线经理的偏见，并鼓励员工以团队方式来思考问题。这样一来，新招募的员工不仅会忠于自己的上司，还会忠于同事。

施密特将谷歌挑选人才的过程比作大学招聘和提拔教员的过程。他说，实际上招聘本来就应该是基于对等的，而不是像传统招聘方式那样分等级进行的。

因此，那些像脑筋急转弯一样的面试问题，统一的招聘制度和专门设立的招聘委员会让谷歌的招聘工作变得异常严密。实际上，据说谷歌的招聘率比哈佛大学和耶鲁大学等名校的招生率还要低。当然，这并不是说你连试都不用试了。

在新书《谷歌如何运转》（How Google Works）中，谷歌执行董事长兼前CEO埃里克-施密特（Eric Schmidt）和前产品高级副总裁乔纳森-罗森伯格（Jonathan Rosenberg）在谈及人才招聘时列出了"九要"和"九不要"：

（1）要招聘比你聪明、比你有学识的人；不要招聘你无法从其身上学到东西或对你构不成挑战的人。

（2）要招聘能够给产品或文化带来附加值的人；不要招聘在这两方面都做不了贡献的人。

（3）要招聘能做事的人；不要招聘只想问题的人。

（4）要招聘有热情、有动力、有激情的人；不要招聘只想要一份工作的人。

（5）要招聘能与别人合作共事并能激励别人的人；不要招聘喜欢独立行事的人。

（6）要招聘能与团队和公司一起成长的人；不要招聘技能或兴趣非常狭隘的人。

（7）要招聘有独特兴趣和天分的全面发展的人；不要招聘只会工作的人。

（8）要招聘道德高尚的、开诚布公的人；不要招聘只会耍心机、操纵别人的人。

（9）在招聘人才的时候要宁缺毋滥；不要随便降低对人才的要求。

2.2 令人称道的高福利

排名第一的谷歌，向来以丰厚的员工福利闻名业界。其中最常见的福利包括免费的美食、现场洗衣店、配备 Wifi 无线功能的通勤班车等。

近日媒体报道，因为谷歌总部有着各式各样的福利，员工即便住在公司停车场的流动车里都能应付日常生活所需。报道称，很多住在谷歌停车场的员工大多为节省租金。前工程师迪斯科就因为支付赡养费，曾住在公司停车场13个月。生态学家韦弗也大赞谷歌总部设施完善，曾在车外铺设草坪和架起小围栏，自成一角，"如果天气好时，我们会在周四开派对"。

除了这些生活方面的福利之外，谷歌的福利还包括娱乐福利、假期福利、保险福利、育儿福利和死亡福利等诸多方面。

为了让员工保持健康的体魄，谷歌为员工配备各种室内室外的运动设备与场地，员工们不仅可以踢足球、打篮球、打网球，还可以游泳、攀岩、学跳舞。谷歌甚至配备了专门的游戏室给那些爱打电玩的员工。

在医疗方面，谷歌向员工提供全额医疗保险，甚至包括牙医补贴、眼部保健费用等。谷歌还为员工及其家人投保旅游保险，包括私人假期旅行。

为了解决员工的生育大事，谷歌还为新晋父母们提供了宽裕的假期，初为人母的女员工可享受18周的假期，初为人父者假期为12周，远远超过了一些州规定的标准假期。谷歌每月都会举行新生儿送礼会，除了讲授育儿经，员工还会收到优惠券并在公司免费享受一次现场按摩。此外，每名初为人父母者还会收到500美元，公司称之为"宝宝感情培养费"。这笔钱会存入这些员工的账户，用于支付宝宝诞生头几个月中洗衣、清洁甚至园艺等各项用得到的服务。

而在2012年所推出的一项新福利——死亡福利更是被世人所称道。这项福利规定如果谷歌员工去世，那么其配偶不仅可以在未来10年领到去世员工一半的薪水，还能获得去世员工的股权授予。此外，他们的未成年子女每月还能领取1 000美元的生活费，直到他们19岁为止。如果子女是全职学生，那么他们可以享受这项福利直至23岁。这项福利对员工的工作期限没有限制。

2014年11月7日，谷歌宣称，从2015年1月1日起，谷歌将为其员工提供新福利，那些患有癌症的员工或其家人可免费接受高科技DNA检测，以帮助确定治疗癌症所需的最合适药物。这些测试将由美国生物科技公司Foundation Medicine进行，测试价格在5 800美元到7 200美元之间。

谷歌高福利带来的回报又有哪些呢？

据美国塞洛塔调查公司针对公司员工的调查研究表明，员工入职的时候都是情绪高涨的。但在短短6个月之后，热情就会急剧下降，因为员工感到自己不被重视，觉得自己像枚回形针。这期间如果管理层把员工当作成本而不是资产，又或者员工的薪资福利太低，员工士气就会下降。

谷歌在福利方面的举措众多，保证了员工士气持续上涨，也使他们的业绩更加出色，从而为公司赢得更多的利益。而一个来源于美国的数据也证明了其中的相关性："在员工福利计划中每投入1美元，就能促进公司经济效益增长6美元"。生产力中最重要、最活跃的因素是人。人才就是生产力，有着丰富人力资源的企业才有发展后劲。如果一个公司能把员工的最大潜能激发出来，能让员工发自内心、死心塌地为公司"卖命"，那么这个公司将天下无敌。

谷歌所推出的一系列福利在吸引员工方面发挥了重要作用：一来能让在职员工彻底解除后顾之忧；二来能让在职员工的家人全力支持其"卖命"工作；三来能让在职员工无比珍惜自己的工作岗位，并尽全力把自己的潜能无保留地贡献出来。在竞争异常激烈的科技行业，谷歌要面临来自微软、Facebook、亚马逊和苹果等诸多大公司的竞争，每个员工的离职都会产生巨大的成本，公司不得不开始漫长的招聘程序。而让员工稳定下来，意味着公司可以因此节省巨大的成本。

唯有公司尊重员工，员工才会投桃报李。而投桃报李的结果就是谷歌在同其他公司争抢优秀人才时有明显的优势。尽管为了争夺人才，各大高科技公司纷纷加大福利政策的比拼，包括免费的美食、驻公司医生、内部托儿所等，但谷歌独特的福利政策一直发挥着很好的效应，目前谷歌的人力资源部门每年收到超过200万份简历，平均每分钟接到3.8份求职简历，这就是谷歌吸引力的体现。而正是因为有了这些优秀的人才加盟谷歌，谷歌才可以将业务拓展到互联网搜索引擎以外，并成为涵盖广告、智能手机、金融和社交网络等服务的多元化服务商，在短短的十几年中从一家创业的小公司发展成为如今的行业巨头。

2.3　独特的绩效考核系统

在人们印象里，谷歌是一家富于创新、气氛自由、甚至"有些散漫"的互联网公司。然而，谷歌有着一套十分精密严谨、完全数值化、令人压力山大的内部目标考核制度——OKR，所有员工的考核评分对内公开，这种目标考核也成为各部门任务协作的一个手段。

OKR的全称是"目标和主要成果"（Objectives and Key Results），这套系统由英特尔公司制定，在谷歌成立不到一年的时间，被投资者约翰·都尔引入谷歌，并一直沿用至今。

在OKR系统下，员工首先要制定一个目标，然后设定一系列"主要结果"，可以用来衡量是否已经实现目标。目标的设定要明确，具有可量测性。例如，不能说"想让网站更漂亮"，而是要说"让网站的访问速度提高30%"，或者说"让用户交互提升15%"。

谷歌对OKR考核按照季度和年度进行，季度OKR考核不会变化，但是年度考核目标会随着业务的进行作出调整。OKR的设定涵盖多个层面，包括公司层面、团队层面、高管层面和普通员工层面，其目的是确保公司平稳运行。

通常，员工每个季度接受4~6个OKR考核。如果考核数量超过该数目，表明这位员工有可能被解雇。每个季度末期将对OKR考核进行打分，分值从0到1。一般的分值为0.6~0.7，如果获得1分，可能是目标制定得太简单；如果低于0.4，员工可能就要反省自己哪里做错了。

季度OKR评分只需要几分钟，因此员工不需要在这方面花费很多时间，可以把时间投入在完成项目目标上。

包括CEO拉里·佩奇（Larry Page）在内，所有员工的OKR评分都公开，可以在员工资料库查看自己或同事的OKR目标和得分，每个季度的OKR目标，分值都可以一览无余。

这种考核评分公开，会让一些员工感觉到"压力山大"，但是这种信息公开，可以帮助各部门进行工作协作。在该考核系统下，员工们不但明确自己的任务，同时也能了解他人在做什么。

需要指出的是，该得分并不作为谷歌晋升员工的依据，但通过评分，每个员工都可以了解自己过去所完成的工作和项目。如果某位员工可能获提拔，人事部门可以很快捷地看到此人过去的成绩。

OKR 主要的目的是为了更有效率地完成目标任务，并且依据项目进展来考核的一种方法。它的主要流程是这样的一个循环：

（1）明确项目目标。

（2）对关键性结果进行可量化的定义，并且明确达成目标的/未完成目标的措施。

（3）共同努力达成目标。

（4）根据项目进展进行评估。

而对于国内来说，更熟悉的其实是 KPI（Key Performance Indicator），而 KPI 的流程则是这样的：

（1）进行人事组织。

（2）确定影响结果的关键性因素，并且确立 KPI。

（3）对关键绩效指标进行检测，并且进行实时监督。

（4）对有错误行为的人进行监督，更甚者开除。

通过两者的对比能够看到，OKR 主要强调的是对于项目的推进，而 KPI 主要强调的是对人事的高效组织，前者要求的是如何更有效率地完成一个有野心的项目，而后者则强调的是如何保质保量地完成预定目标。

2.4　向员工放权的管理模式

作为一项服务，谷歌已经成为人们在线互动过程中不可缺少的一个环节。这家公司在经历了 16 年的发展后，已经拥有了 4 000 亿美元的市值，其成就可谓举世瞩目。但在管理层面，谷歌却采用了与传统企业截然不同的组织结构，只是很少有人关注过此事。

谷歌最看重的是有野心的想法，在硅谷，这被称作"登月"。谷歌领导者经常会努力纠正员工的方向，让他们不再纠结于 10% 的提升，转而把目光放到 10 倍的改善上去——这就需要他们采取全新的模式，而不只是对现有内容进行优化。多数"10 倍"项目都会失败，但这种概率完全可以接受。

谷歌遵循的另一种管理模式是"快速失败"。这样一来，人们就可以从失败中吸取教训，继续向前，甚至有可能借助一些挫折孕育新的成功。从这方面来看，"不断学习"胜过"博学多才"，因为没有人能够预见未来。而迭代是整个战略中最重要的部分。

还有一种管理模式是在决策过程中重视数据，而非经验、直觉和等级制度。如人才保留算法：谷歌借助自己开发的一个数学算法积极并成功地预测到哪些员工很有可能会离职。这项举措允许管理者在为时过晚之前采取行动，并为员工留任提供个性化解决方案的空间。HR 人才管理公式：离职率 = 离职人数/[（起初人数 + 期末人数）/2]×100%，招聘达成率 =（报到人数 + 代报到人数）/（计划增补人数 + 临时增补人数），新进员工比率 = 已转正员工数/在职总人数，补充员工比率 = 为离职缺口补充的人数/在职总人数，人员流动率 =（员工进入率 + 离职率）/2。

谷歌模式的核心是向员工放权。所有公司的老板都在讨论这一问题，但这家搜索巨头却在真心落实这种模式。谷歌已经设计了一套系统，让员工的优秀创意可以真正得到落实。谷歌的很多优秀的产品和功能（如 Gmail）都源于此。该公司还设计了一套政策，让员工将 20% 的工作时间用于开发业余项目。这种文化高度重视员工的水平。与其他行业的多数公司不同，谷歌必须给予员工充分的自治权：如果员工感觉发展受阻，便有可能将创造力和野心用到其他地方。

谷歌增长的主要原因，是因为他们抛弃了传统 MBA 课程模式：它的成功已经有目共睹。但不容忽视的是，谷歌的很多经验只有放在利润丰厚、增长迅猛的市场中，才最为适用，很多利润低下的行业无法借鉴——而多数管理者恰恰处于后一种环境。

【思考题】概括一下谷歌的人力资源管理的内容及特点。

【资料来源】
[1] 谷歌. 百度百科.
[2] 毕业后想进谷歌工作？成功概率 0.2%. 腾讯科技，2014 - 10 - 24.
[3] 你 OUT 了吗？看谷歌如何用数据分析重新定义 HR. 创业邦，2014 - 06 - 11.
[4] 谷歌招聘人才的"九要"和"九不要". 腾讯科技，2014 - 10 - 09.
[5] 向谷歌学习做最佳雇主. 中国新时代，2014 - 11 - 16.
[6] OKR：谷歌的绩效考核制度. 中人网人力资源频道. 绩效管理，2014 - 02 - 17.

收集整理：陈容

索尼移动中国区陷裁员风波

> **摘要**：本案例还原了索尼移动中国区的裁员风波，并对裁员背后的原因进行了分析。一场突如其来的裁员，让索尼再一次被置于风口浪尖上。2014年11月，索尼集团开始大幅度裁掉索尼移动中国区的研发团队，将核心业务迁移至东京总部，既有连续亏损多年的资本压力，也有平井一夫强调了数年的"OneSony战略"意志体现。但许多一路从索尼爱立信坚守过来的老员工，斥之为冷血。在这场无法评判的争斗中，显然双方都是输者。但裁员能解决问题吗？成本控制只是替罪羊，创新乏力才是索尼雄风不再的症结所在。
>
> **关键词**：索尼移动中国区；裁员；创新

1. 公司介绍

索尼公司或者索尼株式会社，简称索尼，也可以适用于"Sony"的中文译名。它以日本东京为企业总部，是世界上民用/专业视听产品、游戏产品、通信产品和信息技术等领域的先导之一，拥有世界屈指的品牌影响力。它在音乐、影视、计算机娱乐以及在线业务方面的成就也使其成为全球领先的个人宽带娱乐公司。

前身是"东京通信工业株式会社"，创立于1946年5月，由拥有技术研发背景的井深大与擅长公关、行销的盛田昭夫共同创办。现任全球总裁为平井一夫。

索尼公司下设消费电子集团、专业系统集团和电子元器件等业务集团，索尼移动隶属消费电子集团。2001年4月，索尼公司与爱立信公司各出资50%，建立旗下移动通信部门。2011年年底，索尼收购爱立信剩余全部股份，希望能够借移动业务重振雄风。索尼曾宣布要进军高端手机市场，但从目前亏损和裁员状况来看，索尼移动部门似难堪重任。

索尼的随身听曾是一种典型的"引导潮流式创新"。它使得随身音乐变成现实，并使之成为一种时髦的休闲方式。夏普1992年发明的ViewCam家用摄影机和松下电器也都曾经是一时流行之选。PlayStation游戏机打败了劲敌任天堂逼走了SEGA、数码相机领先传统相机品牌、影像接收芯片独占市场、VAIO系列个人电脑热卖……但自2001年始,全球经济衰退、网络泡沫化;1994年PlayStation开发后已经有10年未再发表独创性的产品;本身在电子领域中因为WalkMan不支持MP3格式造成苹果电脑的iPad数位随身听在全球热卖,取代了WalkMan原有地位;拥有自傲特丽(Trinitron)技术的WEGA独自开发高清影像技术而错估液晶电视的发展,使拥有液晶技术的夏普(Sharp)、三星(Samsung)取得电视影像的领导地位……一连串的决策错误以及电子产品价格不断压缩等因素,使索尼在2002年严重受挫至今。

2. 行业背景

中国手机厂商的快速崛起让诸多洋手机的好日子忽然一去不复返。

第三方研究机构Strategy Analytics统计数据显示,中国厂商如今已合计占有了全球智能手机市场38%的份额,超过三星电子和苹果的市场份额总和。事实上,连三星也已经开始受到这一事态的影响。三星在2014年10月底发布的第三季度财报显示,其净利润同比下滑了49%。

手机霸主三星在华销量不断下滑之际,日系厂商索尼移动也受到激烈竞争的影响。2014年10月31日,索尼发布的第二财季业绩显示,索尼集团的营收虽然增长了7.2%,但却出现了12亿美元的亏损。其中移动业务的糟糕表现拖了后腿,该部分业务运营亏损高达16亿美元,消弭了PS4等其他产品畅销带来的收入增长。同时,索尼宣布将其智能手机销量预期从4 300万台下调至4 100万台,这是该公司继2014年7月之后第二次下调智能手机销量预期,而索尼年初设定的目标则是5 000万台。

显然,面对中国廉价智能手机厂商带来的竞争压力,在没有找到更好的办法之前,索尼移动只能考虑大幅调整业务结构。而索尼移动在削减产品计划的同时,还将继续大幅裁员引发了中国员工对未来的忧虑。

3. 案例内容

最新的消息是,索尼移动在全球范围内的1 000名员工的裁员计划中,约有4/5被裁员工来自中国,数量大约是700~800人。伴随着正式员工的减少,索尼移动将停止针对中国市场特定手机型号的开发,这意味着未来索尼将向中国三大电信运营商提供相同的产品。

2014年11月4日上午10点,上百名员工聚集在索尼移动北京研发中心的楼下,默默地拉出了10多米长的集体签名横幅,要求公司做到"公平公正、透明公开"：公布详细的裁员名单，和员工对等协商，并提供"合理"的离职补偿。原因是这次裁员是在非公开的状态下进行，并且部分员工与索尼官方签署了"NDA"保密协议，这种做法有失公允。

初步的赔偿方案是"N+2+2"原则（注：N个月工资+2倍北京平均工资+2倍索尼工资，其中N为工作年限），即以工作年限作为基础，每工作一年补偿一个月工资，同时再补偿2个月工资，当场签署协议的还能再获得2个月工资补偿，但员工不太满意，新方案仍在讨论中。

一位在索尼移动供职数年的高管透露：第一批裁员800人，第二批裁员1500人，将在2015年3月前完成。总共裁员人数占公司95%以上，研发团队几乎全盘砍掉，只保留销售部门清理库存。其主要原因是，索尼移动将削减中国研发产品支出。产品测试部门的索尼员工表示，目前索尼主流产品的测试已经停止，手上的项目也大多进入结尾期。事实上，索尼已停止部分产品在中国市场的销售。已有业内人士证实，索尼在德国柏林推出的新款智能手机Xperia Z3 Compact和E3将不会在中国上市。该业内人士表示，其原因与中国市场该价位段产品竞争激烈有关。

与在其他国家的调整策略一样，索尼移动的研发业务全盘迁往日本东京总部后，销售部门也会被重新规划，将来可能会并入索尼中国（上海）公司，成为与数码相机、音频娱乐等部门平行的二级部门，但也不排除成立独资子公司单独运作的可能。

3.1 产业环境恶化引发员工忧虑

索尼移动员工的诉求主要是及早公布裁员名单，并提供机会与负责裁员的部门进行沟通，从而获得其所希望的赔偿方案。

索尼移动中国区员工此次的反弹映射出其对自身就业前景的忧虑：相对往年来说，今年外企裁员消息不断，而被裁的员工大多属于研发部门。短时期内，庞大的同类技术人才难以被市场所消化。

2014年7月，微软曾宣布裁员1.8万人，收纳了诺基亚北京部门的微软中国区因其研发主要围绕功能机而成为裁员重灾区。11月又有消息称，位于广东省深圳市南山科技园的微软亚洲硬件中心Xbox游戏机研发部也突遭全员解雇。

2014年9月24日，软件厂商Adobe宣布关闭在中国的研发分公司，裁员范围包括开发、测试、设计师和销售人员约400人左右。早前，IBM、摩托罗拉和戴尔等跨国公司近年来都在中国区有较大的裁员计划。

3.2 内耗与重生

事实上，此次裁员过后，意味着索尼移动在中国将名存实亡。高达2300余人的裁员规模，对于只有 2 700 余人的索尼移动来说很难承受，但从某种意义上来说，这也是一次重生的机会。

索尼移动前身是索尼爱立信，在被索尼全资收购后只负责一些本地化工作，如针对国内市场研发 M2、M35C 等部分低端的千元机型，以及面向中国三大运营商的定制机。但随着全网通制式芯片的普及，以及索尼移动总部停止对中国市场特定手机型号的开发，该部门已经没有存在价值。

以往本地化团队所主推的千元机产品，在硬件参数和价格上无法与华为、小米等国产品牌抗衡，而且索尼的品牌影响力也很难覆盖到对价格敏感度很高的消费群体。但在具体的终端渠道与营销中，这类市场表现平平的产品却占用了大量核心产品的资源。低端产品和高端产品一起抢广告位和柜台陈列，这种内耗带来了巨大的拖累。

3.3 OneSony 战略受益

在中国区，索尼移动和索尼中国是两大举足轻重的角色。前者负责索尼 Xperia 等全系列手机的研发、营销，后者只负责数码相机、家电产品。此前，索尼高层一直试图在中国区推动 OneSony 战略，改变以往集团子公司各自为政甚至互相掣肘的局面。

但事实是，这两家公司在中国的内耗从未停止过。

在 OneSony 战略中，核心就是集索尼相机、娱乐等各部门研发、设计实力、尖端技术于一体的 Xperia 产品线，但这却引发了争夺：第一代旗舰机型 XperiaZ1 发布后，索尼中国抢先一步负责运营销售，但这款旗舰机型唯独只有在中国国内销量平平，也引发了索尼移动方面的极大不满。Z1 的运营权仅仅是中国区开始尝试合并试水的一个标志，但最终的结果是失败的，这也从侧面反映出，索尼中国传统的数码家电类业务运营思维，很难跟得上飞速变化的移动端手机业务。

事实上，在大多数索尼员工眼中，这次裁员所引起的变化，对索尼在中国的业务来说并不是一件坏事。索尼移动的产品研发条线回归总部，有助于打造出真正秉承索尼工业设计传统的优秀机型，也能够脱离以往低端智能机占用大量研发、渠道资源却表现低迷的怪象。尤其是索尼移动销售部门的调整，能够避免与索尼中国的争斗与内耗，也会使得 Xperia 这种真正的 OneSony 核心产品的营销更加顺畅。

4. 索尼：裁员能解决问题吗

索尼的裁员新闻层出不穷，比如：

2008 年 12 月 9 日，受次贷危机影响，索尼宣布将裁减员工 16 000 人。

2012年4月12日,索尼宣布裁员10 000人,未来将重点投入数字成像、视频游戏和移动产品三大业务。

2014年2月6日,索尼公司将PC业务卖给了JIP(Japan Industrial Partners,日本产业投资基金),公布将裁员5 000人。

但是,裁员能解决问题吗?

4.1 成本不是替罪羊

在大规模裁员问题上,成本从来都是最根本的出发点,所谓战略需要,不过是冠冕堂皇的借口而已。

但成本无论如何也不应成为索尼问题的替罪羊——企业经营应当开源为主,节流为辅,如果本末倒置,企业必将陷入内忧外患的恶性循环之中。人员裁撤给索尼这样的大企业带来的,不仅仅是每年财报上的"非经营性收益"提升这样简单的几亿美元,更是对市场机会把握能力的逐渐衰退、企业名誉的损害以及创新力的逐步丧失。相较之下,裁员节约的成本,远不足为这些损害埋单。

像索尼这样的曾经王者,在市场复苏的时候逆潮流而动,伤筋动骨的大规模裁员,只能说明,企业出了问题。

索尼在手机市场未取得突破,与其近年来捉襟见肘的财务状况和浅尝辄止的产品战略有很大关系。近年来,由于消费电子业务不景气,除了2012年短暂扭亏之后,索尼连年亏损。索尼不断剥离非核心产业甚至出售总部大楼以改善财务状况。数字产业新媒体分析师尹训宁指出,在消费电子行业,产业规模决定成本优势,研发投入决定创新速度,在无法从根本上改善产业状况,在财务状况不佳的背景之下,索尼的投资手笔不够大,多是试水意味。

索尼的彩电业务也岌岌可危。索尼电视业务连续九年亏损,在3D和4K等新产品出现后,索尼并没有借此迎头赶上。家电产业资深分析师刘步尘就认为,"索尼已经出售了上游面板生产线,没有上游面板生产线,其在下一代OLED显示领域就无优势可言,市场嗅觉并不灵敏,仅凭分拆,难以实现大幅盈利的目标。实际上,不论是移动还是电视部门,在集团整个盈利状况和战略思维之下,均难以实现短期复兴"。

4.2 创新乏力症

在这个竞争激烈的市场里,可圈可点的新品与日俱增,而对试图给自己在高新技术领域里扳回一城的索尼,似乎有些底气不足。且不说面对苹果这种标榜高新立意的公司,哪怕是邻居韩国的电子产品也抛下索尼和松下,三星与LG的智能手机、智能手表,内存和液晶面板等均在市场上位居翘楚。

其实不光在移动设备领域,智能电视行业,日本大科技公司也同样慢了半拍。不管是三星还是 LG，甚至 TCL 和海信，都在逐步吞噬索尼和松下的市场份额，尤其是在国际市场上。

如今，索尼仅有的尚可叫响的产品只剩下 PlayStation。其曾经与任天堂并肩，如今与微软的 Xbox 还在市场上一较高下。还有那一部分娱乐产业，电影、电视剧和音乐等软实力，在支撑着这个曾经的巨人。

科技产品的失利，让现在的索尼与 5 年之前相比，简直恍如隔世。营收年均下跌 5%，净利润则年均下跌 35%。截至 2014 年 3 月的这一财年中，索尼净利润亏损达到了 1 300 亿日元（折合约 81 亿元人民币）。如此这般，索尼卖了其在纽约的总部大楼，并考虑到 2015 年年底，海外裁员 5 000 人。

曾经的科技巨擘，如今在市场上腹背受敌，而似乎无从出路，个人笔记本业务卖给了 JIP（Japan Industrial Partners），又将其电脑娱乐（SCEI）持有 SQUARE ENIX 史克威尔艾尼克斯的普通股全数（952 万股）转让给 SMBC 日兴证券。

索尼这个贵族的没落难免让人惋惜，但究其根源败在创新和技术上。例如：索尼 Xperia 智能手机外观设计出色，但软件设计经验的不足让手机操作颇为烦琐，UI 设计缺乏统一风格，而且没有核心的特色功能与应用，很难在潮水般的安卓手机中形成足够的竞争力。

创新乏力，被认为是"巨人症"中最有杀伤力的病况。许多企业在拥有了一次成功之后，习惯性地认为用户黏度会为自己带来百年的辉煌。可以回想一下，守着品牌老本过活，索尼在 PS 后已经十几年没有叫得响的"引导潮流式创新"产品。执着于闭门造车的标准不肯与快速发展的世界接轨，这导致索尼坚持多年的标准一旦被抛弃沉没成本巨大。

显然，企业的基业长青，不能只寄希望于市场的历史。在竞争提速、不创新就死亡的今天尤其当这些企业面对的是最直接、反应灵敏度最高的直接消费者时，没有创新产品的出现，要实现基业长青，谈何容易！

对于现在的索尼，裁员可谓饮鸩止渴——大量人才的流失，会让企业的创造力逐渐消耗殆尽。而唯有从根本上开发与创新出适合市场需求的产品、刺激消费者的购买欲，才是市场中成功者的不二法门。

【思考题】谈谈你对索尼公司人力资源管理的认识。

【资料来源】

[1] 索尼公司. 互动百科.

[2] 索尼公司. MBA 字库百科.

[3] 梁辰. 索尼移动中国区陷裁员风波：业务不佳 员工焦虑. 腾讯科技，2014-11-5.

[4] 孙聪颖. 业务巨亏裁员 索尼移动复兴计划受阻. 中国经营报, 2014-11-8.

[5] 李栋. 索尼移动裁员背后：平息与索尼中国内斗. IT 时报, 2014-11-10.

[6] 索尼：裁员能解决问题吗？中国人力资源开发网人力资源频道员工关系. chinahrd 2012-5-9.

[7] 文庚淼. 索尼：一个风烛残年的没落贵族. 百度百家, 2014-9-15.

收集整理：陈容

震旦集团的人力资源战略

> **摘要**：本案例描述了震旦集团的人力资源战略，特别是在启动"550 计划"后，震旦集团在人力资源方面的部署和计划。
>
> **关键词**：震旦集团；M 化管理；责任中心制度；培训；N 期学员计划

1. 案例背景

2013 年 1 月 4 日，震旦集团召开 2013 年度经营会议并同步举行了"550 计划"启动仪式。震旦集团海峡两岸第一个五年计划"550 计划"，目标大陆事业 5 年内营收实现突破性增长，预计 2017 年跨过人民币 50 亿大关，台湾地区营收 5 年内要成长 50%。

根据预计，到 2020 年，中国大陆的复印机市场将达到每年 100 万台，市场总额在 300 亿元左右，震旦此举，意味着希望届时能够瓜分大陆复合机复印机市场 1/6 的份额。震旦集团执行长林乐萍女士在会上下达了"死命令"："这是一定要完成的任务"。

为达成这个任务，震旦集团将通过战斗型组织、攻击性做法、策略式编组以及新事业拓展等方式来完成目标，除了内部垂直整合强化战略外，还要靠水平式并购、合资或策略联盟，并落实人才年轻化和本地化。

2. 公司介绍

震旦集团（AURORA）1965 年创立于我国台湾地区，震旦的含义是"日出东方"，英文名称"AURORA"是黎明曙光之意，两者都是象征光明与希望，代表朝气与活力。震旦集团以销售 AMANO 品牌打卡钟起家，如今企业版图涵盖办公设备（OA）、家具、通信商品等领域，公司遍布中国台湾、大陆以及日本及新加坡等地，是台湾著名的上市企业。商品阵容包括办公室自动化设备（传真机、影印机、打卡钟)、办公家具、手机门号以及资讯软体等。目前在大陆拥有震旦(中国)投资、震旦家具、震旦办公设备、震旦办公自动化销售、震旦国际大楼等几大事业体。

在台湾，震旦的 OA 事业稳健发展，市场占有率超过 50%；办公家具事业更以市场领导之姿，推出全台首创的"家具租赁"专案；而在行动通讯领域，震旦拥有 200 多家连锁通信门市，目前也整合资源，朝最大的专业手机通路迈进。震旦集团累积 40 余年丰厚的实战经验，在台湾俨然成为最具特色的综合性行销集团。

震旦集团于 1993 年投资大陆，事业领域涉及 OA、家具、电子；秉持顾客满意的服务理念，不断取得市场认可与肯定。今日，震旦的中国事业，以销售办公家具、办公设备及消费性电子商品为主，经营范围涵盖华东、华北、华中及华南四大区，目前在中国市场的直接经销通路布建已达 300 多家，同时正以积极作为迅速扩充与成长；作为 e 时代数字化办公环境的领导者，震旦集团将以绵密的行销网络，在中国各大主要都市，提供顾客方便、迅速与精致的服务。

大陆事业 10 余年开拓有成，震旦办公家具已荣登中国市场第一品牌的宝座，并获得"中国驰名商标"、"高新技术企业认证"及 IDEA、iF 等多项国际设计奖项。在 OA 产业，"震旦"是民族复印机品牌，并自主开发文件解决方案，满足顾客未来办公所需。2008 年，震旦进驻世博会唯一台资，以独具创思的"中华玉文化．城市新风格"取得上海世博企业馆仅有的 18 张门票之一。

多年来，震旦坚持创造人性化的办公空间，以独到的设计理念、优异的产品质量、完善的售后服务得到广大用户的一致赞誉。主要顾客有国务院台湾事务办公室、上海市政府、中国人民银行、中国电信、中国石油、花旗银行、中央电视台、IBM、GE、LG、宝洁集团、微软、联想集团、新浪、北京大学、中央美院、沃尔玛、诺基亚、索尼、可口可乐、肯德基等众多知名跨国企业、三资企业、国有大中型企业及政府机关。

震旦集团现阶段在务实与创新的行动纲领主轴下，未来的经营策略仍将积极开创，确实掌握产业趋势，延伸核心事业和相关产业的发展。

在办公设备事业方面，震旦 OA 已经拉开从单纯经营硬件向成为全方位办公解决方案供应商的转型序幕。伴随现代 OA 产业移动化、网络化、彩色化的发展趋势，震旦将从"软硬结合"的产品开发理念出发，结合现有设备开发配套的软件产品，甚至根据顾客需求提供量身定制的办公 OA 产品及服务。同时不断开创新商品来扩充核心事业，助力中大型顾客及政府采购市场的大力开发。

震旦家具事业也有了新的策略，包括科技创新，营销创新和供应链创新，并抓住提高产品质量和规划品牌战略两个关键。目标是创造出具差异化的震旦商品家族，在设计时会更加考虑不同区域和文化的差异、加入隐科技，通过产品的设计以及经销通路的扩展来打开市场。

"企"无人则止,震旦以"精致经营与精致服务,成为业界领导地位,创造更高利润,分享同仁"为集团愿景,秉持"同仁乐意、顾客满意、经营得意"的经营理念,携全体同仁共同追求企业的永续经营。

3. 案例内容

即使不知道震旦集团是做什么的,人们也能在第一时间对这个名字产生深刻的印象。这家寓意光明与希望的公司,因其夺目的金色建筑已经成为黄浦江边一道靓丽的风景线。"550"计划也让人们窥测到其在未来几年中国办公市场的野心和企图心。

一直深信"人才是我们发展的关键,企业因人才的累积而成长"的震旦集团,在人事公开、机会均等、权责分明、赏罚明快的原则下,建立符合人性、法令及经营理念的规章制度。

3.1 M化管理(移动办公)

早在2003年,震旦集团就成功实施了自己开发的ERP系统。

而现在的震旦,M化管理也就是移动办公已经在震旦集团得以全面实施。震旦集团已经把管理系统移植到智能手机和平板电脑上,这使文件审批和流转更加快捷方便,也让震旦总部的工作人员更方便地进行快速反应。震旦还开发了很多APP来方便员工跟客户沟通使用。比如震旦有一个软件,可以帮助客户输入一些企业办公数据,如复印是彩色还是黑白、每个月用量大概多少等,输入之后,软件可以自动给客户匹配出最适合的复印机或打印机设备。

M化管理最有效之处就是提高了整个团队的工作效率,面对人力资源的成本压力,效率的提高恰恰是解决成本的最佳方案。现在的成本中最大的成本就是人工成本,现在市场的竞争中,不能一味地进行价格战,这会让企业越来越疲惫。震旦的方法就是想尽办法留住人才,减少员工的流动性,尽量在流程上进行改造,减少管理冗余,提高快速反应能力。以财务团队为例,以前是100多人,通过流程改造、ERP精进,将员工精减到80人左右,每个人的产值都提高了,这就是用人方面质增量减的过程。

3.2 责任中心制度

责任中心是指企业内部相对独立的具有一定的管理权限、并具有相应的经济责任的企业内部单位,是一个权、责、利相结合的责任单位。责任中心制度,顾名思义,即是将业务部门划分为责任中心进行管理的制度。理论上讲,凡是在管理上可以区分、责任上可以辨认、业绩可以考核的独立单位，都可以按照责任中心的要求划分为责任中心。一般而言，如果某业务群组具有四个基本条件：一是有承担经济责任的主体，即责任人员；二是具有独立的资金运动；三是活动能够使用某种方法考核；四是享有必要的职责和权限，则可以将相关业务部门组成责任中心，并对该"责任中心"进行管理。一般的，根据业务的特点和对企业的贡献不同，责任中心可以分为以下三种：成本中心、利润中心和投资中心。

震旦集团从1975年就开始推行"责任中心"制度：共同参与、共创利润、共同分享，并致力让其成为一个能让员工充分发挥自发性自转经营的舞台，也是培养全方位经营人才的平台。震旦集团规定责任中心里利润的50%是可以用来分配给责任中心的全体同事。这样的激励制度使得员工更有凝聚力，更容易留住人才。

3.3 员工培训

震旦集团的员工培训将培训内容依对象区分为以下三类。

- 新员工培训。

"先教正派做人、再教稳健做事"是震旦新员工培训指导原则，新员工到职前先教育熟悉经营理念、企业文化、公司概况、规章制度工作知识、技能及流程。

- 职能别培训。

提升员工专业知识与技能，以发挥能力，提升工作绩效。如商品知识、销售技巧、生产管理、品质管理、采购管理、财务管理等。

- 阶层别培训。

充实各阶层员工管理技能以提升经营绩效，并储备集团经营管理人才，如一般管理训练、储备干部训练、储备主管训练、菁英队训练、经营团队训练等。

这为震旦培养员工具备共同特质与价值观并储备绩优经营管理人才做出了显著贡献。

3.4 震旦N期学员计划（双百人才专训工程）

震旦N期学员计划（简称ANTP）是震旦集团培养后备高级营销管理人才的重要项目，包括校园和社会两个类别，旨在为集团的发展培养中坚力量。作为全国性的人才培养项目，ANTP旨在吸引具备营销和领导潜质的优秀人才，并为其提供完善的职业规划和快速的职业发展通道，2~3年培养成为一线营销主管，并从中发现具备营销总监潜质的人才。通过参与具有挑战性的项目、施于高标准的职责要求以及高强度的在职培训和轮岗培训，帮助这些人才踏上管理之路。

（1）成长路径。

销售（30个月）——销售主任（12个月）——分公司经理（创业团队负责人）。总部雏鹰计划培训+轮岗见习——总部雄鹰计划培训+职务代理——总部潜龙计划培训+职务代理。

（2）薪资福利。

薪酬制度：固定薪资+销售奖金+利润分成+团队奖金

员工福利：五险一金+双休+带薪休假+结婚礼金+国内外旅游

【思考题】试着总结一下震旦集团的人力资源管理内容及特点，有何借鉴意义。

【资料来源】

[1] 开创展新局 震旦集团"550计划"启动. 搜狐滚动. IT168厂商动态，2013-01-15.

[2] 占据六分之一市场？震旦启动550计划. 中关村在线办公打印频道，2013-01-16.

[3] 震旦集团. 360百科.

[4] 震旦集团官网.

[5] M化管理解决成本问题提高工作效率. 首席财务官，2013-12-06.

[6] 张立伟. 怎样实行责任中心制度. 新浪财经，2006-02-27.

收集整理：陈容

上海通用汽车的人力资源管理

> **摘要**：本案例描述的是上海通用汽车的人力资源管理。公司是由人组成的。在今天这个变化的环境中，人力资本更是成了企业的核心竞争力，建立良好的人力资源管理制度已成当务之急。而如何选择、培训适合的人才并不是简单的可以从其他公司照搬照抄的，它需要结合公司的特点，根据实践摸索出来。上海通用汽车有限公司成功的人力资源管理实践为其他企业提供了许多有益的启示。
>
> **关键词**：上海通用汽车；人力资源管理

1. 公司介绍

上海通用汽车有限公司成立于 1997 年 6 月 12 日，由上海汽车工业（集团）总公司、通用汽车公司各出资 50% 组建而成。从诞生之日起，上海通用汽车就胸怀"国内领先并具国际竞争力"的远景目标，建构起基础坚实、有持续发展能力的世界级企业。上海通用汽车 2005、2006、2007 年连续 3 年销量在国内乘用车市场排名第一。上海通用汽车也是唯一一家连续 8 年当选"中国最受尊敬企业"的汽车企业，堪称中国汽车工业的重要力量。

坚持"以客户为中心、以市场为导向"的经营理念，上海通用汽车不断打造优质的产品和服务，目前已拥有别克、凯迪拉克、雪佛兰，以及萨博四大品牌，共 24 大系列 80 多个品种的产品矩阵，覆盖了从高端豪华车到经济型轿车各梯度市场，以及高性能豪华轿车、MPV、SUV、混合动力和电动车等细分市场。

依托全球领先技术和产品资源，上海通用汽车架构起世界一流的精益生产体系，建立了一套完整的采购、物流、制造、销售与售后服务体系和质量管理体系，并在整个业务链环节全面实施了汽车行业信息技术集成解决方案（SAP IS - Auto）。上海通用汽车建立了中国第一条具有国际先进水平的柔性化生产线实现不同平台车型的共线生产，并将"标准化、制造质量、不断改进、缩短制造周期、员工参与"这五大原则贯穿于生产制造的全过程。2005 年 7 月，上海通用汽车通过了挪威船级社（DNV）和上海禾邦认证公司（NSF）的联合质量体系评审，成为国内第一家通过 ISO/TS16949：2002 认证的汽车制造公司。同时，还获得了 ISO14001 环境体系认证证书和 OHSAS18001 职业健康安全体系认证。2008年，上海通用汽车启动"绿动未来"全方位绿色战略，以"发展绿色产品、打造绿色体系、承揽绿色责任"为核心，致力于通过科技创新，不断为中国消费者带来"更好性能、更低能耗、更少排放"的绿色车型，并积极发挥业务链龙头作用，带动上下游共创绿色产业生态系统，以实现企业自身、企业与行业、企业与环境的和谐永续发展。

上海通用电气目前拥有浦东金桥、烟台东岳、沈阳北盛和武汉分公司（在建）四大生产基地，共 6 个整车生产厂，2 个动力总成厂，年总产能可达 60 万辆整车、10 万台自动变速箱和 57.5 万台发动机，是中国汽车工业的重要领军企业之一。

2. 背景介绍

据乘联会发布的数据显示，2013 年，上海通用汽车有限公司在国内乘用车市场（不含微客）销量排行榜中排第一位。前 10 位企业依次是上海通用、上海大众、一汽大众、北京现代、东风日产、长安福特、长城汽车、上汽通用五菱、一汽丰田和神龙汽车。

2014 年 1 月 15 日，全球知名第三方独立调研机构 Top Employers Institute 揭晓"中国杰出雇主 2014"认证结果，上海通用成为 41 家被授予"中国杰出雇主 2014"认证的企业之一。杰出雇主调研机构总部位于荷兰，该机构自 1991 年以来，开发出专有的评定方法、调研体系，目前在五大洲的 65 个国家研究和认证杰出雇主。评定的标准涉及：货币薪酬，工作环境和福利，培训和发展，职业发展，以及企业文化管理，上海通用能够获此殊荣，充分体现了其优秀的人力资源战略。

在"2014 最佳人力资源典范企业"评比中，上海通用又获得"最佳校园雇主品牌策略典范"单项奖。作为一家年轻的企业，上海通用汽车在 16 年的时间里以超常规的速度在中国汽车行业树立了自己的位置。他们的成功不仅源于市场上的丰硕收获，更来自他们所秉持的："实现社会利益最大化"的理念。在此理念中，很直接的受益者是公司的员工，上海通用汽车创造了开放、温馨的企业文化，增强了企业的凝聚力。

3. 案例内容

当前，现代企业的竞争实质上就是人才的竞争，上海通用汽车有限公司成功的人力资源管理实践为其他企业提供了许多有益的启示。本案例分别从招聘策略、评估录用模式、培训体系、员工绩效评估、薪酬福利五方面来分析上海通用独特的人力资源管理实践过程。

3.1 "以人为本"的公开招聘策略

一流的企业需要一流的员工队伍,上海通用的发展远景和目标定位也注定它对员工素质的高要求:不仅具备优良的上产技能和管理能力,而且还要具备出众的自我激励、自我学习能力、适应能力、沟通能力和团队合作精神。面对要在一年之内客观公正的招聘到第一批高素质的员工的挑战,上海通用直面它,并自上而下执行了"以人为本"的公开招聘策略。

第一,公司确定了在坚持双向选择的前提下,员工必须认同公司的宗旨和五个核心价值观,即:以客户为中心、安全、团队合作、诚信正直、不断改进和创新。如果一个员工不能接受一个企业的文化,他就不能最大限度地发挥他的才能,有时还可能违背总的政策方针,做出有损于公司的利益的事,所以这作为首要条件被提出。同时,公司也充分考虑应聘者自我发展与自我实现的高层次价值实现的需求,尽量为员工的发展提供良好的机会和条件。

第二,根据公司的发展计划和生产建设进度,制订拉动式招聘员工计划,从公司的组织结构、各部门岗位的实际需求出发,分层次、有步骤地实施招聘。分阶段的招聘人才使人力资源不至于闲置,而且这样分批招聘也有利于找到适合的人。

第三,根据"一流企业,需要一流员工队伍"的公司发展目标,确立面向全国广泛选拔人才的员工招聘方针。并根据岗位的层次和性质,有针对性地选择不同新闻媒体发布招聘信息,采取利用媒介和人才市场为主的自行招聘与委托招募相结合的方式。以此,向所有应聘者乃至社会各界进一步传播公司宗旨、价值观和"以人为本"的理念。

第四,为确保招聘工作的信度和效度,建立人员评估中心,确立规范化、程序化、科学化的人员评估原则。并出资几十万元聘请国外知名的咨询公司对评估人员进行培训,借鉴美国 GM 公司及其于公司已有的"精益生产"样板模式,设计出具有 SGM 特点的"人员评估方案";明确各类岗位对人员素质的要求。

第五,建立人才信息库,开通了应聘查询热线,统一设计岗位描述表、应聘登记表、人员评估表、员工预算计划表及目标跟踪管理表等。

3.2 严格规范的评估录用程序

3.2.1 上海通用设置了标准化的评估模式

根据公司的宗旨、价值观和精益生产制造系统对人员的要求,评估中心设立了四大类 19 项具体行为指标作为评估的衡量依据。

- 个人素质：学习能力、适应能力、工作动力、不断改进、注意细节、主动性、讲求品质。
- 领导能力：指导能力、团队发展、自主管理、计划组织、工作安排。
- 有效人际关系及沟通能力：建立合作和伙伴关系、沟通能力、团队精神、顾客导向。
- 专业知识和管理能力：技术专业、知识问题评估与决策能力、管理事物。

对于这 19 项具体行为指标，因岗而异，有所偏重。由用人部门依据岗位描述分别对应聘者各行为指标做出不可或缺、非常重要、重要、有用但不重要、没有必要这五项选择，并以此作为行为指标的权重。不过，团队精神、顾客导向、工作动力等指标是对公司全体员工的共同要求，与其他公司的雇用测试（心理能力测试、人格测试、工作样本测试）相比，上海通用的人员甄选模式更注重以下两个关系的比较与权重。

（1）个性品质与工作技能的关系。高素质的员工必须具备优秀的个性品质与良好的工作技能。前者是经过长期教育、环境熏陶和遗传因素影响的结果，它包含了一个人的学习能力、行为习惯、适应性、工作主动性等，上述 19 项具体行为指标中的第一类个人素质即属于个性品质的内容和要素。后者是通过职业培训、实践经验累计而获得，如专项工作技能、管理能力、沟通能力等，两者互为因果。但相对而言，工作能力较容易培训，而个性品质则难以培训。因此，在甄选录用员工时，既要看中其工作能力，更要关注其个性品质。

（2）过去经历与将来发展的关系。一个人在以往经历中，如何对待成功与失败的态度和行为，对其将来的成就具有或正或负的影响。因此，分析其过去经历中所表现出的行为，就能够预测和判断其未来的发展。

SGM 正是依据上述二个简明实用的理论、经验和岗位要求，来选择科学的评估方法，确定评估的主要行为指标，来取舍应聘者的。如在一次员工招聘中，有一位应聘者已进入第八道程序，经背景调查却发现其隐瞒了过去曾在学校因打架而受处分的事，当对其进行再次询问时，他仍对此事加以隐瞒。对此公司认为，虽然人的一生难免有过失，但隐瞒过错却属于个人品质问题，个人品质问题会影响其今后的发展，最后经大家共同讨论一致决定对其不予录用。

3.2.2 SGM 的整个评估活动完全按程序化的模式进行

凡被录用者，须经填表、筛选、笔试、目标面试、情景模拟、专业面试、体检、背景调查和审批录用九个程序和环节。每个程序和环节都有标准化的运作规范和科学化的选拔方法。其中，笔试主要测试应聘者的专业知识、相关知识、特殊能力和倾向。目标面试也就是访谈中的自我评估信息，则由受过国际专业咨询机构培训的评估人员与应聘者进行面对面的问答式讨论，验证其登记表已有的信息，并进一步获取信息。专业面试涉及技术知识，则由用人部门完成。情景模拟，即情景信息考察，是根据应聘者可能担任的职务，编制一套与该职务实际情况相仿的测试项目，将被测试者安排在模拟的、逼真的工作环境中，要求被测试者处理可能出现的各种问题，用多种方法来测试其心理素质、潜在能力的一系列方法。如通过无领导的两小组合作完成练习，观察应聘管理岗位的应聘者的领导能力、领导欲望、组织能力、主动性、说服能力、口头表达能力、自信程度、沟通能力、人际交往能力等。SCM还把情景模拟推广到了对技术工人的选拔上，如通过齿轮的装配练习，评估应聘者的动作灵巧性、质量意识、操作的条理性及行为习惯。在实际操作过程中，观察应聘者的各种行为能力，孰优孰劣，泾渭分明。

在上海通用，凡被录用者首先需经7个评估员的评估并统一意见，然后分别由用人部门经理、人力资源部人事科长和部门经理的审批签字，最后才能发录取通知书。

3.2.3 坚持"宁缺毋滥"的原则

为了招聘一个段长，人力资源部的招聘人员在查阅了上海市人才服务中心的所有人才信息后，发现符合该职位要求的具有初步资格者只有6人，但经评估，遗憾的是一个人都不合格。对此，中外双方部门经理肯定地说："对这一岗位决不放宽录用要求，宁可暂时空缺，也不要让不合适的人占据。"

据评估中心的数据统计分析表明，每100人应聘，只有50~60人能进入情景模拟，进入专业面试的约为20~30人，到最后被正式录用的往往只有十几人，有些岗位甚至更低。上海通用汽车客观公正的评估原则、规范合理的选拔标准、训练有素的评估人员、科学有效的测试手段，使招聘录用工作大大降低了失真度，减少了人为因素的影响，使上海通用选拔到了真正适合的人才。

3.3 完整的员工培训体系

知识是成功的必备要素，培训则是获取知识的重要途径。美国通用作为世界上最大的汽车制造商，有一套完整的员工培训体系，培训手段颇为先进。上海通用继承了传统，从员工的招聘到培训都较好的实施了由美国通用引进的招聘和培训方法，取得了明显的效果。

上海通用的员工培训是与工程建设、人员聘用的进度同步开展的。他们抓住工程建设的关键节点，将培训工作与工程的进展、设备的安装调试、人员的招聘上岗等需求对应起来，制订了一体化培训计划，全方位地跟踪控制实施关键节点的培训项目。这样培训成为生产先导，通过相应的培训，员工的素质和技能节节提高，引导着工程建设的进展，做到了人员方面的"先行一步"和"即时供货"，既没有人员积压的现象，也不会出现"用兵只是没有兵"的状况。

3.3.1 制订"一体化"培训计划

一年或半年制订一次整体的培训计划在上海通用中实施,这种培训计划不仅充分体现培训需求,而且把企业"以人为本"的管理思想也融合其中。所谓"一体化",就是把整个培训实施过程中要涉及的所有问题和解决的时间、方法等进行系统考虑。因此在上海通用的一体化培训计划上,可以看到如下内容:设备树及供应商清单,培训资源及设施需求,培训课程及实施计划,培训预算。这样有利于全方位地跟踪、控制、实施培训工作。在制定过程中还要进行自下而上、自上而下的讨论,这就形成企业与个人利益相结合的培训计划。

3.3.2 培训机构纳入人事管理系统

上海通用在人力资源部中设培训科,在各车间、部门设有兼职培训协调员。这种模式集规划、培训、使用、考核于一体,使培训目标明确,针对性强,学以致用。

3.3.3 分层次按岗位确定培训内容

第一,入门培训。这是针对新员工或新岗位要求进行的。入门培训主要包括:公司概况、产品市场状况及技术特点、生产制造及质量要求、生产安全及劳动保护、企业文化及员工行为规范等。上海通用里,录用的员工都要接受全面的入门教育和平均10周的培训。公司制定的培训:①业务培训。员工接受关于公司概况的培训。②基础培训。员工接受行业层次的培训,学习如何做好各自工作的基础知识。③亲身体会。挑选部分员工赴通用汽车的其他工厂就其专业接受手把手的培训。④OEM培训。员工在接受专业培训的同时参与开工准备及设备调试。

第二,适应性培训。这是针对全体员工的分层次按岗位需要及综合素质提高进行的新技术、新知识普及和综合能力训练,目的在于为员工补充新知识,提高员工素质,适应新技术的发展。上海通用把培训内容设定为5个模块:

A模块——工作标准化专题。旨在通过培训,让所有员工掌握标准化工作清单的制作和不断改进技能,正确理解运用标准化的形成开展工作以及工作场所合理安排的重要性。

B模块——质量专题。旨在让员工理解和接受"质量是生产出来的"观念,从而确保向用户提供高质量的产品。

C模块——领导责任专题。旨在向各级管理人员及专业技术人员传授领导有方的基本知识和必要技巧。

D模块——拉动系统和物流管理专题。旨在是员工能够了解和掌握从客户订单、供应上生产、包装、运输、收货、储存、看板供货到暗灯系统的精益管理的具体运用。

E模块——持续改进专题。旨在使员工能掌握并运用不断改进的原理和概念，正确了解和运用计划、执行、确认、行动循环以及与实际问题解决6步骤的相互关系。

5个模块共设置20门课程，每门课程既是整体的一部分，又能独自成立，可按照不同层次的需要任意组合，灵活运用，内容生动，具有很强的实践性和指导性。许多员工培训后反映，这是他们"接受的最好的培训"。

第三，提高性培训。主要对有培养前途的骨干以及高层管理人员进行管理技能、专业技术方面的专门培训，使企业能得到进一步提高。

3.3.4 按培训重要性合理设置培训时间

培训时间的安排通常有3种。

第一种是全脱产培训，即培训时间全部安排在工作时间。上海通用的5个模块的培训就是属于此类培训，当新员工正式上岗前，首先要在培训中心接受为期5天的入门培训，了解企业的理念及价值观、生产体系等，然后在车间的培训岛内接受为期3周的岗位技能培训。上岗后根据企业的要求和个人发展目标，不断地进行多岗位技能培训和5个模块课程的培训，使技能得以不断地提高。由此可见，全脱产培训通常安排管理技能和岗位技能培训。因为它直接关系到企业的生产运作和产品质量，一般应在工作时间进行。

第二种是工娱相结合的培训。它既是一种知识性提高素质培训，但也能间接地对企业有益。

第三种是全业余培训。一般为员工自己要求的培训，如学历培训，是不能在工作时间进行的。

培训时间的另一个概念为人均年培训小时。上海通用规定年培训时间不低于40小时每人。企业对员工培训时间的最低限度提出要求，反映了企业对员工培训的重视。

3.3.5 追求培训效果的最大化

在课程的设计安排上，讲求实效是上海通用的特点。着眼于应用性地讲求实效的培训不可能使用社会上的现成教材，因为这一类培训除了进行知识的传授以外，还要求有很强的针对性和可操作性。上海通用的5个模块课程全部配有自编教材。据了解，在美国通用汽车大学，即使专业技术方面的课程，一般也要针对企业中应用最广泛的部分，结合企业实际进行教材的编写，以使企业培训在最短的时间内取得最大的效果。

为了实现培训的针对性和可操作性，上海通用的培训课程都设计了多种培训工具和讲授步骤，安排好一堂课从入门到讨论与小结的全过程，以及对重点设提问、配以录像分析、动手拆装或计算等环节，保证每堂课的质量。企业为提高学院的实际动手能力，还引进模拟教学设备，来增加培训的直观性。

讨论式、互动式的培训方式也被普遍采用。一般一组不超过20人，课桌的排列是以教师能方便地走到每个学员面前和学员作充分的交流以及学员之间也能开展充分讨论为前提。用这种方法上课，教师已不是居高临下，而是整个课堂的引导者和主持者，学员可以充分地参与讨论，共同探讨问题，学员和教师、学员和学员是相互学习的伙伴，从而使培训取得最佳效果。

3.3.6 最大限度的利用一切资源开展企业培训

首先是海外培训。它有着得天独厚的优势，美国、德国的合作伙伴都是他们海外培训的基地。虽然培训费用比较高，但只要目的性强、计划周密，就一定会有好的效果。上海通用根据工厂建设的需要，按照不同任务，选派了部门经理、车间主任、工程师等关键岗位人员赴通用在美国、德国、澳大利亚、波兰等国的工厂接受特定的见习培训。

其次是充分利用国内社会培训资源，为企业培训服务。上海通用分别与上海交大、同济大学建立了长期合作伙伴关系，充分利用它们的试验设备和专业教师开展汽车专业技术培训，既节省了企业投资，又取得了良好的效果。

最后是建立一支以专职教师为主导，以兼职教师为主体的专兼职教师相结合的师资队伍。面对繁多的培训科目，企业不可能全部配备专职教师，因此，以专职教师为骨干、聘请兼职教师组成庞大的培训师资队伍，则是完成企业培训任务的一条重要途径。兼职教师的来源有两条渠道：一是从企业内部聘请；二是从社会上聘请，包括请国外专家。

通过"滚雪球"式的培训，上海通用目前已形成一支精干、高效的培训师资队伍，不少部门的中外方经理、车间主任都是骨干的兼职教师，特别是工段长，基本承担了本工段中工人岗位技能的培训，取得了很好的培训效果。培训的责任在于各级经理。由经理分析和提出所属员工的岗位要求和培训需求；由经理审定所属员工填报的计划并决定其取舍；由经理评估所属员工经培训后的技能水平，经理每年有1~2次与员工面对面的讨论其优缺点，并明确其下一年的培训方向。车间经理助理就是车间的培训协调员，公司培训科的培训需求调查表经由助理交车间经理亲自填写。在培训科厚厚的表格中，可以见到美方经理亲自填写的笔迹。如车身车间美方经理将全车间144人在28门基础课程、67门核心技能课程（岗位预培训）、46门技巧课程的计划中，按领导层、工段长、班组长、工人的不同类型——对号入座，作了周密的安排，并用英文提出了自己对培训的问题和意见，从中透出了对员工培训的关注之心。车间各级干部亲自为员工讲课，他们用在国外样板厂接受过的培训知识，经过自己的实践、总结、理清思路后传授给班组长，深入浅出，有血有肉。

得益于公司的员工发展和培训体系，上海通用招聘进来的大学生基本上经过2~3年就可以独当一面，3年多的时间，一个有潜力的人就可以成为主管，带七八个人工作。

3.4 科学的员工绩效评估

绩效评估是组织通过系统的方法、原理来评定和测量员工在某一时段的工作表现，以协助员工成长的过程。评估的结果可作为薪资、职务调整的依据，提供员工工作的回馈，以及协助主管了解部属等。可见，绩效评估做得好，可以让员工更了解自己及其工作，有利于主管与部属间的相互了解和沟通，并使得组织目标更清楚和被接受等。企业要在竞争的经营环境中生存并取得竞争优势，必须有效地掌握经营绩效。然而建立具有科学性、可操作性和应用性的考核指标体系是现代企业进行员工绩效考核的一大难点，上海通用却将这种困难转化成优势，极大的带动了员工的积极性，并促进了它自身的发展。

上海通用对员工进行绩效考核的目的是为了发展人而不是制裁人，是为了不断改进员工绩效表现，面向全体员工进行跟踪培训，并在此过程中向员工进行企业文化的灌输与培养。上海通用在人力资源管理方面通过不断实践逐步建立起的以激励员工为导向，以不断改进员工工作为核心的双向沟通式的员工绩效考核体系，从而能较好地度量员工们的工作表现。

上海通用的员工考核方法是全方位的立体考核：来自主管——绩效评估，来自群体——360°评估，来自自己——自我认知工具，既有定性考核与定量考核。每年年初，公司的全体员工都要制定个人的工作目标，确定工作任务和具体的工作计划。这个计划经主管经理审批并与本人协商确认后予以执行。

一般员工的考核主要包括六大指标：安全、质量、组内工作、参加日常改进工作、顾客导向、灵活性。每项指标又分为六个评定等级：工作出色，20分；工作超过要求，15分；工作符合要求，10分；工作不符合要求，5分；工作情况不佳，2分；一个或者几个准则未能完成，0分。

考核前，人力资源部要对考核的直接主管进行考核方法的培训，布置考核的要求，以确保考核工作的有序性和科学性。上海通用的考核工作一般为每半年一次，但人事部门要求各级主管能及时对下属的工作作出评价性反馈，并指明改进的要求和方向。对于工段长以上级别的人员，则要求被考核者首先按公司统一的考核标准，对自己半年来的工作完成情况、内外用户的满意程度等进行回顾描述，在考核表拟出自己应得的等级，交直接主管评审。直接主管则在年初确定的工作目标的基础上，对被考核者进行业绩的总结、计划改进和工作上的障碍等方面评估，最后作出一个全面的评价，及做出一个考核评估的总评分。作为考核者的直接主管，除了对被考核者的工作业绩进行肯定外，一般还明确指出被考核者的欠缺在哪里，以便个人明确改进的方向，不断提高个人的岗位工作能力。

值得指出的是，上海通用在员工的绩效考核中有两个重要程序。

第一个重要程序是考核结束前的谈话程序。这是考核者与被考核者之间的一次重要的沟通与交流，真实地告诉考核结果、肯定被考核者的工作业绩，指出其在工作上的障碍与差距，这对个人的发展和公司目标的完成都至关重要。主管要向员工讲明打分的依据和理由，在征求被考核者意见，并达成一致后，由员工本人签字。若员工本人对考核结果有不同意见，可向上一级主管反映，如果还是不能达成一致，则有人力资源部组织员工关系协调员、工会负责人、主管和员工本人进行四位一体的行为审核。在整个审核流程中主要看员工申诉的理由是否合理，主管是否公正的对待员工，并认真听取工会的意见，然后在此基础上经充分讨论后集体作出复核意见，最终的考核结果以复核意见为准。

第二个重要程序是对考核结果低于要求的员工（总评分低于40分），发出书面通知。在这个书面通知书上将如实通知员工这次考核的结果和低于要求的原因，并书面提出直接主管的处理意见：或在本岗位限期整改，或转换岗位。然后由上一级主管签署意见。例如，在第二次员工绩效考核中，由3名员工没有通过考核。为此，上海通用对他们实施绩效改进计划。首先，人力资源部和直接主管要为员工指出他的欠缺在什么地方，在本岗位应达到怎样的目标，并帮助他制定相应的改进措施。在与本人协商同意后，正式确定改进计划，并由员工本人签字。每隔一到两星期，考察阶段目标的实施情况；3个月后对其进行再次考核，改进好的继续留职，改进一般的适当延长整改期限，没有一点改进的则解除合同。然而后一种情况在上海通用很少出现。

3.5 完善多样的福利政策

3.5.1 薪酬计划

- 月薪。
- 年度双薪。
- 年终奖。
- 公司绩效奖。

3.5.2 福利计划

- 基本社会保险和公积金。
- 购车优惠和交通补贴。
- 补充医疗保险及年度体检。
- 带薪休假。

落户支持；人才引进；灵活多样的薪资增长机制；绩效导向的年终奖；住房免息贷款；购车优惠；完善的保险制度等为上海通用留住人才做出了突出贡献。

综上所述，上海通用汽车有限公司成功的人力资源管理实践为其他企业提供的启示如下：

（1）把传递公司的理念作为吸引招聘者的策略。上海通用公司以其名声以及合理的工资福利吸引应聘者的同时，坚持把"以人为本"的理念作为招聘工作的指导思想。上海通用在发布招聘信息时，无不强调公司的发展战略，传播公司的企业文化，树立公司良好的外部形象，承诺给员工以良好的发展机会。

（2）面向全国、多渠道的实行公开招聘。他们充分利用各种新闻媒介发布招聘信息，设立人才招聘专场进行公开招募，给社会上各类人才以公平竞争的机会，达到在全社会范围内广纳贤才的目的，以确保企业员工的高素质。

（3）按岗位要求选择行为指标权重。如何实行考用一致的原则是评估应聘者工作中的一个重点。上海通用在确立把四大类19项主要行为指标作为一般评估内容与标准的前提下，根据不同岗位的需要而有所偏重，从而使选拔出来的人员素质与职位资格要求相符合，使人员选拔更有针对性，有利于贯彻"因岗择人"的原则，避免了评估与实际工作相脱节的现象。

（4）规范化、程序化的录用员工的保障机制。上海通用明确规定：凡被录用者必须经过填表、筛选、笔试、目标面试、情景模拟、专业面试、体检、背景调查和审批录用九个程序和环节。一个应聘者的录用与否，并不取决于个人的判断，而是取决于评估中心各成员不同角度的观察，共同讨论决定以及其健康状况、背景调查结果等客观条件是否满足要求，特别是应聘者的专业能力，甚至其个人的品行都要充分听取用人部门的意见，只有通过上述各个评估程序和环节的应聘者，最终才能被录用。这就从运行机制上体现了客观公正的原则，防止徇私舞弊、弄虚作假的现象，克服了领导者个人的主观随意性，保证了录用工作的严肃性、规范性和统一性。

（5）全新的培训理念，完整的培训机制。上海通用以全新的理念来认识培训，以求实的精神来拓展培训，以精心的策划来实施培训，不摆花架子，力求以培训的实效来促进企业生产经营的发展。经理成为教员，员工自觉学习，培训就是服务。上海通用有一个机动灵活高效的培训管理机构，制定与企业发展、人员管理同步的培训规划和计划，充分利用厂内外、国内外的教育资源，将培训内容与被培训者的工作结合起来。通过培训和脚踏实地的努力，全体员工团结一致的为实现企业战略目标而奋斗。

（6）科学的绩效考核体系。上海通用通过不断实践逐步建立起以激励员工为导向，以不断改进员工工作为核心的双向沟通式的员工绩效考核体系。首先，上海通用的员工的绩效考核体系尽量采用客观、具体的评价标准，以便员工明确工作目标以及避免各级主管随意地确定考核项目；其次，引进各种便于进行定量统计的测试方法，以减少主观定性判断的误差；再次，强调考核内容严格限定在于工作直接有关的因素上，以避免对难以用事实证明的考核要素作出似是而非的评价；最后，上海通用还把员工的绩效考核与薪酬分配和奖励晋升相结合，从而大大激发了员工工作的积极性。

用人力资源体系留住人才营造了上海通用汽车中国员工队伍的优势,其发展前途不可估量。

【思考题】 怎样理解上海通用对人才的考量标准。

【资料来源】

[1] 2014最佳人力资源典范企业获奖榜单单项. 前程无忧网.

[2] "2014中国杰出雇主"名单出炉. 中国工业新闻网新闻模块人物页面,2014-01-19.

[3] 通用汽车前程无忧官方招聘网站. 薪酬福利、职业发展模块.

[4] 人力资源管理管理案例题之上海通用汽车公司. 搜狗问问,2009-11-07.

[5] 上海通用汽车的HR之道. 前程无忧网. IT人才IT职场求职指南.

[6] 上海通用汽车的HR管理实践. 浙江民营企业网企业管理经典案例.

收集整理:陈容

阿芙精油如何驾驭"90后"员工

> **摘要：**"'90后'很难管","搞不清楚他们在想什么"这是很多人力资源工作者深有感触的。人力经理和公司高层大多是"70后",他们生在物资匮乏的年代,小时候多半为想要多吃二两肉苦恼过,长大后赶上社会高速发展,用奋斗来激励自己,用物质来满足自己,用成功来证明自己。而"85后"、"90后"的成长环境相对更加优越,相对于"70后",他们没有那么多的物质饥渴感,会更多地去寻求心理和精神的满足。"70后"和"85后"、"90后"生长环境的差异导致了他们在价值观上存在很大的分歧,在大多数公司感叹"'90后'的员工很难带"的时候,阿芙精油的孟醒(俗称雕爷)却带着一批"90后"员工,把阿芙精油打造成行业龙头品牌。本案例描述了阿芙精油是怎么吸引留住"90后"员工的。
>
> **关键词：**阿芙精油；孟醒；"90后员工"

1. 公司介绍

"AFU 阿芙"品牌,源自古希腊神话中"爱与美的女神——APHRODITE"之名(到罗马神话时期,即"维纳斯"VENUS),现在化身为中国精油界的领导品牌,亦是护肤品全球合作之典范。由希腊 AFAROTIZA 公司提供技术、持有商标和原料供应,法国 FCW 集团负责研发和送审欧盟 IEC 检测,北京茂思商贸有限公司负责中国地区的运营及推广。

其品牌核心价值,是捍卫精油行业的秘密——"得花材者得天下",只和全球著名产地的庄园合作,长期契约种植。阿芙率先将精油色谱图呈献给顾客,即植物的唯一 DNA 图谱,以证明阿芙精油从田间种植到入瓶灌装,皆血统清晰,品质纯正。阿芙精油包含：单方精油、复方油、基础油以及含精油添加成分的护肤品。

阿芙精油在中国创立于 2003 年,但广为人知却是近几年的事,即在 2009 年被漂网代理主营之后。严格来说,漂网是阿芙精油的一个渠道,但是漂网董事长孟醒(人称雕爷)借力电子商务,将品牌精准定位在时尚、小资、女性,用 1 年左右的时间把这个线下不知名的化妆品精油品牌成长为行业龙头品牌。2009 年 9 月上线，2010 年线上销售额超过 2 000 万元。

随着全球范围内精油文化和植物护肤品的兴起，"AFU 阿芙"一直是中国市场的开拓者和普及者。在各个美容时尚类电视节目，如《美丽俏佳人》节目中开设《阿芙香薰课堂》，及直接冠名播出《阿芙漂亮女人》。在《瑞丽》、《时尚》、《悦己》等时尚类杂志开设精油专栏。并在大量美容网站展开精油普及和评测活动，均成为瞩目焦点，备受好评。

"AFU 阿芙"在中国的推广，以一、二线城市高端商场形象专柜为主，到目前已覆盖近百余个城市的三百余家商场。作为领导品牌，无论专柜拓展速度还是用户口碑，"AFU 阿芙"都遥遥领先。根据"数据魔方"精油类目统计，AFU 阿芙还是淘宝全网精油销量第一，销量超过第 2 至第 10 名的总和，是中国精油领导品牌。在今天，"AFU 阿芙"不仅成为专业精油的代名词，最令人欣喜的是，AFU 阿芙成为无数中国人使用的第一瓶精油——做中国市场的精油及精油护肤品启蒙者和开创者，是 AFU 阿芙品牌至高无上的荣耀。

2. 案例内容

阿芙精油的人力资源管理模式一直打破传统，让人大跌眼镜。遇到别的公司挖角，基本上人挖过去就把别的公司毁惨了，那么，阿芙公司到底是怎样与众不同呢？雕爷在管理 90 后团队上有何高招？

2.1 招聘——首席闻味官"闻味"招聘

阿芙现在已经有七八百人了，人力资源部却只有一个半人。没有招聘系统也没有招聘技术，那么阿芙怎么招聘到想要的人呢？

第一步：送面试者礼物。

大家知道，在面试中很少有人得到公司、雇主的善意，于是这个礼物送出去，求职者会在朋友圈晒一下。这会在一个熟人社交关系里面建立起来小小的印象，即这家公司是对面试者非常友善的公司。每个面试者就是潜在顾客，面试过程就是和潜在客户有较长时间的接触。

第二步：首席闻味官"闻味"招聘。

阿芙的团队非常年轻，都没有什么经验，招聘的时候也没有什么高级技术，每次招聘只是人力资源的人和一个同事来携手。这个同事的职位就是首席闻味道官，他没有任何职位，不见得是未来跟面试者协同工作的人。他在团队里有两个特点：第一是老员工；第二特别受欢迎，是典型的好员工。

再高明的测试系统不能测试一个东西，就是合不合群。什么人能去测试呢？

就是典型的好员工。他在这个公司待了很久，特别熟悉公司的文化，很受同事欢迎，可以代表公司的文化。员工来面试，首席闻味道官就做一个判断：我愿不愿意和这个陌生人一起工作，我愿不愿意把他当兄弟？至少到今天四五年过去了，这仍然是阿芙特别有效的招聘方式。阿芙在电商行业里人才流动率是相对较低的，这说明，这个方法是有效的。

2.2 新员工培训——通关游戏

现在招的新员工有很多"90后"，培训完以后，人力资源部没法知道，怎样衡量这个员工通过了培训以及通过培训这个员工能不能胜任这个岗位。常规的检测培训效果的方式是考试，于是员工变成了考试机器，考试这个行为可能除了能筛选出他是否认真之外，对考察这个人能否融入公司和发挥作用是没什么用的。阿芙则找到了一个特别简单的办法，即使面对现在公司上千名员工的规模，这个办法仍然有效。

方法很简单，新员工进来后，人力资源部把文件签了后，给新员工一张通关卡片，卡片上有七八个信息描述一个人：这个人是男是女、长头发还是短头发、他养不养猫狗、他吃不吃辣椒等个人信息。公司要求新员工在规定时间内，在公司同一个办公楼里，在三四百人中把卡片上描述的人找出来。

对一个新员工来说，这是特别艰难的问题，因为他谁都不认识。于是新员工进入新公司后开始逆转，从被动等待变成相对开放的状态。他至少要问十个八个人，最后把这个人找到，找到这个人后他会发现，这个人是他加入公司的第一个师傅。

这个师傅有一个绝活，会一对一把这个绝活教给新员工，师傅来考核这个新员工有没有掌握这个手艺。如果是一个专家，作为一个有资历的人，其培训的要求会比人力资源部考试更为严格。通过专家的传授，一共7张卡片，需要找到7个人，学会7门手艺。

通过这样的方式，新员工上岗后不会有陌生感，他的第一个任务是和师傅一起做，可是7个师傅，是否每个人都会那么负责呢？阿芙的办法是，如果师傅不好好教，师傅就会成为徒弟一年辅导的老师，徒弟的业绩不好，师傅在团队里面也会很没有面子，这样，师傅们为了面子也不敢不尽心教徒弟了。

通过通关游戏成为正式员工后，游戏还没有结束。成为正式员工，和公司有劳动合同，不代表你是"自己人"。阿芙把员工分为两部分，第一部分就是有劳动关系的员工。一年后，员工可以申请二次面试，通过二次面试的人会被授予"自己人"称号。和帮会一样，从外围变成帮会核心成员。

通过自己人面试之后，好处是什么？除了拿到薪水外，最重要的是，你可以享受公司各种各样的变态福利，如去马尔代夫玩，这是只给自己人的福利。二次面试的人是公司9个不同层级、不同年龄、不同角色的人，组成9个常委：有客服人员、CEO、人力资源，也有其他的老员工，9个人进行第二次闻味道。如果你没有通过价值观测试，你的业绩再好也不可以享受"自己人"的福利。

作为一家电商公司，阿芙在一年内的离职率处于行业偏低水平，通过二次面试的人的饱和率会达到3~4年，对电商公司来说，这是非常不容易的。

2.3 薪酬——简单粗暴，月月涨工资

提到薪酬制度，似乎总是和工资表、薪酬结构联系在一起。对于很多老板来说，涨工资这件事，第一是因为市场，让公司有竞争力的薪酬；第二是来自老板心态，他愿意用什么样的人，其实跟科学没什么关系，工资怎么发都是那些钱，只要符合老板的心理预期。

而阿芙的薪酬制度采取最简单粗暴的方式：只要大盘还在涨，雕爷（孟醒）就月月涨工资，甚至周周涨工资，把涨幅摊到每周去。用雕爷的说法，这是快速开局和快速奖励。就像打了一晚上怪兽，不给人涨一级不合适；打了一晚上麻将就和了一局不行，重点是要快速地玩完一局，然后马上得出输赢。阿芙涨薪有两个条件：一是公司大盘营业额有一个好看的增长；二是个人表现能被别人赏识。这两条符合，这个月就可以涨薪水了。涨得不是很多，但是激励作用非常大。也许一个月只涨100元、200元，但是没有薪酬保密制度，这种快速且完全公开的加薪方式对年轻人来说是最大的刺激。对于"85后"、"90后"来说，他们对短期激励更为重视，你说年底给他3万元期权，不如10月让他有钱买iPhone手机。这种短期激励和高频次的激励刺激，比长远的刺激更能留住员工的心。

在阿芙，新入职员工不会有太高的薪水，一般比新员工的期望薪水少10%。但是一旦入职之后，阿芙的加薪、各种福利、奖励就快速开局，"小步快跑"，一年以后，员工薪水肯定超过行业平均水平。就像打网游到后期有一个特点：这个游戏我玩会了，但是舍不得离开，因为舍不得打下的级别。在阿芙公司里面也一样。

而这种高频词的加薪也令员工绩效提升。因为员工高兴了，如果员工感到这家公司让他很开心，他自然就会对客户充满善意，会非常卖力地讨好顾客。反而，老板天天骂员工"你要对顾客好一点"，说不定老板转过背去，员工就开始调戏顾客了。在阿芙公司有一个标语：一年当中，如果你涨8次薪水，证明你是一个合格的员工；涨10次薪水，证明你是优秀的员工；涨12次薪水，证明你是大满贯的员工。

阿芙就是这样做的，每个人从"菜鸟"开始玩"通关"，不断挑战更多人，获得涨工资资格，工资不保密，只要你获得涨工资资格，就会被其他人崇拜。阿芙摸索出来的这种特别方法在实践中行之有效。

2.4 绩效——赌局式的绩效考核

阿芙精油有一个被称为"怪胎式"的绩效考核方式：没有明确的绩效指标（KPI），全靠"赌术"。它虽然是一家化妆品公司，但运营模式更像一家游戏公司。

一次，阿芙精油要在淘宝首页投一个焦点图，创始人孟醒让大家下注预测焦点图的点击量，最接近的员工有一次扔飞镖的机会。靶上的数字从1～500，如果扔到500，当月工资就可以加500元。

孟醒还喜欢和员工打赌，赌下个月能完成多少指标。2011年，他贴出告示称只要销售业绩过了1.1亿元，就请所有员工去一趟马尔代夫。结果那年阿芙精油的销售额达到1.3亿元，为此孟醒自掏腰包400多万元请大家出国旅游。他还让员工自己下赌注。有人要按摩卡、有人要iPhone 5s，如果员工达成业绩，都能拿到想要的奖品。甚至有员工在公司论坛上说喜欢吃鼎泰丰的包子，当这位员工达成目标后，就真的得到一张鼎泰丰的单年卡，可以在一年内无限次享用鼎泰丰的包子。在众多的"赌注"中，价值最高的奖励甚至是一辆奔驰车。

当然，阿芙精油也有惩罚机制，但从不罚钱，也没有固定的惩罚措施。与奖励方式一样，员工可以自己提出惩罚建议，看上去有些娱乐化。例如，没达成指标的小组成员每人要吃一瓶海南最辣的小尖椒，或臭豆腐配榴莲……虽然号称是惩罚，但大家都玩得很开心，这激发了团队的凝聚力，非常符合"85后"、"90后"把"工作当玩游戏"的绩效模式。

孟醒还抓住了"85后"、"90后"大多是"吃货"的特点，专门聘用了曾在万豪酒店和私人会所掌厨的大厨为员工做餐点。公司会根据表现和业绩向员工发餐点消费券。晚上只要过了6点，每人都有加班晚餐。为了吃好，很多员工心甘情愿地留下来加班。

阿芙精油虽然没有明确的KPI，但通过营造员工喜欢的氛围，让员工拥有很强的归属感，费用其实比直接给加班费的成本还低。

2.5 福利——侍候员工式的福利

阿芙的福利制度特别好，它会打破很多传统的所谓范式。比如，阿芙公司每天下午提供果盘、水果、饮料，5点开始烤曲奇，任何时候都有宵夜。到了周末还有露天烧烤、免费按摩、免费美甲，这些都充分满足了年轻员工追求愉快工作氛围的心态。

有一段时间，微博上曾出现了一组"秒杀Google办公室"的工作场所组图，顿时成为热门话题。当大家都在猜测这是哪家国外科技巨头的超级办公室时，结果却让人大跌眼镜——这正是阿芙精油的办公室。这一被称作"最美办公室"的地方更像一个游乐场，透露着浓烈的文艺范儿：上楼有攀岩墙，下楼有滑梯和消防员滑竿；茶水间有可乐机，会议室藏在密室中；孟醒还花重金营造了一个恒温恒湿的热带雨林，甚至专门开辟了一间办公室作为胶囊旅馆，员工困了可以进去"带薪小睡"。雕爷的想法是，如果一个员工真的很累，让他没有战斗力地在电脑面前发呆，不如让他睡1个小时，当他睡饱了，他的工作效率反而会大幅度提升。

阿芙的理念是：把员工侍候得爽了，让员工像打麻将或者像打网游一样充满斗志。2012年，阿芙就发出去5辆汽车作为福利，其中有一辆奔驰敞篷跑车、一辆宝马SUV、一辆MINI SUV。

2.6 企业文化——让每个员工在工作中找到乐趣

很多人抱怨说员工没有凝聚力，而你没有能够让大家玩起来的东西，凭什么有凝聚力？工作总是枯燥的，而且有些岗位，像客服、打包这样的工作，实际上是很无聊的。如何让这些员工保持激情？阿芙的方法是让顾客成为同谋。阿芙的洗手间跟墙上贴满了顾客的好评，而且每两周换一次。员工每次把那些好评看一遍，就会有意义感。任何人做一份工作，如果他意识到只是赚钱养家的话，他的热情会很快消退。阿芙让顾客的好评被员工看到，让员工不断在工作中找到正反馈，从而有了企业归属感。阿芙有两个传奇客服，顾客非常喜欢他们没事就给他们寄礼物，连结婚的喜糖也寄给他。

结语：其实雕爷管理"90后"团队的秘诀只有两个：

第一句话是——老板先要服务好员工，员工才能服务好客户。

第二句话是——像打网游或打麻将一样管理员工。

第一句话是管理核心，第二句话是管理方式。现在的"80后"、"90后"，他们有独立的人格倾向，他们追求自由，追求平等。雕爷认为"80后"、"90后"的这些小孩心态不一样，不要想着管他们，如果想管他们通常面临失败。你要变成他们，每天跟他们一起玩。

面对"70后"和"85后"、"90后"的沟通不畅，我们常说是价值观差异。所谓的价值观差异，就是对相同对象的价值认知不同。在工业社会，主要的价值诉求是："多快好省地制造"，员工的工作成效很容易量化，我们需要像管理军队一样管理员工。而步入后工业社会，溢价部分会逐渐转移到精神满足层次——消费者是否认同、是否能够帮助消费者表达、是否能更好地满足消费者精神层面的需求、是否能为消费者提供更加贴心的服务，成为提升溢价能力的主要因素。作为产品与服务的提供者，员工的工作绩效更多地体现在是否能**创造**性地解决问题，提升客户满意度，在此基础上能够实现高溢价能力，而这种工**作**能力越来越难以通过简单标准化的尺度来度量。而旧有的纪律严明、严肃紧张的管理方式，在创新、文化和服务领域会变得越来越不管用，因为服务质量越来越和员工的主观意愿相关，而和员工的工作强度、饱和度脱节。所以在这个时代，如果想创造额外的价值，那么如何通过满足员工，来更好满足我们的客户，会逐渐成为一个难以回避的话题。

同样，在所有以创造性的服务客户为溢价来源的行业，对年轻的员工，老板不应该是一个单纯的"管理"者，而是通过一系列的途径，将公司目标和员工个人的成就、价值、目标、认同、满足、快乐联系起来，将员工的主观意愿和创造力发掘到极致。

作为一个创造性公司的管理者，更多的不是"管理"，而是真正地能够放下老板的架子，放下管理者和家长的姿态，不仅"蹲下来面对消费者"，而且"蹲下来面对员工"，努力去尊重员工、理解员工、认同员工、帮助员工实现自己的价值和梦想，这样员工才有意愿把自己最大的努力和创造力贡献给企业。正如海底捞所说，"让员工严格遵守标准化流程，其实等于雇佣一个人的双手，没雇佣大脑。这是亏本生意，双手是最劣等的机器，最值钱的是大脑，大脑能创造，能解决流程和制度不能解决的问题。"

【思考题】试着总结一下阿芙精油人力资源管理的内容和特点。

【资料来源】

[1] 阿芙.360百科.

[2] 阿芙（AFU）官方网站.

[3] 李天田.阿芙精油创始人雕爷：像打网游一样管理员工.读新闻电商.品观网，2014-09-19.

[4] 带着员工一起玩：阿芙精油的游戏化管理.人力资源及理财规划师新浪博客，2013-11-04.

[5] 阿芙精油没有KPI.中欧商业评论新浪微博，2013-12-24.

[6] 电商管理实战案例深度解析：阿芙精油是如何管理员工.闽南人才网，2014-01-09.

收集整理：陈容

博世的学徒制和轮岗制

> **摘要**：很少有人不知道奔驰，但确实有许多人不知道博世，殊不知博世公司的一举一动都主宰着整个汽车工业的发展：整车一万多个零部件中，至少有几百个核心零部件都是博世制造的。博世继承并发扬了德国制造品质可靠、技术卓越这一传统，并且在很多方面更胜一筹。为什么博世发展迅猛，让我们走进博世集团的学徒制和轮岗制来寻找原因。
>
> **关键词**：博世集团；博世中国；学徒制；轮岗制

1. 公司介绍

1.1 博世集团

博世集团是世界领先的技术及服务供应商，是全球第一大汽车技术供应商，是德国最大的工业企业之一。1886年，罗伯特·博世先生在德国南部的斯图加特创办公司时，将公司定位为"精密机械及电气工程的工厂"，经过100多年的发展，博世以其创新尖端的产品及系统解决方案闻名于世。博世业务划分为4个业务领域，涵盖汽车技术、工业技术、消费品以及能源与建筑技术领域。集团包括罗伯特·博世有限公司及其遍布约50个国家的360家分公司和区域性公司。如果将其销售和服务伙伴计算在内，博世的业务遍及约150个国家。这一全球性的研发、生产和销售网络为其进一步发展奠定了基础。

博世集团独特的所有权形式保证了其财务独立和企业发展的自主性，使集团能够进行长期战略规划和前瞻性投资以确保其未来发展。慈善性质的罗伯特·博世基金会拥有罗伯特·博世有限公司92%的股权，多数投票权由罗伯特·博世工业信托公司负责。该信托公司也行使企业所有权职能。其余股份则分属博世家族和罗伯特·博世有限公司。

2013年，博世在研发方面的投入约45亿欧元，在世界范围内申请了近5 000项专利，平均每个工作日的专利数达到20项，博世集团约28万员工在2013财政年度创造了461亿欧元的销售业绩。通过其产品和服务,博世为人们提供创新有益的解决方案,从而提高他们的生活质量,以创新科技在世界范围内践行"科技成就生活之美"的承诺。2013年,博世公司在《财富》杂志世界500强公司排行榜中排名第131位,2014年排名第155位。

1.2 博世中国

博世集团于1909年在中国开设了第一家贸易办事处,1926年在上海创建首家汽车售后服务车间。时至今日,集团的四大业务部门均已落户中国:汽车技术、工业技术、消费品、能源与建筑技术。截至2013年,博世在中国雇有超过32 000名员工,经营着63家公司,合并销售额达到412亿元人民币。博世(中国)投资有限公司现任总裁是陈玉东博士。博世2012~2014年三度获评CRF"中国杰出雇主"称号。

博世在中国市场的强劲发展势头得益于博世将战略发展方向与中国可持续发展和低碳经济目标紧密结合在一起。如今,节能环保的目标贯穿于博世中国的三大业务领域,博世中国为中国市场制造的产品和提供的解决方案涉及范围广泛,涵盖了清洁柴油系统、动力总成电气化、风力发电齿轮箱、热泵、节能家用电器和锂电池电动工具等方面。

2. 案例内容

2.1 博世学徒制

作为制造业领域全球领先的技术与服务供应商,博世认识到随着中国制造业不断向集约化、高端化发展,对于高级技术人才的需求也在不断增长。博世结合中国国情,把在全球具有百年成功经验的"双元制"模式引进中国,培养本土人才。此外,博世还把该模式运用到博世慈善中心的扶贫教育项目中,以"授人以渔"的方式,支持贫困地区的人才培养,对当地经济的发展和居民生活水平的改善起到积极的促进作用,从长远上实现脱贫致富。

2014年7月初,苏州—"博世学徒制项目"在华第五届学徒毕业典礼于博世苏州学徒培训中心举行。该项目基于德国"双元制"职业教育模式和大纲内容,旨在针对企业需求培养机械电子等领域的优秀产业技术人才。1 800平方米的培训车间、教室以及办公区域完全为学徒培训中心所支配使用,不涉及任何生产任务。自2007年首次将"博世学徒制项目"引入中国至今,苏州学徒培训中心已经培养出将近300名优秀的产业技术工人。

2.1.1 定义

"博世学徒制项目"源自德国的"双元制"教育。所谓"双元"是指在职业培训中，要求参加培训的人员必须经过两个场所的培训。"一元"是指职业学校，其主要职能是传授与职业有关的专业知识；另"一元"是企业或公共事业单位等校外实训场所，其主要职能是让学生在企业里接受职业技能方面的专业培训。博世"学徒班"的学员在3年的学习期间，第一学年将在校完成理论和基础实践学习；第二学年60%的时间在博世学徒培训中心进行实践；第三学年主要在博世地工厂进行在岗培训，了解真正的生产操作环境。

从表面上看，"博世学徒制项目"和国内现有的职业技术教育大同小异，但其实两者有明显区别：该项目由德国工商大会（AHK）主导办学，学员在毕业后不仅可以获得国内的大专文凭，还可以获得由AHK颁发的德国专业技能证书，该证书受到了超过5 000家在华德资企业的认可。中德双重认证方式使得学员的含金量明显提升。如果学员在未来希望到德国就业，该证书也可使学员获得和当地人同等的竞争力。

简单来讲，博世希望通过引进德国的职业教育理念，在进行本土化改进后，可以在中国培养出具备"德国水准"的高水准产业工人，他们不仅可以获得专业的技能，还可以得到个人能力方面的培养，如演讲能力、英语能力、项目管理、社交沟通及成本控制等，使学员成为一个复合型人才。

2.1.2 历史发展

"博世学徒制项目"始于1888年，当时创始人罗伯特·博世先生招收了第一名学徒。为了追求更好的培训效果，他每期仅培训两名学徒。1913年，"博世工业职业培训中心"正式成立。截至目前，"博世学徒制项目"已经在全球范围内培养10万名优秀的技术人才。

随着中国业务的迅速增长，博世对本土优秀专业技术工人的需求不断扩大。为了确保全球统一的生产和质量标准，"博世学徒制项目"已陆续拓展到位于南京、北京以及长沙的博世生产基地，合作院校也增加至五所，项目至今已有660名学徒参与到项目中。

2.1.3 特点

博世学徒制具有以下四个特点：

第一，培养流程生产化。博世学徒制更像一个融入了全面质量管理的生产流程，包括了"订单—采购—生产—检验—交付"所有环节，只不过它最终交付的产品是出徒的"学徒"。

第二，培训方式任务化。所有学徒培训项目都是任务导向，模拟的是学徒今后工作中可能遇到的任务，强调将流程观念牢牢植根于学徒脑中。

第三，学习过程自主化。师傅（教师）有意识地培养学徒自学和自己解决问题的能力，鼓励他们去摸索尝试，而自己只是作为辅助人员旁观。

第四，技术头脑商业化。用"微公司"模拟真实的企业运营流程，由学徒自主管理。学徒将独立运作整个"微公司",了解真正的生产运营和商业运营环境。

走上工作岗位的博世学徒,对质量和标准更一丝不苟,他们更能从客户角度考虑来解决问题,也给团队注入了新知和学习动力。

2.1.4 具体内容

(1)严格的学徒选拔与培养模式。

学徒培训中心首先在企业内部整合生产部门对学徒的需求,结合这些需求到合作院校对申请的学生进行选拔筛选。博世与合作院校将共同组成招生组,通过闭卷笔试、技能测试及面试等形式确定初步录取名单。这个招生组由博世人力资源部门的主管及用人部门的主管组成。最终确定录取的学生将具备在校生和企业准员工双重身份。

学徒培养方案由博世、合作学校和德商会共同制订。方案的制订需要参考诸多要素,包括德商会提供的德国学徒专业的教学大纲、教育部门针对职业学校相关专业的教学大纲,以及博世生产部门的要求。

教学任务分3年在两个场所完成。第一学年,学徒在学校完成文化基础、专业基础知识和基本技能的学习;第二学年,六成时间在学徒中心由企业专职教师指导专业知识学习和技能实践训练,四成时间在学校学习理论,在此期间会有专门流程保证双方教学的衔接;第三学年,公司负责把学生安排在所属各部门相关岗位进行轮岗实习。为保证教学质量,3年的学习中贯穿了各种类型大大小小的检测和考核。学徒的综合评分考核也并非由结业考试成绩决定,而由中期考核、期末考核以及在职培训评定三部分共同组成,更注重考核学徒的综合素质。

"我们就是要模拟学徒未来工作中可能遇到的真实任务,通过项目制、'微工厂'等方法,把学生变成学习的主体,塑造学生自主解决问题的职业精神,提高其沟通及协作能力,培养客户导向、持续改进的意识",博世苏州TGA经理唐晶解释说,"从高职院校的大一新生到博世中国的正式员工,这些年轻人基本上是以1:20甚至1:30的比例历经3年培养和选拔出来的,目前在一线工人中占比不超过1%,是企业的金种子"。

(2)注重软性技能培训。

"微公司"(Mini Company)是博世学徒制的独立技术培训单元之一,这个环节专为培养学徒的商业意识和自主能力所设立。"微公司"模拟真实的企业运营流程,由学徒自主管理。学徒将独立运作整个"微公司",经历营销、谈判、下单、计划、落实生产任务、检验、交付和收款的所有环节,了解真正的生产运营和公司商业运营环境。通过真实的订单、任务和客户,学徒在这个过程中会真正地建立起质量意识、成本意识、产品意识和客户意识。

这种模拟训练还能够测试学徒实际操作能力以外的其他综合素质,如提高价格敏感度、内部操作规范、沟通技巧以及自我管理能力等。同时,"微公司"模式具有较强的针对性,能推动学徒把实践所学更好地运用到实际生产环节中,使他们在培训结束后即可上岗工作。

2.1.5 如何留住学徒不被其他企业挖走

2012年统计指出,博世平均为每位中国学徒3年合计支出人民币15万元左右,其中包括学徒津贴、合作学校的培养费以及其他开支。学徒制培训需要大投入,只有长期留住他们,企业才有回报。如何才能留住这些学徒不被其他企业高价挖走呢?博世的答案是实行全员人才发展。博世为学徒设计了三种职业发展路径:技术专家、项目管理、人员管理。学徒更多的是选择第一条道路——成为某一领域的专家。为此,博世会从三方面下工夫:一是勾画职业前景。在招生时就为学徒描绘职业发展道路。二是寻找志同道合者。在选拔时挑选与企业价值观契合的学生。三是磨合调整。在第三年在岗实习时为学徒提供与未来部门同事和老板磨合的机会。此外,毕业生异地就业也是导致学徒流失的一个原因。博世的应对措施是:在苏州之后,相继在北京、长沙和南京建成了学徒培训中心,不仅为学徒们就近入学和入职提供便利,而且可以更好地支持分布在各地的事业部。

2.1.6 博世学徒制能为其他中国企业借鉴吗?

中国幅员辽阔,地区之间在人才需求和实施条件上差异很大;企业之间、学校之间,从培训实力到投入意愿,也是各不相同;这些都对双元制的推广提出了巨大的挑战。在中国推广双元制,既不能照搬德国模式,也不能主张唯一最好的方式。只有在坚持德国双元制中的精华:重视质量、统一严格的考试与认证、多方协作等原则的前提下,并结合中国具体国情,进行本土改进,不断探索新的模式来适应中国各地的差异化环境,才能让双元制异国生香。

挑战来自各方,然而并非不可克服。首先,企业要有决心和信心,并在决策上支持该项目。其次,要有长远眼光,看到未来这些优秀的产业人才对制造业的积极作用。此外,引入学徒制要做一些适应本土的调整,不一定一步到位,可以采用一些折中的方法。如先与学校合作采用委托培养的形式,或是与几家企业联合在学校里共建一个实训中心。

2.2 博世的轮岗制

想去哪儿就去哪儿,只要你符合条件,就可以选择去公司在全球任何一个地方的分公司进行轮岗。其实不仅仅是跨区域,跨职能、跨行业、跨国家的轮岗现象在博世早已司空见惯。

博世——这个成立于1886年名副其实的百年老店,直至今天依然在工业界保持高度活力,每个工作日有20项专利诞生。这在很大程度上,要归功于它卓有成效的人才观。在长达128年的历史中,博世的高层非常稳定,迄今只有七位CEO,高管团队中,90%来自于公司内部培养。博世的中层离职率也远低于全球公司的平均水平，这是因为在博世有很多机会，员工可以通过内部培养得到晋升。内部培养的重要方式之一就是轮岗制。

作为一家蓬勃发展的全球化公司，博世需要更多的国际化人才作为基业长青的资源支撑。虽然公司的不同业务之间本无直接运营关系，但博世希望公司的人才能够管理不同的业务，轮岗几乎成为员工的必达使命。事实上，博世早就有成文的规定，员工上升到一定层级，轮岗即成为一种必须。

而对于博世员工，轮岗制给予了他们"内部跳槽"的机会，一则意味着排除长期做同一工作的枯燥感；二则为自我提升带来更多机会。也正因此，员工不会轻易受到外部的诱惑，博世员工的离职率之所以远低于行业平均水平，轮岗制功不可没。

2.2.1 轮岗制流程

博世公司员工轮岗分为三步走。

第一步：定轮岗机制。

通常员工参与轮岗的途径有两种：公司启动和个人驱动（即个人申请）。博世尤其偏重后者。一旦有轮岗机会，公司会发布"内部工作机会广告"，"昭告"全体，方便大家公平申请。员工在申请新岗位之前，主动向上司通报，并就交接时间等问题做充分沟通。只要员工申请岗位被接受，现任领导无权强制挽留，公司会给现任领导3个月去找继任者。这使员工的积极性得到有力地调动。

第二步：评估轮岗员工的潜力

在博世，每个员工都有机会申请轮岗，但并不是每个员工都能得到这个机会。博世采用三个核心要素来衡量和评估人才：良好的业绩表现、承担责任的意愿、领导力潜力。能否获得轮岗的机会，首先取决于他的业绩表现和轮岗的动力，其中后者是决定轮岗成效的重要因素。有趣的是，在博世的绩效管理中，所有员工每年都会被问到移动性的问题。当员工表现出移动性意向后，其上级会与之深入交谈，通常会问他三个问题：今年你愿意参与轮岗吗？愿意参与外派还是内派？哪些地方是特别不想去的？员工在被询问过程中，有机会主动选择自己感兴趣的方向，甚至是跨方向的职业发展，比如 HR 转做财务也会得到公司的支持。但并不是每个人都适合轮岗。在博世的轮岗机制中，潜力评估被作为判断员工是否适合轮岗的关键依据。若在一个相对陌生的环境里，该员工仍能很快适应，迅速建立起新的社交圈子并开展工作，则证明他具有很高的潜力。

第三步：岗前培训。

博世为每一个接受轮岗的员工配备导师指导。这些导师均为资历深厚的总监级以上高管，为接受轮岗的员工制订详细的岗前培训计划。

导师的角色很重要，他们在员工管理能力上和适应新岗位上给予及时指导，并且在整个轮岗过程中跟进评估，发现问题并及时帮助解决。接受轮岗的员工可以就困扰自己的问题与导师进行沟通和对话：应该注意什么，准备什么，以及未来岗位的提升技巧等。导师将会安排接受轮岗的员工跨部门锻炼。如果是质量部门的员工，导师会先安排其去生产部门或者财务部门工作半年。如果接受轮岗的员工将要去德国工作，中德文化的差异则会被列为重要培训项目。

轮岗不是朝夕落定的指令，员工轮岗之前，人力资源部门至少要有为期一年的准备，帮助员工完成一个过渡，避免员工到一个陌生的环境和全新的岗位时产生很大的落差。

2.2.2 轮岗后的方向

（1）回到国内担任更高的职位。

大部分轮岗的项目都是为员工的下一步职业发展做准备，所以有70%~80%的员工在轮岗前就知道未来的目标方向和职位。

（2）在国外继续工作。

在国外继续工作的情况可能分为几种：一是在轮岗项目的计划之初就已经决定接下来会担任某个确定的岗位；二是可能国外的团队和员工本人都觉得合作非常愉快，那么该员工既有可能留在相关岗位继续工作，也有可能在同一地方换岗工作。

（3）重新安排工作岗位。

这种情况比较特殊，一般是因为轮岗效果不好。重新安排的工作岗位会依具体情况而定，如果是工作内容不适应，则会回到原来的地区，尽量安排与之前相同的工作；如果环境适应没问题，则会在当地换一个更接近原领域的工作。

2.2.3 轮岗的注意事项

（1）想明白再去轮岗。

有些年轻人知道公司提供的轮岗是一个机会，也知道在博世要升职一定要轮岗，所以就不考虑这对自己将来的职业发展有没有益处，跟自己的兴趣是否契合，结果轮岗失败。所以，在接受轮岗之前想清楚自己是否对新岗位感兴趣这点非常重要。公司对你的认知不是100%的，因此提供的轮岗有可能与你并不契合。

（2）沟通好再上岗。

轮岗其实相当于内部跳槽，在博世轮岗不需要部门主管同意，3个月之内就可以换岗，如果沟通不好难免会产生纠纷，所以在，在确定轮岗之后、到新的岗位之前，无论是与现在老板的沟通、与未来老板的沟通还是与人事部的沟通都要非常透彻，以便随后的工作交接和适应新的工作环境。

而轮岗开始后，员工所面临的就是新环境、新老板、新市场、新产品，就像进入新公司一样，建立自己的关系和人脉，了解部门中的情况，熟悉流程。当然，因为轮岗说到底还是在同一家企业，总的环境其实没有变化，所以熟悉起来相对没有那么困难。

（3）不要带成见。

轮岗过程中，不可避免会出现流程管理、领导风格与以前不同，需要你重新适应的情况。杜向东说，现在的轮岗项目其实以经理岗位居多，职位越高的人越倾向于把自己过去的做法带到新部门来，结果就会出现问题。所以，老办法未必适应新环境，而且也不应轻易否定前任留下的成绩。有任何不适应，要及时找自己的导师或者人力资源的同事商量。

（4）别给轮岗带上光环。

如果为了轮岗而轮岗，就奔着升职去，这种给自己带上轮岗光环的员工往往会认为所去的部门理所当然地应该为自己提供最大的帮助，但实际情况并非如此，大家不会把你当新人看，没有人会手把手教你，反而需要你非常快地掌握工作方法和流程。

（5）也别过分谦虚。

每个人在轮岗前其实都已经有了丰富的工作经验，所以到新的环境之后，在了解对方的工作方法之余，也可以多拿自己的经验出来交流。如果始终处于一种仰视的状态，可能没有办法很好地融入新的环境和集体之中。

2.2.4 轮岗制的价值

博世的轮岗制度主要带来了以下三大好处：

第一，激励、保留员工，降低员工流失率。

轮岗本身和薪酬都有一个相同的目的，那就是激励。轮岗是人才激励的非物质手段，现代企业的组织机构越来越扁平化，阶梯式的晋升制度、有限的岗位晋升空间与员工自我实现的需求、承担更大责任的渴望形成了尖锐的内部矛盾，而轮岗制度恰恰能很好地化解两者的矛盾，从而更好地保留优秀员工，降低员工流失率。

第二，培养复合人才，挖掘潜力股。

企业人力资源部门的员工不能不懂财务，不能不懂资本运作，不能不懂生产制造，否则没法帮企业招到合适的人才，其他部门亦是如此。所以很多公司都开始不限专业招聘管理培训生，这也显示出当代企业对于复合型多元化人才的渴求。企业通过轮岗制度，人才在更大的舞台上发挥，极大地强化了人才的沟通能力，拓宽了人才的知识面，培养了高格局的战略视野。

第三，降低成本。

有不少人认为轮岗会增加成本，有这种想法的人只算了小账，而没算大账。他们认为短期内根据学习经验曲线理论会增加企业的成本。然而，轮岗带来的更多的是隐性成本的节约。首先是招聘成本，除了表面上的招聘成本，还有员工被挖到竞争对手那边形成的隐性成本。其次是沟通成本。几乎所有的企业内部都存在大量的扯皮现象。一方面可能是因为不懂其他部门的业务；另一方面可能是因为大量的信息不对称。各部门的决策制定者成为部门利益的代表而非公司整体利益的代表。最后是运营成本，运营成本的减少来源于良好的沟通所提升的管理效率，来源于员工对于新岗位带来的工作激情，来源于新员工在新岗位上的管理创新。

尽管轮岗带来了很多好处，然而博世轮岗制度也可能带来一个问题，那就是恶性的人才竞争，好的员工各个部门都想要，因此部门之间争抢人才，员工和原部门老板关系恶化，引发企业的内部矛盾。不好的员工可能"被轮岗"，大家都不想要。恶性的人才竞争将会严重影响企业的运营效率。

2.2.5 轮岗制如何复制

轮岗制度有诸多优点，然而我们发现很多企业难以像博世那样建立一个较为有效的轮岗机制，大多数企业只是停留在表面。这是因为轮岗并不是企业想做就可以做的，做了也不一定适合企业。就好比要在电脑上玩大型3D游戏，必须配置性能出色的显卡，轮岗机制就是这样一个大型的3D游戏，那么，需要什么样性能的显卡呢？

第一，变革的企业文化。

这是很多企业难以跨过的坎，保持现状、路径依赖是多数企业的通病。绝大部分企业都很难推进自身的变革，哪怕只是一点点。轮岗本质上也是变革，也涉及内部权力和利益的再分配，一个缺少变革文化的企业在推进轮岗制度的时候将会面临大量保守者的阻挠。

第二，扁平化、多元化的企业内部形态。

如果企业组织的层级越多，权力和利益就会错综复杂，一个人的职位变动便会牵扯更多人的利益。另外，员工流失率降低，大部分领导通过内部进行培养，从某种程度上这降低了企业和外部的流动与联系，企业成为相对封闭的系统，对外部知识、技能、经验、技术等获取变得缓慢。因此企业需要一个相对扁平化的组织来减少权力和利益的纠葛，企业需要一个多元化的内部环境来创造出更多和外界的接口，从而保障内部的创新和活力。

第三，精细化的企业内部管理。

轮岗涉及众多企业内部管理中的细节问题：员工需要迅速适应新的岗位，因此企业需要做好每个岗位的职责说明以及工作流程的标准化。员工到了新的岗位，因此企业需要做好岗前培训、薪酬福利以及绩效考核指标的调整工作；不同类别的员工轮岗的性质是不一样的，基层的主要目的可能是培训，中层的主要目的可能是减少部门一把手的控制，培养高层领导，高层的主要目的可能是为了培养CEO，因此企业需要做到轮岗机制的分层分类。另外，有可能员工轮岗后原岗位的继任者不胜任，因此企业需要控制好轮岗所带来的风险。轮岗带来的一系列管理细节问题都要求企业具备精细化的管理基础。

企业只有具备以上三大性能的显卡，才能真正发挥它的价值：让人才在"流动"中成长，使管理在"流动"中激活。

【思考题】简述博世的轮岗制，为何其他企业没有办法做到？

【资料来源】
[1] 博世中国官网.
[2] 博世.360 百科.
[3] 博世中国：博世双元制学徒班.公益时报，2013-11-20.
[4] "博世学徒制项目"在华第五届学员毕业.新浪汽车，2014-07-07.
[5] 推行双元制教育 探访博世学徒制项目.汽车之家，2014-07-06.
[6] 王昊.双元西来植东土，隔岸花开一脉香.世界经理人，2014-10-23.
[7] 刘雪慰.博世学徒制：车间里的竞争力.商业评论网，2013-11-30.
[8] 郑克群.轮岗制需要三大硬件.商界评论，2014-04-25.
[9] 许诗雨.在博世轮岗.第一财经周刊，2013-04-23.
[10] 朱丽.博世的轮岗学.中外管理，2013-03-06.

收集整理：陈容

拜耳公司的人力资源战略

> **摘要**：本案例描述了拜耳公司的人力资源战略。拜耳一直有"最佳雇主""最佳工作场所"等评选的肯定，同时据拜耳集团大中华区人力资源部副总裁归梅萍介绍，拜耳的员工流动率均在行业水平的50%左右。这不由让我们产生疑惑：除了传统印象中优厚的薪酬福利政策，拜耳的人力资源战略到底还有什么过人之处。
>
> **关键词**：拜耳公司；人力资源战略；可持续雇佣；培训

1. 公司介绍

1.1 拜耳全球

拜耳公司于1863年由弗里德里希-拜耳在德国创建，公司总部位于德国的勒沃库森。截至2013年12月31日，拜耳集团在全球约有289家公司，在全球范围内共拥有113 200名员工，其中在德国拥有35 300名员工，全球占比31.2%。2013年拜耳销售额达189亿欧元，在100多个国家运营业务。

拜耳公司是德国最大的产业集团，也是世界最为知名的世界500强企业之一，该企业在2009年度《财富》全球最大500家公司排名中名列第154位。1899年3月6日，拜耳获得了阿司匹林的注册商标，该商标后来成为全世界使用最广泛、知名度最高的药品品牌，被人们称为"世纪之药"，而拜耳也创造出了"魔鬼的杰作"，就是海洛因。20世纪90年代初，拜耳在中国也逐步展开市场，其在中国上市的主要产品有：拜阿司匹林、拜新同、西普乐、美克、拜唐苹、尼膜同、优妥、优迈、特斯乐、拜斯明-25等。2014年11月3日，拜耳集团以36亿元人民币的价格完成对滇虹药业集团公司所有股份的收购，该收购将推动拜耳成中国最大非处方药公司，并加速开拓中草药市场。

拜耳作为一家跨国企业，其核心竞争力领域包括医药保健、作物营养和高科技材料。公司产品和服务致力于造福人民，提高人们的生活质量。同时，拜耳还通过科技创新、业务增长和高效的盈利模式来创造价值。拜耳集团致力于可持续发展，认可并接受其作为企业公民的社会责任和道德责任，并将经济、生态和社会责任视为同等重要的企业政策目标。三大子集团和三大服务公司均在同一个管理控股公司——拜耳集团的领导下，分别独立运营。企业中心部门则为集团董事会实施战略领导提供支持。

商业运营是拜耳子集团的责任：

（1）拜耳医药保健子集团致力于开发创新产品，研究全新治疗方法，为人类和动物的健康做出了重大贡献。拜耳医药保健子集团拥有四个运营部门：拜耳先灵医药（处方药），保健消费品（非处方药及营养补剂），糖尿病保健（血糖检测设备），动物保健（兽医药品及动物美容用品）。

（2）拜耳作物科学子集团是作物保护、害虫控制、种子和植物生物技术等领域的全球领先者。作为高品质食物、饲料和纤维生产行业的合作伙伴，公司致力于为现代可持续发展农业和非农业应用提供全面解决方案。

（3）拜耳材料科技在聚合物与高质量塑料领域处于世界领先地位。除聚碳酸酯和聚氨酯外，该子集团的创新性研发还涉及其他领域，如涂料、黏合剂、绝缘材料和密封剂领域。其主要客户为从事于汽车与建筑行业、电子/电力部门以及运动休闲产品、包装业和医疗设备行业的制造商。

集团内部服务由三家服务公司共同承担：

拜耳商业服务公司是基于IT服务的拜耳集团国际职能中心。其产品主要集中于以下四大核心领域的一体化服务：IT基础设施和通信、采购与物流、人力资源与高级管理层人事服务、财务与会计。

拜耳技术服务公司是全球技术骨干，也是拜耳集团的主要创新动力。其服务包括流程和设备的开发、规划、建设和优化。拜耳技术服务公司还可以为生产设施的整个生命周期提供一体化解决方案。

拜耳工业服务致力于为化工行业提供服务，包括设施供给、废料管理、基础设施、安全设备、分析和职业培训。本服务公司是拜耳和朗盛公司（LANXESS）的合资企业，在德国勒沃库森、多马根、克雷菲尔德—勒丁根都开设了化学工业园区。

1.2 拜耳中国

拜耳与中国的联系可以追溯到1882年，拜耳首次在中国销售染料。如今，拜耳对中国大陆、香港和台湾的投入稳步提升。本着"拜耳解决方案——应中国之需"的承诺，拜耳从20世纪90年代初的逐步投资发展为目前的大规模的、世界级资产投资。目前，大中华区已成为拜耳在亚洲的最大的单一市场。2012年，拜耳在该区域的销售额达到35亿欧元左右，员工数13 000多名，大中华区业已成为拜耳全球投资的主要重心之一。

拜耳在大中华区的业务主要集中于三大子集团——拜耳医药保健、拜耳作物科学及拜耳材料科技，同时还设有一家服务公司——拜耳技术服务。拜耳在大中华区运营17家企业，目前，本地生产在大中华区的销售额中占据的比重越来越大。伴随着正在进行的一些重大投资项目，拜耳致力于成为中国发展的关键合作伙伴。

2. 案例内容

2014年10月，由中国最大的人力资源服务商前程无忧发起的"2014年最佳人力资源典范企业"单项榜单揭晓，拜耳中国获最佳人力资源战略典范奖。拜耳一直有"最佳雇主""最佳工作场所"等评选的肯定，同时据拜耳集团大中华区人力资源部副总裁归梅萍介绍，拜耳的员工流动率均在行业水平的50%左右。这不由让我们产生疑惑：除了传统印象中优厚的薪酬福利政策，拜耳的人力资源战略到底还有什么过人之处呢？

2.1 "以人为本"让员工有归属感

"以人为本"这个词有非常多的公司都在用，但只是口头说说没有用，而拜耳真正做到了，从而让员工对公司有归属感。

（1）为应聘者着想。在拜耳有很多新员工都是被拜耳"以人为本"的细节所打动，最终加入到拜耳这个大家庭中来。拜耳的新员工王倩说："人力资源部同事电话通知我面试的时候，我觉得她的语气非常客气，一些细节还不断征求我的意见。比如给我几个面试时间候选。"王倩说，从接到电话那一刻起就对拜耳产生了好感，特别期待加入这家公司。

北京拜耳（BAYER）光塑板材公司也有这样一个案例。有一个女孩从上海的学生宿舍里给人力资源部经理吴白莉打来电话，想谈谈自己求职的意愿。当吴白莉知道她从上海打来长途时，考虑到她还是个学生，电话费很贵，所以请她留下号码后立即拨回上海。这个女孩进入公司后，在一次闲聊中告诉吴经理："当你让我放下电话的时候，同宿舍的女孩还以为你不愿理睬这么遥远的应聘者呢，当知道你要打回电话时，她们都说，这个企业多好啊，你就努力争取吧！女孩说："你当时的态度对我的选择起了很重要的作用，尽管那时我还面临着多种选择。"

拜耳集团大中华区人力资源部副总裁归梅萍说，为员工着想是理所当然的事，因为人力资源部就是要为员工提供贴心服务的，"大家都说员工是公司最重要的资产，如果当一个应聘者准备成为'重要资产'的时候，你不是以服务的心态来对待他，那显然你说的和做的不是一回事。"

(2) 办公室布局。拜耳公司为员工愉快、舒适地工作花了很多心思：拜耳的办公室就在黄浦江畔，窗外就是美丽的江景。大多数公司都是把管理层的办公室设置在靠窗的、视野好的位置，普通员工的办公区设置在中间。拜耳是反过来的，普通员工是靠窗的，抬起头就可以看到风景，管理层的办公室都是靠中间位置的。拜耳办公室的隔断，也比一般公司的要矮很多。坐在那里，不论是看看外面风景，还是与相邻同事聊几句，都可以很轻松地做到。

拜耳还有一个中层经理换办公室的案例，也充分体现了拜耳把"以人为本"的理念贯彻到细枝末节中。这位中层经理刚搬到一间新办公室，高兴之余他很快发现办公室里有一个通风口，总是发出嗡嗡的声音，安静的时候特别明显。物业将这个通风口处理得很漂亮，在办公室里实际都看不到的，所以行政部门也不知道这件事。他直接找到他的主管来反映这个问题，主管做的第一件事就是让他先搬到旁边的一个空办公室。最后拜耳确认，噪声确实不能降低。结果一直空着那间办公室，没有让员工在里面办公。有的公司会说，有一间独立办公室就不错了，这么点声音都忍受不了；也有的公司会说，办公室租金这么贵，空着太可惜了，要不要换一个忍受能力强的人试试。而拜耳的着眼点始终在员工身上。

(3) 民主互信。拜耳中国区计划更换公司的slogan并决定从员工中产生这个新slogan。公司一共收到了1 000多条投稿，评审委员会选出了几十条，然后再由员工来投票。拜耳的员工对这样的活动都特别热心，发自内心地想为公司想出一个好创意。在公司的管理中，拜耳更强调这样自下而上的动力，而不是由上往下来施加压力。

拜耳的团队合作也让员工引以为豪。拜耳的每一笔订单都是完美的团队合作的结果。很多公司都面临销售部门与技术部门之间的矛盾，这些内耗会花费员工很多精力，但在拜耳，销售部门和技术部门员工有个基本的信任，就是大家的目标都是让公司发展，而不是在争什么部门、个人利益。

在拜耳的员工测评中，不只是有上级对下属的测评，还包括下属对上司、不同部门同事之间的测评。这样多角度的测评，让员工不只是满足领导。

2008年下半年开始的全球金融危机也为拜耳中国区带来了一些压力。员工们会有一些担心、疑虑：一方面是关于个人的—公司是不是会有裁员、减薪等这些对个人产生较大影响的举措；另一方面是关于公司的——公司如何来应对金融危机，公司的战略会产生哪些改变和调整。但是公司拜耳很快就做出举措稳定军心了：1月中旬，拜耳中国区每个员工都收到了中国区总裁的邮件，讲到金融危机对公司的影响以及公司的应对措施。

(4) 建立员工与公司的沟通渠道。除了每个员工都可以向自己的主管、人力资源、行政部门反映自己遇到的问题，拜耳也建立了一些员工与公司的沟通渠道，包括与中国区最高层面对面的沟通。比如拜耳中国区总裁会定期拿出一个下午的时间,与员工进行交流。归亚萍说:"我们很鼓励在这些沟通渠道中,员工对公司有什么不满意都坦率地讲出来。但是我们也发现,员工提出的很多问题,并非是关于个人的,而是站在公司的角度,对公司未来、公司发展很关心,这样的问题由中国区最高层专门来回复,显然比一般的管理层更合适。"

(5)建立人力资源交流平台。拜耳中国在拜耳网络上设有专门的人力资源"聊天室"——"人力资源共享"的平台。比如说拜耳光盘有一个秘书已经作了3年,在公司内部无法调整,如果人力经理在拜耳人力资源聊天室时得到另一家拜耳公司有一个更高的职位适合她,人力经理就会迅速地通过这个渠道输送人才。

这个结果有两个重要的意义:

它告诉拜耳的所有员工,拜耳是个大家庭,作为它的成员,你一定有更好的发展机会。

真正意义上的人力资源共享,最大限度地降低各种成本,因为她已经具备了拜耳的理念,了解拜耳经营方式,甚至于清楚老板的做事风格。当然,最基本的说法是"肥水不流外人田"。

员工与公司的归属感可分为四个层面:第一个层面是最低层面,员工认为公司好坏与他无关,他上一天班拿一天工资就好了;第二个层面时员工觉得公司做得好他会很开心,因为他可以有机会涨工资、多拿奖金;第三个层面时员工的头脑和公司是联系到一起的,除了认真做自己的工作,还会主动出主意来让公司更好;第四个层面是精神层面上的,员工和公司已经融入一起,一般公司都达不到,像德国总部那些几代人都在拜耳工作的员工就已经达到这个层面,他们甚至觉得哪天没来上班心里都不舒服,已经把拜耳当成精神支柱了。每家公司、每个老板当然都希望员工可以达到第三个、第四个层面,希望员工们时时刻刻都想着为公司做贡献。但是换个角度说,公司只有真正在乎员工,把员工当作家人来看待,对他有感情,员工才会在乎公司,产生归属感,与公司有情感的共鸣。

2.2 多样化的培训计划

在业内,大家都会说"要培训到拜耳",这说明拜耳对员工的培训投入和有效性已经具有了"黄埔军校"的美称。

2.2.1 初、中、高级经理人培训项目

初级经理人的Jump项目:面对市场日益严峻的人才短缺,拜耳首先需要将一批具备领导潜质的员工,培养为经理人。这部分人才通常都是部门经理推荐出来的培养对象,或者是刚刚进入领导岗位的员工。为了让他们少走弯路,公司必须告诉他们如何管理激励人,如何考评团队的绩效等。拜耳全球很早就开始推行这个项目,而拜耳大中华区在这个理念的基础上,咨询了一些专业培训机构,更

加细化了课程，设计出了"Becoming A Manager"的培训，课程每期有 15 ~ 20 人。

中级经理的 Pro Lead 项目：拜耳针对企业中有了一定领导经验的经理人，开展了此项目以进一步提升他们的管理水准。

高级经理人的 Leadership Academy 培训项目：该项目很像是一个经过浓缩的 EMBA。不同的是，被培训对象需要先上两周的课程，之后回到工作中去体会实践，而后再回到课堂，分享工作中遇到的实际问题，而后再回到工作中感受，如此循环往复几个月。和社会上的 EMBA 相比，这样有针对性的培训更加指导实践，经理人也会快速"学以致用"。在这类培训中，有时还有来自市场、物流、财务、研发等各个部门的高级经理人，课程中间大家会从各自的角度阐述工作感受。大公司部门之间很容易扯皮抱怨，而这样的一次度身定制的高级经理人培训项目，加深了拜耳各个部门的相互理解，让大家能够从公司全局的角度看到自己的位置，应该说培训也成为公司高层管理者非常有效的沟通方式。除了沟通，高级经理人培训还从很多技术层面满足了经理人的需求。

2.2.2　更广泛的培养

除了经理级人才之外，大力开展内部员工的能力培养和潜力开发已成为拜耳走可持续发展之路的基本理念。

每年八九月，拜耳人力资源部会协同公司高层以及各个部门经理共同探讨和分析各部门、各员工的培训需求。通过分析员工现状，结合公司和个人的业绩目标设置，制订下一年度的培训计划。之后，人力资源部将根据拟订计划在市场上寻找最具专业性和竞争力的讲师，并与讲师一起设计培训课程内容和适合拜耳公司的培训方法。每年年末，人力资源部都会在内部网站上刊登并向全体员工公布下一年度的详细培训日程。员工可以根据自身业务的需要以及自我价值提升等综合因素选取适合自己的课程，在与直接领导沟通并达成共识后便可通过公司在线培训申请系统提交相关培训课程的申请。

作为一家国际性的大公司，拜耳始终恪守"全员性""全程化""全方位"的培训理念，致力于提高员工的可雇佣能力和市场价值，并以此作为公司的人才战略目标。具体来说，"全员性"指的是拜耳内部培训的普及面非常广，很多公司只对一小部分关键员工提供良好的培训或者出国学习的机会，但是在拜耳，以拜耳上海一体化基地为例，很多一线操作工都去过德国，并且在德国接受培训半年以上。无论是一线的技术工人，还是高级管理人员，都能在公司的内部网站中找到适合自己的培训课程。"全程化"指的是从员工加入拜耳的那一天开始，培训将会贯穿员工职业发展的整个过程，这种全程式的培训将帮助员工在适应工作岗位需要的同时不断提高自身素质。"全方位"则体现了培训课程内容的设置的丰富多样，公司内部面向全员的"求知在线"学习中心共囊括了 57 门课程、100

余场次,不仅有素质能力培训,如有效谈判与影响技巧、以结果为导向的高效沟通;还有职能认知与专业技能培训,如物流与供应链管理系列、非人力资源经理的人力资源管理;以及领导力和管理能力培训,如领导高绩效团队、新任主管管理技巧等,目的是使员工的潜力得到最大限度的发挥。

同时,公司现行的课程申请严格依照流程进行,由于课程目标群体以及课程人数的要求,公司对于符合参与要求的员工的申请遵循"先报先入"原则。如果参与人数满额,公司将基于员工意见征询的基础上将其参与资格顺延到下一开课时段。

此外,培训临近,人力资源部还将用邮件方式提醒学员准时参与并提供周全的课程概述等相关信息供学员参考。培训结束后,公司会不定期与员工进行沟通,了解他们在培训后的自我认知与实践情况。根据反馈,人力资源部还会对课程内容进行调整,力求培训更专业、更有针对性。

2.3 度身定制的个人发展体系

在拜耳,针对人才的管理,有着很完善的体系,其中包括人才的鉴别、人才的定向和人才的发展三部分内容。拜耳对人才的定义有两方面考虑,首先是员工现在的绩效状况,另外就是员工的潜力。所以,拜耳在做人才鉴别的时候,先看绩效评估,是否超出既定的目标,事实上,这部分考评是很直观的。但是看一个人的未来就显得相对复杂。公司将员工的潜力分为三档,分别是:有潜力上一个台阶;有潜力上两个台阶和有潜力上两个台阶以上。同时,这种潜力的界定还有一个3~5年的时间期限。当鉴别出人才的等级之后,拜耳会将这些人放在"培养中心"进行一个为期4~5天的观察。公司请来外部观察员和内部的高级经理,这些经理中并不包含候选人的直接主管。通过几天的时间测试候选者的一些软实力,这其中的考评主要包括拜耳的7项核心领导力:发展自己和别人、关注客户需求、结果导向、克服复杂性的能力、战略性思考能力、协作能力、领导人的能力。测试结束后,拜耳会针对每位候选者出一份详尽的报告,让被测试者明确知道自己的优势和不足。在对人才进行了准确的鉴别和细致的分析后,公司就会针对每个人度身定制出一个系统化的个人发展方案,让员工快速成长。有些人,公司会让他们参加一些合适的培训或者安排去德国进行更系统的培训,有些人公司会给他们安排一个导师,或者提供给他们在职锻炼的机会。此外,拜耳中国还力求在多种渠道上拓展员工的思维,增强适应力以及领导力,帮助员工实现内部职位的调动,提高工作满意度等,这些都在企业内部形成很好的风气和影响。此外,拜耳一直认为人才的发展要先于业务的发展,内部人才的提拔有利于业务的快速发展,员工具备了某些方面的能力,然后公司再开展相应的业务就水到渠成。反之,如果开展一项新业务一时间又找不到合适的人,业务的发展也可能会流产。而如果公司新部门需要人员配备时，也一般是以公司内部的人才调动为主，对外招聘只占20%。拜耳的员工优势甚至可以不离开拜耳就获得新的职业发展机会，可雇佣能力的提升在企业内部就得以体现。

以拜耳作物科学采购总监黄诗菲为例，1996年她加入拜耳时还只是个采购员；因为表现优异，2002年，公司将她送往上海一家著名商学院攻读MBA；2004年，又派她前往德国总部工作、培训；2005年年底，由于国内业务发展迅速，为期3年的德国工作计划宣告暂停，黄诗菲被晋升为采购总监。拜耳公司提供的这些培训和发展的机会、公正透明的人才发展培养环境让员工在职业生涯上受益匪浅。

2.4 双轨制教育先行者

拜耳中国区提出"可雇佣能力"计划。作为员工发展的重要策略，可雇佣能力计划虽然不能保证提供员工一份终身合同，但是能让他们获得终身的就业能力，员工即便离开了拜耳，仍然应该成为求职市场的宠儿。拜耳德国总部也开始推行了一个新项目"雇主价值主张"，与拜耳中国区的想法不谋而合。而双轨制教育就是他们从源头上保证员工可雇佣能力的一项有力举措。

作为把双轨教育体系应用于职业培训合作项目的一部分，拜耳在2002年投资100万欧元与坐落在金山区的上海石化工业学校建立了合作职业教育项目。在这座由校方建设的全新的基础化工操作基地建筑中，拜耳建成了一个基础化工操作实验室、一个基础单元操作模拟厂和一个管道装配车间。上海石化工业学校的学生们在学习理论知识的同时，可以充分利用由拜耳选择和投资的这些设备，体验真实的操作环境，提升自己的实际技能。

同时，上海石化工业学校的拜耳联合班也于2002年开始组建，在二年级化工专业学生中进行招募并按实际需求择优录取。在随后的两年学习中，拜耳联合班的学生除了接受拜耳和学校为其度身定制的专业课程和校内实训外，还必须进入拜耳上海一体化基地完成为期两个月的下厂实训，作为其整个学业的一部分。通过这样的学习安排，拜耳联合班的学生在职前，就具备了较高的专业素质，同时，也预先体验了世界级化工基地的工作环境和拜耳的公司文化。来自于拜耳联合班的学生毕业进入工厂工作之后，都表现出了极强的快速学习能力，并且有超过一半的学生因为工作表现出色而得到了晋升。

与中国科学院的合作也是培养高层人才的重要渠道。拜耳和中国科学院之间的合作于2001年成功启动，合作扩展至2010年。项目的框架包括与中国主要的化工机构进行项目合作研究，目标是拜耳综合业务范围的所有领域。中科院—拜耳研究基金奖项是双方合作的重要项目之一，旨在激励高水平的青年博士后人才从事科学研究，在中国组建自己的研究团队。

2.5 放任员工创新

对于德国公司，社会上通常会给其打上老成持重的气质烙印。但作为一家技术导向的公司，创新是拜耳始终强调的企业文化和核心经营理念。除了创新的"订单式"双轨制教育模式外，拜耳在打造具有创新理念的工作氛围上也下了不少工夫。

主管工艺开发的工程师李斌一直在化工行业工作，到拜耳后他发现："拜耳对创新研发可以用不惜血本来形容，比如我现在所研究的新技术，在未来两三年、甚至五年内可能都不能应用，但只要看好发展前景，拜耳依然会坚持投入。"

正是对科技创新的坚持，拜耳才吸引了大量研发人才。对员工创新的重视还表现在拜耳中国区几任老板共同的特征就是：让员工表达自己的想法。会议上，即便你的级别再低，老板都会鼓励你讲话，鼓励员工挑战别人的看法。

拜耳一直认为创新的动力大多自于企业内部，所以在提高员工可雇佣能力方面，拜耳中国提出了针对员工的"三创"计划，即"Triple I"——Inspiration（激情）、Ideas（理念）、Innovation（创新）"，鼓励员工在平时的工作中对业务的发展提出新的建议和计划。公司里面的任何一名员工都可以写下自己想法，并直接通过邮件发至总部，并由总部专门的工作组对这些方案和建议进行筛选和评估。如果被初步选中，公司会联系到创意者以及拜耳相关专家，对提出的方案进一步分析研究。

现在，拜耳中国的创新提议数量尽管不是全球最高，但是却被总部肯定为具有非常高的质量。而新创意一旦进入研发阶段，员工的职业机会也随之变化，成为项目的负责人等。目前，拜耳中国的专利也数量也在不断增加，专利产品及工艺份额已经达到了总销售额的四成。培养员工的可雇佣能力不但为员工增加了一个职业的保护伞，更为企业自身的创新发展增效。

【思考题】简述拜耳的"以人为本"的人力资源管理理念。

【资料来源】
[1] 拜耳. 百度百科.
[2] 拜耳集团全资收购滇虹药业. 国际商报，2014-11-19.
[3] "2014 中国最佳人力资源典范企业"排行榜. 前程无忧.
[4] 该如何做 HRM. 中国人力资源开发网人力资源规划人力资源频道，2004-06-17.
[5] 拜耳为员工创造归属感. 中国人力资源开发网社区企划战略.
[6] 拜耳班与上海一体化基地—拜耳材料科技集团人力资源开发纪实. 中国

人力资源网咨询工业控制专栏,2006-11-23.

[7] 蒋艳辉. 拜耳如何增值员工. 首席人才官新浪博客,2008-12-02.

[8] 祖翠筠. 拜耳:可雇佣能力作为"终身契约". 摘自21世纪商业评论.

[9] 拜耳公司人力资源管理揭秘. 阿里巴巴生意经,2009-05-31.

收集整理:陈容

给员工放权的 Facebook：
每个员工都可以是 HR

> **摘要**：本案例描述了 Facebook 的人力资源战略：每个员工都可以是 HR。一个真正的领导者培育的不是众多经理，而是众多的领导者。
>
> **关键词**：Facebook；人才

1. 公司介绍

　　Facebook 是一个创办于美国的社交网络服务网站，于 2004 年 2 月 4 日上线。互联网用户凡年龄达 13 岁，即可注册成为 Facebook 用户，并享有站内所有免费功能。截至 2012 年 9 月，Facebook 拥有已逾 10 余亿名的活跃用户，上传相片数量逾 2 190 余亿张，是全球第一大社交网站。

　　用户可以建立个人专页，添加其他用户作为朋友并交换信息，包括自动更新及即时通知对方专页。此外，用户可以加入各种群组，如工作场所、学校、学院或其他活动。

　　Facebook 没有官方中文名称，不同汉语地区的使用者发展出不同的译名：中国大陆的脸谱、香港的面书或面簿、台湾的脸书，亦有"非死不可"的戏谑译名。

　　Facebook 的创办人是马克·扎克伯格（Mark Zuckerberg），据《福布斯》杂志保守估计，马克·扎克伯格拥有 135 亿美元身家，是 2008 年全球最年轻的单身巨富，也是历来全球最年轻的自行创业亿万富豪。2010 年 12 月，扎克伯格被《时代杂志》评选为"2010 年年度风云人物"。

　　在 2010 年世界品牌 500 强中：Facebook 超微软居第一。2012 年 5 月 18 日，Facebook 在美国纳斯达克证券交易所上市，股票代码 FB，融资规模达到 160 亿美元，由此超过谷歌成为美国历史上最大规模的科技公司 IPO 交易。2013 年 2 月美国知名科技博客网 Businessinsider 根据互联网流量监测机构 comScore 的数据，列出全球最大网站前 20 名榜单，名列榜首的是 Facebook 8.367 亿独立访问者。2014 年 2 月 19 日，Facebook 对外宣布，将以现金和股票方式、斥资 190 亿美元收购即时通讯应用初创企业 WhatsApp，希望借此提高人气。

2. 案例内容

Facebook 能够成为一家引领潮流的公司，很大程度上是因为拥有大批一流人才。公司想尽办法，以保证能挑出合适的一流人才，又以优越的工作娱乐环境和诱人的福利政策留住人才，从而建立起公司长久的竞争能力。

2.1 雇用真正优秀的人，每个人都参与招聘之中

脸谱网的成功实际上与组建的团队息息相关，这一点适用于任何公司。脸谱网致力于使公司保持尽可能小的规模。怎样才能做到呢？你得确保你为公司雇用的每位员工都是真正优秀的人才。

一个优秀团队的重要性在过去几十年反复被人提及。无论你是成长中的还是已经取得了地位的公司，如果没有拥有一个分享你的远见、梦想和目标的团队，公司不能发挥出潜力。不管你持有何种观点，不管你身处什么领域，不管你有多么聪慧的理念，成功是一个团队的活动。你能够想象出世界上最惊人的产品或者服务，但是这些都需要人去帮助你实现梦想。

脸谱网的领导团队和马克·扎克伯格本人对招聘合适的人的价值理解得非常好。合适的人并不是指具有合适的能力的人，而是指具有正确态度的人。有些最成功的公司使用非传统的、基于优势的招聘方法——首先雇用最好的人才，然后再为他们考虑合适的位置。Facebook 就是这样一个例子，它知道合适的人的价值所在。

Facebook 找到合适的一流员工的方法有三种：一种是内部推荐。鼓励自己的员工去推荐人才，Facebook 大概 60%～70% 工程师都是这样进来的。这种策略刚开始会比较慢，但你积攒了一定量的牛人之后，根据"A - players only want to work with A - players"的定律，过了爆点之后就会形成雪球效应。二是校园招聘。Facebook 会列出 TOP 20 大学而把主要的校招精力放在这些学校身上。从实践中来看，这些学校的学生质量的确会比其他学校要高。一般过去主持招聘工作的都是公司里相应学校的校友，沟通起来更有效率；但一定会配以不同学校毕业的同事，以防止校友对校友的过度偏向。在校招方面，一个很大的重心是在实习生上面。公司要求每个组对实习生的准备工作早一两个月就准备起来，形式上除了集中性的校招面试还可以做技术讲座和编程大赛：TopCoder，美国计算机协会（ACM）主办的国际大学生程序设计竞赛，Google 举行的 Code Jam 等。Facebook

自身也从 2011 年开始搞每年一届的黑客杯（Hacker Cup）编程大赛。三是收购。对于这种类型的收购，Facebook 需要对公司里的重要人员，尤其是负责产品和技术的工程师和产品经理进行严格的面试筛选。基本上，面试的流程和从外部招聘一名新人没有区别。这种面试的结果最后会汇总，形成对这家收购目标公司的人才能力的评价，也是收购与否的最重要的标准。对于这种人才收购，Facebook 有专门的收购团队进行具体的事务运作。

公司成立之初，Facebook 的每个人都参与招聘之中。公司每天都在寻找有才之士。公司设定了一个招聘程序，让所有员工都深度参与。Facebook 的招聘程序的制定者拜访校园，参加技术聚会和全国重要的技术活动。一些人（包括 Facebook 的领导团队）常常站在斯坦福大学门口寻找工程师。

Facebook 员工对待招聘这项副业非常严肃认真，他们甚至建了一个维基网来分享求职申请人的姓名和申请人的反馈，以及吸引潜在员工的方法。安德鲁·"波茨"·博斯沃思现任 Facebook 的工程总监，他曾经在哈佛大学教授过扎克伯格有关人工智能方面的知识。他说："我们招聘的人都是能解决问题的能人。你得准备好投入工作，做出成果，获得成长。"

人们只要看看 Facebook 的招聘视频就会明白，激情和真正的创新环境是 Facebook 的特色。有时候，人力资源部在招聘主页贴出编码谜题，带有诱惑地邀请申请人："化解编程挑战，得到一次电话面试机会。"

显然，Facebook 团队成为业界最强的团队不是靠运气，靠的是扎克只招聘最好员工的战略方法。运用聪明的招聘策略，与公司文化保持一致，吸纳合适的人才。

2.2 加入 Facebook，就要过五关斩六将

Facebook 的招聘筛选过程非常严格。要加入 Facebook 的工程团队尤其困难。申请者首先会得到一系列简单的谜题。如果他通过了第一关，接下来会有更难的编码任务。"在编码面试的时候，不要期待挥挥手就能简单通过。"工程部主任乔斯琳·戈德费恩（Jocelyn Goldfein）说，"我们否决一位申请者的最通常的原因是他达不到我们的技术标杆。"

通过第二关的申请人会被邀请到 Facebook 进行一个系列的四次紧凑的结构化面试：两次是纯粹的编程练习；另外两次考验申请者的专业知识，主要考察其"解决困难问题"和"在技术层面开始工作"的能力。

有一种方式可以绕过上述招聘环节——变成一场公司收购加聘用，即由某人创立的一家公司受到扎克本人或者他的领导团队关注，进而被收购。多年以来，Facebook 已经收购了大约 30 家公司，主要原因便是觊觎它们的工程师资源，其中大部分收购的目的是为了得到最优秀的人才而不是产品。硅谷给这种传统并购

的变异体命名为"员工收购"(acq-hire)或"人才收购"。像社交聚合网站 FriendFeed 联合创始人布雷特·泰勒(Bret Taylor),在被 Facebook 收购后担任了公司的 CTO(泰勒于 2012 年 6 月宣布离职创业);像扎克伯格就读哈佛大学时的哥们儿、文件共享服务提供商 Drop.io 创始人萨姆·列森(Sam Lessin),在被 Facebook 收购后掌管公司最为重要的项目部门之一——用户界面设计,近年推出的时间轴(Timeline,允许用户按时间的先后顺序展现自己的故事,如分享文章、照片、电影、音乐、个人状态等)就是他的功劳。扎克伯格在 2010 年的一次采访中表示,发掘热衷黑客精神的企业家型人才,这种招聘方法绝对物超所值。他说:"如果一个人能在自己的职位上实现卓越,跟那些表现出色的人相比,他们的优势可不止一点点,甚至可以说是天壤之别。"

2.3 超级好福利留住人才

Facebook 善待自己的员工:一日三餐免费——园区内有两间大型咖啡厅、一家烧烤店,还有沙拉店、面条店和汉堡店等;全额医保;每年四周假期;免费干洗和洗衣服务;一年一度的"游戏日"——员工会放假一天,去户外玩游戏。此外还有提供给新生儿父母的专门福利,收养儿童和同性恋家庭也包括在内。诸如,每个新生儿会获得 4 000 美元的现金;父母(包括同性父母)会获得四个月的带薪育儿假以及享受补助的日托服务。Facebook 的福利在求职网站 Glassdoor 美国公司的薪资福利榜中居第三位,仅次于谷歌公司(Google)和好市多(Costco)。

但是不要误会——吸引员工的关键是公司的文化和领导者的远见。扎克已经"转变"了很多工程师。公司认为重要的某些员工,谈话刚开始时对方就说:"不,谢谢,我没有兴趣。"但是,扎克会陪同那位大有前途的员工顺着一条小道爬山,走很长的路(这种方法从马克的偶像史蒂夫·乔布斯那里借鉴而来),步行的终点是一座小山顶,景色美不胜收。登顶的时间恰到好处,这也是扎克登山的升华时刻。登山步行完全改变了那位员工的想法,同时此过程中扎克的远见也充分体现了出来。

很多时候,公司雇用工程师看重的是他们的技能和对未来的愿景。当一个新员工走入办公室,不知道自己的责任是什么的时候,他会被告知这样一句话:"四处走走,看看有什么问题和机会,并帮助将两者连接起来。"公司鼓励员工围绕他们感兴趣的项目组成团队,因为脸谱网的领导者明白做自己热爱的工作才能做到最好。这种方法不仅保证员工能全身心投入工作项目之中,它同样也会基于员工的聪明才干而不是文凭为他们提供职业成长的机会。从这个意义上说,每个人是平等的。只要对产品改善有贡献,你就会获得承认和尊重;公司不会在意你的履历和年龄。在脸谱网这样的公司,无论你是实习生还是公司的 CEO,都能将理念转化成产品。"像素最重要,"Facebook 时间线的一位设计师乔伊·弗林

(Joey Flynn)说,"你在这里可以做任何事情,只要你能够证明你行。"

2.4 扁平化管理和非传统的职业路径

Facebook 的扁平化管理结构体现之一是:公司的副总裁很少。Facebook 的第 5 位员工马特·考勒说:"我们致力于将事情尽可能扁平化。我们给员工提供的创新的环境越差,我们落后得就越快。"安德鲁同意这一观点:"上帝不允许我们消耗一天的时间却不为明天的 Facebook 做好准备。你知道很多伟大的公司一直在力争扩大规模,加强自身的文化。"

为员工提供非传统的职业路径,它基于员工的贡献和价值表现而非基于他们的年龄或者文凭。而且,最优秀的领导者建议在本行业外招聘职员。行业外的人能提供全新的视角,重新给公司注入活力。史蒂夫·乔布斯就是这样的领导者。他说:"麦金塔系统取得巨大成功的一部分原因在于开发系统的人是音乐家、诗人、动物学家和历史学家,而他们正好也是世界上最棒的计算机科学家。"

雇用最优秀人才的最大优势在于你不用去管理他们。要给他们权力,不要给他们管理制约。通常情况下,经理花费大部分宝贵时间去悉心管理能力最弱的员工,没有把足够的时间留给能力最强的员工。即便最优秀的人才不需要管理,他们仍然需要领导者抽出时间与他们讨论观点,需要向领导者展示他们的构想原型,需要建议和指导才能找准前进的方向。

请注意用词是"指导",不是"命令"。充分信任员工并给予权力是对他们最大的驱动力。领导的角色不是参与构想公司的每一条重要理念,而是创造一个能孕育奇妙观点的环境。这样的环境不仅能保证公司在繁荣时期持续创新,还能帮助公司在面临困境时持续前进。

2.5 英雄所见略同

加里·维纳查克(Gary Vaynerchuk)是一位获得过一系列成功的企业家,他把家族的地方酒品专卖店发展成为全国行业的领先者。他在所著的《感恩经济》(*The Thank You Economy*)一书中指出了同时聚焦顾客幸福感和员工幸福感的重要性:"我关心自己员工比关心顾客更多,我牵挂顾客又比关注自己的呼吸更多。"这是他如此成功的原因。他接着说:"你对待员工如同对待一个成人,这是让他们高兴的第一件事。那意味着,在员工被证明不值得信任之前,允许他们使用自己认为恰当的方式管理自己的工作。"

这种信任的观点不仅融入加里的管理方式之中,也体现在公司的福利上,更确切地说,假期时间的政策;或者说,减少假期的政策。维纳查克认为,由于员工的生活方式和生活环境的需要,他们任何特定年份中都可以休长假。有的人休假时间长,有的则几乎不休假。结果是一样的:员工全情投入,持续快乐地待在工作岗位，向雇主回报以110%的努力工作。就是这么简单，就是这么让人惊奇！你有没有听说过不设时限的假期？如果你能够得到这样的福利，你准备怎么利用它？

一个真正的领导者培育的不是众多经理，而是众多的领导者。英特尔公司的市场营销副总裁约翰·杰佛曾说过："我作为领导者的目标是有朝一日我可以脱离于管理工作之外。"他作为领导者的目标是建立一个强大的、自我延续的团队。团队有权力作决策，并且当他不在的时候能发挥领导作用。这才是优秀领导的真正标志！

【思考题】试着描述 Facebook 的招聘文化。

【资料来源】

[1] 给员工放权的 Facebook：每个员工都可以是 HR. 中国人力资源开发网人力资源频道人力资源规划，2014 – 10 – 27.

[2] Facebook. 360 百科.

[3] 刘少宇. 2014 美国公司薪酬福利榜前三甲：谷歌、好市多超市、Facebook. 福布斯中文网，2014 – 05 – 30.

[4] Facebook 这样发掘人才. 创业邦，2013 – 01 – 17. 节选自王淮、祝文让. 打造 Facebook：亲历 Facebook 爆发的 5 年. 印刷工业出版社出版.

[5] 乔树静/汪皓. 破解 Facebook 招聘文化. 美国《财富》杂志中文网，Miguel Helft and Jessi Hempel，2012 – 03 – 09.

收集整理：陈容

优衣库的人力资源战略

> **摘要**：本案例描述了优衣库的人力资源战略。为了保证在日益激烈的竞争环境中招募与企业文化和价值观相匹配的国际化人才，同时保证人才的培养能够匹配企业超加速度的发展，优衣库制定了有效的人力资源战略。
>
> **关键词**：优衣库；人才培养

1. 公司介绍

优衣库（日语：ユニクロ，英语：UNIQLO）是日本著名的服装品牌，由日本人柳井正于1984年创立。在最初，柳井正是想用仓储超市的形式，以"合理可信的价格、大量持续地供应"，这也表现在 Uniqlo 一词的来源上："Uniqlo Clothing Wear House"，意即"独一无二的服装仓库"。

优衣库（UNIQLO）是迅销集团旗下的核心品牌。其目标是让世界上所有人都能穿上适合自己的优质服装。优衣库品牌在日本、中国、韩国、美国、英国、法国、新加坡、俄罗斯、泰国、菲律宾等世界各国已拥有2 000多家店铺。优衣库的服装已经在世界范围成为一种时尚，为迅销集团创造了年利润达到80亿元的超高收益。

优衣库大事记：

1963年，UNIQLO品牌的迅销公司建立，当年是一家销售西服的小服装店。

1984年6月，优衣库向休闲服饰零售业发展，首家UNIQLO仓储型服饰专卖店在日本广岛正式开业。

1991年公司迅速开始展开连锁业务，并提出了要建立1 000家分店的发展规划，实现UNIQLO连锁化，美国Limited和GAP那种具有本国特色的商店成了UNIQLO扩张的范本。

1994年，UNIQLO在广岛证券交易所上市，5年后，公司转到东京证券交易所主板。

1998年，UNIQLO原宿店开业，羊毛衫促销获得成功，开始了"休闲服直接面向消费者"的时代。所谓"休闲服直接面向消费者"就是全面修正策划、生产、流通、销售等商业流程，努力建立最适合消费者的商业模式，其中关键是按照消费者的需求进行大量生产。

2005年11月1日，迅销公司重整后，UNIQLO成为迅销的100%全资附属公司。

2008年全球金融危机之时，柳井正凭借优衣库专卖店的快速扩张，在富豪资产普遍缩水的情况下个人资产逆市上升29%，从47亿美元到61亿美元，登上日本首富宝座，成为日本历史上凭借服装产业位居《福布斯》榜首的第一人。

2013年，优衣库母公司迅销集团2012年9月至2013年8月销售额达1.1430万亿日元，同比增长23.1%，创日本服装行业历史新高，首次超过1万亿日元。

靠着其独特的经营理念和经营模式，UNIQLO一路发展而来。如今，优衣库是日本服装零售业的老大，仅在日本就有844家店铺，在中国大陆和香港、澳门、台湾地区以及韩国、英国、法国、美国、马来西亚、德国及澳洲都设有分店。定位为"快时尚"的优衣库目前为全球第五大休闲服饰品牌（前五名为ZARA、H&M、GAP、The Limited、UNIQLO），销售额继Inditex公司的ZARA（西班牙）、H&M（瑞典）、GAP（美国）之后，位居业界第四位。

2. 案例内容

说起当下最受关注的休闲服品牌，就必定会提到优衣库。作为高速成长中的国际著名休闲服品牌，优衣库在中国市场发展之快有目共睹：2013（从2012年9月至2013年8月）和2014（从2013年9月至2014年8月）两个财年每年优衣库在中国大陆开店都超过了80家，目前在中国超过70个城市有优衣库的身影。截至2014年10月，优衣库在中国大陆共开设316家店铺，其中超过一百家店铺集中在北上广深这四个城市，在未来实体店还会渗透到二、三线甚至四线城市。

在线上，优衣库同样表现优异：在2013年"双十一"年终大促活动中，优衣库官方网络旗舰店单店单日销售额突破历史性的1.2亿元人民币，在天猫销售排行榜位列第六位。在2014年"双十一"天猫购物狂欢节中，优衣库在支付宝成交金额商家排行榜中名列第五位，位列服饰品牌销售榜冠军，交易额破亿元。在阿里巴巴官方公布的天猫类目销售排行中，女装位于服装品牌第二位，男装排名第十位。优衣库日益成为深受中国消费者喜爱和信赖的明星品牌，并不断创造辉煌成绩。

正是基于优衣库令人瞩目的成长，许多商业媒体和行业专家纷纷开始研究优衣库，试图揭示优衣库的成功秘诀。从独特的整合型商业模式、到先进的O2O

理念，一直到精准的消费人群定位，以及从顾客的角度出发的高品质服务，几乎优衣库的每个方面都在被热烈讨论。但对于优衣库来说，长久以来最注重的，就是人才的力量。

为了保证在日益激烈的竞争环境中招募与企业文化和价值观相匹配的国际化人才，同时保证人才的培养能够匹配企业超加速度的发展，优衣库制定了有效的人力资源战略：根据珍惜人才，培养人才的策略来推动企业的持续增长。

2.1 招聘

优衣库的招聘分为校园招募和社会招募两大模块。招聘新员工不以学历作为主要标准，主要是看员工的综合素质。

2.2 培训

优衣库为新员工和老员工均提供了系统的培养机制以及根据每位员工量身定制的发展空间。在优衣库负责内部培训的部门叫作"优衣库大学"，其将优衣库多年来国际化零售业成功的经验，提炼成系统化的培训体系，以全球化的工作环境和广阔的晋升空间为基础，通过系统培训旨在让员工快速成长为全球零售行业精英。

优衣库每年都会从校园招聘具有国际化零售业经营者潜力的年轻人，目标是经过1~2年将其培养成店铺的店长。在他们进入公司第一年中会接受系统的培训，集中培训和在岗培训同时进行。在店铺的在岗培训，会由培训人员通过一段时间的"师傅带徒弟"的方式，每天带着新人一起工作。经过这段时间后，优衣库将提升合格新人为"店长代行"独立进行工作，继而提升为店长并提供更广阔的发展空间。优衣库在中国市场早期门店的店长多是由店员自发晋升而成，而当优衣库从2008年开始实施优衣库经营储备计划后，开始从毕业生中招聘店经理储备干部，从而帮助刚刚毕业的大学生尽快成长为优秀的经营者。

2.2.1 培训体系

（1）店经理储备干部培训体系。
- 零售业经营管理培训。
- 领导力提升与团队管理培训。
- 战略目标管理培训。
- 塑造未来国际化经营人才培训。

（2）店长培训体系。
（3）区经理培训体系。
（4）经营者培训体系。

2.2.2 培训方式

OJT（On Job Training）、OFFJT（Off Job Training）、自我启示三个模块相互

渗透、三位一体。OJT（On the Job Training，工作中培训），意思是在工作现场内，上司和技能娴熟的老员工对下属、普通员工和新员工们通过日常的工作，对必要的知识、技能、工作方法等进行教育的一种培训方法。OFFJT（Off the Job Training，脱产培训），意思是离开工作和工作现场，由企业内外的专家和教师，对企业内各类人员进行集中教育培训。

2.2.3　优衣库奖学金项目

迅销（中国）商贸有限公司于2011年12月12日与中华人民共和国教育部下属机构——中国教育国际交流协会，缔结了优衣库奖学金项目。优衣库奖学金项目面向中国（港澳台地区除外）教育部直属大学的本科在读学生，提供一定金额的奖学金以及国际交流机会，旨在培养未来的国际化人才，为中国青年人活跃在世界舞台做出贡献。

2.2.4　其他

优衣库还在店铺中实施Dream Project，给有志向实现自己梦想的员工提供有针对性的培训和育成。另外，品牌还为具有成为国际化经营者潜质的年轻员工提供海外工作轮岗的机会。

2.2.5　细到极致

为了训练员工学会微笑，优衣库设定了一项"咬筷子"的练习：让一名员工咬住筷子，用纸遮住眼睛，让其他员工体会，如果没有眼睛的微笑，单是嘴做出微笑的形状，仍然无效。而要训练员工养成叠衣服的习惯，员工的衣柜会被定期检查。在高强度的训练之外，为了避免中国人的内敛个性和粗放的服务理念，当店长或层长发现店员没有主动给顾客递购物篮，会立即指出，并且要求他和店长一起工作三分钟，并接受店长的指导："看我的工作好吗？看我为顾客递送购物篮，看我的微笑好吗？这是一个真正的微笑，这才是对顾客服务。"

在严格训练下，优衣库门店店员见到任何一名顾客都要高喊"欢迎光临"，无论对方有无回应。只要顾客挑选了衣服，员工就必须立即取上购物篮，递到顾客手中。收银台一般只启动一到两台机器，但是一发现排队人数增多，立即会有店员小跑过来，再启动一台收银机。雨天，店员还会在印有"Uniqlo"的纸包装袋外再套一个透明塑料袋，防止纸袋被淋湿。

2.3　晋升

优衣库有一套透明翔实的晋升制度，公司强调平等公平、实力主义。它保证了即使是最普通的店员也有升级为店长的机会。同一级别的晋升、考试都有统一面试，面试标准也严谨、细致。员工的级别分为四个级别，分别是P、PN、AP、SP。每隔3个月或6个月，优衣库会对员工进行考核，升级或加薪。

优衣库每年有两次店长资格考试，分别在每年1月和7月，通过考试后就能取得店长资格,得益于优衣库完善的培训体系,许多店经理储备干部能在 1~2 年内即可成为一家店铺的经营者,最短的甚至只需半年。在优衣库,40% 的店长都是从员工升迁而来,而他们享有比员工高出 10 倍的工资待遇。

职业发展路径:店经理储备干部→店长代行→品牌店店长→旗舰店店长/区经理/集团总部→更广阔的发展空间

2.4 薪资福利体系

类似于零售行业备受推崇的"坪效概念"(每一坪面积可以产出多少营业额),优衣库将每位员工每一个小时所做的工作量定义为"人时",将一家店铺一天营业所需的人时进行严苛的精细化、可视化规定,以此在人力薪资的投入上保持最大化利用。2013 年 4 月,优衣库统一了全球薪酬体系,旨在通过高薪确保包括新兴市场国家在内的优秀人才,进一步扩展海外业务。一般来说,普通员工的薪资水平如下:

- 基本薪资(包括交通费和住房补贴)= 5 400~6 000 元(根据不同城市);
- 根据公司盈利及个人绩效,享受利润分享计划;
- 提供租房补助金;
- 根据国家政策缴纳社会保险及公积金;
- 提供商业医疗保险;
- 工作满一年享受 10 天有薪假期(逐年递增,最多 15 天);

而从员工升迁上来,店长的收入可能会是新人店员的 2~5 倍,旗舰店长则可能达到 10 倍。

在奖金方面,除了年终奖之外,优衣库还会根据公司在该地区和该国的盈利情况进行一定比例的奖励。国外是期权、股票以及奖金结合的形式,在国内则是以纯奖金的方式。从第二年开始,大概是一个月的工资水平。普通员工也能与企业管理人一样分享企业盈利带来的好处,这使员工们干劲十足。

2.5 "感恩"文化

在优衣库,员工每次培训中的最后都会被获赠一样礼物:一张刻录了培训中欢笑与泪水的 DVD,且最后一天会集体观看。每次培训结束,每个人都会收到其他人赠予的一张"感谢卡"(Thank You Card),零售行业的员工在工作中较少能得到来自客户的肯定,而这种互相帮助和促进的办法是温情牌,员工很受用。

优衣库的人才战略绝不仅是一句口号,在优衣库就有这样一位最有说服力的榜样:那就是优衣库中国的掌舵人——优衣库大中华区 CEO 潘宁。从最初穿着黑色围裙的普通职员,到成为开拓海外市场的中国功臣,潘宁不仅见证了优衣库的蜕变、自身经历的巨变,如今也开始改变中国。作为优衣库大中华区 CEO,潘宁更是用行动体现优衣库的人才战略：他每年有一半的时间都用在人才的招聘和培养上。不仅亲历参加校园招聘的各个流程，也在员工入职后，每月与员工保持沟通交流，分享工作体会。

在由知名商业报纸《21世纪经济报道》主办的"2013年度最佳雇主"评选中，优衣库作为唯一的服装类品牌入选。评选从企业提供的工作环境、职业发展和能力提升空间、福利支持、公司愿景与员工个人目标的呼应、人力资源体系和战略和企业的经营行为六大方面进行全面细致的评估，最终评选出具有权威公信力的2013年度中国最佳雇主榜单。优衣库获得"最佳雇主"这一殊荣，是对品牌一贯以来坚持的人才战略的最佳肯定和证明。

【思考题】优衣库为何能得到"最佳雇主"的殊荣？

【资料来源】

[1] 优衣库. 360百科.

[2] 优衣库. 维基百科.

[3] 优衣库2015校园招聘——公司简介. 大街网.

[4] 卖T恤卖成首富. 世界经理人网站，2009-06-22.

[5] 优衣库的人力资源战略. 中国人力资源开发网人力资源频道人力资源规划.

[6] 陈时俊. 优衣库中国式扩张：渠道下沉考验人才储备. 21世纪网数字报，2014-10-22.

[7] 刘映花. 聚光灯和名利场. 北京晨报数字报，2014-11-17.

[8] 2014"双十一"男装销量排名：杰克琼斯登顶. 多商网，2014-11-21.

[9] 天猫官方发布"双十一"销售排行榜 乐视TV成最大赢家. 东方财富网财经频道科技，2014-11-12.

[10] 优衣库成功背后的人才战略. 中国经济网行业动态产业观察，2013-04-11.

[11] 优衣库门店的管理之道：店长才是公司的主角. 中国时尚品牌网，2012-02-11.

[12] 优衣库的秘密：员工激励. 中国鞋网——经销商栏目人力资源，2012-09-14.

收集整理：陈容

授人以鱼不如授人以渔
——洲际酒店集团人才战略

> **摘要**：本案例讲述了洲际酒店集团的人才战略。大多数的企业都像渔夫一样，不停地去池塘里钓鱼，来寻找人才。而在未来，一个企业要成功就要学会"养鱼"，要培养人才。不仅在企业内部，同时在市场上培养人才，才能实现可持续发展的长远成功。
>
> **关键词**：洲际酒店集团；人才培养

1. 公司介绍

洲际酒店集团（InterContinental Hotels Group），前称洲际酒店，是上市公司，总部在英国杜伦（德纳姆），全球员工 345 000 名。2010 年 1 月，洲际酒店集团是全球最大、客房数量最多的跨国酒店企业，亦为世界十大知名品牌之一。由洲际酒店集团自资拥有、营运管理、出租或发出经营权的酒店共逾 4 500 间，酒店客房数量逾 650 000 间，据点分布在约 100 个国家和地区。该集团拥有多个闻名遐迩的酒店品牌，其中包括洲际酒店及度假村、皇冠酒店及度假村、假日酒店及度假村、快捷假日酒店、Staybridge Suites 和 Candlewood Suites，并且拥有世界最大的酒店忠诚客户计划——优悦会。

2014 年中国最佳人力资源典范企业评比中，IHG 洲际酒店集团由于以下方面的杰出表现获得最佳员工发展计划单项奖：

（1）从员工入职第一天开始就会努力了解员工的期望，并让员工感受到自己已经成为这个大家庭的一分子。

（2）公司通过各种方式聆听员工的心声和建议。每个季度第三方公司会进行员工满意度调查，同时酒店和公司还会采取不同形式的会议，让管理层与大家进行沟通。

（3）完善的培训体系、多元的培训课程，全面的晋升计划，获得多元进步、为员工提供发展的平台。

(4) 从薪资福利到表彰杰出表现，酒店提供良好的员工后台区域，餐厅、休息及活动室。同时，所有洲际酒店集团的员工都可以在私人旅行时间使用员工优惠房价入住集团遍及全球的酒店。

2. 案例内容

在未来的市场竞争中可以脱颖而出成功的企业，一定是对人力资源有良好的架构和设计，及拥有长远的培训计划和可持续发展计划的企业，才有可能在竞争中取得优势。在人力资源市场当中，正如中国有句古语——"授人以鱼，不如授人以渔"，大多数的企业都像渔夫一样，不停地去池塘里钓鱼，来寻找人才。而在未来，一个企业要成功就要学会"养鱼"，要培养人才。不仅在企业内部，同时在市场上培养人才，才能实现可持续发展的长远的成功。

洲际酒店集团自1984年进入中国市场以来，目前在华拥有180多家酒店及160家在建酒店，用将近30年的时间，成为大中华区最大的国际酒店管理企业。而大中华区也成为洲际酒店集团的全球第二大市场，仅次于美国。

在洲际酒店未来的发展目标中，首要的是进一步提升品牌知名度，让更多的客人知道和喜欢洲际酒店的品牌。而不管是提升知名度，还是提高服务质量，最重要的是要找到合适的人才，推动酒店业人力资源的发展，使酒店业人才有更好的平台去发展。

洲际酒店集团强劲的业务发展策略满足了全球旅游业持续攀升的需求，但其遍布全球的酒店网络，对员工巨大数量的渴求，也对洲际酒店集团及酒店业的人力资源提出了巨大的挑战。

对于洲际酒店来说，如何很好的吸引员工，同时保留他们，当他们成长为中层或者高层员工时，使他们对企业更有忠诚度，可谓是企业可持续发展的重要基石。

2.1 市场人才培养：英才培养学院

洲际酒店集团从2006年开始正式成立了"洲际酒店英才培养学院"，在全球范围内与当地社区组织和教育机构积极合作，为本地人才提供业务技能培训以及加入酒店业的就业机会。

目前，洲际酒店集团英才培养学院已遍布全球37个国家。在全球第150家洲际酒店集团英才培养学院落户云南省之后，洲际酒店集团在大中华区英才培养学院的数量也已增至25家。这就为洲际酒店集团旗下的酒店带来了宝贵的人才资源库，其中不乏拥有专业技能的酒店人才以及对酒店业怀有热情并愿意为客人提供杰出服务的有志青年。

下面以英才培养学院在中国的运作模式为例来分析这一模式的精妙之处。目前中国的毕业生面临一个很大的问题就是没有实践和行业经验，包括很多教课的老师其实也没有行业的实践经验。英才培养学院的主要模式是与大中专院校及职业学校等院校合作：酒店的总经理、部门经理等高层管理人员到学校去教课，教授学生们实际工作和行业知识，并把这些知识融入学生的日常课程里，同时为学生提供很多实习的机会。这样一来，对学生来讲，他们毕业就已经拥有一手的行业和实践经验，对其就业及未来在行业里的继续发展都非常有帮助；对洲际酒店集团来说，因为绝大部分毕业生在他们学习的过程中在洲际酒店集团下属的酒店实习过，最终很多毕业生会加入洲际酒店，同时因为他们了解了洲际是怎样的一家公司，以及公司未来会对他们有怎样的发展和培训计划，他们的忠诚度很高。每一年，洲际酒店集团大中华区需要招聘差不多 1 万个左右的新职位，而在中国的 25 家英才培养学院差不多能解决一小半新员工的来源！

洲际酒店集团通过英才培养学院招聘到了一批有实践经验又不会随意"跳槽"的高质量的新员工！但实际上，洲际酒店集团在英才培养学院这个项目上并没有金钱的投入，因为这种模式并不是自己开一个学校，而是和现有的职业技术学校、职业教育机构及大中专院校合作，在他们现有的课程中加入洲际酒店集团的内容。但这种低成本却带来了大中华区的酒店和集团的员工融入程度在集团内全球最高、高层管理团队的流动率全球最低的高回报。

2.2 内部人才培养——领导力培训课程

培养好的人才，不应该仅仅只针对基层员工。在洲际酒店集团，每一个层面的员工酒店都会花很多的时间、人力和物质投入为他们提供良好的培训和发展机会。除了英才培养学院，还有针对不同层面的管理团队的很多课程。例如"职业认知"项目，旨在帮助中高层管理人员认知到他们目前的发展需要，通过一些课程，帮助他们成为更高级别的人才。通过"职业认知"培训项目，在未来 2~3 年的时间里，能够帮助一些部门经理晋升为酒店总经理。因此，对于洲际酒店集团来讲，培养人才是由不同的层面组成的，首先是帮助基层员工开始职业起步及更好的认知行业；其次是帮助中层员工全面发展和提升专业技能，使他成为酒店总经理或者未来领导者。简而言之，从不同层面的员工出发，给予不同的人力资源帮助，为他们的职业生涯提供良好的职业发展平台。而在人才的永续问题上，洲际酒店集团对于继任问题在早期就会作出计划，事前就会安排好每一任的接班人，而非其中一位管理层离开了才去考虑这个问题。

2.3 企业文化笼络人才

在全球，洲际酒店集团的企业文化关键词是"尽炫自我"，集团首先认可每一名员工都是一个拥有独立意识的人，而不是企业生产流水线上的零部件，希望每一名员工都可以把自己最优秀的一面展现出来。还有一种"洲际酒店集团的承诺"的公司文化，意思是集团会为每一位员工提供各种发展和成长的空间。首先是在新员工入职的前6个月，集团有很多项目和流程帮助他们融入企业的文化中；其次是员工成长的空间。如何使每一位员工，无论是前台还是总经理，都有良好的职业发展规划是集团人力资源要考虑和要实现的。每一年每位员工都要做发展计划，规划未来12～18个月到达到的程度，而依据这个程度，集团会提供相应的平台和培训帮助他们成长。

洲际酒店集团在社会慈善方面的努力也为留下人才做出了贡献。比如：和希望工程合作，计划在贫困地区建立8所学校；在四川广元投了25万元帮助灾后学校的重建工作等。集团在帮助到社会的同时，也在员工心中树立了企业的良好形象，感觉到这个企业的社会责任，感觉到了这份荣耀员工就会乐于留在这个团体中。

除此之外，在沟通方面，洲际酒店集团的高层也做得很好。比如要求每一个层面的管理团队的办公室的门都是一直开着的，任何员工都可以走进来跟高层聊天；在办公室里粘贴一些"尽炫自我"的照片，360度让员工展现自我、表现自己最好的一面。

【思考题】洲际酒店集团如何留住人才的？

【资料来源】

[1] 英国洲际酒店集团. 智库百科.

[2] HR管理世界专访洲际酒店集团大中华区执行总裁：叶海华先生. HRoot网站高端访谈，2009-12-13.

[3] 黄若珊. 授人以鱼不如授人以渔——洲际酒店集团人力资源战略. 中国人力资源开发网人力资源频道人力资源规划，2014-10-14.

[4] 前程无忧2014年度企业人力资源典范企业排行榜.

收集整理：陈容

华为的新员工培训

> **摘要：** 本案例描述华为新员工入职半年的培训安排。华为 20 多年的高速发展，创造了中国民营企业发展史上的奇迹，成为中国企业走向世界的成功典范，在世界 500 强企业中，真正能够让全球企业界认可的中国企业，非华为莫属。华为之所以取得巨大成功，是与拥有任正非这样伟大的企业家分不开的，也与拥有一支冲锋陷阵的"铁军"分不开的。华为是如何将一批又一批刚刚走出校门的"学生娃"打造成攻城略地的"铁军"的呢？
>
> **关键词：** 华为；新员工；培训安排

1. 公司介绍

华为，全称是华为技术有限公司，1987 年由任正非创建，是一家生产销售电信设备员工持股的民营科技公司。现任总裁为任正非，董事长为孙亚芳。

过去 20 多年，华为抓住中国改革开放和 ICT（Information Communication Technology）行业高速发展带来的历史机遇，从一家立足于中国深圳特区、初始资本只有 21 000 人民币的民营企业，稳健成长为年销售规模近 2 400 亿元人民币的世界 500 强公司。华为对外的印象可能是"军方色彩""拥有中国官方支援""危险""残酷""饥渴"，但他是一家百分之百的民营企业，是《财富》（Fortune）世界 5 百强企业中唯一一家没上市的公司。

如今，华为是全球最大的电信网络解决方案提供商，全球第二大电信基站设备供应商，全球第二大通讯供应商，全球第三大智能手机厂商，也是全球领先的信息与通信解决方案供应商。华为的产品主要涉及通信网络中的交换网络、传输网络、无线及有线固定接入网络和数据通信网络及无线终端产品，为 170 多个国家和地区的通信运营商及专业网络拥有者提供硬件设备、软件、服务和解决方案。

如果没有华为，西伯利亚的居民就收不到信号，非洲乞力马扎罗火山的登山客无法找人求救，就连你到巴黎、伦敦、悉尼等地一下飞机接通的信号，背后都是华为的基站在提供服务。8千米以上喜马拉雅山的珠峰,零下40℃的北极、南极以及穷苦的非洲大地,都见得到华为的足迹。

《经济学人》称它是"欧美跨国公司的灾难";《时代》杂志称它是"所有电信产业巨头最危险的竞争对手";爱立信全球总裁卫翰思(Hans Vestberg)说:"它是我们最尊敬的敌人";思科执行长钱伯斯(John Chembers)在回答华尔街日报提问的时候说:"25年前我就知道我们最强的对手一定来自中国。"

它的营收,7成来自海外,比联想集团的4.2成还要高。《经济学人》在2013年就指出,华为在150多个国家拥有500多个客户,超过20亿人每天使用华为的设备通信,也就是说,全世界有1/3的人口在使用华为的服务。即使在4G技术领先的欧洲,华为也有过半的市占率。

它的技术研发能力也超越一般人对中国企业的想象。截至2013年12月31日,华为累计申请中国专利44168件,外国专利申请累计18791件,国际PCT专利申请累计14555件。累计共获得专利授权36511件。《经济学人》指出,华为已是电信领域的知识产权龙头企业。

华为的成功,许多人归诸中国政府的支持,实际上,最支持任正非的是15万华为员工。因为任正非用了中国企业中史无前例的奖酬分红制度,98.6%的股票,都归员工所有,任正非本人所持有的股票只占了1.4%,造就了华为式管理的向心力。李瑞华在1994年就开始接触到华为,对于华为的敢给,他的评价是,"把饼做大比占有大部分更好的智慧和心胸,甚至跟比尔·盖茨比,也是有过之而无不及。"

从本土商变全球龙头——华为大事记:
1987年:任正非投资人民币2万元创华为,做交换机代理商。
1992年:转贸易为自主研发,建立华为自有品牌。
1998年:砸下5年人民币10亿元,导入IBM管理制度,奠定日后国际化基础。
2000年:营收达到98亿元人民币。
2001年:遇到全球IT泡沫化,营收首次出现负增长。
2002年:思科对华为发起全面诉讼战,金额高达百亿美元。
2006年:海外营收比重超越中国市场。
2010年:首次进入《财富》世界500强。
2013年:超越爱立信成为全球第一大网络设备商。

2. 案例内容

新员工培训是指通过岗位要求的培训,使新员工能够很快胜任岗位,提高工作效率,取得较好的工作业绩,起到事半功倍的效果。通过新员工培训,管理者对新员工更加熟悉，为今后的管理打下了基础。对企业而言，如果说招聘是对新员工管理的开始，那么新员工培训是企业对新员工管理的继续。这种管理的重要性在于通过将企业的发展历史、发展战略、经营特点及企业文化和管理制度介绍给新员工时，对员工进入工作岗位有很大的激励作用，新员工明确了企业的各项规章制度后，可以实现自我管理，节约管理成本。对个人而言，新员工培训对于个人来说是对企业进一步了解和熟悉的过程，这个过程一方面可以缓解新员工对新环境的陌生感和由此产生的心理压力；另一方面可以降低新员工对企业不切合实际的想法，正确看待企业的工作标准、工作要求和待遇，顺利通过磨合期，在企业长期工作下去。新员工培训是新员工职业生涯的新起点，是适应新组织的行为目标和工作方式。

而新员工前6个月的培养周期往往体现出企业对于人才培养的重视程度，但许多企业往往只将重点放在前15天，对产品知识或企业状况简单培训，甚至大多数情况下没有培训，公司为了短期快速出业绩，业务人员很快就上了市场。"我们企业小，招来人就要使用，而且培训时间长，成本我们根本承受不了"，这是普遍企业经营者常常说的一句话，其结果是：新生代员工的离职率高峰出现在入职第6个月到1年，让企业损失大量的成本。

不难发现很多企业一直在做一种游戏："招人——让你做——看你做——发现你不会做——不再让你做——再招新人"，而缺乏"指导你做"这一重要环节。人是招来了，也在使用，但是他们不会做，出不了业绩或者不理想。"磨刀不误砍柴工"，华为则十分重视"磨刀"。华为大多为校园招聘，招聘对象为应届毕业生，一个应届毕业生通常要经过一年时间的培训才可以上岗，培训成本不敢想象。如何快速提升新员工的能力，取决于前180天管理者做了什么。那么，华为的新员工培训是如何在这180天里高别人一筹的呢？

2.1 确立以实践为重点的员工培训指导思想

多年来，华为对自己的培训体系不断进行优化，尤其近几年来，华为取消了过去的授课式培训和网络化授课方式，在培训指导思想上进行了较大的调整，明确提出了"721"培训法则，即70%的能力提升来自于实践，20%的能力来自于导师帮助，10%的能力来自于课堂学习。

这一培训法则的确立，是华为根据各方面变化作出的调整，并据此合理安排各个阶段的培训内容和时间安排，强调"实践出真知"，强调实践对新员工未来成长的重要性，也给新员工明确了一个信号，就是要想有所作为，就必须扑下身子实干。华为的这一观点，也反映了华为的务实态度，值得有些民企思考。

2.2 将拟录用新员工的培训提前至入职以前

华为对新员工的培训，可以划分为三个阶段：入职前的引导培训，入职时的集中培训，入职后的实践培训。实践培训是三个阶段的重点。

华为的校园招聘一般安排在每年的 11 月，对拟录用的人员，华为会将他们安排到各个业务部门，并提前安排每人的导师。为防止拟录用人员在毕业前这个阶段的变化，华为要求导师每月必须给他们打一次电话，通过电话进行沟通，了解他们的个人情况、精神状态、毕业论文进展、毕业离校安排等，并对他们进行未来岗位情况的介绍，提出岗位知识学习要求等，让他们顺利走向岗位做好思想上的准备。

2.3 把新员工入职后的培训落实到岗位上去

新员工入职后，华为要对他们进行为期 5 天的集中培训，全部到深圳总部进行。这个阶段的培训时间已经比过去的 2 周大大压缩，培训的内容侧重华为有关政策制度和企业文化两个方面。也就是说，作为一个新人，应该对华为了解些什么，应该清楚公司的政策制度为什么这样规定以及它反映出的文化、价值观是什么，应该清楚自己作为华为一员的基本行为规范等。华为有一篇《致新员工书》，是任正非在华为创业之初写的文章，把华为的文化和对新员工的要求全部融入其中。还有一部新员工必看的电影——《那山，那狗，那人》，讲的是一个山区邮递员的故事，影片倡导的敬业精神，正是华为追求的价值观。

在集中培训结束后，华为会针对新员工的岗位安排，进行有针对性的实践培训。对国外营销类员工，会安排在国内实习半年到一年，让他们掌握运行流程、工作方法等，过一段时间再派到海外去。对技术类员工，会首先带他们参观生产线，让他们对接产品，了解生产线上组装的机器，让他们看到实实在在的产品。对研发类员工，在上岗前会安排做很多模拟项目，以便快速掌握一门工具或工作流程。对专业类员工的培训，也遵循"721"法则，在能力提升中锻炼"7"的部分。新员工全部在导师的带领下，在一线进行实践，在实战中掌握知识、提高自己。

2.4 持之以恒地执行"全员导师制"政策

华为是国内最早实行"导师制"的企业，实施的效果也非常好，主要是必须制定相应的保证措施。华为对导师的确定必须符合两个条件：一是绩效必须好；二是充分认可华为文化，这样的人才有资格当导师。同时规定，导师最多只能带两名新员工，目的是确保成效。

思想导师在带学生期间，公司会单独给他发一笔钱，连续发半年，这笔钱做什么用？首先是导师定期请员工吃饭、喝茶，增加沟通；帮助外地员工解决吃住安排，甚至解决情感等问题。总之，思想导师要在员工入职之初，给予他工作和生活上全方位的辅导和帮助。同时，公司也会额外给导师付一笔酬劳。

华为对导师的激励，也有相应的政策：一是晋升限制，规定凡是没有担任过导师的人，不能得到提拔；二是给予导师补贴；三是开展年度"优秀导师"评选活动，以及导师和新员工的"一对红"评选活动，在公司年会上进行隆重表彰。这些措施，激发了老员工踊跃担任导师的积极性和带好新员工的责任感。

华为的导师制和国企推行的"师徒制"有相似的地方，但又有很大的不同，华为对导师和徒弟都有非常明确的责任要求，并和个人发展紧密挂钩，保证了导师制能够落地，发挥积极作用。这也是一些民企推行类似的制度不能见到成效的原因。

2.5 把任职资格与利益驱动做到有机结合

如何才能让新员工主动学习、提高自己呢？华为采取的办法是全面推行任职资格制度，并进行严格的考核，从而形成了对新员工培训的有效激励机制，同时加强内部学习平台的建设，让员工能够自主学习，快速提升技能。

譬如，华为的软件工程师可以从一级开始做到九级，九级的待遇相当于副总裁的级别。新员工进来后，如何向更高级别发展、怎么知道个人的差距，华为有明确的规定，比如一级标准是写万行代码、做过什么类型的产品等，有明确的量化标准，新员工可以根据这个标准进行自检。

任职资格制度的实施，较好地发挥了四个方面的作用：一是镜子的作用，照出自己的问题；二是尺子的作用，量出与标准的差距；三是梯子的作用，知道自己该往什么方向发展和努力；四是驾照的作用，有新的岗位了，便可以应聘相应职位。

除任职资格制度外，华为还通过严格的绩效考核，运用薪酬分配这个重要手段，来实现"不让雷锋吃亏"承诺。即使考核结果仅仅相差一个档次，可能收入差别就是10万20万甚至更多，所以在华为不存在"大锅饭"问题，华为就是通过这样的方式，来识别最优秀的人，给他们更多的资源、机会、薪酬和股票，以此牵引员工不停地向上奋斗。

同时，学习平台的建设也稳步跟进，让员工能自由选择学习内容，提升自己。华为内部的学习平台 iLearning，全部转换为 LCE（是一种面向对象的中间件平台）多媒体的方式，全部在线化。课程内容很丰富，甚至还有音乐与审美、心理学、如何处理婆媳关系、亲子关系等课程，而这些学习，都不是强制性的，而是可以自主选择，能在任何时间、地点去学习。公司还针对研发人员，开发了一个 OA（办公自动化系统），平台里面有很强大的题库，完全是自动化测试。研发软件员工会在上面做一些测试编程练习，比如 C 语言、数据库等，把你的代码编好之后提交上去，它会告诉你哪儿做错了，哪儿测试有问题。新员工很喜欢这种方式，他们会利用课余的时间在上面练习和测试，提升自己的技能，这也能快速帮助他们提升工作上需要提升的技能。

2.6 华为新员工培训的具体安排

下面让我们来看一下华为在新员工入职的 180 天里具体是如何操作的：

第 1 阶段：新人入职，让他知道来干什么的（3~7 天）。

为了让员工在 7 天内快速融入企业，管理者需要做到下面七点：

①给新人安排好座位及办公的桌子，拥有自己的地方，并介绍位置周围的同事相互认识（每人介绍的时间不少于 1 分钟）；

②开一个欢迎会或聚餐介绍部门里的每一人，相互认识；

③直接上司与其单独沟通，让其了解公司文化、发展战略等，并了解新人专业能力、家庭背景、职业规划与兴趣爱好；

④HR 主管告诉新员工的工作职责及给自身的发展空间及价值；

⑤直接上司明确安排第一周的工作任务，包括：每天要做什么、怎么做、与任务相关的同事部门负责人是谁；

⑥对于日常工作中的问题及时发现及时纠正（不作批评），并给予及时肯定和表扬（反馈原则）；检查每天的工作量及工作难点在哪里；

⑦让老同事（工作 1 年以上）尽可能多的和新人接触，消除新人的陌生感，让其尽快融入团队。

关键点：一起吃午饭，多聊天，不要在第一周谈论过多的工作目标及给予工作压力。

第 2 阶段：新人过渡，让他知道如何能做好（8~30 天）。

转变往往是痛苦的，但又是必须的，管理者需要用较短的时间帮助新员工完成角色过度，下面提供五个关键方法：

①带领新员工熟悉公司环境和各部门人，让他知道怎么写规范的公司邮件，怎么发传真，电脑出现问题找哪个人，如何接内部电话等；

②最好将新员工安排在老同事附近，方便观察和指导；

③及时观察其情绪状态，做好及时调整，通过询问发现其是否存在压力；

④适时把自己的经验及时教给他，让其在实战中学习，学中干、干中学是新员工十分看重的；

⑤对其成长和进步及时肯定和赞扬，并提出更高的期望。

要点：4C（Customer 顾客，Cost 成本，Convenience 便利，Communication 沟通）原则、反馈技巧。

第 3 阶段：让新员工接受挑战性任务（31~60 天）。

在适当的时候给予适当的压力，往往能促进新员工的成长，但大部分管理者却选了错误的方式施压。

①知道新员工的长处及掌握的技能，对其讲清工作的要求及考核的指标要求；

②多开展公司团队活动，观察其优点和能力，扬长提短；

③犯了错误时给其改善的机会，观察其逆境时的心态，观察其行为，看其培养价值；

④如果实在无法胜任当前岗位，看看是否适合其他部门，多给其机会，管理者很容易犯的错误就是一刀切。

第4阶段：表扬与鼓励，建立互信关系（61~90天）。

管理者很容易吝啬自己赞美的语言，或者说缺乏表扬的技巧，而表扬一般遵循三个原则：及时性、多样性和开放性。

①当新员工完成挑战性任务，或者有进步的地方及时给予表扬和奖励——表扬鼓励的及时性；

②多种形式的表扬和鼓励，要多给他惊喜，多创造不同的惊喜感——表扬鼓励的多样性；

③向公司同事展示下属的成绩，并分享成功的经验——表扬鼓励的开放性。

第5阶段：让新员工融入团队主动完成工作（91~120天）。

对于新生代员工来说，他们不缺乏创造性，更多的时候管理者需要耐性的指导他们如何进行团队合作，如何融入团队。

①鼓励下属积极踊跃参与团队的会议并在会议中发言，当他们发言之后作出表扬和鼓励；

②对于激励机制、团队建设、任务流程、成长、好的经验要多进行会议商讨、分享；

③与新员工探讨任务处理的方法与建议，当下属提出好的建议时要去肯定他们；

④如果出现与旧同事间的矛盾要及时处理。

第6阶段：赋予员工使命，适度授权（121~179天）。

当度过了前3个月，一般新员工会转正成为正式员工，随之而来的是新的挑战，当然也可以说是新员工真正成为公司的一分子，管理者的任务中心也要随之转入以下5点：

①帮助下属重新定位，让下属重新认识工作的价值、工作的意义、工作的责任、工作的使命、工作的高度，找到自己的目标和方向；

②时刻关注新下属，当下属有负面的情绪时，要及时调整，要对下属的各个方面有敏感性；当下属问到一些负面的、幼稚的问题时，要转换方式，从正面积极的一面去解除他的问题，这是管理者的思维转换；

③让员工感受到企业的使命，放大公司的愿景和文化价值、放大战略决策和领导意图等，聚焦凝聚人心和文化落地、聚焦方向正确和高效沟通、聚焦绩效提

升和职业素质；

④当公司有什么重大的事情或者振奋人心的消息时，要引导大家分享；要求：随时随地激励下属；

⑤开始适度放权让下属自行完成工作，发现工作的价值与享受成果带来的喜悦，放权不宜一步到位。

第7阶段：总结，制订发展计划（180天）。

6个月过去了，是时候帮下属做一次正式的评估与发展计划，一次完整的绩效面谈一般包括下面的六个步骤：

①每个季度保证至少1~2次1个小时以上的正式绩效面谈，面谈之前做好充分的调查，谈话做到有理、有据、有法；

②绩效面谈要做到：明确目的；员工自评（做了哪些事情，有哪些成果，为成果做了什么努力、哪些方面做得不足、哪些方面和其他同事有差距）；

③领导的评价包括：成果、能力、日常表现，要做到先肯定成果，再说不足，再谈不足的时候要有真实的例子做支撑（依然是反馈技巧）；

④协助下属制定目标和措施，让他做出承诺，监督检查目标的进度，协助他达成既定的目标；

⑤为下属争取发展提升的机会，多与他探讨未来的发展，至少每3~6个月给下属评估一次；

⑥给予下属参加培训的机会，鼓励他平时多学习，多看书，每个人制定出成长计划，分阶段去检查。

第8阶段：全方位关注下属成长（每一天）。

度过了前90天，一般新员工会转正成为正式员工，随之而来的是新的挑战，当然也可以说是新员工真正成为公司的一分子。

①关注新下属的生活，当他受打击、生病、失恋、遭遇生活变故、心理产生迷茫时多支持、多沟通、多关心、多帮助；

②记住部门每个同事生日，并在生日当天部门集体庆祝；记录部门大事记和同事的每次突破，给每次的进步给予表扬、奖励；

③每月举办一次各种形式的团队集体活动，增加团队的凝聚力。

关键点：坦诚、赏识、感情、诚信。

【思考题】华为的人力资源管理有何特色？

【资料来源】

[1] 新员工培训．百度百科．

[2] 华为．360百科．

［3］华为官网.

［4］华为如何牵引员工不停奋斗. 木子斫搜狐博客, 2014-08-29.

［5］从华为的培训看一般企业和优秀企业的差距. 世界经理人, 2014-06-18.

［6］华为新员工入职半年的培训安排. HR 沙龙, 2014-10-27.

［7］庄文静. 华为：如何让新员工融入"狼群". 中外管理杂志公司报道, 2014-06-03.

［8］华为管理向心力：为何世界都怕它？南方人才网, 2013-12-20.

收集整理：陈容

参考文献

[1] 陈灿. 苹果公司和它的产品 [J]. 软件工程师，2007 (11).

[2] 韩义民. 中小企业精细化品牌营销策略研究 [J]. 邢台职业技术学院学报，2011 (8).

[3] 王玉华. 品牌营销的理论分析与对策研究 [J]. 经济与管理，2011 (9).

[4] 陆珊. 浅谈加多宝凉茶的品牌营销策略分析 [J]. 艺术科技，2013 (7).

[5] 郭珊珊. 耐克品牌的战略探讨 [J]. 现代商贸工业，2008 (1).

[6] 黄泰元. 蓝海战略本土化实践 [M]. 高等教育出版社，2006.

[7] 2014 年跨境电子商务产业发展现状分析. 中商情报网，2014. 8. 20.

[8] 李冰，弓永钦. 跨境电子商务企业的战略成本分析 [J]. 北京劳动保障职业学院院报，2104 (3).

[9] 丝芙兰首席营销官口述：我是如何从零开始"数字化"一家传统化妆品牌的？哈佛商业评论.

[10] 肖辉. 化妆品零售企业的客户价值管理研究——以丝芙兰为例 [D]. 上海交通大学，2008.

[11] 张伟. 冷眼看冰泉：从品牌战略分析恒大冰泉三大问题 [D]. 广东外语外贸大学，2014.

[12] 罗伟，黄恩，宋盈滨. "恒大冰泉"市场营销的成功经验及发展对策 [J]. 现代商业，2014 (23).

[13] 为员工搭建无边的舞台——陶氏化学的人力资源管理. HR 经理人，2006 (8).

[14] 曾艳，中美合资长安福特公司跨文化管理研究 [D]. 重庆大学，2004.

[15] 入乡随俗——松下企业文化的中国化 [J]. 种子世界，2011 (12).

[16] 叶龙招. 佳能，"盈"在中国 [J]. 首席财务官，2010 (5).

[17] 雷敏. 日系合资车企文化冲突：儒家背景 和而不同 [N]. 南方都市报，2010 - 9 - 13.

[18] 王传才. 日本花王 凋零中国. 中国营销传播网，2004 - 11 - 12.

[19] 陈俊宏. 身陷中国市场泥潭 日本花王在华年亏损或超十亿. 网易财经，2011 - 12 - 19.

[20] 如何在福利中体现鲜明的企业文化. 中国行业研究网, 2012 – 06 – 14.
[21] 最奇葩的福利: 男员工也有"姨妈假". 腾讯科技, 2014 – 10 – 16.
[22] 毕业后想进谷歌工作? 成功概率 0.2%. 腾讯科技, 2014 – 10 – 24.
[23] 你 OUT 了吗? 看谷歌如何用数据分析重新定义 HR, 创业邦, 2014 – 06 – 11.
[24] 谷歌招聘人才的"九要"和"九不要". 腾讯科技, 2014 – 10 – 09.
[25] 向谷歌学习做最佳雇主. 中国新时代, 2014 – 11 – 16.
[26] OKR: 谷歌的绩效考核制度. 中人网人力资源频道 – 绩效管理, 2014 – 02 – 17.
[27] 梁辰. 索尼移动中国区陷裁员风波: 业务不佳 员工焦虑. 腾讯科技, 2014 – 11 – 05.
[28] 孙聪颖. 业务巨亏裁员 索尼移动复兴计划受阻. 中国经营报, 2014 – 11 – 08.
[29] 李栋. 索尼移动裁员背后: 平息与索尼中国内斗. IT 时报, 2014 – 11 – 10.
[30] 索尼: 裁员能解决问题吗? 中国人力资源开发网 – 人力资源频道员工关系 chinahrd 2012 – 05 – 09.
[31] 占据六分之一市场? 震旦启动 550 计划. 中关村在线, 2013 – 01 – 16.
[32] 原标题: M 化管理解决成本问题提高工作效率. 首席财务官, 2013 – 12 – 06.
[33] 李天田. 阿芙精油创始人雕爷: 像打网游一样管理员工. 品观网读新闻电商, 2014 – 09 – 19.
[34] 带着员工一起玩: 阿芙精油的游戏化管理, 人力资源及理财规划师—新浪博客, 2013 – 11 – 04.
[35] 阿芙精油没有 KPI. 中欧商业评论—新浪微博, 2013 – 12 – 24.
[36] 电商管理实战案例深度解析: 阿芙精油是如何管理员工. 闽南人才网, 2014 – 01 – 09.
[37] 博世中国: 博世双元制学徒班. 公益时报, 2013 – 11 – 20.
[38] "博世学徒制项目"在华第五届学员毕业. 新浪汽车, 2014 – 07 – 07.
[39] 推行双元制教育 探访博世学徒制项目. 汽车之家, 2014 – 07 – 06.
[40] 王昊. 双元西来植东土, 隔岸花开一脉香. 世界经理人, 2014 – 10 – 23.
[41] 刘雪慰. 博世学徒制: 车间里的竞争力. 商业评论网, 2013 – 11 – 30.
[42] 郑克群. 轮岗制需要三大硬件. 商界评论, 2014 – 04 – 25.
[43] 许诗雨. 在博世轮岗. 第一财经周刊, 2013 – 04 – 23.

[44] 朱丽. 博世的轮岗学. 中外管理, 2013 - 03 - 06.

[45] 林秀敏. 拜耳集团全资收购滇虹药业. 中国经济网国际经济, 2014 - 11 - 19.

[46] 该如何做 HRM. 中国人力资源开发网——人力资源规划人力资源频道, 2004 - 06 - 17.

[47] 拜耳：可雇佣能力作为"终身契约".《连锁时代》杂志博客, 2010 - 04 - 28.

[48] 祖翠筠. 给员工放权的 Facebook：每个员工都可以是 HR. 中国人力资源开发网——人力资源频道, 2014 - 10 - 27.

[49] 2014 美国公司薪酬福利榜前三甲：谷歌、好市多超市、Facebook, 福布斯中文网, 2014 - 05 - 30.

[50] 王淮, 祝文让. 打造 Facebook：亲历 Facebook 爆发的 5 年 [M]. 印刷工业出版社, 2013.

[51] Miguel Helft and Jessi Hempel. 美国《财富》杂志中文网, 2012 - 03 - 09.

[52] 优衣库成功背后的人才战略. 中国经济网——行业动态产业观察, 2013 - 04 - 11.

HR 管理世界专访洲际酒店集团大中华区执行总裁：叶海华先生. HRoot 网站高端访谈, 2009 - 12 - 13.

[53] 黄若珊, 授人以鱼不如授人以渔——洲际酒店集团人力资源战略. 中国人力资源开发网——人力资源频道人力资源规划, 2014 - 10 - 14.

[54] 从华为的培训看一般企业和优秀企业的差距. 世界经理人, 2014 - 06 - 18.

[55] 庄文静. 华为：如何让新员工融入"狼群"摘编自中智外企服务公司主办的中智分享会. 中外管理杂志公司报道, 2014 - 06 - 03.

后　　记

　　本书从开始构思、确定结构，到组建团队、一起奋斗到最终成文，历时近一年的时间。其中包含着来自各个方面的支持和关爱，包含着团队成员的辛勤努力和日以继夜的辛苦付出。在这一年中，大家都过得非常充实，除了完成自己的本职工作和学业，同时还要兼顾本书材料的收集整理和编辑。也正是大家的共同努力，才有了本书的今天。

　　在此我要衷心感谢吉林财经大学国际经济贸易学院的王云凤院长对我们的鼎力支持以及无限关爱。还要对我们团队的每一位同事说一声感谢，感谢大家的付出。当然，我也相信，这段时间的付出在未来的日子里，会给你们留下美好的回忆。

　　最后，谨以此书献给我亲爱的家人，感谢你们在背后的支持，在我同病痛和困难做斗争的时候，是你们给我照顾和支持，让我坚持到最后。

　　最最重要的就是，我想把此书作为送给我敬爱的亲爱的正同病魔做着艰苦卓绝的斗争的我的父亲，您是我的偶像，您是我的榜样，您是我前行的灯塔，病痛没有也绝不可能打倒您。

李　可

2016年12月3日夜

出 版 说 明

　　本书作者对相关企业管理情况的分析、评议，不代表出版方的立场和观点。未经本书作者和出版方同意，严禁转载本书中的内容。

　　本书案例撰写者对案例中所涉及的企业情况及数据来源的可靠性、真实性负完全法律责任，由此而引起的法律纠纷与出版方无关。